Excel

在人力资源与行政管理中的

高效应用

李光霞◎著

中国铁道出版社有限公司

CHINA RAILWAY PUBLISHING HOUSE CO., LTD.

图书在版编目（CIP）数据

Excel在人力资源与行政管理中的高效应用/李光霞著.—北京：
中国铁道出版社有限公司，2023.6
ISBN 978-7-113-29916-3

Ⅰ.①E… Ⅱ.①李… Ⅲ.①表处理软件-应用-人力资源管理
②表处理软件-应用-行政管理 Ⅳ.①F243-39②D035-39

中国国家版本馆CIP数据核字（2023）第020719号

书　　名：Excel 在人力资源与行政管理中的高效应用
　　　　　Excel ZAI RENLI ZIYUAN YU XINGZHENG GUANLI ZHONG DE GAOXIAO YINGYONG
作　　者：李光霞

责任编辑：张亚慧　张　明　编辑部电话：(010) 51873035　电子邮箱：lampard@vip. 163. com
封面设计：宿　萌
责任校对：安海燕
责任印制：赵星辰

出版发行：中国铁道出版社有限公司（100054，北京市西城区右安门西街 8 号）
印　　刷：三河市宏盛印务有限公司
版　　次：2023 年 6 月第 1 版　2023 年 6 月第 1 次印刷
开　　本：710 mm×1 000 mm 1/16　印张：26　字数：426 千
书　　号：ISBN 978-7-113-29916-3
定　　价：88.00 元

前 言

非常感谢您选择本书。

在信息化程度越来越高的今天，数据已经渗透到每一个行业和业务职能领域，数据处理与分析能力也逐渐成为很多岗位的核心能力要求。

有很多HR或行政管理岗位的朋友常常因身陷事务性工作之中而感到困扰。他们想要提高工作效率，提升职业价值感和认同感，却不知从何做起。用好数据工具，学好数据统计和分析，将是与竞争者拉开差距、提升职场竞争力的有效方式之一。成为懂业务的HR、成为业务伙伴，是很多人力资源管理岗位从业人员的努力方向。要实现这一点，不仅需要能够反映业务和管理实际的数据支持，也需要从业者具有良好的"数据思维"及数据管理和分析能力。

提升"数据能力"，不仅能够提高日常事务性工作的效率，还会为从事人力资源管理和行政管理岗位的朋友打开一扇通往高效率、高价值的大门。"数据能力"已经逐渐成为重要的职场竞争力的构成因素，越来越多的企业开始专门设立人力资源管理的数据分析岗位，这也从侧面说明"数据能力"已经成为人力资源管理和行政管理领域的迫切需求。

这本书的故事就围绕人力资源管理和行政管理领域的"数据能力"全面展开。

本书内容特点：

（1）由浅入深，循序渐进。从 Excel 的基础知识点与人力资源管理和行政管理岗位基础工作这两个维度切入，从基础知识点讲起，逐渐深入。书中内容的叙述方式深入浅出，易于理解。

（2）内容翔实全面，涵盖人力资源管理和行政管理工作中的方方面面。本书内容分为三大部分，共 14 章，全部章节均与人力资源管理和行政管理的具体工作相关联。

（3）紧密结合工作场景，精心挑选案例。所有案例均来源于工作实际，可以即学即用，使学习更加高效。

（4）"授人以渔"。将案例所涉及的知识点掰开揉碎，以求将原理讲清楚，让读者不仅知其然，更知其所以然。

（5）将文字内容与视频内容相结合。对书中一些稍有难度或操作步骤较多的知识点均配套提供了视频教程，以便进行更加细致、生动的讲解。

软件版本说明：

书中讲解的内容适合 Excel 各个版本和 WPS Office 表格。对于不同版本在操作中存在的少许差异，在讲解时均加以说明，以兼顾使用不同版本的读者。

致　　谢：

作者除了从事人力资源管理相关工作多年，目前也在从事与办公软件教学和分享相关的工作，在抖音与快手平台上均设立了自媒体账号 [Excel 分享（秒秒姐）]，致力于帮助职场人士提升 Excel 应用水平，截至本书成稿时已拥有十余万粉丝。在本书策划与编写过程中，得到了广大粉丝的大力支持，更有部分案例来源于粉丝的实战案例。在此特别感谢所有亦师亦友的学员、粉丝的支持和厚爱，希望能够借由此书，回馈和帮助更多希望提高 Excel 应用水平的朋友。

后续服务与交流：

在本书的编写过程中，尽管作者力求细致全面，未敢稍有懈怠，但纰缪和不足之处仍在所难免。对于书中的不足之处，敬请读者提出宝贵的意见与建议，您的反馈将使本书的后续版本更加完善。若读者在学习过程中遇到问题，欢迎通过上述自媒体账号与作者进行交流。

作　者

2023 年 3 月

| 目　录 |

第三部分　数据能力修炼之"统筹应用篇"
——总监及高管的 Excel 数据能力提升

第一部分

数据能力修炼之"高效基础篇"
——摆脱低效率，专员和小白也能成为高效数据达人

第一章

从专员到总监，职场晋升必不可少的"数据能力"

全球知名咨询公司麦肯锡称："数据已经渗透到当今每一个行业和业务职能领域，成为重要的生产因素。"

这本书的故事将围绕人力资源管理和行政管理领域的"数据能力"全面展开。

有很多HR或行政管理岗位的朋友，常常因身陷事务性工作之中而感到困扰。他们想要提高工作效率，提升职业价值感和认同感，却不知从何做起。用好数据工具，学好数据统计和分析，将是与竞争者拉开差距、提升职场竞争力的有效方式之一。

也有身居中高层管理职位的朋友经常听到老板说，"HR要成为业务伙伴，HR要懂业务"。如何将人力资源管理职能与业务深度融合？如何制订符合企业发展和业务需要的人力资源管理政策、规划或决策？要围绕人力成本的投入和产出，围绕不断提升人均效能做出有效的决策，除了依赖管理者个人的经验，更需要能够反映业务和管理实际的数据支持。职位越高，需要关注的数据越全面、越深入，既需要管理者本人建立"数据思维"，也需要管理团队具备更强的数据管理和分析能力。

提升"数据能力"，不仅能够提高日常事务性工作的效率，还会为所有从事人力资源管理和行政管理岗位的朋友打开一扇通往高效率、高价值的大门。全面的数据统计、深入的数据分析，将帮助管理者提高管理视角，只有"升维思考"，才能精准地降维打击。

"数据能力"已经逐渐成为非常重要的职场竞争力的构成因素，越来越多的企业开始专门设立人力资源管理的数据分析岗位，这也从侧面说明"数据能力"已经成为人力资源管理和行政管理领域的迫切需求。

那么，我们应该如何培养自己或团队的数据能力，如何用好数据统计和分析工具，提高职场竞争力呢？

本书将以人力资源管理领域一位资深管理者的视角，从人力资源管理和行政管理的各个模块出发，逐一探讨数据及数据管理工具Excel和WPS的应用。

（背景：小刘和小张是大学同学，目前分别在两家公司里工作。小刘是一家小企业综合部的行政专员；小张是一家公司人力资源部的人力资源专员；小张的表姐Lisa是一位资深的人力资源管理咨询顾问，也是一位精通Excel的"表姐"。）

一、初入职场，大家都喜欢这样的"专员"

人力资源专员或行政专员是很多人初入职场，进入人力资源管理或行政管理领域的"第一站"。不管是人力资源专员、招聘专员、薪酬绩效专员、培训专员还是行政专员，都会面临大量的事务性工作。优秀的专员能够从众多繁杂的工作中收集整理有价值的数据，以便于更高效地开展后续工作。

小张新入职一家公司的人力资源部，担任人力资源专员，其中一项工作是对员工信息进行管理。小张接手了前任专员留下的员工信息表，发现里面数据散乱，查找不太方便，数据也不完整。由于前任专员没有及时更新，这份员工信息表中的内容和纸质档案表中的一些数据也对不上。当领导需要一些数据的时候，要么手忙脚乱，要么加班加点整理数据。由于使用的数据表不准确，小张还曾因为没有及时发现到期要续签的劳动合同，差点导致劳动纠纷。

面对这样的情况，在人力资源管理领域从业十几年，并作为资深人力资源管理咨询顾问的表姐Lisa，给"职场小白"小张提出了两点建议。

1. 重视数据，有数据整理的意识，将过手的有用信息有序整理起来

在专员岗位上接触的基础数据是最多的。要做一个有心人，有意识地将有用的数据收集起来，并有序整理。

比如，小张接手的员工信息管理这项烦琐、细致的工作，要想做到高效、准确，需要花一些心思。可以规划一张结构规范、内容全面、易于统计的员工信息表，并且把内容完整、准确地填写进去。

又如，对于招聘专员来说，可以把与招聘相关的数据制作成一张记录表。作为"职场小白"，可能还不太具备全面数据分析的能力，很难从最终的数据使用倒推出对数据记录的要求。那就尽可能把有用的数据记录详尽。基础数据越详尽，后续进行数据分析的维度就会越丰富，数据的价值也就越大。需要记录的信息可繁可简，从收取简历，到邀约和面试，再到人员入职，从整体流程来看，有价值的信息很多。

招聘岗位也是公司了解外部同行业状况的一扇窗户。以薪酬信息为例，薪酬岗位的同事想要了解同行业某些公司、某些岗位的薪酬水平或薪酬结构，往往很难获得准确数据。而招聘专员每天都在和这些从同行业公司出来的求职者接触。如果薪酬岗位的同事能够提出数据记录的要求和模板，招聘专员就能记录有价值的薪酬信息。一两条信息可能存在偏差，当信息量越来越大，对信息进行必要的处理和分析后，数据将变得有价值。在人力资源部或高层管理者分析本公司的薪酬竞争力时，这些薪酬数据具有非常大的参考价值。

小张非常认同这个建议，但是她也有一点担心："这么做的工作量会不会特别大，影响每天的正常工作？"

表姐Lisa明白小张的顾虑，说道："进行数据积累也是正常工作的一部分，不要把它视为额外的负担。另外，每天需要收集的信息量是有限的，并不会有太大的工作量。只需要规划好相应的数据表格模板，在每天下班前用十分钟对当天工作中有用的数据进行整理就可以了。长期坚持下来，会养成良好的数据整理习惯。对于'职场小白'来说，这样的习惯如果能够坚持下去，一定会受益匪浅。"

2. 自发持续地学习，不断成长，提高工作效率

尽管很多职场新人和求职者都会在简历中描述本人擅长的技能时提到"擅长或精通办公软件"，但通过与很多HR和行政专员的接触发现，实际情况是很多人的办公软件（如Excel）技能是不足的。很多与表格和数据有关的工作依赖大量手工操作，效率不高且常常出错。

以前面提到的数据积累为例。要建立一份高质量的数据表格模板，实现快速、准确的数据录入，需要对Excel的很多功能有全面了解。

比如，要管理好劳动合同台账，确保不会遗漏合同到期人员，不会错过合同续签时间，除了进行手动统计查看，完全可以通过Excel建立台账并设置自动提醒功能。

又如，领导需要对几百名员工的年龄段进行统计，会有很多行政专员还在手工计算年龄，手工对年龄进行分段再统计。殊不知，这些能够让一个Excel"小白"忙活几天的工作，通过Excel的两个公式在两三分钟内就能完成。

所以，表姐Lisa建议小张，要想在基层岗位快速成长，一定要自发持续地学

习。“决定成长速度的往往是在8小时以外的努力”。一方面要在工作中积累，提高人力资源专业能力；另一方面要学好Excel这个必不可少的工具软件。而且Excel作为一个工具软件，可以通过系统学习快速掌握，在较短的时间内就能够取得很大的进步。

在专员岗位上要面对的是林林总总的具体工作。一个具有良好的工作习惯、熟练掌握Excel等工具软件技能、在工作中不断留心积累数据的“有心人”，一定会有更高效的工作产出，也必然会得到同事和领导的喜爱，获得更多的机会。

二、人力资源/行政主管：完善数据统计，跳出事务性工作，提升工作价值

小林是某企业内的招聘主管，在年度总结和编制新一年的计划与预算时，领导问小林：“在过去的一年里，哪个招聘渠道的效率更高、效果更好？”

仅凭借经验对各个招聘渠道做出主观评价，显然是很难有说服力的。如果主管小林可以把一年来招聘工作中产出的数据进行汇总和统计，用数据说话，那么他提出的意见和建议将会对新一年的招聘工作开展带来很大帮助。

在一年中，公司招聘的岗位有研发类岗位、营销类岗位、生产操作类岗位等，各个招聘渠道对各类岗位的侧重也不完全相同。要想知道某个岗位在哪个招聘渠道的效率更高、效果更好，可以进行各岗位在不同渠道的招聘数据分析，如图1-1所示。

年度总览　招聘数据表　招聘渠道分析　岗位分析　招聘环节分析

各岗位在不同渠道的招聘数据分析

职位	邀约人数	初试人数	复试人数	通过复试人数
⊟采购员	**59**	**33**	**13**	**4**
拉勾网	4	1		
前程	37	21	12	4
校招	3	3		
智联	15	8	1	
⊟测试工程师	**13**	**10**	**7**	**2**
猎聘	3	2	2	
内推	1	1		
前程	1	1	1	
校招	2	2		
智联	6	4	4	2
⊟出纳	**3**	**3**	**2**	
内推	1	1	1	
智联	2	2	1	

图1-1　招聘渠道分析

不同的招聘渠道，由于人群定位存在差异性，它的产出和效率是不同的。要想知道各个招聘渠道的效率差异，可以从简历数量、有效简历比例、复试或录用比例等方面，进行渠道间的横向比较，如图1-2所示。

年度总览	招聘数据表	招聘渠道分析	岗位分析	招聘环节分析

各渠道招聘数据统计

招聘渠道	简历总量	有效简历数量	进入初试人数	进入复试人数	入职人数
BOSS直聘	20	3	2	2	1
拉勾网	20	8	4	3	1
猎聘	5	3	2	2	0
内推	14	10	10	5	2
前程	243	91	52	19	7
校招	38	17	14	3	2
智联	160	59	35	18	6
总计	500	191	119	52	19

各渠道招聘效率分析

招聘渠道	渠道简历总量占比	有效简历比例	进入复试比例	入职比例	各渠道入职比例
BOSS直聘	4.00%	15.00%	10.00%	10.00%	5.26%
拉勾网	4.00%	40.00%	15.00%	15.00%	5.26%
猎聘	1.00%	60.00%	40.00%	40.00%	0.00%
内推	2.80%	71.43%	35.71%	35.71%	10.53%
前程	48.60%	37.45%	7.82%	7.82%	36.84%
校招	7.60%	44.74%	7.89%	7.89%	10.53%
智联	32.00%	36.88%	11.25%	11.25%	31.58%
平均	-	43.64%	18.24%	18.24%	

图1-2 招聘效率分析

要想胜任主管岗位，应当对所负责的职能有更加系统的思考。主管岗位与专员岗位的最大差异并不是能够把基础工作做得更熟练，而是能够把日常工作的成效进行统计和量化，并且找到最优化的解决方法或找到提高效率、效能的改进方案。

三、人力资源/行政经理：深入数据分析，让数据说话，提出最优化方案

传统事务性的人力资源服务工作在企业内的价值感正在逐渐降低，多数企业高层更希望人力资源管理者能够主动支持业务发展。搭建符合企业当前和未来发展需要的人力资源管理体系，是人力资源负责人的核心价值。

举一个简单的例子。项目一忙，业务部门都在喊人员不够，申请增加人员。如果一味"服务"于业务部门提出的招人需求，不断增加人员，那么人工成本必

然直线上升，人均效能却未必提高。业务做得越大，人员增加得越多，甚至人员的增量超出了业务增长的速度，就会导致业务做大但利润减少或利润率降低的情况。显然，这是公司领导不希望看到的。而如果不增加人员，就会影响业务开展。要不要招人？要招多少人？对于长期以来远离业务的人力资源部门来说，基于以往经验的判断无法给出有说服力的意见。

人力资源经理不能仅仅依靠经验和直觉来做决定。要准确回答上面的两难问题，一定需要有抓手和切入点。只有做一个懂数据分析的人力资源管理者，具备一定的"数据能力"，才有可能破解上面的难题。只有从业务、人均效能等各个角度抓取数据，把数据转化为有价值的见解，才能帮助业务部门和公司高层做出正确的决策。

不仅人力资源管理工作如此，行政管理工作也是一样的。行政管理工作虽然琐碎，但关系到员工体验。公司餐厅在每天中午都会排很长的队，为了给员工提供更好的就餐体验，对员工就餐卡数据进行分析，就能清晰地捕捉到改进点。对于员工福利的提供，基于对公司员工群体不同年龄及需求的分析，也更容易制定差异化的有效方案。

人力资源经理或行政经理为什么常常在提交一个方案时不能得到老板认可？如果没有数据支持和数据预测，那么人力资源经理或行政经理拍脑袋提出的方案自然很难得到高层的认可和支持。只有从数据角度出发，基于充分的分析和论证，明确为什么要这样做、这样做会带来哪些积极的改变、会对人工成本产生什么样的影响，才能提出最优化方案。

四、人力资源/行政总监：关注人效，精于分析与预测，助力高层 规划与决策

大多数企业都承受着巨大的生存与发展压力。企业高层无时无刻不在思考如何增加收入和利润，控制并优化成本，使企业得以健康持续发展。企业的稳定运行依赖于企业高层能够持续做出正确的决策。作为高层管理人员的人力资源或行政总监，如何依据业务需要，制定有效的人力资源规划或策略，所依靠的应当是基于数据进行的理性分析和预测，用数据指导决策。

当业务部门在抱怨薪资低、核心人员流失，当人力资源经理提出薪资没有竞争力，不足以招聘到满足岗位要求的人员时，要不要对企业总体薪资做出调整？这对于人力资源总监或企业老板来说也是一个两难的问题，而且是一个在企业内影响面很大的关键性决策。这时，既需要分析公司内部薪资水平，也需要分析外部薪资水平，比较评估内外部薪资水平的差距，在此基础上，再讨论公司哪些关键岗位应实施什么样的薪酬策略、不同的薪酬策略应当匹配什么样的薪资水平。

不仅如此，企业高层最应该关注的是人员的人均效率，即投入产出比。薪资不是一个孤立的考虑因素，应该结合当前公司的人均效能，与同业公司、对标公司进行差异化分析，从投入与产出的角度做出综合性判断，形成最终决策。管理是要在有限的资源之下平衡解决问题，而这些都高度依赖全面的数据分析。

对于人力资源总监来说，通过数据分析进行决策，更加有助于建立强力话语权。只有人力资源的高层管理者能够提出真正有助于业务发展的管理洞见，帮助总经理做出关于人才激励、人力成本的投入与产出的决策，才能够逐渐进入经营核心层面。

可以说，管理者的位置越高，对其"数据能力"的要求也越高。但并不是高层管理者都要亲自操刀进行数据分析的，要逐渐建立并提升团队的"数据能力"。这就是为什么一些大型企业已经逐渐形成人力资源的分析团队，出现诸如人力资源数据分析师一类的岗位。

五、数据能力自评：六级数据能力，你是哪一级

1. 在工作中没有进行数据积累的意识，数据随用随丢，觉得记录数据是额外工作

在工作中完全不关注数据的积累。一方面认为数据只是"过去的事情"，另一方面觉得统计和积累数据产生了额外的工作量。

几乎不会使用Excel等工具软件。多数情况以简单的手动操作为主，甚至还在使用计算器进行大量的数据计算，不仅效率极低，准确性也存在一定的问题。

2. 注重岗位相关基础数据的收集与整理，能够使用工具软件快速、准确地录入数据

在收集基础数据时，注重数据的准确性。能够对工作中基础操作层面的数据进行记录、整理，并根据需要更新，包括员工基本信息、员工在岗的相关信息、入离转调的信息、每天的招聘数据、薪酬数据、员工的绩效数据、劳动合同台账等。当公司领导需要知道公司人数、人员结构、学历分布、劳动合同签订及续签时间等信息时，都可以通过现有数据表快速查询得到。

在数据表格的使用过程中离不开Excel这样的工具软件。能够设计制作比较规范的数据记录表格，能够进行数据筛选，知道如何确保数据的准确性，这些都是开展进一步数据分析的基础性工作。

3. 定期对数据进行统计与汇总，能够通过数据准确反映现状

基础数据是大量数据的有序罗列，如果不对数据加以运用，这些数据就静静地躺在那里。通过定期进行数据统计与汇总，可以实现对数据的"粗加工"，能够更加清晰地反映出数据背后的现象和规律。

常常会见到人力资源专员制作如图1-3所示的数据分析表，或者将数据内容用柱状图、饼状图、折线图等丰富的图表形式展现出来。这里的"分析"就是一个数据统计的过程，是对现有基础数据进行的初步汇总和计算。

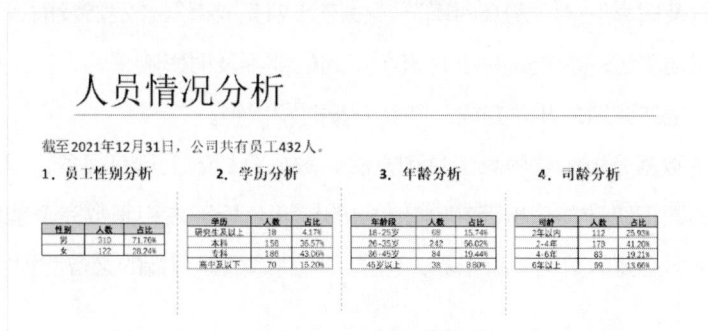

图1-3 人员情况分析

经过汇总或计算的数据能够更加清晰地反映现状，是对"现象"的抽象或图形化描述。对于深层次的数据分析而言，数据的统计与汇总是必不可少的基础性工作。

4. 通过数据分析，获得大量有价值的信息

数据分析是有目的地收集、整理、加工和分析数据，提炼有价值信息的过程。数据分析最为关键的就是找到有价值的信息。所有分析都应当聚焦到核心的业务或管理问题上，聚焦到企业当前发展的关键点上。

图1-3列出的这些信息，仅从数据上看，管理者无法知道这样的人员结构是否合理，这些数据对于公司来说是否健康，是否需要做出调整。

要从数据中得到有价值的结论，除了要关注人力资源部视角的数据，还应当横向、纵向进行综合比较。比如，从时间维度去看近三年的数据变化趋势，从公司总体视角去看人力资源投入产出比的变化情况，从同行业、对标公司、竞争对手等外部视角进行综合比较和判断。

数据分析是一个动态的过程。例如，如何留住关键岗位的员工，哪些核心员工的离职风险高，哪些员工是投入产出比最高的员工，哪些员工是团队内缺少价值贡献的"老白兔"，人员结构应当如何优化，这些都可以从全面的数据分析中捕获端倪。

例如，某企业绩效管理系统中的一个关键指标叫作"产品交付及时率"。经过关联分析可能会发现"产品交付及时率"与目标的偏差较大，原因是生产部门没有实现对产品的及时交付而影响了回款。同样，对于"产品交付及时率"的降低，也需要去采集相关性指标进一步查找原因。这就要求找到相关性指标，如"资金到位及时率""采购及时率""生产计划完成率""发货及时率"等的完成情况，以便于进一步查看是因为资金不到位或不及时影响采购，还是因为采购及时率低、生产计划未及时完成、产品未及时发货等。

有效的数据分析需要依赖工具和方法。数据分析的工具有很多，但对于人力资源管理的数据统计与分析而言，Excel的统计分析工具和函数完全能够满足日常所需。掌握必要的数据分析工具，也是进行有效数据分析的必备前提。

5. 建立符合企业实际的数据监测指标或模型

在开展有效数据分析的基础上，如果能够结合企业实际设计一些关键的量化监测指标，并将其固化下来，明确其数据来源、分析指标、统计周期，就可以每季度、每半年、每年监测这些指标的变化情况。在企业内部还可以匹配相应的管

理会议机制，定期对数据监测指标进行复盘、讨论。

因此，越来越多的企业开始建立"管理数据看板"，其核心就是将管理者最关注的数据指标进行图形化展示，也有一些企业开始建立更为详尽的管理报表。"钱"与"人"是企业负责人最关注的两个点，财务报表也是企业高层必看的报表，而在人力资源管理维度也应当建立起符合本企业实际的管理报表。

6. 基于数据分析，能够做出改进、预测

对于管理而言，基础数据积累、数据统计、数据分析都不是目的。数据分析的目的，一方面是要能够清晰地找到当前存在的一部分管理问题或业务问题，以便做出优化调整；另一方面是要对未来做出可能的预测。

大多数企业每年都会编制年度计划与预算。人工成本是企业成本中非常大的构成部分，也是弹性非常强的一部分。编制年度人工成本预算，确定未来年度的人员编制数量，都需要依赖数据分析。

除此之外，人力资源规划等战略规划的编制也需要以详尽的历史数据、内外部数据为依据。

总体来说，对人力资源管理和行政管理领域的朋友而言，"数据能力"是非常重要的职场竞争力。掌握诸如Excel等数据处理工具，必将极大地提高工作效率。

本章复盘

本章通过分层次的阐述，希望能够帮助人力资源管理和行政管理领域的朋友深入认识"数据能力"，意识到"数据能力"和Excel等数据处理工具的重要性。

第二章

以终为始: 学Excel, 先学数据思维

小张和小刘自从上周周末听表姐Lisa讲了"数据能力"的重要性, 也明白了Excel是职场必不可少的工具软件, 便想着要系统性地学习Excel。

周末又见到了表姐Lisa, 小张和小刘便提出了一个问题: "学习Excel, 要从哪里开始学呢?"在很多人的眼中, Excel就是一个制作表格的软件, 把标题和数据罗列上不就好了吗?

Lisa作为一个数据处理经验丰富的"表"姐, 对小张和小刘说道: "要想学好Excel, 先要有一点数据思维, 还要明白一个道理。你们听过一个词叫'以终为始'吗?"

小张和小刘疑惑地摇摇头。Lisa浅显地解释道: "以终为始, 就是在做每件事情之前都要先思考, 做这件事情最终要达到的目的是什么? 从开始迈出的第一步, 到接下来的每一步, 都向着终点, 就不会偏离。"

小张和小刘没有搞懂, "以终为始"和学Excel有什么关系呢?

一、从"应用"和"结果"出发，建立数据思维

表姐Lisa看两位小伙伴一脸疑惑，便抛出了更简单、更具体的问题："你们说说，在你们的工作中哪些需要用Excel制作表格？做这件事情的目的是什么呢？"

两个小伙伴你一言我一语地讨论起来，言谈中提及了表格使用常见的工作场景和主要目的，见表2-1。

表2-1　表格使用常见的工作场景和主要目的

工作场景	主要目的
把纸质的员工档案信息记录在 Excel 中	数据记录与保存
制作《员工工资表》	数据记录与保存
员工考勤数据的统计	数据统计与分析
对各部门的薪酬进行统计	数据统计与分析
制作《求职信息登记表》，打印出来让求职者填写	表格或数据的呈现
制作员工通讯录，分发给大家使用	表格或数据的呈现
制作数据报表或图表	表格或数据的呈现

在表姐Lisa的引导下，小张和小刘从表2-1中发现了端倪。在Excel的日常使用中，归纳起来主要有三个目的，如图2-1所示。

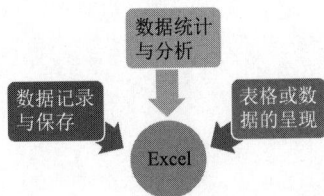

图2-1　使用Excel的主要目的

目的不同，制作表格时的侧重点就不同，要注意的事项自然也是不同的。表姐Lisa总结分析了上面提到的三种表格使用目的对应的侧重点和注意事项，见表2-2。

表2-2 三种表格使用目的对应的侧重点和注意事项

目　　的	侧重点和注意事项
数据记录与保存	要求数据结构简明、易于记录，确保数据准确、全面
数据统计与分析	要体现分析重点，确保数据准确，便于统计与汇总
表格或数据的呈现	要美观、清晰、重点突出

1. 数据记录表

数据记录表的作用主要是记录和保存数据，在设计这类表格的时候结构要简单明了。数据记录表最理想的表现方式是一维表格。在设计这类表格的时候，还应当考虑如何尽量避免录入不准确或错误的数据。

表姐Lisa担心两个小伙伴不理解，又用更浅显的比喻解释道："这类表格就像数据的'原材料'，没有经过深入加工，只需要保证数据准确、全面就好。不要对数据记录表进行过度的'美化'，否则有可能影响数据的使用。就像从菜地里采摘到的蔬菜，只要整齐地码放在仓库中相应的位置，便于查找就可以了。"

2. 数据统计与分析表

数据统计与分析表的数据来源通常有两种：一种是手动统计和录入的数据；另一种是在原始数据记录表的基础上通过统计与分析得到的数据。平时使用最多的是第二种数据。这类表格不仅要充分体现分析的重点，还要确保分析结果的准确性。数据统计与分析表的表现方式多为二维表格。

"这类表格就像用各种蔬菜原料加工而成的美食，它讲究的是符合就餐人的口味和营养要求。"表姐Lisa说道。

3. 表格或数据的呈现

数据报表和数据图表都是为了把数据清晰地呈现出来所使用的表现方式。既然是为了展示，那就首先要求"美观漂亮"，能够直观地把想要表达的信息传递出来。

聊完这些，小张似乎明白了表姐的用意，说道："我明白了。如果领导要看数据报表，那么我应当把数据变成图形或者其他直观的呈现方式。如果是我自己使用的员工信息记录表，就不能为了美观去设置很多合并单元格，而应该把心思放在如何准确地收集数据上。对吗？"

表姐Lisa表示赞同："非常正确。如果你能够首先明确制作表格的目的，就能够从一开始就避免一些不必要的麻烦。除此之外，要是能养成良好的数据表使用习惯就更好了！"

二、开始即高效，建立良好的数据表使用习惯

表姐Lisa见两个小伙伴听得津津有味，于是引导着讨论内容，开启学习Excel之前的另一个重要话题："良好的数据表使用习惯会让我们从一开始就尽量避免低级错误。接下来，我们谈谈如何养成良好的数据表使用习惯。"

1. 慎用合并单元格

小张在前段时间制作了一张《2022年培训费用统计表》，如图2-2所示。

2022年培训费用统计表

月份	部门	培训费用	类别	备注
1月	生产部	12000	外部培训	
	财务部	800	内部培训	
	销售部	8000	内部培训	
2月	生产部	1500	内部培训	
	客服部	3000	外部培训	
	市场部	500	内部培训	
	运营部	4200	外部培训	
3月	销售部	1500	内部培训	
	市场部	800	内部培训	

图2-2　2022年培训费用统计表

小张在制作表格的时候，习惯性地把相同的数据进行了单元格"合并"，美其名曰合并后比较美观。

小张制作的这张《2022年培训费用统计表》确实看上去比较简单明了，但是，看似不经意的"美化"操作，却有可能使后期数据的统计和分析变得困难重重。如果制作这张表的最终目的是呈现或展示，那么制作合并单元格是没有问题的。但是，考虑到培训费用统计表除了要记录每月发生的费用金额和项目，在年度总结或编制新一年预算的时候还需要对一年的培训费用进行统计与分析。比如：

（1）全年总体培训费用支出是多少？每月的培训费用支出是多少？有没有超出培训费用预算？培训费用的支出是否和培训计划相匹配？

（2）每个部门的培训费用支出是多少？有没有超出部门培训费用的预算？

（3）在内部培训和外部培训以及其他培训费用支出项目上，分别支出的费用又是多少？

表姐Lisa说道："要回答这些问题，就需要在原始数据表（记录的2022年各项培训费用支出明细数据）中进行汇总统计或分析。但是，'合并单元格'是数据多维度分析的大忌，非常不利于统计。所以，你们一定要记住，如果将来有可能需要进行多维度的统计与分析，那么在这张表中一定不能有合并单元格。"

2. 围绕"目的"，选择合理的表格结构与形式

在上一个话题中提到了"一维表格"和"二维表格"。表姐Lisa给两个小伙伴的建议是，数据记录表尽量用"一维表格"，而数据统计与分析表通常用"二维表格"。

什么是"一维表格"？什么是"二维表格"？表姐Lisa对比进行了介绍。

以如图2-3所示的《中层季度绩效考核结果》记录表为例。每个季度、每个人的考核成绩都是表中的一行数据，整张表格里的数据就像"流水账"一样，按季度和人员逐一进行记录。这张表的特点是，每行数据唯一地表达相对单一的数据信息。这种表格就是典型的一维表格。

中层季度绩效考核结果

年份	季度	部门	姓名	绩效得分
2021年	1季度	生产部	张梅	87
2021年	1季度	财务部	刘敬林	81
2021年	1季度	销售部	何凯	90
2021年	1季度	生产部	王超然	66
2021年	1季度	研发部	周强强	69
2021年	2季度	生产部	张梅	71
2021年	2季度	财务部	刘敬林	79
2021年	2季度	销售部	何凯	92
2021年	2季度	生产部	王超然	82
......	......	......	......	......
2021年	4季度	生产部	王超然	74
2021年	4季度	研发部	周强强	91
2021年	4季度	研发部	周强强	70
2021年	年终综合考评	生产部	张梅	95
2021年	年终综合考评	财务部	刘敬林	79
2021年	年终综合考评	销售部	何凯	76
2021年	年终综合考评	生产部	王超然	87
2021年	年终综合考评	研发部	周强强	67
2021年	年终综合考评	研发部	周强强	90

图2-3　一维表格示例

如果把这张《中层季度绩效考核结果》数据表制作成如图2-4所示的样式，就是典型的二维表格。

中层季度绩效考核结果

部门	姓名	2021年					2022年				
		一季度	二季度	三季度	四季度	年终综评	一季度	二季度	三季度	四季度	年终综评
生产部	张梅	99	98	97	65	87	91				
财务部	刘敬林	69	72	81	84	81	84				
销售部	何凯	95	74	81	91	90	82				
生产部	王超然	80	92	84	65	66	80				
研发部	周强强	74	87	73	96	69	71				
研发部	原林	66	97	87	72	71	70				
人力资源部	张海	78	71	75	77	79	65				
行政部	孙晓艳	81	86	82	96	92	92				
......	......	......	......	......	......	......	......				

图2-4　二维表格示例

二维表格的特点是，每行对应着多条数据信息。比如第一行是生产部张梅的相关数据，在这行数据中包含2021年和2022年每个季度的绩效考核结果及年终综评的数据。表中的每一行（一条数据）信息量很大，不像一维表格一样，单一地表达一条数据信息。

这两种类型表格的适用场景不同。如果只是进行原始数据的记录和存放，则尽量使用一维表格。因为一维表格为数据统计留下了足够大的空间，通过各种统计与分析方法可以灵活地得到各种不同效果的二维表格。

如果将原始数据记录成二维表格，那么，在进行多维度的统计与分析时会有很大的局限性。这就是为什么很多精于数据分析的达人都非常青睐"一维表格"作为原始数据。

表姐Lisa打了一个比方："就像用一堆土豆作为食材，可以让厨师灵活地制作各种菜式；而切成片的土豆就只能炒成土豆片或做成土豆泥了。"

表姐Lisa最后总结道："就像我们要到某个目的地旅游，知道了目的地，就要围绕目的地选择合适的出行方式。从北京去昆明，我们会选择坐飞机；而从北京去天津，坐高铁就可以了。在学习Excel时，同样要围绕表格或数据的最终目的，从表格的原始数据记录开始合理规划表格结构。只有这样，才能确保我们从一开始就是'高效'的。当你慢慢学习了数据的统计与分析，就会发现不合适的原始数据表结构会极大地增加统计与分析的工作量和难度。"

在表姐Lisa的生动举例和耐心解释下，小张和小刘慢慢明白了"一维表格"和"二维表格"的区别，也明白了这两种不同的表格形式分别适用于什么样的场景。

3. 注重数据的准确性和规范性

在交流的过程中，小张制作的《员工信息表》中的一个细节引起了表姐Lisa的注意。如图2-5所示，在"姓名"这一列中既有三个字的姓名，也有两个字的姓名，对所有姓名都进行了"对齐"。

员工信息表

工号	姓名	性别	籍贯	……
001	张敏和	女	山东	
002	李 丽	女	河北	
003	孙远峰	男	陕西	
004	赵 畅	男	山东	
005	丁 林	女	山西	
006	邓又明	男	河南	
007	李 然	男	四川	
008	周 可	女	山东	
009	于 强	男	山东	

图2-5 员工信息表

　　表姐Lisa饶有兴趣地看着小张，问道："你是用什么方式把两个字的姓名和三个字的姓名进行对齐的？"

　　原来，小张在录入姓名的时候，只要遇到两个字的姓名，就会在中间录入空格。因为她觉得这样能够把两个字的姓名和三个字的姓名进行对齐，更加美观。

　　其实，这个从表面看上去使数据"更美观"而手动录入空格的操作，恰恰是一个非常不好的习惯。手动录入的"空格"不利于数据查询或统计。因为对于Excel来说，"李丽"和"李　丽"（姓和名之间有空格）是完全不同的两个数据。当在"姓名"列带有空格的原始表格中查询姓名为"李丽"的相关信息时，就会导致查询失败。这也正是很多数据达人或Excel高手在进行数据的统计之前，会先对数据进行必要的"清洗"的原因之一。

　　表姐Lisa进一步解释道："在原始数据表中，并不是不能考虑数据的美观问题，而是不能因为美观而影响到数据的准确性。确保数据的准确性是底线。就像小张想要把姓名对齐这件事情，完全可以在不破坏数据准确性的前提下，用单元格格式中的'两端对齐'并设置'缩进'的方式来解决。这样就两全其美了。"

　　数据中有空格的问题不是个例，同质化的问题还有很多。如图2-6所示是小刘编制的《员工疫苗接种情况表》，在这张表中也有类似的问题。

员工疫苗接种情况表

工号	部门	姓名	第1剂接种日期	……
001	客户服务部	张敏和	**2021.8.3**	
002	客户服务部	李丽	2021/8/3	
003	客服部	孙远峰	**21.10.9**	
004	客服部	赵畅	2021/10/15	
005	客户服务部	丁林	**21.10.12**	
006	客户服务部	邓又明	2021/10/17	
007	营销部	李然	**2021.4.3**	
008	营销部	周可	2021/10/19	
009	营销部	于强	2021/10/20	

图2-6　员工疫苗接种情况表

　　在上面的表格中，填写的"部门"列中既有"客户服务部"，也有"客服部"。这种将部门或单位的全称和简称混合录入的情况也很常见，这也是数据不规范的一种情况。

另外，在图2-6中"第1剂接种日期"这一列，只有诸如"2021/8/3"这样的日期是规范的日期格式，而"2021.8.3"和"21.10.9"这样的日期并不是真正的日期格式，而是一些文本。

经过表姐Lisa的讲解，小张和小刘翻看了自己以往编制的很多表格，都有类似的问题。通过交流，她们更加清楚地体会到了为什么表姐会说"确保数据的准确性是底线"。

本章复盘

表姐Lisa之所以没有直接切入对Excel具体功能的讲解中，而是用了半天的时间，耐心地与两个小伙伴梳理了基础的数据思维，以及数据表的使用习惯和意识，是因为她希望两个小伙伴在学习Excel的道路上"开始即高效"，从一开始就做正确。只有在录入数据或制作原始表格的阶段就关注到数据准确性的问题，建立良好的数据表设计和使用习惯，才能有效避免后续使用过程中的诸多麻烦。

第三章

建立准确、高效的人力资源基础信息表

上周表姐Lisa给小张和小刘分享了关于数据表的使用习惯，两个小伙伴虽收获很大，但也感觉意犹未尽。于是，这周五，小张和小刘又一次约表姐Lisa一起吃饭，希望能够解决工作中的一些困惑。在三人的交流中，小张和小刘就聊起了自己的工作。

小刘说："马上就到妇女节了，今天领导让我把所有女员工的年龄统计一下，想按照年龄给女员工设置一些特别的福利。我们公司有200多人，我光算年龄就算了一天，头昏眼花地才弄了几十个。领导让我周一统计好交给她，周末我也不休息了，得去加班了。"

小张也附和道："我最近也天天加班呢。前几天我们公司一个员工的劳动合同到期了，我刚去也不知道呀，结果没有及时续签，差点弄出劳动纠纷。领导让我在一周之内把员工的劳动合同和员工资料统一整理一下，不能再出现到期忘记续签的问题。我现在天天趴在一堆员工档案里，正愁从哪里下手呢！"

看着两个初入职场的"小朋友"，作为人力资源管理咨询顾问的表姐Lisa给出了建议："你们遇到的这些问题很多人都会遇到。之所以很多'职场小白'一遇到要统计数据，或者要动态地管理员工的劳动合同等信息，就觉得工作量很大，有时不得不加班完成，甚至经常出现差错，是因为你们的基础数据表没有做好。"

Lisa喝了一口水，继续说道："就像一栋没有地基的房子，永远在修修补补。要改变这个现状，需要先把地基打好。只有打好了地基，才能让这些基础性工作高效起来。"

小张和小刘眼睛里的光一闪而过，追问道："表姐，你说的地基是什么呢？我们要怎么打好地基，才能提高工作效率、少加班呢？"

Lisa卖了一个关子："做好基础数据、打好地基，可不光是能让你们提高工作效率、少加班，高效率、高质量地做好手上的每一件小事，还能让领导更加认可你们的工作能力。"

就这样，表姐Lisa利用周末给小张和小刘开始了第二次"小课堂"的授课。

一、怎样才能设计一张全面、易用的员工信息表

前面讲到，要盖房子，先建地基。一张内容翔实、全面、易于使用的员工信息表，就是将来进行员工信息统计和分析的"地基"。但是，要搭好这个地基，还需要在制作这张表格之前进行一些设计和规划。谋定而后动，才能让制作的员工信息表更加实用。遇到问题先进行分析，是作为人力资源管理咨询顾问Lisa的习惯，她的这种思考和工作方式也潜移默化地影响着小张和小刘。

1. 在设计员工信息表的时候要遵循的两个原则

1）数据相关信息分类存放

要分类存放数据，不要煮一锅"八宝粥"，要把"相关"的信息放在一张表中。

员工信息的数据是多维度的。表中既包括了员工本人的信息，也包括员工进入公司以后的信息，比如劳动合同签订时间、试用期时长、在公司的历次岗位变动等。总体来看，员工信息的数据特点是内容多、散乱、类型多样。

面对这样的信息，如果全部放在一张表格中，就像煮了一锅"八宝粥"。"米"和"豆"全部堆在一起，会让表格变得特别庞大、复杂，不便于使用。

所以，我们需要按照相关性、分类存放的原则，首先对信息进行分类，把相关的信息放在一张表中。可以根据分类的情况规划两三张表格，分类存放信息。如果需要，则还可以增加数据之间的联动，这样表格使用起来就更方便了。

比如，表姐Lisa围绕前面提到的需求，为小张和小刘规划了几类数据。

第一类，员工本人的信息。将以下信息设计到一张Excel表格中：

➤ 员工的基本信息，包括姓名、性别、年龄、籍贯、身份证号码等；

➤ 员工的教育经历信息，如学历、学校、专业、持有的证书等；

➤ 员工进入公司之前的职业经历，如社会工龄、以往任职情况等。

第二类，员工在本公司内任职的相关信息。

将员工进入公司以后与任职岗位相关的信息设计到一张表格中。这些信息包括员工的姓名、工号、任职岗位、入职部门、岗级、职级、入职时间（首次劳动合同签订时间）、劳动合同性质、劳动合同期限、试用期期限、工龄、劳动合同的到期时间等。

看到这样的分类，小张和小刘的脑海里对员工信息表的框架和轮廓逐渐清晰起来。

2）防差错原则

表姐Lisa讲解完前面的内容，小张和小刘已经按捺不住想打开电脑，开始进行操作了。这时，表姐Lisa又娓娓道来了第二个注意事项："一张好的Excel员工信息表，在设计表格的时候，要注意防止数据录入差错。"

小刘有点疑问地说道："在录入数据的时候，我一直特别小心，这样就不会出错了吧？难道表格还能设计防止数据差错的功能吗？"

"在工作中细心认真是必需的。但是，Excel的功能很强大，我们也可以运用Excel中的一些功能，为表格设计一些防止数据差错的功能。这样，不管是谁录入数据，都能使录入的数据更加准确。要知道，基础数据不准确，就像打了一个不牢固的'地基'，当数据量越来越多时，出错是防不胜防的。你们肯定不想每次统计数据都提心吊胆吧？"表姐Lisa解释道。

"大家要时刻记得这一条原则，即尽量使设计的表格能够准确录入数据。怎么操作Excel能实现我说的这些功能呢？不仅要从格式、录入限制等方面进行考虑，还要尽量使用自动计算、减少手动录入，这样就会好很多。别急，在后面我会展开来讲。"表姐Lisa对于这些初入职场的"小白"总会耐心地进行解释。

在表姐Lisa的指导下，小刘和小张分别制作了两张表格的框架，用来存放员工的信息。第一张表格是《员工个人信息表》，如图3-1所示。

员工个人信息表

编号	工号	姓名	性别	民族	身份证号	籍贯	出生日期	年龄	政治面貌	社会工龄	学历	毕业学校	所学专业	持有的证书	手机号	现住址	个人邮箱
1																	
2																	
3																	
4																	
5																	
6																	
7																	
8																	
9																	
10																	
11																	
12																	
13																	
14																	
15																	
16																	
17																	
18																	
19																	
20																	
21																	
22																	

图3-1　员工个人信息表

第二张表格是《员工在职基本信息表》，用来存放员工入职后的相关信息，如图3-2所示。

员工在职基本信息表

编号	工号	姓名	部门	职位	职级	岗级	入职日期 首次合同签订日期	试用期月数	试用期到期日期	首次合同期限	当前合同到期日	合同签订次数	工龄
1													
2													
3													
4													
5													
6													
7													
8													
9													
10													
11													
12													
13													
14													
15													
16													
17													
18													
19													
20													

图3-2　员工在职基本信息表

2. 提前考虑好表格之间的关联性，做好基础设置

在制作《员工在职基本信息表》的过程中，小刘设置了"工号"列。而在设计《员工个人信息表》的时候，小刘和小张最初是没有设置"工号"列的。

表姐Lisa建议她们在《员工个人信息表》中也增加"工号"列。

小刘不解地问道："不是说要按相关性原则设计表格吗？工号信息是员工进入公司后才会有的信息，为什么在《员工个人信息表》中也要设置这一列呢？这不就不符合相关性要求了吗？"

表姐Lisa解释道："你们设计的这两张表格，将来有可能要设置联动或关联分析。要想把两张表格的信息对应关联起来，就要有一条纽带，也就是在两张表格中要有一个共同的关键列。工号就起到了这样的作用，如图3-3所示。只要两张表格中的工号相同，就说明对应的数据是同一个员工的，这样两张表格中的数据就能对应起来了。我考考你们，为什么选择'工号'列作为连接两张表格的'纽带'，而不是'姓名'列或者其他列呢？"

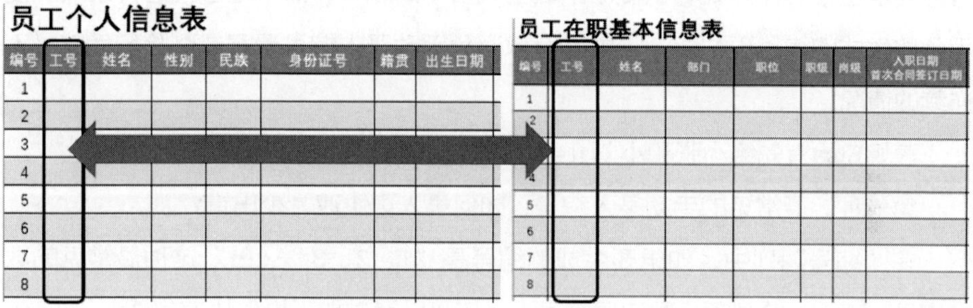

图3-3　表中以"工号"列进行关联

小刘思考了一下，恍然大悟道："这个作为两张表格纽带的关键列，应该是不能出现重复数据的吧？如果选用'姓名'列，当出现重名员工时，两张表格的关联不就乱套了吗？"

小刘的理解非常正确。两张表格中用于关联的关键列是不能有重复值的。为每个员工设置一个不会重复的"工号"就能很好地解决这个问题。而且这个关键列将来还可以和其他表格中的数据进行关联分析，比如员工的工资表等。

下棋讲究"走一步，看三步"。在制作表格时，也不能只顾眼前，要考虑

到以后在使用、查询、统计、分析时对表格的要求。这也是前面讲到的"以终为始"的实际运用。只有从实际使用的角度来考虑表格的设计，才能制作出一张实用、翔实的表格。

看着梳理出来的信息和制作好的表格框架，小刘感慨地说："原来设计一张信息表还要考虑这么多呢。这么多信息要是全放在一张表格中，真的会非常大，查找、使用都不太方便。这样分类存放，再设置关联纽带，就清晰多了。"

纲举则目张，有了清晰的表格框架，员工信息的管理就有了良好的开端。

3. 做好基础信息表的防差错设计，让数据少出错

前面讲到，像员工信息表这类基础表格，需要考虑一些防差错的设置，降低数据录入过程中出错的概率。

1）员工编号自动化

为了便于查看，在很多表格中都会设置"编号"列。在不同的情况下，对编号的要求也不一样。要尽量使用函数生成自动的编号，而不是手动进行录入。使用函数生成的编号更方便，也能够有效避免手动录入编号遗漏或删除行后编号不连续的情况。

表姐Lisa首先给小张和小刘介绍了两种比较常用的编号设置方法。

第一种，最常见的手动录入编号，如何录入更快速、少出错？

在"编号"列中，如果要生成的编号是"1、2、3、……"这种最常见的数字序号，那么，除了逐个数字手动录入，还可以通过如下操作快速生成。

第一步，在"编号"列的第一个和第二个单元格中分别录入数字"1"和数字"2"，并且选中这两个单元格，如图3-4所示。

第二步，在选中的这两个单元格区域的右下角有一个拖动句柄（图3-4红框里的小方点），鼠标指向图3-4中标识的句柄，向下拖动，在拖动的区域内就会形成一组连续的数字编号，如图3-5所示。

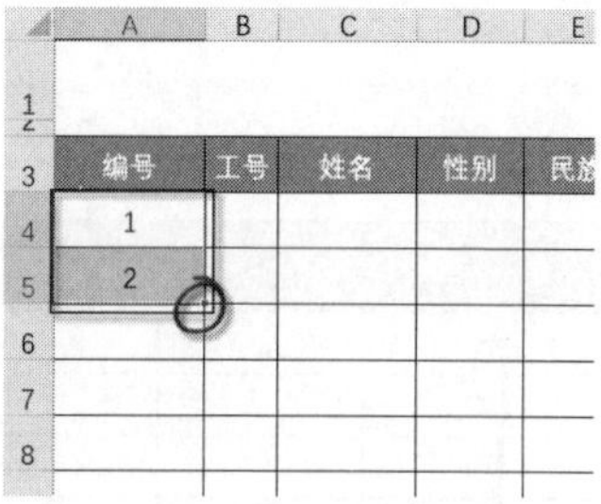

图3-4　选中拖动句柄

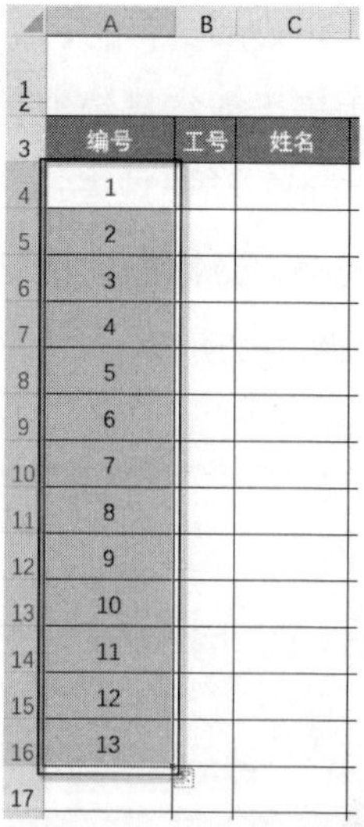

图3-5　生成连续的数字编号

当数据量比较大的时候，使用这种方式替代逐个数据手动录入的方式，效率会高很多。

使用这种方式生成的编号和手动录入的编号一样，当中间一些行被删除以后，余下行的编号将不再连续。比如，在编号为1~10的10行数据中，第4、5、6行被删除了，保留下来的行，编号就是"1、2、3、7、8、……"。

第二种，如何设置能够始终保持连续的编号？

要设置一组在删除行时可以自动连续的编号也并不难，只需要使用Excel中一个很简单的函数——ROW函数。

【函数介绍】ROW函数的作用是提取"当前单元格"或"指定单元格"的行号。

【函数用法】在单元格中输入"=ROW()"，能够把当前单元格的行号显示出来；在单元格中输入"=ROW(A1)"，能够把指定单元格（A1单元格）的行号，也就是数字"1"显示出来。录入其他单元格也一样，能够显示指定单元格的行号。

利用这个特性，在需要连续编号的单元格中，只需要使用ROW函数就可以了，如图3-6所示。

看到小张和小刘还有一点疑惑，表姐Lisa解释道："这里的'='号是Excel

中的每个公式都要有的，不用去管它。ROW()的意思就是提取出当前单元格的行号。由于当前行是第4行，所以公式得到的结果为4。想让编号从1开始，对ROW()得到的结果减去3，即可得到编号1。这样制作好第一个编号以后，选中这个单元格，鼠标指向单元格右下角的句柄，向下拖动，就能生成一系列编号了，"如图3-7所示。

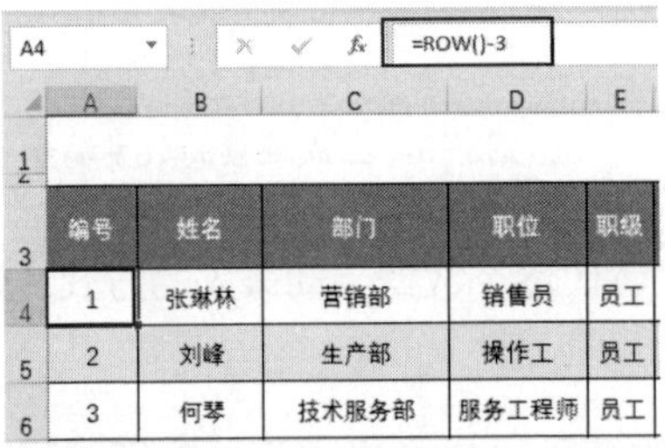

图3-6　使用ROW()函数制作编号

图3-7　拖动句柄复制公式

经过表姐Lisa的演示，小张和小刘也按同样的步骤制作出这样一列连续的编号。小刘还特意试了一下，把有编号的第3、4、5、6行删除，余下行的编号仍然是"1、2、3、4、5、6、7、……"这样连续的编号。

一番操作下来，小张和小刘觉得这个功能非常实用："设置了这样的编号，以后有人员离职删除了表格中的行，再也不用手动对编号进行调整了，确实方便了很多，也不会出错。"

2）怎么让那些前面带0的工号正确显示

在使用"工号"时，小张发现了一个问题：她想设置的是"001""002"这样的工号，但是她制作的表格在"工号"列中只要录入"002"这样前面带0的内容，Excel都会显示为"2"，把前面的0自动去掉了。

针对这个问题，表姐Lisa解释道："这是因为在录入的时候，Excel默认把'002'当作数字来对待了。对于一个常规数字来说，'002'前面的两个0都是无意义的。Excel'自作聪明'地帮你把无意义的0去掉了，所以才会出现前面的问题。"

要想解决这个问题，只需要选中"工号"列，右击，在弹出的快捷菜单中选择【设置单元格格式】命令，如图3-8所示。

在弹出的【设置单元格格式】对话框中，选择【文本】类型，单击【确定】按钮就可以了，如图3-9所示。

图3-8　单元格右键快捷菜单　　　　图3-9　设置单元格格式为"文本"

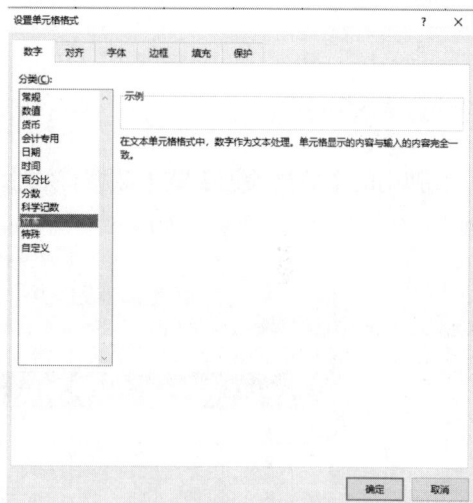

将单元格格式设置为"文本"类型后，在这些单元格中不管录入什么内容，都将会作为"文本"原封不动地显示出来。这样，"工号"录入的问题就解决了，录入后的效果如图3-10所示。

3）限制"姓名"列中不允许录入空格，以免为数据查询留下隐患

表姐Lisa想到上次交流时，表格中的"姓名"列被手动录入空格的情况，为了使数据尽可能准确，表姐Lisa要教给小张和小刘一个好办法，那就是在表格中添加不允许录入空格的设置。有了这个功能，不管是谁录入数据，只要在"姓名"列中录入了空格，Excel都将自动给予提示并拒绝录入带空格的信息。

第一步，选中要进行设置的"姓名"列，选择【数据】→【数据验证】→【数据验证】或【数据有效性】命令，如图3-11所示。

编号	工号
1	001
2	002
3	003
4	004
5	005
6	006
7	007
8	008

图3-10　录入带0工号

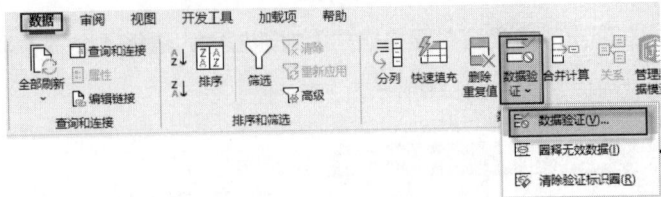

图3-11　【数据验证】菜单

在弹出的【数据验证】或【数据有效性】对话框中，设置如图3-12所示的公式。

图3-12　【数据验证】对话框

作为Excel"小白"的小张和小刘并不明白图3-12中公式的意思，表姐Lisa进行了解释。

【函数介绍】FIND函数的作用是查找指定的字符在一个单元格内容中出现的起始位置。

【函数用法】=FIND(指定的字符,指定的单元格或文本)。

例如，在图3-12的公式中，FIND(" ",C4)指的就是在C4单元格，也就是第一个姓名单元格中查找""（空格）出现的位置。

如果C4单元格录入的姓名中有空格，那么公式FIND(" ",C4)得到的结果就是一个数字，也就是空格在姓名中是第几个字符。

如果C4单元格录入的姓名中不存在空格，那么公式FIND(" ",C4)就得出一个报错结果，意思是没有找到数据。

需要注意的是，公式中的双引号应当在英文状态或半角状态下录入，在中文输入法下录入的双引号是不可以的。

【函数介绍】ISERROR函数的作用是判断公式得出的结果是不是错误值。

【函数用法】=ISERROR (公式)。

如果公式结果是错误值，则返回结果"TRUE"（意为"是"或"真"）；如果公式结果不是错误值，则返回结果"FALSE"(意为"否"或"假")。

看到小张和小刘还不是很明白，表姐Lisa解释道：=ISERROR (FIND(" ",C4))这个组合公式的意思是先查找录入的姓名中"空格"在第几个字符的位置出现。如果因查找不到空格而显示报错，那么ISERROR函数给出一个结果为"真"的判断。当这个公式判断得到结果为"真"时，表明录入的姓名中没有空格存在，这时就允许录入内容。

经过表姐Lisa的解释，小张和小刘恍然大悟，尝试了一下发现，当录入的姓名中有空格时，会自动弹出如图3-13所示的对话框，并且拒绝带空格的姓名录入。

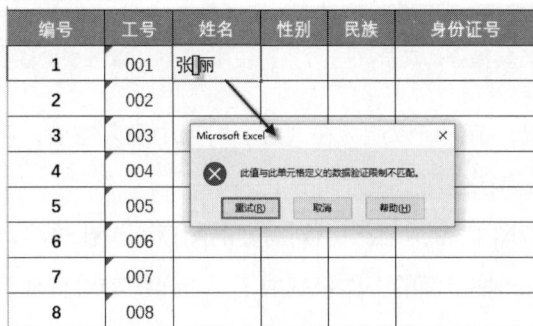

图3-13　数据验证提示框

看到自己做出来的成果，小张和小刘觉得非常有成就感。但接下来，小张又提出一个问题："这个对话框中的内容是什么意思啊？如果由别人填写这张表格，别人看不明白这个对话框的意思，岂不是还得做很多解释？能不能让它变成一个简单易懂的提示，告诉录入数据的人，在这里是不能录入空格的？"

这是一个非常好的问题。只需要在进行"数据验证"设置时，把对话框中的"出错警告"设置一下，就可以制作出一个更加人性化的提示框了。

选中"姓名"列的数据区域，再次选择【数据】→【数据验证】→【数据验证】或【数据有效性】命令，进入前面设置好的【数据验证】对话框，切换到【出错警告】选项卡，只需要在【标题】和【错误信息】文本框中录入相应的提示文字就可以了，如图3-14所示。

设置完成后，单击【确定】按钮退出对话框。如果在"姓名"列的单元格中录入了带空格的姓名，按回车键后显示的就是你自行设置的提示内容了，如图3-15所示。

图3-14　设置数据验证提示

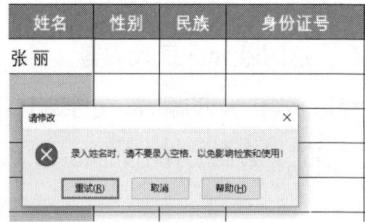

图3-15　录入带空格姓名时的提示框

通过这些设置，不仅可以避免在"姓名"列中录入空格，还能够给出清晰的提示语，这样的表格在使用上就方便多了。

作为Excel"小白"的小张和小刘需要时间逐渐消化这些知识才能灵活地运用。于是，表姐Lisa把上面的操作录制成了一段详细的讲解视频，大家可以反复观看、对照操作。

4）录入重复姓名时进行提示

在录入数据时，为了避免因失误将数据进行重复录入，可以在某些列中设置对重复数据的突出显示。以"姓名"列为例，可以设置当录入的姓名已经在这一列中存在时，为该姓名进行特殊的单元格底色标记，起到提示的作用。

表姐Lisa为两个小伙伴演示了具体的操作步骤。

选中"姓名"列，选择【开始】→【条件格式】→【突出显示单元格规则】→【重复值】命令，如图3-16所示。

图3-16　【条件格式】菜单

在弹出的【重复值】对话框中，确认【重复】值被选中，并在右侧的下拉列表中选择或设置特定的格式，如图3-17所示。

完成上面的设置后，当在"姓名"列中录入数据时，如果录入的是重复值，则会出现特定的格式，如图3-18所示。

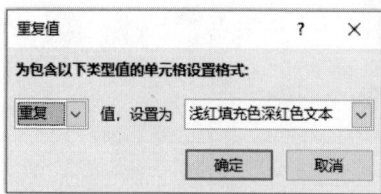

图3-17　【重复值】对话框

图3-18　录入重复值时的特殊格式提示

由于"张琳琳"的姓名已经有重复值存在，所以在表中以红色底色的单元格格式进行突出显示。

5）为"部门""学历""职级""岗级"列设置下拉选项

小张向表姐Lisa提出一个问题："我看到过其他人制作的表格，有的列中会有一个下拉选项，可以从中选择要填写的内容。这是怎么做到的呢？"

表姐Lisa经过交流确认，小张指的就是如图3-19所示的下拉选项。

员工岗位相关基本信息表

编号	姓名	部门	职位	职级	岗级	入职日期 首次合同签订日期	……
1	张琳林	营销部	销售员	员工	L4	2021/1/16	……
2	刘峰	生产部	操作工	员工	L3	2020/11/18	……
3		研发部					
4		生产部 技术服务部 采购部					
5		质检部 人力资源部					
6		财务部 综合行政部					
7							
8							
8							

图3-19　下拉选项效果

表姐Lisa认为小张提出了一个很好的问题，解释道："是的，在表格中有些列是适合设置下拉选项的。设置下拉选项的好处有两点，一是可以方便数据录入，二是可以确保数据录入的准确性。当这类下拉框设置完成后，在单元格中只能够录入或选择下拉选项中已有的内容。"

表姐Lisa为两个小伙伴演示了具体的设置方法。

首先选中要设置下拉选项的数据区域，然后选择【数据】→【数据验证】（在部分Excel版本或WPS中，该项功能叫作【数据有效性】）命令，弹出如图3-20所示的对话框。

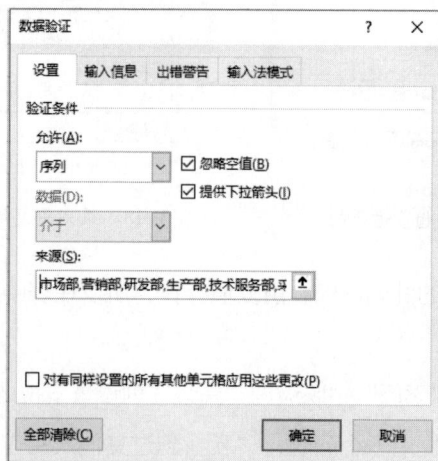

图3-20　【数据验证】对话框

在【设置】选项卡的【允许】下拉列表中选择【序列】选项。序列的作用就是能够根据录入或选择的内容生成一个下拉选项。下拉选项的内容在对话框中的【来源】编辑框中进行录入，下拉选项之间用英文状态的“逗号”分隔即可。

小刘想到了上次交流中提到的“客户服务部”和“客服部”这种全称和简称混合录入的情况，结合刚才学到的下拉选项设置，说道：“我明白了，上次提到的全称和简称混合录入的问题，使用下拉选项功能就完全可以避免了。假如我们把‘客户服务部’纳入下拉选项，如果手动录入‘客服部’三个字，就不会被单元格接受。”

听到小刘这么说，小张也顿时明白了：“这样就确保了数据录入的准确性。”

表姐Lisa看着小刘和小张，她们虽然初入职场经验不足，却非常聪明好学，能够把学到的知识点举一反三。

小张在操作过程中发现，手动录入的下拉选项，当选项内容需要增加、修改或删除时，需要重新调整。于是，小张提出了一个疑问：“这个下拉选项虽然好用，但是修改起来不太方便，有没有两全其美的办法呢？”答案是肯定的。

在当前的Excel文件中找一个位置，把需要做成下拉选项的内容罗列出来。如图3-21所示，将“部门列表”“学历列表”“职级”和“岗级”中的选项提前录入在表格中。录入好的内容可以放在Excel文件的一张新工作表中，方便其他表格调用。

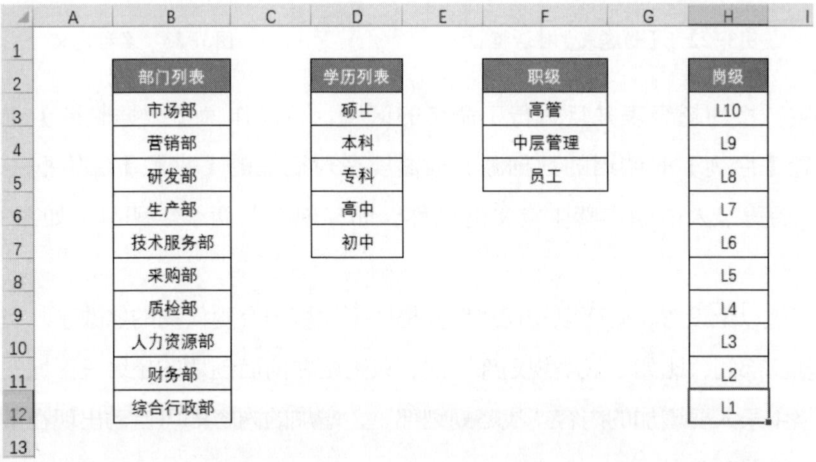

部门列表	学历列表	职级	岗级
市场部	硕士	高管	L10
营销部	本科	中层管理	L9
研发部	专科	员工	L8
生产部	高中		L7
技术服务部	初中		L6
采购部			L5
质检部			L4
人力资源部			L3
财务部			L2
综合行政部			L1

图3-21　列出下拉选项内容

录入完成后，选中其中一组列表，如图3-21中的"部门列表"和下方的部门名称，按【Ctrl+T】组合键，弹出如图3-22所示的【创建表】对话框。

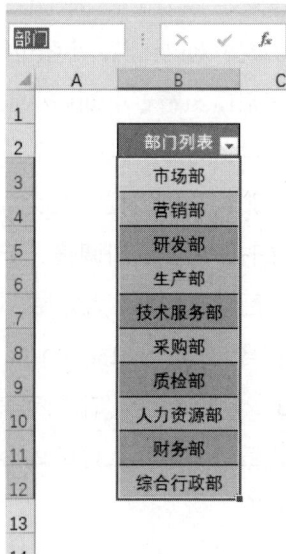

选中【表包含标题】复选框，单击【确定】按钮，即可将这张只有一列数据的小表格转换为"超级表"。

接下来为超级表区域中的内容定义一个"名称"。选中超级表区域内的数据，单击编辑栏左侧的名称框，在名称框中手动录入一个名称，如"部门"，如图3-23所示。录入完成后，按回车键即可完成命名。

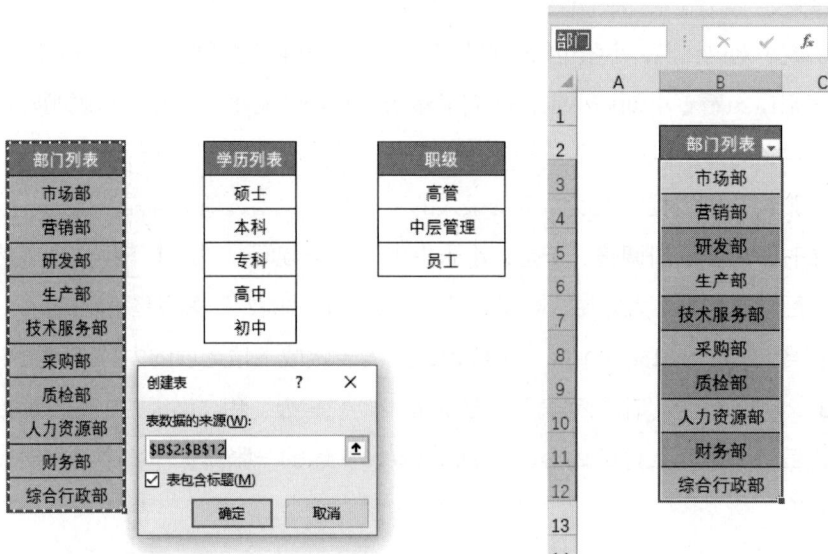

图3-22　【创建表】对话框

图3-23　名称定义

被转换为超级表并且进行了命名的区域，可以作为【数据验证】对话框中设置【序列】时使用的数据源。只需要在对话框的【来源】编辑框中录入"="后再录入前面步骤中定义的名称，即"部门"两个字即可，如图3-24所示。

经过以上设置，就可以实现对单元格中下拉框内容更便捷的修改了。当需要增加新的部门，比如"战略规划部"时，只需要在前面创建的超级表区域的下方单元格中录入要增加的内容"战略规划部"，增加的内容即可自动出现在下拉选项中，如图3-25所示。

员工岗位相关基本信息表

编号	姓名	部门	职位	职级	岗级	入职日期 首次合同签订日期	……
1	张琳林	营销部					
2	刘峰	生产部					
3							
4							
5							
6							
7							
8							
8							

数据验证 对话框：

设置 | 输入信息 | 出错警告 | 输入法模式

验证条件
允许(A)：序列 ☑忽略空值(B) ☑提供下拉箭头(I)
数据(D)：介于
来源(S)：=部门

☐对有同样设置的所有其他单元格应用这些更改(P)

全部清除(C) | 确定 | 取消

图3-24 使用定义的名称作为序列的数据源

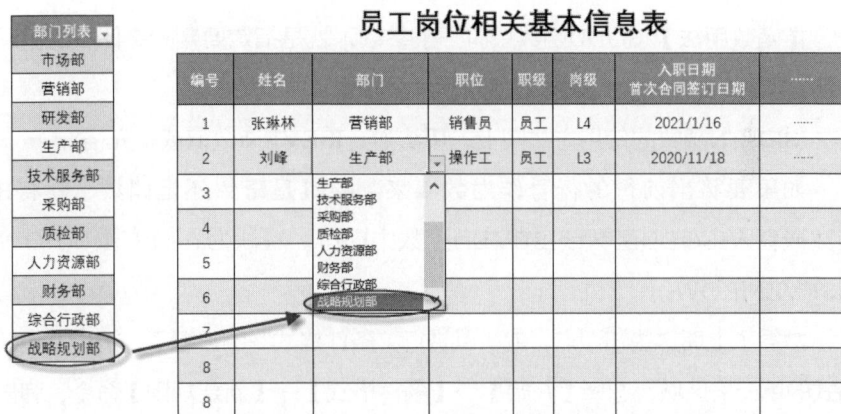

部门列表
市场部
营销部
研发部
生产部
技术服务部
采购部
质检部
人力资源部
财务部
综合行政部
战略规划部

员工岗位相关基本信息表

编号	姓名	部门	职位	职级	岗级	入职日期 首次合同签订日期	……
1	张琳林	营销部	销售员	员工	L4	2021/1/16	……
2	刘峰	生产部	操作工	员工	L3	2020/11/18	……
3							
4							
5							
6							
7							
8							
8							

下拉选项：
生产部
技术服务部
采购部
质检部
人力资源部
财务部
综合行政部
战略规划部

图3-25 自动扩展的下拉选项效果

　　小张和小刘根据上面的步骤完成了相应设置。但是，两个小伙伴又提出了另一个疑问："这里讲到的超级表又是什么表呢？为什么使用了超级表，就可以制作出上面的效果呢？"针对这个问题，表姐Lisa决定先卖一个关子，留待后续慢慢展开讲解。

6）设置隔行底色，防止录入和查看时看错行

考虑到有些数据表中的内容比较多，在设置表格时为了防止看错行的情况，可以为表格设置隔行底色，起到提醒的作用。

看到小张和小刘迫不及待地想知道如何设置，表姐Lisa说道："我们先来说说这个操作的思路，再来学习操作步骤。我们想让表格区域变成一行无底色、一行有底色这种格式。可见，我们指定的底色是在满足一定条件的前提下才会显示出来的。比如，奇数行有底色，偶数行空白；或者偶数行有底色，奇数行空白。"

表姐Lisa继续说道："在某种条件下才会显示出来的格式叫作'条件格式'。是不是很容易理解？"

小张提出了自己的疑惑："前面教过使用'ROW()'能够提取当前行的行号，那么如何判断一个行号是奇数还是偶数呢？"

【函数介绍】ISODD函数用来判断一个数字是否为奇数。当指定数字为奇数时，返回"真"；否则返回"假"。

ISEVEN函数用来判断一个数字是否为偶数。当指定数字为偶数时，返回"真"；否则返回"假"。

【函数用法】ISODD函数只有一个参数，就是指定要判断奇偶数的单元格或数字。用法为：ISODD(数值或单元格)。

ISEVEN函数的使用方法同上，用法为：ISEVEN(数值或单元格)。

如果要将当前行的行号作为数字来判断其是奇数还是偶数，就将ROW函数嵌套入ISODD函数或ISEVEN函数中即可。写法为：=ISODD(ROW())或=ISEVEN(ROW())。

掌握了上面这些知识点，就可以进行"条件格式"的设置了。选中要设置条件格式的单元格区域，选择【开始】→【条件格式】→【新建规则】命令，弹出【新建格式规则】对话框，选择规则类型为【使用公式确定要设置格式的单元格】，将前面写好的奇偶行的判断公式填入【为符合此公式的值设置格式】下方的公式框中即可。

以为奇数行设置底色为例，录入公式为"=ISODD(ROW())"，如图3-26所示。单击【格式】菜单，从中选择某种单元底色的填充色即可。

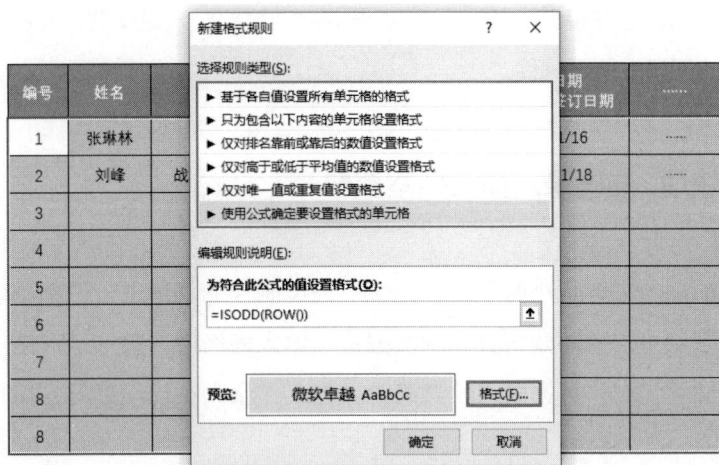

图3-26 单元格格式中设置奇数行判断

如果要为偶数行设置底色，则可以将图3-26中的公式更换为
"=ISEVEN(ROW())"。

设置完成后，表格格式如图3-27所示。这种隔行显示颜色的"斑马纹"效果，在查看和录入数据时可以有效减少看错行等情况的发生。

员工岗位相关基本信息表

编号	姓名	部门	职位	职级	岗级	入职日期 首次合同签订日期	……
1	张琳林	营销部	销售员	员工	L4	2021/1/16	……
2	刘峰	战略规划部	操作工	员工	L3	2020/11/18	……
3							
4							
5							
6							
7							
8							
8							

图3-27 隔行底色的设置效果

通过前面讲到的一些设置，表姐Lisa帮助两个小伙伴在表格中解决了自动编号、带0工号、姓名列不允许空格、重复姓名提示、设置下拉选项和设置隔行底色等问题。通过这些设置，不仅可以使表格中的数据录入更便捷，也在一定程度上保证了数据录入的准确性。

二、快速、准确录入员工档案资料

经过前面的讲解，小张和小刘已经对自己制作的表格进行了基础设置。接下来，小张和小刘就需要将具体的数据逐一填入表格中。数据录入是一项非常重要的基础性工作。数据录入虽然简单，但工作量大、烦琐费时，稍有疏忽还可能出错。

表姐Lisa看着这两位初入职场的Excel"小白"，想到了自己初入职场时的情景。于是，她决定教小张和小刘一些可以快速录入数据的小技巧。

1. 快速实现数据的批量录入

以在《员工岗位相关基本信息表》中录入一批入职员工的信息为例。

首先，选中要批量录入数据的单元格区域。选中的区域可以是连续区域，也可以是不连续区域。如果要批量录入数据的区域是一些不连续区域，则可以按住【Ctrl】键，单击选中多个单元格或单元格区域，如图3-28所示。

员工岗位相关基本信息表

编号	姓名	部门	职位	职级	岗级	入职日期 首次合同签订日期	......
1	张琳林	营销部	销售员	员工	L4		......
2	刘峰	战略规划部	操作工	员工	L3		......
3	李东河						
4	王原原						
5	郑关						
6	许清梅						
7	司霞						
8	周勇全						
8							

图3-28 选中不连续数据区域

　　然后，在多个单元格或单元格区域的选中状态下，直接通过键盘录入内容。如果要录入的是今天的日期，则按【Ctrl+;】组合键，可快速录入当前日期。

　　内容录入完成后，不要按回车键，而要按住【Ctrl】键不放，再按回车键，即可将录入的内容批量填充到所选区域的所有单元格中，如图3-29所示。

员工岗位相关基本信息表

编号	姓名	部门	职位	职级	岗级	入职日期 首次合同签订日期	……
1	张琳林	营销部	销售员	员工	L4	2022/4/2	……
2	刘峰	战略规划部	操作工	员工	L3	2022/4/2	……
3	李东河					2022/4/2	
4	王原原						
5	郑关					2022/4/2	
6	许清梅						
7	司霞					2022/4/2	
8	周勇全						
8							

图3-29　批量录入数据效果

　　不仅"入职日期"列可以采用这种方式，表中如"部门""职位""岗级"等信息同样可以采用这种方式进行快速录入。这是在数据录入中使用频率很高的一个小技巧。

2. 巧用"自动更正"，快速录入重复数据

　　对于像公司名称、部门名称等经常需要重复录入的词条，除了采用上述批量录入方式，还可以设置一个代号或短词替代公司名称或部门名称，提高录入速度。

　　比如，某公司名为"山东涵元教育咨询有限公司"，为了提高对这个词条的录入速度，就可以做一个"自动更正"设置。

　　选择【文件】→【选项】命令，在弹出的对话框中找到【校对】选项卡，如图3-30所示。

　　单击【自动更正选项】按钮，在弹出的对话框的【替换】和【为】文本

框中录入词条。其中，在【替换】文本框中可以设置一个代号或短词，比如"HY"，在【为】文本框中录入完整的公司名称"山东涵元教育咨询有限公司"，如图3-31所示。

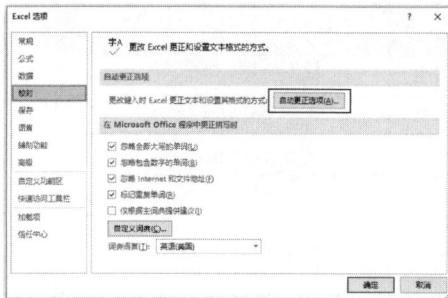

图3-30　【校对】选项卡　　　　图3-31　【自动更正】对话框

录入完成后，单击【添加】按钮，然后单击【确定】按钮退出对话框。

设置完成后，在任意单元格中只需要录入"HY"这个代号，Excel会自动将其替换为完整词条"山东涵元教育咨询有限公司"。

将经常用到的长词条通过以上方式进行设置，可以提高表格中内容的录入速度。

3. 快速进行日期的批量录入

在很多表格中都会有一些日期型数据，比如员工的入职日期、劳动合同的签订日期等。在录入日期型数据的时候，应当符合Excel中对日期型数据的格式要求，"2022-3-31"和"2021/3/31"这两种格式都是可以的。

如果有大量的日期型数据需要录入，不仅要录入数字，还要录入日期格式中"年""月""日"之间的分隔符（"/"或"-"），这会降低录入的速度。这时，可以先用纯数字方式将不带分隔符"年""月""日"的数字录入。比如2022年4月12日，可以录入为"20220412"。针对纯数字的录入，可以使用键盘上的"数字键盘区"，能够提高录入的速度。

看着录入完成的这一列数字，小张提出了自己的疑惑："如何将这些数字变成真正的日期呢？"

表姐Lisa说道："日期数字全部录入完成后，只需要通过一个简单的操作，就能批量将数字转换为日期型数据了。"

选中录入的数字，选择【数据】→【分列】命令，弹出【文本分列向导-第1步，共3步】对话框，如图3-32所示。

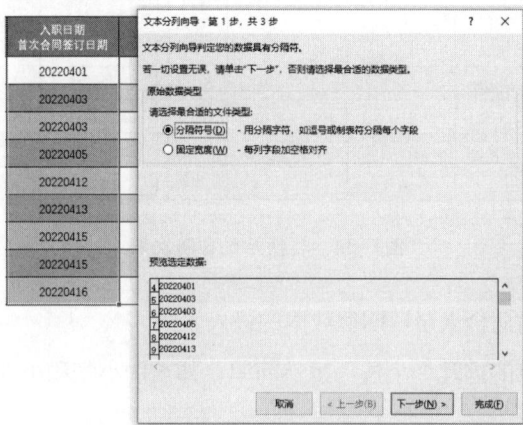

图3-32 【文本分列向导-第1步，共3步】对话框

单击【下一步】按钮，再单击【下一步】按钮，在第3步的页面中按如图3-33所示选中【日期】单选按钮，单击【完成】按钮即可。

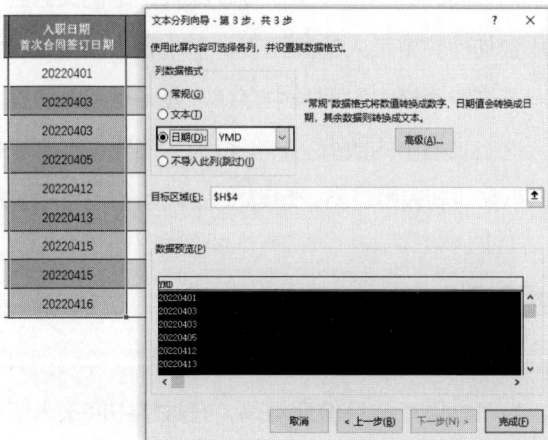

图3-33 【文本分列向导-第3步，共3步】对话框

通过这个简单的设置，前面录入的所有数字将自动转换为日期格式，如图3-34所示。

员工岗位相关基本信息表

编号	姓名	部门	职位	职级	岗级	入职日期 首次合同签订日期	……
1	张琳林	营销部	销售员	员工	L4	2022/4/1	……
2	刘峰	战略规划部	操作工	员工	L3	2022/4/3	……
3	李东河					2022/4/3	
4	王原原					2022/4/5	
5	郑关					2022/4/12	
6	许清梅					2022/4/13	
7	司霞					2022/4/15	
8	周勇全					2022/4/15	
8						2022/4/16	

图3-34 转换后的日期效果

这种方式非常适合大量日期型数据的录入。

表姐Lisa分享的这几个小技巧虽然简单，却帮助小张和小刘在进行数据录入时提高了工作效率。

三、接手他人表格，快速对以往表格数据进行排错

随着小张和小刘开展的数据整理工作逐渐深入，她们又遇到了新的问题。小张的领导给了她几张其他同事录入的数据表，但小张根据表姐Lisa讲到的一些注意事项，观察了一下这些表格，发现表中存在一些不规范的数据。这下小张又犯了愁，要重新录入这些表格中的数据工作量很大，但要拿现有表格来用的话数据又不规范。于是，小张找到表姐Lisa，想寻求一个两全其美的办法。

1. 批量去除所有空格

在小张拿到的这张表格中，"姓名""身份证号"等列中有不少空格。比如"身份证号"列，为了方便查看身份证号码，在数字中间录入了一些空格。除此之外，还有一些列中的空格是无意中录入的。为了确保数据的准确性，需要去除

表格数据中的空格。部分带空格的数据如图3-35所示。

要想去除表格中存在的空格，手动操作的工作量非常大。如果使用一个小技巧，则可以在几秒内完成空格的去除工作。

选中全表，选择【开始】→【替换】命令，弹出【查找和替换】对话框，如图3-36所示。

图3-35 部分带空格的数据

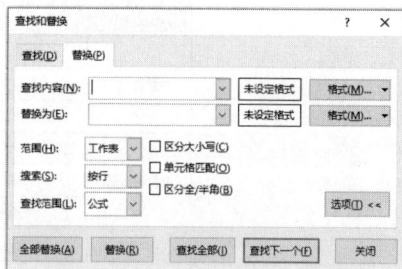

图3-36 【查找和替换】对话框

在【查找内容】文本框中按一下空格键，在【替换为】文本框中则不进行任何内容的录入。这个操作的目的是将空格作为查找内容，并替换为空，也就是把所有的空格全部去除。单击【全部替换】按钮，出现提示，表示完成查找和替换，如图3-37所示。

图3-37 完成查找和替换

通过以上操作，即可一步去除表格中所有的空格。

2. 批量取消合并单元格

在表格中，很多人喜欢使用合并单元格。要把带有合并单元格的数据进行整理和统计，通常需要取消合并单元格，否则将会影响数据的查找和提取，也会影响公式、透视表、筛选和排序等各种日常功能的使用。

如图3-38所示的这类带有合并单元格的表格，应当如何快速取消合并单元格，并将内容补充完整呢？

部门	姓名	身份证号
营销部	张琳林	37070119950312XXXX
	李东河	37010319860829XXXX
	王原原	37010219920713XXXX
战略规划部	郑关	37070119950313XXXX
	刘峰	37010319880515XXXX
	许清梅	370102199412014XXXX
客户服务部	司霞	37070119850314XXXX
	周勇全	37010319960604XXXX
	丁方	37010219900123XXXX
	刘清	37070119951115XXXX

图3-38　带有合并单元格的表格

选中带有合并单元格的区域，从【开始】菜单中单击【合并后居中】功能按钮，即可取消所有的合并单元格。但是，在取消合并单元格后，会留有一些空白单元格，如图3-39所示。

部门	姓名	身份证号
营销部	张琳林	37070119950312XXXX
	李东河	37010319860829XXXX
	王原原	37010219920713XXXX
战略规划部	郑关	37070119950313XXXX
	刘峰	37010319880515XXXX
	许清梅	370102199412014XXXX
客户服务部	司霞	37070119850314XXXX
	周勇全	37010319960604XXXX
	丁方	37010219900123XXXX
	刘清	37070119951115XXXX

部门	姓名	身份证号
营销部	张琳林	37070119950312XXXX
	李东河	37010319860829XXXX
	王原原	37010219920713XXXX
战略规划部	郑关	37070119950313XXXX
	刘峰	37010319880515XXXX
	许清梅	370102199412014XXXX
客户服务部	司霞	37070119850314XXXX
	周勇全	37010319960604XXXX
	丁方	37010219900123XXXX
	刘清	37070119951115XXXX

图3-39　取消合并单元格

想要快速对取消合并单元格后留下的空白单元格填充相应的内容，可以选中区域，选择【开始】→【查找和选择】→【定位条件】命令，弹出如图3-40所示的【定位条件】对话框，选中【空值】单选按钮，单击【确定】按钮。

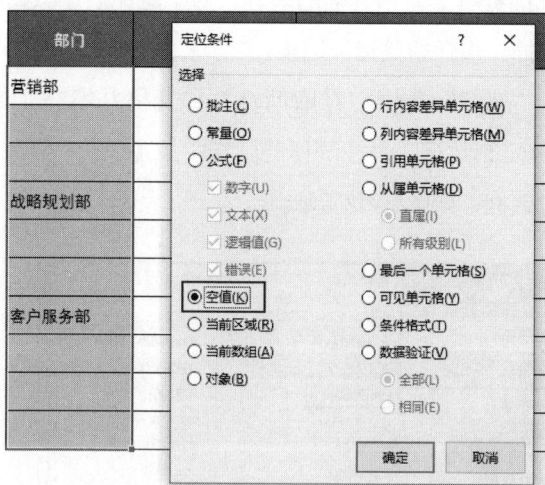

图3-40　【定位条件】对话框

通过以上定位操作，能够将所选区域中所有的空白单元格选中。在单元格区域选中状态下，输入"="并单击上方第一个部门名称，按【Ctrl+Enter】组合键，选中区域中的所有空白单元格全部填充完成，如图3-41所示。

图3-41　批量完成空白单元格的填充

就在两个小伙伴都以为"大功告成"的时候，表姐却说还要再复制、粘贴一下。

小张有一点儿疑惑，问道："刚才已经把部门名称全部填充完成了，为什么还要再复制、粘贴一下呢？"

表姐Lisa解释道："在自动填充完成的单元格中是放置了公式的，公式的作用是每个单元格都捕捉其上方单元格的内容。为了避免后期数据调整位置影响结果，就要将公式去掉，仅保留其运算结果。"

选中图3-41"部门"列中已经取消合并单元格并填充了内容的区域，按【Ctrl+C】组合键复制数据，并在同样的区域中按【Ctrl+Alt+V】组合键打开【选择性粘贴】对话框，如图3-42所示。

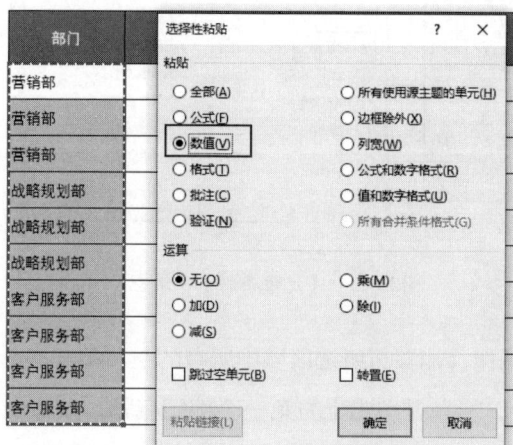

图3-42 【选择性粘贴】对话框

在对话框中选中【数值】单选按钮。这一步操作的目的是将单元格内容复制后再次进行粘贴，在粘贴时只保留"数值"（也就是公式的运算结果）。操作完成后，单元格中的公式被去掉，只有公式的运算结果被保留下来。

3. 批量将日期型数据进行规范化处理

由于很多人不太清楚日期型数据的录入规范，所以经常见到很多人制作的Excel表格中日期型数据千奇百怪。如图3-43所示表格中的"合同续签日期"列，就有很多不同格式的日期型数据。

姓名	合同续签日期
张琳林	2019.5.23
李东河	20.8.4
王原原	2021.3.19
郑关	2020/4/29
刘峰	19.9.3
许清梅	20.5.27
司霞	22.4.3
周勇全	21.8.8
丁方	2021年2月2日
刘清	19.7.1
……	……

图3-43　不规范的日期格式

从图3-43中可以看出，在这张表格中使用了以下几种日期型数据：

➢ "2019.5.23"，使用句点作为"年""月""日"分隔符的日期；

➢ "20.8.4"，不仅使用句点分隔，还把年份缩写为两位数字的日期；

➢ "2020/4/29"，用斜线分隔的日期；

➢ "2021年2月2日"，带中文"年""月""日"字样的日期。

小刘看着这些数据，疑惑地问道："这么多种日期的写法，到底哪些才是正确的呢？怎么把这些日期型数据改为一致的格式？"

表姐Lisa解释道："前面讲到，在Excel中录入日期型数据的时候，通常在'年月日'之间用'/'和'-'分隔。当然，写成'2021年2月2日'也是可以的。除此之外，其他格式都是不规范的日期格式。"

如果不将杂乱、不规范的日期格式修改正确，那么Excel中很多针对日期型数据的功能将无法使用。要想批量将这些不规范的日期格式转换为规范的日期格式，可以使用【分列】功能。

选中所有日期型数据，选择【数据】→【分列】命令，在弹出的对话框中单击两次【下一步】按钮直接跳到对话框的第3步，选中【日期】单选按钮，单击【完成】按钮，即可批量将图3-43中所有不规范的日期格式转换为规范的日期格式，如图3-44所示。

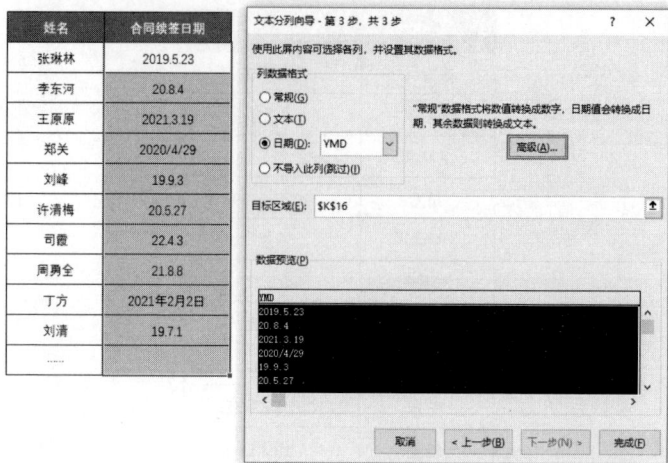

图3-44　转换日期格式

转换后的日期型数据，如果格式不统一怎么办呢？如图3-45左侧所示的日期格式，大部分日期型数据显示为"2019/5/23"这样的格式，但也有个别日期型数据显示为"2021年2月2日"这样的格式。如果想要规范日期的显示效果，则可以对单元格的格式进行设置。

选中所有日期型数据，右击，在弹出的快捷菜单中选择【设置单元格格式】命令，或按【Ctrl+1】组合键，弹出【设置单元格格式】对话框，从中选择【日期】选项，并选择一种想要的日期格式即可，如图3-45所示。

图3-45　【设置单元格格式】对话框

日期格式转换前和转换后的效果对比如图3-46所示。

转换前：

姓名	合同续签日期
张琳林	2019.5.23
李东河	20.8.4
王原原	2021.3.19
郑关	2020/4/29
刘峰	19.9.3
许清梅	20.5.27
司霞	22.4.3
周勇全	21.8.8
丁方	2021年2月2日
刘清	19.7.1
……	

转换后：

姓名	合同续签日期
张琳林	2019/5/23
李东河	2020/8/4
王原原	2021/3/19
郑关	2020/4/29
刘峰	2019/9/3
许清梅	2020/5/27
司霞	2022/4/3
周勇全	2021/8/8
丁方	2021/2/2
刘清	2019/7/1
……	

图3-46 日期格式转换前和转换后的效果对比

通过上面的简单操作，可以轻松地将日期格式进行规范化处理，便于后续的数据运用。

4. 批量去除重复数据

在进行数据整理的时候，除了关注数据中内容的规范化，还要检查是否存在重复数据，并根据需要清除不必要的重复数据。如图3-47所示的这些数据（部分），其中有一些员工的信息是重复的。

当数据量少的时候，可以手动检查并去除重复数据。但是，当数据量很大的时候，手动检查和整理的工作量就会很大。要想批量去除重复数据，可以使用Excel中的"删除重复值"功能。

将光标定位到数据区域中，或者选中要处理的数据，选择【数据】→【删除重复值】命令，弹出【删除重复值】对话框，如图3-48所示。

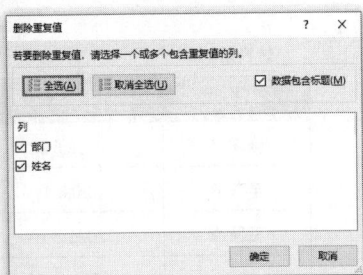

图3-47 带有重复数据的表格

图3-48 【删除重复值】对话框

需要注意的是，在【删除重复值】对话框中需要指定进行重复数据判断的列。如果仅选中"姓名"列，则指的是"姓名"列中有重复的名字，就作为重复值处理。

如果公司里有两个部门的员工是重名的，只选择"姓名"列进行重复数据的判断，就有可能会误删数据。因此，可以选中多个字段作为重复数据的判断依据。如在图3-48中选择"部门"和"姓名"两列，这样，只有当数据表中存在"部门"和"姓名"列都相同的数据时，才将它判断为重复数据。选择完成后，单击【确定】按钮，重复值将会被删除，如图3-49所示。

图3-49 删除重复值后的提示框

通过以上方法，可以很方便地对大量数据中的重复值进行批量删除。在删除重复数据之前，一定要对数据有充分地了解，避免误删除的情况。必要时，可以在删除数据前将数据进行备份，以备不时之需。

四、校验身份证号码，自动从身份证号码中提取信息

在与人员信息相关的一些表格中，"身份证号码"类的数据经常出现。小张和小刘在工作中录入数据时，都遇到了身份证号码录入的一些问题。小张和小刘提出请表姐Lisa传授一些"身份证号码"数据在录入和处理过程中能够用到的小技巧。

身份证号码数据有如下特点：

➢ 位数多、无规律，在录入过程中容易出错，比如容易出现录入缺位、多位或数字录入错误的情况；

➢ 在每一条身份证号码中蕴含着归属地、出生日期、性别等丰富的信息。如果能够从身份证号码中提取这些信息，则将会极大地提高数据处理效率。

另外，小张发现一个问题："在Excel中直接录入身份证号码时，明明数据录入是对的，但按回车键后，数据就显示不全了。在单元格中只显示了身份证号码的前15位，第16~18位数字全部为'0'，如图3-50所示。

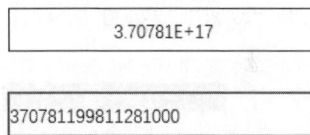

图3-50 显示异常的身份证号码

1. 为"身份证号码"列设置正确的单元格格式

针对以上问题，表姐Lisa问小张："你有没有注意过，并不是所有的身份证号码在录入时都会出现上面提到的数据不全问题？那些最后一位是'X'的身份证号码在录入时就不会出现这个问题。只有最后一位是数字的身份证号码，在录入时才会出现数据不全的问题。"

小张点点头，确实像表姐Lisa说的那样。

对于这种情况，表姐Lisa是有解决办法的，但她不想只给出解决办法，她想

要先把这种现象背后的原因给两个小伙伴讲清楚。只有知道原因，才能够在其他场景下举一反三地处理类似的问题。

于是，表姐Lisa耐心地解释道："之所以出现这个问题，是因为当身份证号码最后一位是数字的时候，这个身份证号码就是由18个数字组成的。当我们把由18个数字组成的内容录入Excel中时，Excel默认会把它认定为一个'数字'，一个18位数的'数字'。但是Excel能处理的最大数字位数是15位，余下的三位因为超出了Excel能处理的精度，所以就变成了'0'。你们想一想，为什么最后一位是'X'的身份证号码不会出问题呢？"

小张想了想，发现了这两种身份证号码的区别："当身份证号码的最后一位是'X'的时候，这个号码就不是数字了。没有哪个数字的最后一位是字母的。"

表姐Lisa赞同地说道："确实如此。要解决这个问题，只需要在录入身份证号码之前选中单元格区域，把单元格格式设置为文本类型即可。"

操作方式为：选中要录入身份证号码的这一列，右击，在弹出的快捷菜单中选择【设置单元格格式】命令，弹出【设置单元格格式】对话框。选择【文本】选项，单击【确定】按钮，就可以将单元格格式设置为文本类型了，如图3-51所示。在已经设置为"文本"类型的单元格中录入身份证号码，录入的内容都将被作为"文本"来处理，这样就不会再出现数字显示不全的问题了。

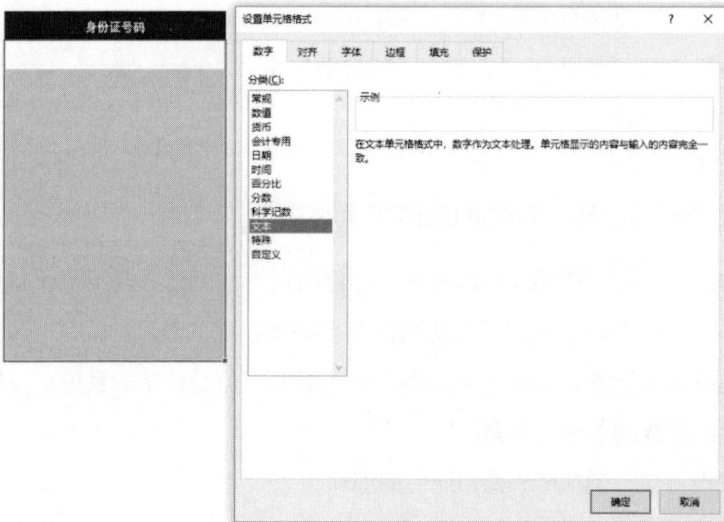

图3-51　在【设置单元格格式】对话框中设置"文本"类型的单元格

2. 为避免身份证号码录入缺位或错误，为身份证号码设置校验

由于身份证号码的特殊性，它对数据的准确性要求极高，哪怕错一位数字，这个身份证号码也是无效的。小张和小刘在录入身份证号码的时候，想要添加一个"校验"功能。如果录入的身份证号码出现了错误，则能够及时给出提示。

要想解决这个问题，需要对身份证号码的构成规则有一些基础的了解。

首先，身份证号码是18位的。如果在单元格中录入的信息不足18位，那么这个身份证号码肯定是无效的。

其次，身份证号码的最后一位是"校验码"，是由前17位数字通过一定规则计算得出的，用来校验身份证号码的准确性。如果通过相应的计算规则手动计算出最后的校验码，和录入信息中的第18位数字（或X）进行比较，那么，当两者不一致的时候，就说明录入的身份证号码是错误的。

身份证号码的最后一位校验码是依据GB 11643—1999中有关公民身份证号码的规定计算得出的。校验码的具体计算规则为：

➢ 身份证号码前17位的每个数字分别对应乘以不同的系数。从第1位到第17位的系数分别为7、9、10、5、8、4、2、1、6、3、7、9、10、5、8、4、2；

➢ 将这17位数字和系数相乘的结果相加；

➢ 用加出来的和除以11，看余数是多少；

➢ 余数只可能是0、1、2、3、4、5、6、7、8、9、10这11个数字中的一个。以上余数分别对应最后一位身份证号码为1、0、X、9、8、7、6、5、4、3、2。

根据身份证号码校验码的计算规则，就可以写出一个公式，用来判断录入身份证号码的最后一位是多少。将计算得到的"校验码"与录入Excel中的校验码进行对比，如果数据相同，则为"通过校验"；如果数据不相同，则为"不通过校验"。

小张和小刘认真地看了这个计算规则，才知道原来身份证号码中还有这么多"乾坤"。但是，考虑到两个小伙伴目前对函数的了解不够，即使明白了计算规则，也很难写出身份证号码的校验公式。于是，表姐Lisa将身份证号码的校验公式写好后交给了小张和小刘使用。

表姐Lisa对身份证号码的校验公式的编写思路进行了基础讲解。先对身份证号码的长度是否是18位做出判断。如果位数不对，则显示"请录入18位身份证号"的提示。当确认身份证号码位数正确后，就通过上面提及的计算规则计算出校验码并与录入的校验码进行对比。以下是公式的内容：

=IF(A3="","",IF(LEN(A3)=18,IF(MID("10X98765432",MOD(SUMPRODUCT(MID(A3,ROW($A$1:$A$17),1)*1,{7;9;10;5;8;4;2;1;6;3;7;9;10;5;8;4;2}),11)+1,1)=RIGHT(A3,1),"通过","不通过"),"请录入18位身份证号"))

在上面的公式中，A3单元格指的就是录入的身份证号码。为了便于使用，可以在"身份证号码"列的右侧（图3-52中B列的位置）放置一个用于显示校验结果的列。以如图3-52所示的表格为例，把前面的校验公式录入B3单元格中，就可以显示对A3单元格中身份证号码的校验结果了。选中B3单元格，向下拖动复制公式到下方单元格中即可。公式和表格设置如图3-52所示。

图3-52　身份证号码的校验公式

为了让Excel"小白"小张和小刘能理解公式中的原理，表姐Lisa把上面的操作录制成了一段详细的讲解视频，大家可以反复观看、对照操作。

需要注意的是，身份证号码的校验公式并不能百分之百地避免录入错误的情况，仅能判断这个号码是否符合计算规则。也就是说，校验公式是用来判断某个身份证号码是否符合计算规则的，并不能判断这个身份证号码和对应的姓名是否匹配。

假如，小张在录入"张三"的身份证号码时，不小心录入了"李四"的身份证号码。由于"李四"的身份证号码也是一个正确的号码，所以校验公式并不会给出"不通过校验"的提示。

即便如此，这个公式还是可以帮助规避身份证号码录入过程中的大部分错误的，在很多朋友的表格中也发挥着重要作用。

3. 从身份证号码中提取需要的信息

在记录员工信息的相关表格中，如果已经记录了"身份证号码"，那么，员工的性别、生日、年龄，甚至该员工来自哪个省份等信息都可以从身份证号码中提取。

以图3-53为例，表格中"省（自治区、直辖市、特别行政区）""性别""出生日期""年龄"这4列均为从身份证号码中提取出来的信息。

部门	姓名	身份证号 （以下为演示数据）	省（自治区、直辖 市、特别行政区）	性别	出生日期	年龄
营销部	张琳林	37070119950312XX9X	山东	男	1995/3/12	27
营销部	李东河	37010319860829XX4X	山东	女	1986/8/29	35
营销部	王原原	37010219920713XX2X	山东	女	1992/7/13	29
战略规划部	郑关	37070119950313XX1X	山东	男	1995/3/13	27
战略规划部	刘峰	37010319880515XX7X	山东	男	1988/5/15	33
战略规划部	许清梅	37010219941201XX5X	山东	男	1994/12/1	27
客户服务部	司霞	37070119850314XX7X	山东	男	1985/3/14	37
客户服务部	周勇全	37010319960604XX2X	山东	女	1996/6/4	25
客户服务部	丁方	37010219900123XX8X	山东	女	1990/1/23	32
客户服务部	刘清	37070119951115XX6X	山东	女	1995/11/15	26

图3-53　从身份证号码中提取信息

1）表格E3单元格中"省（自治区、直辖市、特别行政区）"列的提取公式

=VLOOKUP(LEFT(D3,2)*1,设置!$C$1:$D$35,2,0)

【公式释义】身份证号码的前6位数字均为地址码，其中前两位数字代表的是身份证号码的归属省（自治区、直辖市、特别行政区）。图3-54展示的是部分

地址码对应的信息。

身份证号前2位	省（自治区、直辖市、特别行政区）
11	北京
12	天津
13	河北
14	山西
15	内蒙古
21	辽宁
22	吉林
23	黑龙江
31	上海
32	江苏
......	......

图3-54　身份证号码前两位地址码的对应内容

为了便于公式的使用，我们将以上信息放置在了一张名为"设置"的工作表中。

公式的计算思路是：先使用LEFT函数从身份证号码中提取前两位数字；再通过VLOOKUP函数用这两位数字到名为"设置"的工作表中进行查询，取得对应的省（自治区、直辖市、特别行政区）的信息。

【LEFT函数介绍】LEFT函数用于对一个字符串从左起截取指定位数的内容。截取出来的内容同样是一个字符串。

【LEFT函数用法】=LEFT(字符串或引用,要截取的位数)

比如公式LEFT(D3,2)，指的就是从D3单元格（身份证号码）中从左起截取前两位数字。

看到这里，小刘忍不住问道："那为什么公式中写的是LEFT(D3,2)*1，后面还有一个'*1'呢？"

表姐Lisa解释道："由于LEFT函数得出的公式结果是一个字符串，而'*1'的意思是把LEFT函数取出来的两位字符乘以1，将其转换为真正的数值型数据。"

小刘又问道："那为什么要转换成真正的数值型数据呢？还是不太明白呢！"

表姐Lisa解释道："这是一个好问题。因为我们要把取出来的前两位数字去'设置'表中进行查询，但'设置'表中的第一列是数值型数据。而前面说过，

LEFT函数得出的公式结果是一个字符串，也就是字符型数据。两者数据类型不匹配，如果不转换是会导致查询失败的。"

【VLOOKUP函数介绍】根据指定的关键词，在数据区域的首列进行查找，找到数据后从数据区域指定的列中提取数据。

【VLOOKUP函数用法】=VLOOKUP(参数1,参数2,参数3,参数4)

参数1：查什么，即要查询的关键词。本例中的查询内容即从身份证号码中提取出来的前两位数字。

参数2：去哪里查，也就是用于查找取数的区域。要确保"参数1"中指定的查找关键词位于查找区域的第一列。VLOOKUP函数只能从该区域的第一列中搜索关键词是否存在。

参数3：查询到数据后提取第几列数据。这个参数是指从查找区域的第几列中提取数据。

参数4：精确匹配或近似匹配。其中，"0"代表精确匹配；"1"或省略该参数，代表近似匹配。本例中用到的公式使用的是精确匹配。

根据以上对函数的理解，对公式组成部分进行拆解，如图3-55所示。

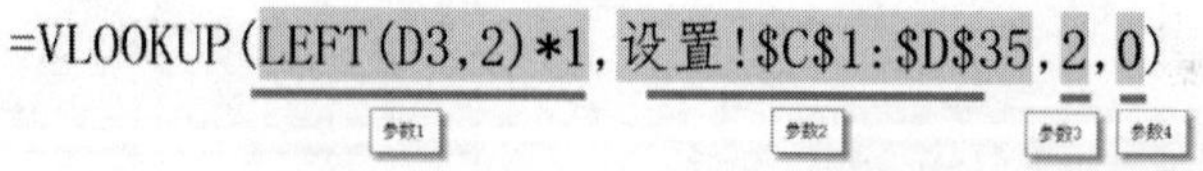

$$=\text{VLOOKUP}(\underline{\text{LEFT}(D3,2)*1},\underline{\text{设置}!\$C\$1:\$D\$35},\underline{2},\underline{0})$$

参数1　　　　　　参数2　　　　参数3　参数4

图3-55　VLOOKUP函数拆解

根据分步骤解释，小张和小刘发现原来Excel中的函数和公式并没有想象中的那么难。

2）表格F3单元格中"性别"列的提取公式

=IF(ISEVEN(MID(D3,17,1)),"女","男")

在身份证号码中，第17位数字是性别码，其中奇数代表"男"，偶数代表"女"。只需要从身份证号码中提取出第17位数字，并且判断它是奇数还是偶数，就能判断出这个身份证号码主人的性别了。

【公式释义】通过MID函数从身份证号码的第17位数字开始提取一个数字；用ISEVEN函数（或判断是否为奇数的ISODD函数）进行奇偶数判断；用IF函数根据奇偶数对应判断性别。

【MID函数介绍】对指定的一串文本从指定的位置开始提取出特定位数的字符。

【MID函数用法】=MID(字符串或引用,开始位置,要截取的位数)

对于MID函数的介绍,小张有点儿不明所以。表姐Lisa解释道:"给你一个身份证号码,也就是18位的一串字符。我想要从第17位开始取数,取一位字符出来。这就是MID函数的用法,MID(D3,17,1)指的就是从放置身份证号码的D3单元格中的第17位开始提取出一位字符,这样就将身份证号码中的第17位也就是性别码提取出来了。"

【IF函数介绍】对条件进行判断,当条件成立与条件不成立时,分别显示对应的结果。

IF函数中的"参数1"也就是判断条件,可能产生两种结果,即条件"成立"或条件"不成立"。当判断条件成立时,条件判断结果为"TRUE";当判断条件不成立时,条件判断结果为"FALSE"。

【IF函数用法】=IF(条件,条件成立时的结果,条件不成立时的结果)

要通过IF函数判断性别,公式的构造思路如图3-56所示。

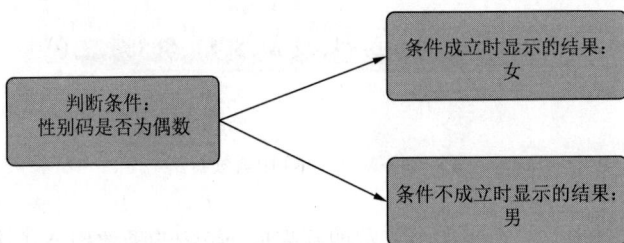

图3-56　IF函数构造思路

小张看到这张图,想到表姐Lisa讲过的判断是否为偶数的ISEVEN函数和判断是否为奇数的ISODD函数,说道:"明白了,只需要把ISEVEN函数放入判断条件中,就可以作为IF函数的判断条件了。所以公式就写为=IF(ISEVEN(MID(D3,17,1)),"女","男")。"

小刘还是有一些疑惑,刚才表姐Lisa不是说IF函数的第一个参数应该是一个判断条件吗?为什么ISEVEN(MID(D3,17,1))就是判断条件呢?

表姐Lisa解释道:"小张说得非常正确。因为IF函数的第一个参数需要一个结果为'TRUE'或'FALSE'的逻辑值，而ISEVEN(MID(D3,17,1))的结果恰恰是一个逻辑值。当数字为偶数时，ISEVEN函数得出结果'TRUE'，为奇数时得出结果'FALSE'。"

经过解释，小刘也明白了："前面用IF函数写的这个公式，意思就是当ISEVEN函数得出结果'TRUE'的时候，给出性别为'女'的结果，否则给出性别为'男'的结果。对吗？"小刘的理解非常正确。

把常用的一些简单函数有目的地嵌套在一起，就会实现更灵活的效果。

3）表格G3单元格中"出生日期"列的提取公式

=DATE(MID(D3,7,4),MID(D3,11,2),MID(D3,13,2))

【公式释义】用前面讲过的MID函数从身份证号码中分别取出代表年的四位数字，代表月的两位数字，代表日的两位数字；用DATE函数将这三组数字组合成一个日期。

【DATE函数介绍】DATE函数用于将三个单独的数字合并为一个日期。

【DATE函数用法】=DATE(年,月,日)，如图3-57所示。

	A	B	C	D
15		身份证号码	37070119950312XX9X（模拟）	
16		代表年的数字	代表月的数字	代表日的数字
17		1995	03	12
18				
19		出生日期	1995/3/12	
20			=DATE(B17,C17,D17)	
21				

图3-57　DATE函数用法

通过图3-57可以看到，只需要将代表"年""月""日"的数字依次指定给DATE函数，DATE函数就能将其组合成一个日期。

小张想到了前面讲过的MID函数，说道："它能用来提取身份证号码中第17位的性别码，也能用来提取身份证号码中代表年、月、日的数字。公式只需要这样写就可以了。"说着，小张在白纸上写出了以下公式：

MID(D3,7,4)，指的是从D3单元格中身份证号码的第7位开始，取4位数字，就是身份证号码中的"年份"信息。

MID(D3,11,2)，指的是从D3单元格中身份证号码的第11位开始，取2位数字，就是身份证号码中的"月份"信息。

MID(D3,13,2)，指的是从D3单元格中身份证号码的第13位开始，取2位数字，就是身份证号码中代表"日"的数字。

在写完公式后，将以上MID函数提取信息的过程放入DATE函数中就可以了。这就形成了公式=DATE(MID(D3,7,4),MID(D3,11,2),MID(D3,13,2))。

表姐Lisa看到两个小伙伴能够很好地理解讲过的函数，于是补充了另一个能够从身份证号码中提取出生日期的公式。

=TEXT(MID(C19,7,8),"0000-00-00")*1

【公式释义】这个公式可以理解为，通过MID(C19,7,8)将身份证号码中从第7位开始代表出生年月日的8位数字全部提取出来。使用TEXT函数，让这组8位的字符串按"0000-00-00"格式显示出来，并转换为真正的日期格式。

格式代码"0000-00-00"中的每个"0"都是一个占位符，用来占用一个位置，而8位的字符串就会对应这8个"0"所代表的位置，比如一组"19950312"的字符串，将显示为"1995-03-12"。但得到的这组"1995-03-12"内容仍然是一组字符串，而非真正的日期型数据。通过在TEXT函数最后加上"*1"的操作，将这组看上去像日期的字符串转换为真正的日期型数据。

总结下来，TEXT函数是一个对特定数据或字符串进行格式化设置，并输出为指定格式的函数。

4）表格H3单元格中"年龄"列的提取公式

=DATEDIF(G3,TODAY(),"Y")

【公式释义】公式中的G3单元格指的是已经从身份证号码中提取出来的出生日期。而DATEDIF函数能够计算两个日期之间的时间差。以出生日期作为起始日期，以今天的日期作为截止日期，以年为单位来计算两个日期之间的时间差，即可得到身份证主人的年龄。

在学习DATEDIF函数之前，先来解释一下公式中嵌套的TODAY函数。

【TODAY函数介绍】TODAY函数用来调用当前的日期。不管在哪一天使用这个函数或查看这个函数的结果，都将显示为当前的日期。也就是说，这个函数的结果每天是不一样的，它永远显示"今天"的日期。这也是一个应用非常广泛的函数。

【TODAY函数用法】=TODAY()。这是一个没有参数的函数，也就是括号中什么内容也不需要，但空的括号是要保留下来的。

知道了TODAY函数的作用和用法，就容易理解DATEDIF函数了。

【DATEDIF函数介绍】DATEDIF函数用于返回两个日期之间的时间差。时间差可以以"天"为单位衡量，也可以以"月"和"年"为单位衡量。

【DATEDIF函数用法】=DATEDIF(起始日期,截止日期,时间差的表示单位)，其中"时间差的表示单位"可以用以下固定的代码分别来表示：

➤ "Y"代表时间段中的整年数；

➤ "M"代表时间段中的整月数；

➤ "D"代表时间段中的天数；

➤ "MD"代表起始日期与截止日期的同月间隔天数，忽略日期中的月份和年份；

➤ "YD"代表起始日期与截止日期的同年间隔天数，忽略日期中的年份；

➤ "YM"代表起始日期与截止日期的同年间隔月数，忽略日期中的年份。

需要注意的是，以上代码在录入DATEDIF函数中使用时，应当包括它外面的一对英文状态下的双引号。

另外，DATEDIF函数是Excel中的隐藏函数，它在帮助和插入公式里面是没有的，只能按以上规则通过手工录入使用。

小刘听完表姐Lisa讲的DATEDIF函数，敏锐地发现："既然DATEDIF函数能用来计算年龄，也可以用来计算工龄。"确实如此。

通过一些常用函数的灵活应用，能够准确、快速地从身份证号码中提取它自身包含的各种信息。当数据量较大的时候，这样的做法既能提高数据和信息录入的准确性，也能极大地提高工作效率。

五、做好劳动合同日期管理，规避劳动风险

劳动合同作为企业与员工之间确定劳动关系、明确相互权利和义务的协议，

具有非常重要的意义。而人力资源管理者在日常工作中非常重要的一项基础工作是及时关注劳动合同的签订、续签，避免造成不必要的麻烦。

如何确保不错过劳动合同续签时间？小张和小刘的做法是每月查看一下记录劳动合同信息的Excel表格。但是，当员工人数比较多时，这样做很容易出现遗漏。所以，小张和小刘找到表姐Lisa，请教如何制作"合同到期提醒"。

1. 计算劳动合同的到期日期

表姐Lisa在讲解劳动合同到期日期的计算方法之前，先讲解了一个名为"EDATE"的函数。

【EDATE函数介绍】给出指定日期之前或之后间隔一定月数的某个日期。

【EDATE函数用法】=EDATE(日期,月数)

参数"月数"可以是正数，也可以是负数。当"月数"为正数时，表示指定日期之后的日期；当"月数"为负数时，表示指定日期之前的日期。

看到小张和小刘并没有明白这个函数的功能，表姐Lisa解释道："比如，有一名员工进入公司的日期是2021年5月1日，如果他的劳动合同签订了一年，也就是12个月，那么到期日期是哪一天呢？这就是EDATE函数的作用。"

在默认情况下，EDATE函数得到的结果应当是一个日期。但是，如果单元格格式为【常规】，则可能会将计算结果显示为数值，此时只需将单元格格式设置为【日期】即可。

表姐Lisa见两个小伙伴明白了公式的含义，就请小张使用这个函数来编写一下计算合同到期日期的公式，具体如图3-58所示。

公式内容为：

$$=EDATE(I4,LEFT(L4,1)*12)$$

小张写完公式，解释道："在EDATE函数中，第一个参数是员工首次签订劳动合同的日期，第二个参数是间隔的月数。但是，在我制作的表格中日期填写的不是月数，而是年数，所以我就用了前面学到的LEFT函数，从'首次合同期限'列中提取第一位数字，也就是年数，再乘以12得到月数，最终得到计算结果。"

编号	姓名	……	入职日期 首次合同签订日期	首次合同 期限	当前合同到期日
1	张琳林	……	2019/4/19	3年	=EDATE(I4,LEFT(L4,1)*12)
2	刘峰	……	2022/4/3	3年	2025/4/3
3	李东河	……	2022/4/3	3年	2025/4/3
4	王原原	……	2022/4/5	3年	2025/4/5
5	郑关	……	2022/4/12	3年	2025/4/12
6	许清梅	……	2022/4/13	3年	2025/4/13
7	司霞	……	2022/4/15	3年	2025/4/15
8	周勇全	……	2022/4/15	3年	2025/4/15
9		……	2022/4/16	3年	2025/4/16

图3-58 合同到期日期的计算

表姐Lisa看到小张通过这几次的交流和学习已经能够灵活运用一些常用函数了，非常高兴。

2. 设置合同到期提醒

小刘看着设置好的合同到期日期，总觉得还不是特别直观，于是问道："能不能在右边一列中，再制作一个更醒目的提醒呢？比如，当合同到期日距离今天还有不到30天时，在旁边单元格中显示'合同还有××天到期，请尽快处理！'。"

表姐Lisa在解答问题之前，引导两个小伙伴首先对这个问题进行了思考和判断："要不要显示提示语，需要判断合同的到期日期是否距离今天不到30天。这要使用什么函数呢？"

小刘想起前面讲到的IF函数，说道："IF函数就是一个可以进行条件判断的函数，而且还会根据条件是否成立，显示两种可能的结果。所以，要解决这个问题，应该会用到IF函数吧？"

表姐Lisa满意地说道："没错！我们要判断一个日期距离'今天'的日期，就需要先把'今天'的日期找出来。使用什么函数可以调用当前的日期呢？"

小张抢先答道："前面讲到的TODAY函数就可以调用当前的日期。"

于是，表姐Lisa和两个小伙伴在一来一往的交流中，公式编写的思路逐渐清晰起来。完成的公式及显示效果如图3-59所示。

图3-59 合同到期提醒公式设置

图3-59中N7单元格中的公式内容为：

=IF(M7-TODAY()<30,"合同还有"&M7-TODAY()&"天到期，请尽快处理！","")

【公式释义】用M7也就是合同到期日期减去TODAY()调用的当天日期，如果小于30，就要给出提醒；否则公式不显示任何内容，即公式结果显示为空。空的表示方法就是一对英文状态下的双引号。

在以上公式中，提示语是将"合同还有"这几个字，连接上M7-TODAY()得到的距离到期日期的天数，又连接上"天到期，请尽快处理！"这几个文字。公式中多次出现的"&"符号是一个文本连接符，它就像胶水一样，能够将前后两部分内容连接在一起。

通过以上操作，就可以完成合同到期提醒的制作了。当然，合同到期提醒的方式有很多种，在灵活使用函数的基础上，结合个人的需求灵活设置即可。

六、随时展现高效，快速查询人员信息

在基础的数据表格制作完成并填写数据后，就会面临如何更加方便地查找

某些信息这个问题。能够使数据更易于查看和查找的方法有很多种，其中"超级表"加"切片器"是一种不错的方式。

1. 什么是超级表，超级表在数据查询中起什么作用

小张不解地问道："什么是超级表呢？这个名字听上去就很强大的样子。"

表姐Lisa解释道："对于一个数据区域来说，可以在'超级表'和普通表之间互相转换。与普通表相比，超级表更加智能化，功能更强大，使用超级表可以极大地提高表格的使用效率。"

说着，表姐Lisa列举了超级表和普通表相比的几个主要优势，具体如下：

➤ 超级表能够自动对表格中的数据格式进行美化；

➤ 在超级表的最后可以增加汇总行，并且能够自由变换汇总方式；

➤ 在超级表中可以使用名为"切片器"的工具快速地筛选数据；

➤ 在超级表原有的区域中（或最后一列的右侧、最后一行的下方）新增加的行与列可以被超级表自动抓取，超级表的范围自动扩展至新增行与列；

➤ 当超级表中的某个单元格编写了公式后，会自动将该公式向下填充；

➤ 当超级表中增加了新行后，公式会自动填充至新增行中。

2. 如何创建和取消超级表

选中数据区域，选择【插入】→【表格】命令，或者按【Ctrl+T】组合键，弹出【创建表】对话框，选中【表包含标题】复选框，如图3-60所示。

图3-60 【创建表】对话框

单击【确定】按钮，表格就被创建成了“超级表”。

在将普通表转换为超级表后，选中超级表中的任意单元格，在菜单栏中将出现【表设计】或【表格工具】菜单。这个菜单只有当选中超级表时才会显示，当选中超级表之外的单元格时该菜单将隐藏。超级表与【表设计】菜单如图3-61所示。

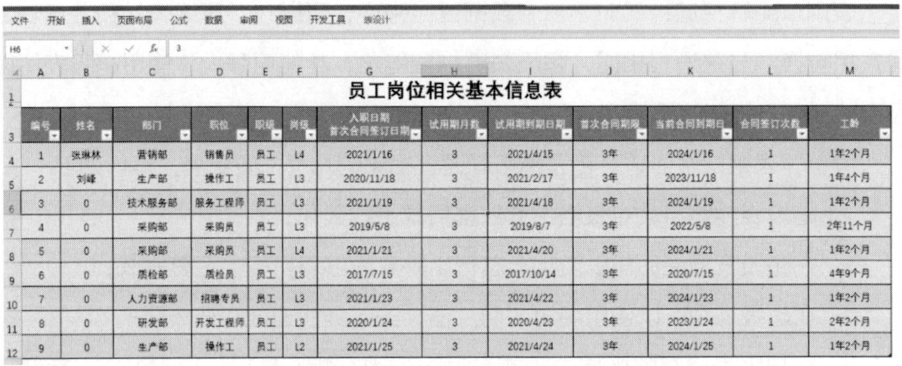

员工岗位相关基本信息表

编号	姓名	部门	职位	职级	岗级	入职日期 首次合同签订日期	试用期月数	试用期到期日期	首次合同期限	当前合同到期日	合同签订次数	工龄
1	张琳林	营销部	销售员	员工	L4	2021/1/16	3	2021/4/15	3年	2024/1/16	1	1年2个月
2	刘峰	生产部	操作工	员工	L3	2020/11/18	3	2021/2/17	3年	2023/11/18	1	1年4个月
3	0	技术服务部	服务工程师	员工	L3	2021/1/19	3	2021/4/18	3年	2024/1/19	1	1年2个月
4	0	采购部	采购员	员工	L3	2019/5/8	3	2019/8/7	3年	2022/5/8	1	2年11个月
5	0	采购部	采购员	员工	L4	2021/1/21	3	2021/4/20	3年	2024/1/21	1	1年2个月
6	0	质检部	质检员	员工	L3	2017/7/15	3	2017/10/14	3年	2020/7/15	1	4年9个月
7	0	人力资源部	招聘专员	员工	L3	2021/1/23	3	2021/4/22	3年	2024/1/23	1	1年2个月
8	0	研发部	开发工程师	员工	L3	2020/1/24	3	2020/4/23	3年	2023/1/24	1	2年2个月
9	0	生产部	操作工	员工	L2	2021/1/25	3	2021/4/24	3年	2024/1/25	1	1年2个月

图3-61　超级表与【表设计】菜单

需要注意的是，如果使用WPS表格，那么，在选中超级表后，出现的菜单名称为【表格工具】。

想要将超级表转换回普通表，只需单击【表格工具】或【表设计】菜单中的【转换为区域】按钮即可。

当超级表转换回普通表后，超级表中应用的表样式（如单元格和线框的颜色等）会被保留下来。如果需要改变表格的格式，则可以手动对格式进行调整。

3. 使用超级表中的“切片器”和筛选功能

表姐Lisa之所以提及超级表，是希望教给两个小伙伴使用超级表中的“切片器”或筛选功能，快速查询数据。

将光标定位到超级表中，选择【表设计】→【插入切片器】命令，弹出如图3-62所示的【插入切片器】对话框。

小张发现，这个对话框中的内容来自超级表每一列的表头。

要创建切片器，只需要选中其中某一个或多个列名，比如选中“部门”“职级”等，单击【确定】按钮即可。创建的切片器如图3-63所示。

图3-62　【插入切片器】对话框

每个切片器中的数据默认是一列放置的。根据需要，也可以改为多列放置。选中某个切片器，单击菜单栏中出现的【切片器】菜单，从中找到【列】选项，可以将其改为多列设置，如图3-64所示。

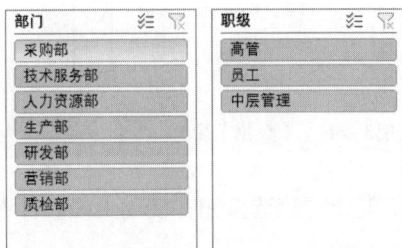

图3-63　创建的切片器　　　　　图3-64　设置切片器的列数

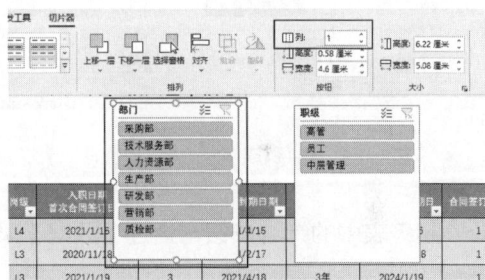

每个切片器都是一个单独的筛选工具，单击其中任意一个选项，即可将这个选项对应的数据筛选出来。多个切片器可以单独使用，也可以结合使用。

通过前面创建的切片器，可以按照"部门"或"职级"非常方便地筛选查看数据。

除了切片器，超级表会默认打开"筛选"功能，通过筛选按钮也可以实现数据的筛选，以及对指定数据的查找与查看，如图3-65所示。

从图3-65中可以看到，筛选工具可以实现以下功能：

➢ 对当前列中的数据进行升序或降序排列；

➤ 按当前列中单元格的不同颜色进行数据的排序；

➤ 按当前列中的文本进行数据选择，比如，可以选择"包含"或"不包含"某些文本，"等于"或"不等于"某些文本等；

➤ 在文本框中只需要手动录入要筛选的数据，可以快速定位到该项数据；

➤ 从工具中选中一个或多个数据选项，也可以快速定位指定的数据。

自动筛选工具是Excel中应用非常广泛的一个数据查询工具。

当然，表头上出现的筛选按钮并不是超级表的专属。在没有创建超级表的普通数据区域中定位光标，单击【数据】菜单，找到【筛选】按钮并单击，同样可以在表头上添加筛选按钮，如图3-66所示。

图3-65　筛选

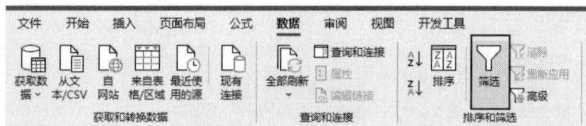

图3-66　【数据】菜单

超级表中的筛选按钮与通过【数据】菜单创建的筛选按钮在使用上没有什么不同。

4. 超级表中的其他设置

小张和小刘对表姐Lisa讲的"超级表"功能意犹未尽，于是请表姐Lisa再补充讲一下超级表中其他的功能。

1）快速对表格进行格式设置

创建完成的超级表，可以在【表设计】或【表格工具】菜单的【表格样式】选项区域中选择喜欢的表格样式，如图3-67所示。

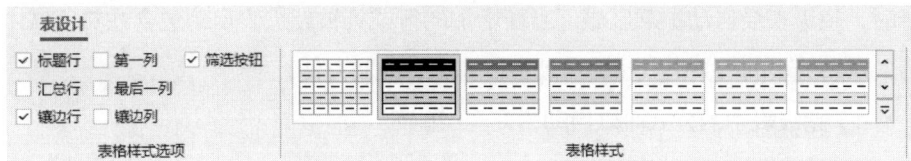

图3-67　【表设计】菜单中的表格样式

从【表格样式】选项区域中选中一个样式，该样式会自动应用于超级表中。

在【表格样式选项】选项区域中，还可以进行如下设置：

➤ 取消选中【筛选按钮】复选框，超级表中的筛选按钮会消失（仅在Excel中有该按钮，在WPS表格中无该选项）；

➤ 选中【镶边行】复选框，则为超级表隔行填充颜色；

➤ 选中【镶边列】复选框，则为超级表隔列填充颜色；

➤ 选中【标题行】【第一列】【最后一列】复选框，则为超级表的首行、第一列、最后一列设置特殊格式；

➤ 选中【汇总行】复选框，则会在超级表最下方自动设置一个汇总行，在汇总行中可以灵活地选择计数、求和、平均值等汇总方式，如图3-68所示。

图3-68　汇总行设置

2）自动跳转到下一行的第一列

在超级表中录入数据时，如果当前单元格位于超级表右下角的最后一个单元格，按【Tab】键，活动单元格会跳转到下一行的第一列。在连续进行数据录入时，这个功能可以极大地提高录入效率。

3）超级表的内容区域可以通过新增行与列自动扩展

当在超级表的右侧最后一列旁边新增列，或在超级表最后一行的下方新增行时，超级表会自动扩展区域。当新增加的行或列被超级表自动包含在其区域中后，对超级表的相关格式也会自动进行套用，非常方便。

4）超级表中的公式可以自动填充至当前列

当在超级表的某一列编写公式时，按回车键后公式将自动向下填充至当前列，省去了手动拖动复制公式的麻烦。

5）为数据透视表或图表设置动态引用数据源

由于超级表可以随着表格行列的增减自动调整表格范围，所以，将超级表作为数据透视表或图表的数据源，可以创建动态数据源。这项功能将在后续章节中展示应用。

本章复盘

在讲解完本章的内容后，表姐Lisa带着小张和小刘两个小伙伴复盘了近期沟通中涉及的知识点，具体如下：

➢ ROW函数用于提取当前单元格或指定单元格的行号；

➢ FIND函数用于查找指定的字符在一个单元格内容中出现的起始位置；

➢ ISERROR函数用于判断公式的结果是不是错误值；

➢ ISODD函数用于判断一个数字是否为奇数；

➢ ISEVEN函数用于判断一个数字是否为偶数；

➢ VLOOKUP函数用于根据指定的关键词，在数据区域查找并提取数据；

➢ LEFT函数用于从左起截取指定位数的内容；

➢ IF函数用于进行条件判断，当条件成立时与条件不成立时，分别显示对应的结果；

➢ MID函数用于从指定的位置开始，取出特定位数的字符；

➢ DATE函数用于将三个单独的数字合并为一个日期；

➢ TEXT函数用于对特定数据或字符串进行格式化设置；

➢ TODAY函数用于调用当前的日期；

➢ DATEDIF函数用于返回两个日期之间的时间差；

➢ EDATE函数用于给出指定日期之前或之后间隔一定月数的某个日期；

➢ 使用数据验证的"序列"功能，在单元格中制作下拉选项；

➢ 使用查找和替换功能，快速查找某项内容，并替换为其他内容；

➢ 使用自动更正功能，通过短词条代替长词条的自动更正，提高录入效率；

➢ 使用选择性粘贴功能，将公式粘贴为"数值"，可以去掉公式，只保留公式结果；

➢ 使用分列功能，可以批量对日期数据进行规范化整理，也可以对其他数据类型进行处理。

除以上内容外，还介绍了超级表强大的表格设置、筛选、汇总等功能。两个小伙伴已经掌握了以上函数和知识点的使用方法，也对超级表有了一定的认识。

有了这些Excel中的知识积累，不仅可以高效地完成人力资源基础信息表的编制与应用，对其他很多同类型表格也可以借鉴相同的思路进行设置。

第四章

招聘环节的数据管理

外部人才的招聘与引进对于每家企业来说都是一项重要工作，而招聘活动的组织与实施也是人力资源岗位的基础工作之一。招聘活动中的环节和头绪比较多，需要同时面对多个岗位、多个候选人、不同的流程环节，以及不同的人才甄选标准与面试结果。可以说，招聘活动是一项既重要又琐碎的工作，在招聘过程中会产生大量数据。

要想高效率、高质量地开展招聘工作，除了要求招聘专员有高度的责任心与一定的专业度，做好数据管理也是非常关键的一点。对于人力资源部门的管理者来说，只有获得了招聘过程中积累的基础数据，才有可能开展更加系统的招聘环节的数据分析与改进。

一、快速制作面试安排记录表

招聘是人力资源专员小张日常的主要工作。她主要负责发布招聘信息，从各招聘渠道收取或搜集简历，经过初步甄选后对可以进入面试流程的候选人进行邀约，组织好初试和复试的流程，并做好跟进，直到拟录用的候选人入职公司。

由于公司正处于较快扩张的时期，各部门的招聘需求比较多，可以说小张的招聘工作内容千头万绪。每天小张的记事本上总是密密麻麻地记录着简历筛选、人员邀约、人员面试跟进的各种信息。尽管小张已经尽量细心认真，但是面对高强度的工作，仍然会出现跟进不及时、对接不到位的情况。

1. 招聘专员小张需要一张什么样的面试安排记录表

经过前期与表姐Lisa的沟通，小张感受到了Excel的强大。她想要使用Excel来制作一份招聘过程的数据记录表。

表姐Lisa与小张见面之后，梳理了小张的工作内容。在编制表格前，还是应当先明目的与需求。根据小张的工作内容，经过讨论，小张提出如下基础需求：

➢ 对于简历初筛通过的人员，记录邀约初试情况，包括是否邀约到该候选人、约定的面试时间等；

➢ 记录候选人是否通过初试，以及复试的时间安排、是否邀约到复试等；

➢ 记录候选人是否通过复试，面试小组或用人部门给出的薪酬建议等；

➢ 记录和复试通过的候选人的沟通情况，比如是否接受公司给出的薪酬等录用条件、是否同意入职；

➢ 记录公司与候选人约定的入职日期，以及最终是否如期入职公司。

以上需求主要是小张希望对面试及跟进过程的信息进行记录。

2. 深入思考招聘过程中信息的附加价值

在以上需求的基础上，表姐Lisa又帮助小张提炼了以下需求信息：

> ➤ 记录简历的渠道与来源，目的是后续可以分析不同渠道在不同岗位招聘效率上的区别。不同的招聘网站侧重的人群会有所区别，比较简历来源，找到最适合公司所在行业或所聘岗位特点的招聘渠道，会提高工作效率。

> ➤ 记录求职者的薪酬数据及相关信息，包括同岗位工作年限、当前的薪酬结构及薪酬水平等，以便于收集有用信息。当公司需要对比本公司在行业内或人才竞争领域内的薪酬竞争力时，这些数据可以作为有价值的参考数据。

小张听完表姐Lisa的建议，说道："您说的非常有道理，但我有一个疑问。您提到要记录求职者的薪酬数据，但由于每个求职者的心态不同，他们给出的薪酬信息未必是非常准确的。这样一来，在面试过程中记录的薪酬信息还有价值吗？"

表姐Lisa明白了小张的问题，说道："你说的现象确实存在。在面试环节，有些求职者为了在新岗位的求职中获得更高的薪酬，可能会夸大现有薪酬。尽管如此，我认为，前面提到的薪酬数据记录仍然是有价值的。"

表姐Lisa接着说道："因为薪酬调研中的数据来源是多维度的，而招聘过程中的数据只是其中一个参考维度。我们在薪酬调研中使用的数据维度是多元化的，多维度的数据可以起到相互佐证和验证的作用。另外，在面试过程中探知的薪酬数据是需要积累的，当数据样本足够多时，是能够反映出某个岗位或某个领域的薪酬结构、薪酬水平的。另外，从单点的数据来看，在面试过程中也可以对某一个或某几个对标公司的薪酬结构、薪酬水平做到较为细致的了解。"

除此之外，表姐Lisa换了一个角度，说道："很多公司的薪酬岗位与招聘岗位往往是分设的。招聘岗位每天都会接触到外部的求职者，对外部市场薪酬水平的感知比较多。而薪酬岗位通常面对的是企业内部，没有机会常态化地接触到公司外部薪酬水平和竞争情况的变化。当他们需要做薪酬水平分析时，往往依赖外部薪酬调研公司提供的数据。但是，薪酬调研公司面向的是较大的行业分类或某个地区的薪酬数据，反映的是宏观的薪酬水平，而宏观的薪酬数据对一家企业的参考借鉴意义是有限的。很多企业想要对标本地区本行业内某几家公司的薪酬数据，而这些数据是很难准确获知的。如果没有招聘岗位的数据记录，就无法将这些信息详尽、全面地传递给薪酬岗位。所以，在薪酬数据的使用中，既需要宏观的外部薪酬数据，也需要局部的、具体的单点数据作为支撑，两者是相辅相成的。"

目前小张只是一名招聘专员，并没有系统地思考过表姐所说的这些问题，但是她听懂了表姐所说的话。表姐Lisa让小张明白了，原来招聘岗位不仅要完成招聘的具体工作，还是一个能够捕捉外部薪酬数据的“窗口”。表姐一直说，要让小张做一个“有心人”，做好数据的记录和积累，收集薪酬数据也是做“有心人”的一种体现。

试想一下：当一些关键岗位的招聘一直不太顺利，公司看中的很多候选人因为“薪酬低于预期”未能加入公司时，当公司的一些核心或关键岗位频频出现离职现象时，小张能做什么？在公司想要优化薪酬体系的时候，小张能够拿出长期以来在招聘过程中收集到的薪酬数据；当上级想听取她的看法时，她能基于客观的数据，有理有据地向上级表达自己的判断与观点，那么小张会不会在职场中得到更多的青睐与机会呢？

3. 编制一张适合自己的面试安排记录表

小张经过与表姐的沟通，在心里已经画出了一张属于她的面试安排记录表。作为日常招聘工作的记录表，要能够随时对前面讨论中提及的各项信息进行记录和跟踪。

最终，小张设计出了一张符合自己想法的面试安排记录表，如图4-1所示。

2022年面试安排记录表

日期	姓名	职位	性别	联系方式	渠道	简历来源	同岗位年限	邮箱	邀约结果	拟初试时间	初试结果	原公司	原薪酬	薪资要求	拟复试时间	复试结果	拟定薪酬	入职意向	不接受Offer的原因	拟报到日期	入职与否
2022/2/22	张大鹏	软件工程师	男	181XXXXXXX4	前XX优	搜索	8		成功	2022/2/28 9:00	不通过	A公司	13000	15000	2022/3/5 15:00						
2022/2/22	陈佳	软件工程师	男	139XXXXXXX5	前XX优	搜索	5		成功	2022/2/28 9:00	通过	A公司	14000	16000	2022/3/5 14:00	通过	15000	未同意	薪酬低于预期		未入职
2022/2/22	刘东朋	软件工程师	男	186XXXXXXX7	前XX优	搜索	7		失败			X公司	12000	14000							
2022/2/22	丁强	软件工程师	男	175XXXXXXX7	X联招聘	搜索	4		成功	2022/2/28 11:00	通过	B公司	15000	16000	2022/3/5 15:00	通过	15000	同意		2022/3/15	已入职
2022/2/22	耿泽益	软件工程师	男	134XXXXXXX9	X联招聘	搜索	8		失败			H公司	13000	13000							
2022/3/3	刘永庆	软件工程师	男	15XXXXXXX02	X联招聘	搜索	4		成功	2022/3/9 13:00	通过	B公司	13000	15000	2022/3/14 16:00	不通过					
2022/2/26	何东红	软件工程师	女	185XXXXXXX9	X联招聘	搜索	8		成功	2022/3/4 15:00	通过	C公司	16000	18000	2022/3/9 14:00	通过	16000	未同意	其他		
2022/3/3	薛同捷	测试工程师	男	135XXXXXXX9	猎X	搜索	6		成功	2022/3/9 14:30	通过	D公司	9000	11000	2022/3/14 15:00	不通过					
2022/3/3	郭思	测试工程师	男	186XXXXXXX6	猎X	搜索	1		失败			R公司	6000	6500							
2022/2/26	刘立	测试工程师	男	135XXXXXXX7	猎X	投递	3		成功	2022/3/4 9:30	通过	E公司	10000	11000	2022/3/9 13:00	不通过					

图4-1　面试安排记录表

当明确了表格中应当包含的内容后，设计这张基础表格是比较容易的。在表格结构设计完成后，为了便于表格中的数据录入，还可以做一些优化设置。比如，可以在表格中的“职位”“性别”“渠道”“简历来源”“邀约结果”“初试结果”“复试结果”“不接受Offer的原因”“入职与否”列中分别设置下拉列表。

下拉选项的作用，一是方便数据录入，二是能够规范录入内容。以"不接受Offer的原因"列为例。如果每次录入都是自由填写的，那么在后续进行数据分析时将很难进行归纳与总结。对此，可以结合以往工作中的经验将较常见的"原因"归纳为几种，作为下拉选项的内容。前面提及的其他列也是同样的原因。

首先选中要设置下拉选项的单元格，然后选择【数据】→【数据验证】命令（在WPS或某些版本的Excel中，这个功能叫作【数据有效性】），在弹出的对话框中选择【序列】，在【来源】编辑框中录入下拉选项中的内容，并在每个下拉选项之间添加英文状态下的逗号作为分隔符，如图4-2所示。

单击【确定】按钮，即可完成下拉选项的创建，效果如图4-3所示。

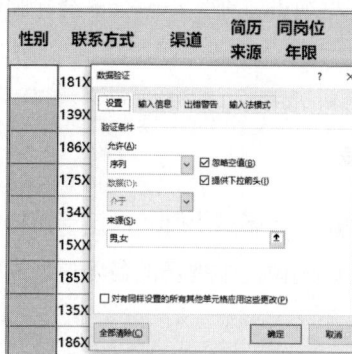

图4-2　数据验证的序列设置

图4-3　下拉选项

对于其他的列，参照相同的方法进行设置即可。

对于小张来说，这张表是招聘分析的基础数据表，在日常工作中需要做好录入和维护，才有可能方便地进行信息的统计以及后续的数据分析。

4. 设置对每天面试安排的提醒功能

小张在每天开始工作前，都会先查看一下她的信息记录表，找到当天需要初试或复试的工作安排。她想要在数据表中设置一个自动提醒功能，将当天安排初试、复试或入职的信息突显出来。

对于这个需求，表姐Lisa说道："我们希望当单元格符合特定条件时显示指定颜色，这个功能叫作'条件格式'。你看名字取得多形象。"

以为"拟初试时间"列设置提醒为例。首先选中要设置格式的单元格区域，然后选择【开始】→【条件格式】→【新建规则】命令，如图4-4所示。

在弹出的对话框中选择【只为包含以下内容的单元格设置格式】选项，如图4-5所示。

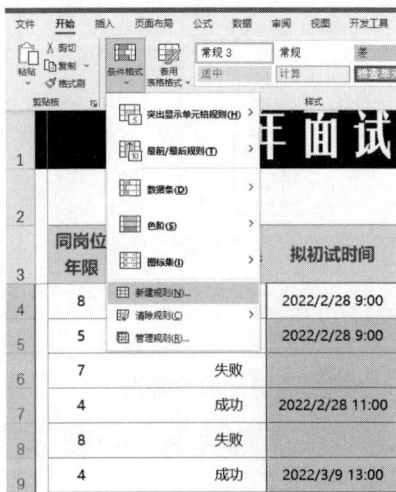

图4-4　新建规则

图4-5　选择规则类型

在下方的设置框中选择【发生日期】和【今天】两个选项。单击【格式】按钮，在弹出的对话框中设置想要的提示颜色即可。设置完成的效果如图4-6所示。

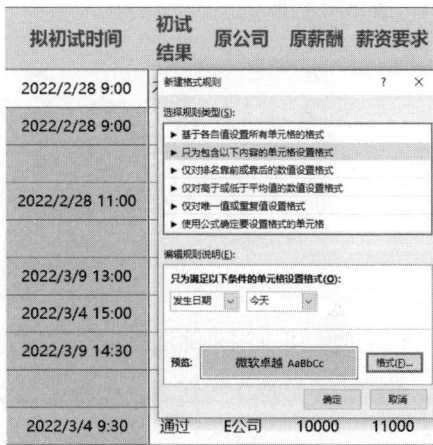

图4-6　条件格式效果

设置完成后，在每天打开文件查看时，原定于当天进行初试的日期单元格将会以特殊的格式效果进行显示。

小张看到这个功能，说道："这样查看起来确实很清晰了。由于每天的面试安排有很多，能不能在表中把那些当天需要初试的人员筛选出来呢？这样会更加清晰，就不需要上下翻动查找数据了。"

表姐Lisa说道："在Excel中有一个叫作'筛选'的功能，就在【数据】菜单中，如图4-7所示。"

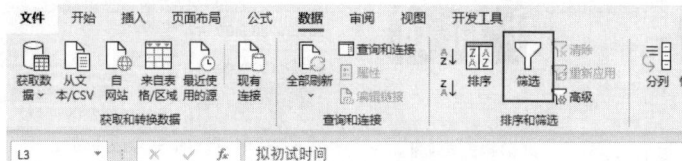

图4-7　【数据】菜单中的【筛选】按钮

这个功能可以用来筛选指定的数据，还可以按颜色进行数据筛选。

在单击【筛选】按钮后，在表头上就会出现筛选的下拉选项，从中可以指定【按颜色筛选】，将会以特定颜色作为筛选的条件。

即使没有设置条件格式，或者没有对单元格进行特殊的格式设置，也可以从【筛选】工具中找到【日期筛选】，直接指定以"今天"作为筛选条件，仅显示当天日期的数据。

"筛选"功能是Excel中应用非常广泛的一个工具。小张制作的面试安排记录表就用到了"条件格式"和"筛选"功能，数据提醒和查找方便了很多。

二、设计制作面试评价表

根据公司已有的销售岗位素质能力模型，领导要求小张编制一份面试评价表。

经过沟通，小张领会到制作《销售序列相关岗位面试评价表》的目的是记录和比较不同候选人在初试与复试阶段的面试评价，而评价的维度来自公司对销售序列各岗位提取的素质能力模型。

初试的评价采用百分制，分为5个维度，主要考察求职者的经验、动机以及与公司文化和价值观的匹配程度等，每个维度的权重不同。

复试的评价同样采用百分制，分为6个维度，主要基于销售岗位的关键素质能力要求，每个维度的权重也不同。

在最终汇总该候选人的综合得分时，初试的百分制结果与复试的百分制结果加权计算得到最终评价结果。

对于每个权重的评分，采用了5分制的打分规则。

➢ 5分为最高，指候选人在该维度上完全符合甚至超出岗位要求。

➢ 1分为最低，指候选人在该维度上完全不符合岗位要求。

➢ 4分为良好，符合度较高。

➢ 3分为基本符合。

➢ 2分为基本不符合。

5分制打分既能形成一定的区分度，也有利于在面试官之间统一打分的尺度。根据以上设想，小张编制的《销售序列相关岗位面试评价表》如图4-8所示。

销售序列相关岗位面试评价表																		
基础信息					初试评价					复试评价						面试结果		
姓名	应聘职位	性别	年龄	学历	岗位胜任力	岗位背景	文化匹配度	职业发展与岗位的匹配度	专业相关度	成就动机	逻辑思维能力	沟通与态度	人际交往能力	岗位知识与技能	客户导向	初试得分	复试得分	综合得分	面试结果
					20	20	30	20	10	30	20	15	15	10	10	40	60		

图4-8 销售序列相关岗位面试评价表

在这张表格里，灰色表头区域第三行中标注的数字是每个维度在当前面试环节（初试或复试）中的权重。

在制作出表格之后，小张遇到了一个问题：如何快速计算出"初试得分"与"复试得分"呢？

表姐Lisa问小张"初试得分"的结果是如何计算出来的，小张边在表格中画出区域边答道："需要拿下方区域中5分制得分的评价结果分别与上方的权重相乘，如图4-9所示。但是，由于下方区域采用的是5分制得分，5分制得分直接乘以权重就相当于满分是500分了，所以把上方的权重分别除以5以后，再乘以下方的5分制得分就可以了。"

基础信息					初试评价				
姓名	应聘职位	性别	年龄	学历	同岗经验	同业背景	文化匹配度	职业发展与岗位的匹配度	专业相关度
					20	20	30	20	10
张海强	销售经理	男	28	本科	5	1	4	4	3

图4-9　面试评价得分与权重

根据小张的计算要求，表姐Lisa讲解了一个能够解决这个问题的函数——SUMPRODUCT函数。

【SUMPRODUCT函数介绍】SUMPRODUCT函数用于将给定的几组数组对应的元素相乘，并返回乘积之和。另外，这个函数除了能够实现"计算乘积之和"的简单效用，还能扩展出多样化的用法，能够实现单条件与多条件的计数、求和。

【SUMPRODUCT函数用法】=SUMPRODUCT(第1组数据，第2组数据，第3组数据，…)

基于SUMPRODUCT函数的用法，对于"初试得分"的计算公式如下：

=SUMPRODUCT((G5:K5)/5,G6:K6)

【公式释义】公式中"G5:K5"单元格区域指的是图4-10中权重的数据区域；(G5:K5)/5指的是将G5:K5单元格区域中的每个数据分别除以5；"/"是Excel中的除法符号。前面提到，因为评价打分采用的是5分制，所以应当将权重除以5，得到百分制的计算结果。

公式中"G6:K6"单元格区域指的是图4-10中张海强这位候选人在各个维度评价中的得分，得分是5分制的。

SUMPRODUCT((G5:K5)/5,G6:K6)这个公式的意思是：将权重区域中的每个数据除以5以后，与候选人的每个得分对应相乘，得到每个维度的加权得分，并对所有乘积进行求和，得到计算结果，如图4-10所示。

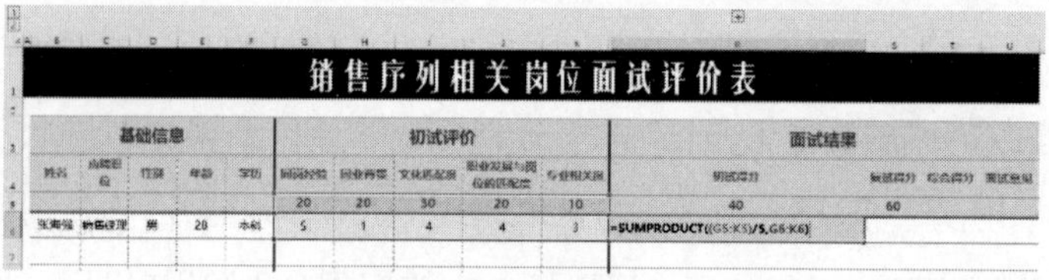

图4-10　"初试得分"计算公式

小张学完这个函数，自己完成了公式。但是她发现，当她将公式向下拖动复制的时候，却出现了错误。

表姐Lisa为小张补充了在公式中单元格引用的部分知识，说道："当需要将一个公式复制到其他单元格中时，就需要考虑公式中对单元格引用的锁定问题。"

表姐Lisa先来补充了一下公式中单元格的引用方式。在Excel的公式中，单元格的引用方式有三种。

➢ 相对引用。当单元格表示为诸如"G5"这样的写法时，指的就是相对引用。当公式向下或向右（以及其他方向）复制的时候，相对引用的单元格也会同步跟随公式移动，以保持引用单元格与公式结果单元格的相对位置不变。

➢ 绝对引用。当单元格表示为诸如"$G$5"这样的写法时，指的就是绝对引用。当公式单元格复制或移动时，绝对引用的单元格的绝对位置不变，不会跟随公式单元格的移动而移动。单元格引用中的"$"符号起到的就是"锁定位置"的作用。在"$G$5"这样的单元格引用中，在列标"G"与行号"5"的前面都有"$"符号，说明列标和行号都是被锁定的状态。

➢ 混合引用。当单元格表示为诸如"$G5"或"G$5"这样的写法时，指的就是混合引用。如"$G5"这个单元格引用，在列标的前面有"$"符号，说明当公式结果移动时，这个单元格的列是被锁定的；而在行号的前面没有"$"符号，说明行号是可以跟随公式移动而变化的。"G$5"指的就是G列是可以相对移动的，但是第5行是锁定的。

相对引用如图4-11所示。

绝对引用如图4-12所示。

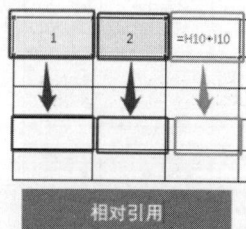

图4-11　相对引用

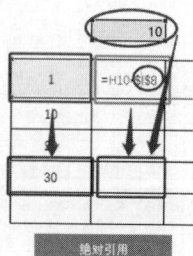

图4-12　绝对引用

小张对表姐Lisa讲到的单元格引用知识有点儿似懂非懂。为了便于理解，表姐Lisa录制了单元格引用的视频，可以反复观看、深入理解。

以图4-10中的公式为例。公式中的单元格区域G5:K5是固定放置权重的区域。将公式复制到下方单元格中，公式中权重的计算区域应当保持不变，所以对该区域要进行锁定。而G6:K6单元格区域应当随着公式的向下复制而向下移动。所以，调整单元格引用后的公式如下：

$$=SUMPRODUCT((\$G\$5:\$K\$5)/5,G6:K6)$$

公式写好后，拖动向下复制，就可以计算所有候选人的初试得分了。复试得分的计算方法完全一样，不再赘述。

关于使用SUMPRODUCT函数计算面试得分，表姐Lisa也录制了对该函数和公式的视频讲解。

在介绍SUMPRODUCT函数时，提及该函数可以进行条件计数与条件求和，相关的用法将在后续章节中讲解。

三、批量生成录用通知书

小刘所在的公司因计划开拓某区域市场，经过公司的多轮面试，确定了23名候选人。小刘整理出来23名候选人名单及拟录用的相关信息，如图4-13所示。

序号	姓名	性别	部门	岗位	汇报对象	月固定工资	试用期（月）	试用期工资	录用通知书确认日期	报到日期
1	张小丽	女	销售部	销售工程师	销售部经理秦清	4800	3	3840	2022/4/25	2022/4/28
2	刘源	男	销售部	销售工程师	销售部经理秦清	4800	3	3840	2022/4/27	2022/4/29
3	何东江	男	销售部	销售工程师	销售部经理秦清	4200	3	3360	2022/4/28	2022/5/10
4	孙海虎	男	销售部	销售工程师	销售部经理秦清	4200	3	3360	2022/4/27	2022/4/29
5	林清竹	女	销售部	销售工程师	销售部经理秦清	5600	3	4480	2022/4/25	2022/5/12
6	冯东宇	男	销售部	销售工程师	销售部经理秦清	5600	3	4480	2022/4/25	2022/4/29
7	郑峰	男	销售部	销售工程师	销售部经理秦清	4200	3	3360	2022/4/25	2022/4/27
8	丁丽丽	女	销售部	销售助理	销售部经理秦清	4200	3	3360	2022/4/29	2022/5/12
9	乔梅	女	销售部	销售助理	销售部经理秦清	3600	3	2880	2022/4/29	2022/4/29
10	郑周	男	销售部	销售工程师	销售部经理秦清	4000	3	3200	2022/4/29	2022/5/10
11	杜楠	女	客服部	客服工程师	客服部经理周小梅	4800	3	3840	2022/4/27	2022/4/29
12	石强强	男	客服部	客服工程师	客服部经理周小梅	5000	3	4000	2022/4/29	2022/4/29
13	李远航	男	客服部	客服工程师	客服部经理周小梅	4500	3	3600	2022/4/25	2022/5/12
14	耿思齐	男	客服部	客服工程师	客服部经理周小梅	5500	3	4400	2022/4/27	2022/4/29
15	王智山	男	客服部	客服工程师	客服部经理周小梅	5800	3	4640	2022/4/25	2022/4/29
16	刘三山	男	客服部	客服工程师	客服部经理周小梅	6000	3	4800	2022/4/27	2022/4/29
17	张海超	男	销售部	销售工程师	销售部经理秦清	4000	3	3200	2022/4/25	2022/5/12
18	王强	男	销售部	销售工程师	销售部经理秦清	4600	3	3680	2022/4/25	2022/4/28
19	乔振华	男	销售部	销售工程师	销售部经理秦清	5000	3	4000	2022/4/25	2022/4/28
20	汤圆圆	女	客服部	客服专员	客服部经理周小梅	4800	3	3840	2022/4/25	2022/5/10
21	刘晓	女	客服部	客服专员	客服部经理周小梅	4800	3	3840	2022/4/25	2022/4/29
22	李顺华	女	销售部	销售工程师	销售部经理秦清	4200	3	3360	2022/4/29	2022/5/10
23	原东	男	销售部	销售工程师	销售部经理秦清	4200	3	3360	2022/4/25	2022/4/28

图4-13　拟录用人员信息表

小刘需要给所有候选人分别制作《录用通知书》。以往小刘是将每个人的拟录用信息一一手动对应填写到《录用通知书》中的。随着对Excel软件的熟悉，当工作量越来越大时，她希望能够使用更快的方法来完成这项工作。

表姐Lisa听到小刘的需求，提出可以使用Word和Excel共同完成这项工作。在Word中有一项功能叫作“邮件合并”，它可以使用Word中的模板和Excel中的数据组合成文件或邮件。

1. 确认《拟录用人员信息表》中是否有《录用通知书》中的所有信息

通常，在《录用通知书》中，称谓部分便是“×××先生”或“×××女士”。对照查看图4-13所示的《拟录用人员信息表》，发现表中并没有特意录入“称谓”这一列。这就需要在作为数据源表使用的《拟录用人员信息表》中增加“称谓”一列。当然，如果在数据源表中不增加称谓信息，则也可以在邮件合并的过程中在Word中设置增加该列。考虑到Excel中的操作更加便捷，此处在Excel中进行设置。

在Excel中，选中《拟录用人员信息表》中的“部门”列，右击，在弹出的快捷菜单中选择【插入】命令，插入一个空列，录入这一列的表头为“称谓”。每位候选人的称谓信息不需要手动填写，只需要根据“性别”信息进行判断即可，如图4-14所示。

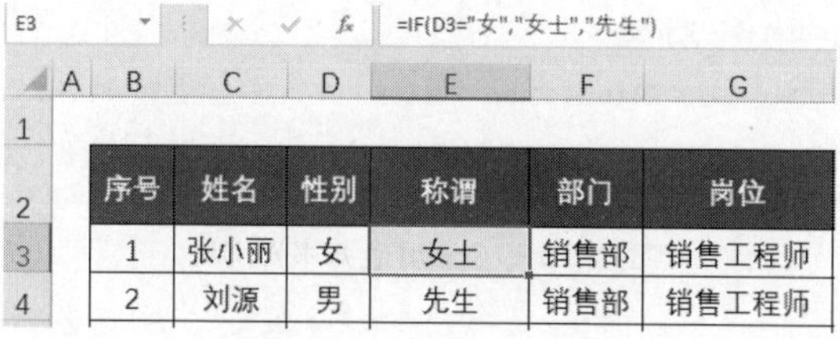

序号	姓名	性别	称谓	部门	岗位
1	张小丽	女	女士	销售部	销售工程师
2	刘源	男	先生	销售部	销售工程师

图4-14　称谓判断公式

根据性别判断称谓的公式如下：

=IF(D3="女","女士","先生")

【公式释义】通过IF函数，对D3单元格中的“性别”是否为“女”进行判断，当条件成立时，就显示称谓为“女士”，否则显示为“先生”。

通过前面的讲解，小刘学会了IF函数的用法，这次就用到了。IF函数是

Excel中使用频率很高的一个函数。

2. 准备好Word版本的《录用通知书》模板

使用前面提到的"邮件合并"功能，可以将在Word中制作好的一个模板（如《录用通知书》模板）插入Excel表中的对应列。所以，在使用这项功能之前，应当先在Word中准备一份《录用通知书》模板。模板中的部分信息如图4-15所示。

录用通知书

尊敬的　　　　：

　　××××公司很高兴地通知您，您已经通过了公司的笔试与面试考核，公司拟录用您为正式员工并拟与您签订正式劳动合同。欢迎您加入公司_____部门，任_____岗位，目前您的汇报对象是_____。

　　1.您入职后的薪酬待遇：

　　您转正后的税前月固定工资为人民币_____元整，全年13个月薪资。试用期____个月，试用期薪资____元。按照相关法律法规规定，公司将从您的月工资中代扣您个人所得税的个人缴纳部分。

　　2.您入职后的福利待遇：

　　公司按照规定为您缴纳养老保险、基本医疗保险、失业保险、工伤保险、生育保险、住房公积金。其中个人应缴部分由公司代扣代缴。

　　公司福利：带薪休假、年度体检、生日礼物、等。

　　3.本通知书的确认及报到

　　请您于_____前回复确认接受此录用通知书，并于_____8：30携带已签字确认的录用通知书到公司报到。报道入职时，您需携带以下资料：

图4-15　《录用通知书》模块

3. 将《录用通知书》模板和《拟录用人员信息表》合并，批量生成《录用通知书》

第一步，在Word中打开制作好的《录用通知书》模板，选择【邮件】→【开始邮件合并】→【信函】命令，如图4-16所示。

第二步，选择【邮件】→【选择收件人】→【使用现有列表】命令，弹出【选择表格】对话框，如图4-17所示。

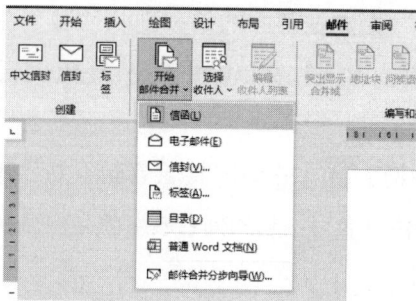

图4-16　【开始邮件合并】菜单　　　　图4-17　【选择表格】对话框

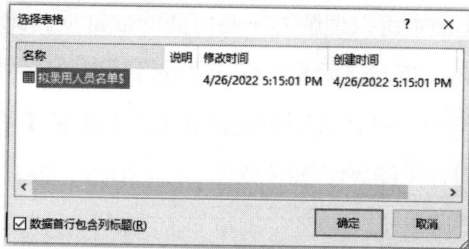

在【选择表格】对话框中，选中【数据首行包含列标题】复选框，单击【确定】按钮。

需要注意的是，在作为数据源的Excel文件中，第一行应当是数据的标题行。如果在标题行上方还有其他行或空行，将会导致Word不能识别出表格的表头，为后续操作带来麻烦。

第三步，在Word模板中插入Excel表中的信息。

将光标定位到要插入信息的位置，比如需要填写姓名和称谓的位置，单击【邮件】菜单中的【插入合并域】，会发现下拉列表中列出的是数据源表中的表头，如图4-18所示。

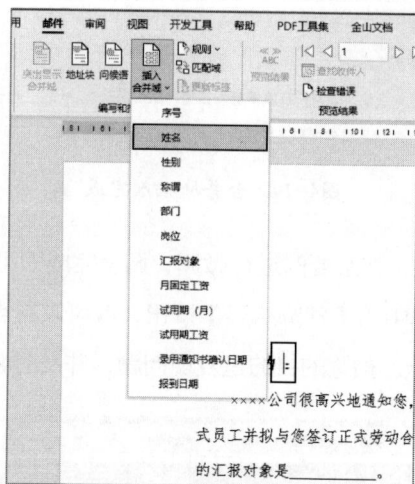

图4-18　插入合并域

从上面的操作中可以看出，"合并域"指数据源中的每一列。"域"在Word中可以理解为一些可变的数据项。比如，插入在文档中的页码，它也是随着每一页而变化的，所以"页码"同样是"域"。

在前述的操作中，选择【姓名】和【称谓】后，在Word中会看到用书名号引用的列名称，如《姓名》《称谓》。这些由书名号引起的列名最终将会被替换为数据源表对应列中的每一个数据。

按照同样的方法，分别在Word模板中需要插入信息的位置定位光标，通过【插入合并域】插入相应的表头信息，效果如图4-19所示。

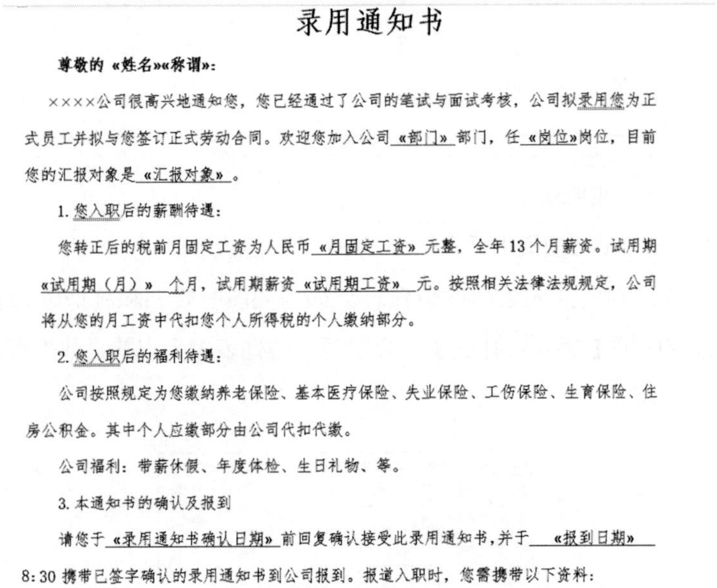

录用通知书

尊敬的 «姓名»«称谓»：

    ××××公司很高兴地通知您，您已经通过了公司的笔试与面试考核，公司拟录用您为正式员工并拟与您签订正式劳动合同。欢迎您加入公司 «部门» 部门，任 «岗位»岗位，目前您的汇报对象是 «汇报对象»。

    1.您入职后的薪酬待遇：

    您转正后的税前月固定工资为人民币 «月固定工资» 元整，全年13个月薪资。试用期 «试用期（月）» 个月，试用期薪资 «试用期工资» 元。按照相关法律法规规定，公司将从您的月工资中代扣您个人所得税的个人缴纳部分。

    2.您入职后的福利待遇：

    公司按照规定为您缴纳养老保险、基本医疗保险、失业保险、工伤保险、生育保险、住房公积金。其中个人应缴部分由公司代扣代缴。

    公司福利：带薪休假、年度体检、生日礼物、等。

    3.本通知书的确认及报到

    请您于 «录用通知书确认日期» 前回复确认接受此录用通知书，并于   «报到日期»

8：30 携带已签字确认的录用通知书到公司报到。报道入职时，您需携带以下资料：

图4-19　合并域插入完成

第四步，预览结果，在必要时进行微调，调整完成即可批量生成。

单击【邮件】菜单中的【预览结果】按钮，就可以在当前窗口中预览合并后的效果，如图4-20所示。预览的目的是发现问题，并及时调整。

图4-20　预览结果

在本例中，通过预览会发现在前面操作中插入的日期"域"显示为
"4/25/2022"这样的格式，与日常使用习惯并不相符。

如果希望将日期格式修改为"2022-4-25"这样的格式，则需要在预览有问
题的日期项上右击，在弹出的快捷菜单中选择【编辑域】命令，如图4-21所示。

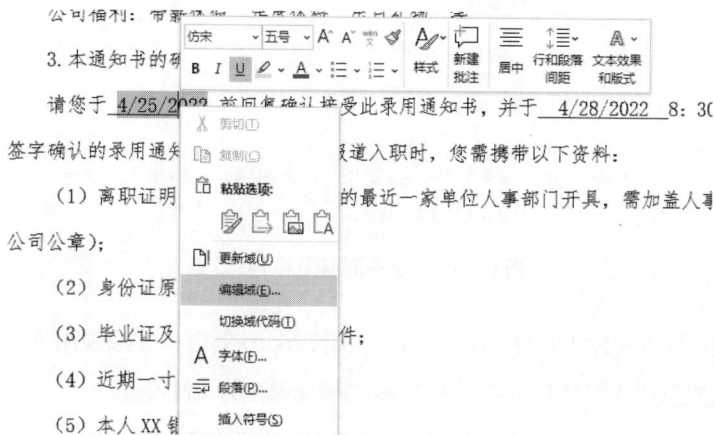

图4-21 编辑域

在弹出的【域】对话框中，选择【日期和时间】类别，并在右侧找到想要的
日期格式，如"2022-04-26"这样以"年-月-日"为顺序的列，设置完成后单击
【确定】按钮即可，如图4-22所示。

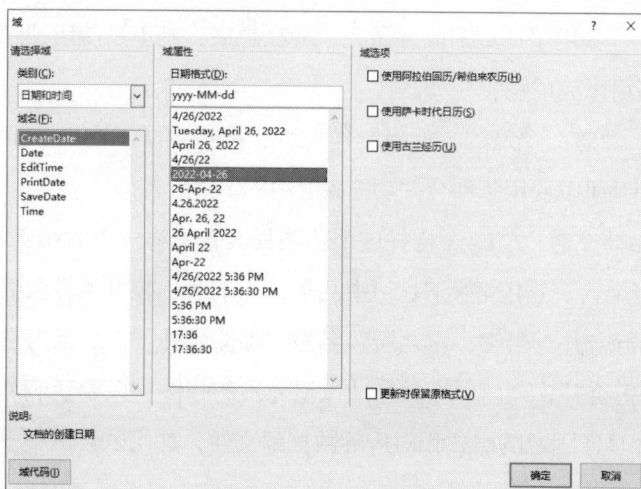

图4-22 【域】对话框

经过前面的设置，预览无误后单击【邮件】菜单中的【完成并合并】按钮，Word会询问是对全部数据进行合并，还是仅对指定信息进行合并。选中【全部】单选按钮，单击【确定】按钮，如图4-23所示。

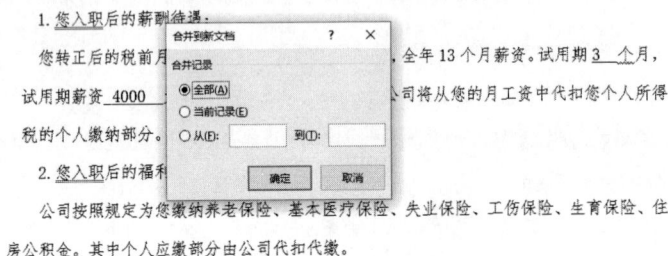

图4-23　【合并到新文档】对话框

经过以上步骤，即可得到一个新生成的Word文档。《拟录用人员信息表》中的23名拟录用人员的信息会对应生成23份《录用通知书》。

经过表姐Lisa行云流水般的演示，小刘终于学会了邮件合并功能及其操作步骤。接下来，表姐Lisa提出了一个问题："小刘，咱们来拓展思考一下，邮件合并功能。除了可以用来制作《录用通知书》，在日常工作中还有哪些场景会用到这个功能呢？"

小刘思考了一下，想到前段时间手动为每个员工制作工牌，说道："前段时间，我们公司要求为每位员工制作工牌。二三百名员工的信息需要放到排好版的工牌模板中，我用了一周时间才做完。现在想来，是不是使用"邮件合并"功能，几分钟就可以完成啊？"

表姐Lisa说道："是的，批量制作工牌、批量生成工资条、批量生成邀请函……这些都是可以使用邮件合并功能来解决的。"

表姐Lisa补充道："邮件合并这个功能其实就是将一个Word文档与Excel中的数据进行结合。它能够将Excel中几条、几十条、数百条甚至更多的数据与Word文档进行合并。当然，它之所以名为"邮件合并"，是因为它不仅可以与Word文档进行合并，还可以合并生成批量外发的邮件。只要我们需要批量制作的文档或邮件具备固定的格式和对应的数据源文件，都可以尝试一下邮件合并这个功能。"

本章复盘

在讲解完本章的内容后，表姐Lisa复盘了近期沟通中涉及的知识点，具体如下：

> ➤ 数据验证功能的实例用法；

> ➤ 条件格式中制作提醒功能的实例用法；

> ➤ SUMPRODUCT函数的基础和实例用法；

> ➤ 邮件合并功能的实例用法。

以上功能都是日常工作中的常用功能，对其加以灵活应用可以解决工作中更多的常见问题。

第五章

烦琐的考勤管理，用好Excel少加班、不出错

对于员工考勤的管理是大多数企业的一项基础性管理工作。HR或行政管理岗位的小伙伴，每个月都需要对员工考勤数据进行汇总统计。当员工人数比较多时，每个月产生的考勤数据量非常多，手动处理考勤数据或统计考勤结果的工作量也非常大，加班加点在所难免。在考勤管理的过程中，如果能够运用好Excel，不仅可以实现快速的考勤信息记录、统计与处理，提高工作效率，还可以使统计结果更加准确，降低出错的可能性。

一、制作动态考勤表

小刘所在的公司成立不久，人也不多，公司员工的考勤一直是手动进行记录的。自从她开始学习Excel，就一直想要制作一份好用的考勤表模板，方便在日常工作中使用。所以，她和小张在周末找到了表姐Lisa，希望能够学习一下如何制作一份好用的考勤表模板。

虽然小张所在的公司使用的是考勤系统记录考勤，但她也想学习一下考勤表模板的制作。在Excel的学习过程中，她不想放过每一次学习机会。学习Excel不仅仅要学会如何制作一张表格或解决一个问题，更需要学会表格制作过程中使用的函数、工具或方法，这样就能够在其他工作场景中灵活地运用。

1. 分析确定表格的功能需求

表姐Lisa非常高兴两个小伙伴在遇到问题时愿意花时间学习如何更高效地解决问题，于是她带着两个小伙伴首先分析了一下要制作的这份考勤表模板应达到什么功能和效果，或者要解决哪些问题。

小刘在思考的过程中，想到表姐Lisa说过，要设计一张Excel表格，可以从数据的记录和数据的使用两个维度考虑问题。于是，小刘从"数据的记录"方面提出，希望表格能够具备方便的数据录入与记录功能。具体提出以下想法：

➢ 记录一年中12个月每个人员的考勤数据；

➢ 对工作日与非工作日（周末以及法定假期）做出特殊的标记；

➢ 能够快速、准确地录入考勤数据。

另外，一份好用的模板表格不仅能够方便地进行数据记录，还要满足数据统计、查询和使用等要求。从这个方面出发，小刘希望考勤表模板要具备灵活的查找、查看和统计功能。小刘经过思考提出以下想法：

➢ 可以随时切换查询某个月份所有员工的考勤情况；

➢ 可以方便地查询某个部门所有月份的考勤情况；

➤ 可以方便地查看某个月份、某个部门的考勤数据；

➤ 能够自动统计出每个人当月的出勤情况。

2. 确定用什么样的方式实现需求

根据小刘的想法，表姐Lisa认为可以将全年12个月的考勤数据放在一张表中，使用"超级表"+"切片器"+"公式"+"条件格式"的方式，实现前面所说的各项功能。

关于"切片器"，在前面的章节中讲过，它是一种可以快速切换查询数据的工具。但是，"切片器"这个功能只能在"数据透视表"和"超级表"中使用。所以，在动态考勤表的制作中，需要先创建"超级表"，才能应用"切片器"功能。

根据小刘的要求，需要制作一张交互式的动态考勤表。在设计制作过程中，不可避免地会用到函数。表姐Lisa决定先带着小张和小刘把可能用到的函数提前复习或学习一下。

1）DATE函数

【DATE函数介绍】用于将三个单独的数字合并为一个日期。

【DATE函数用法】=DATE(年,月,日)

关于该函数的具体用法在第三章中有过具体介绍，此处不再赘述。

2）IF函数

【IF函数介绍】对一个条件进行判断，当条件成立时与条件不成立时，分别显示对应的结果。

IF函数中的"参数1"也就是判断条件，可能产生两种结果，即条件"成立"或条件"不成立"。

【IF函数用法】=IF(条件,条件成立时的结果,条件不成立时的结果)

关于该函数的具体用法在第三章中有过具体介绍，此处不再赘述。

3）SUBTOTAL函数

【SUBTOTAL函数介绍】这是一个多功能的分类汇总函数，它可以实现对数据的求和、平均值、计数、最大值、最小值、乘积等11种计算功能。

以求和计算为例。SUM函数可以进行求和，SUBTOTAL函数也可以进行求和，区别是什么呢?

SUBTOTAL函数可以在计算时忽略隐藏行，而SUM函数是做不到的。

在进行求和计算时，SUM函数会对所选区域进行求和，即便求和区域中有些行被隐藏了，SUM函数也不会排除掉那些被隐藏掉的数据。

SUBTOTAL函数在进行求和时，可以忽略那些被隐藏的行，仅对所选区域中当前可见的单元格进行计算。

忽略隐藏行进行计算是SUBTOTAL函数与SUM、AVERAGE、COUNT、MIN、MAX等函数的最主要区别。

除此之外，SUBTOTAL函数在对某个数据区域进行计算时，如果在这个区域中还存在使用SUBTOTAL函数计算出来的汇总数据，那么它也将忽略这些嵌套分类汇总，以避免重复计算。

【SUBTOTAL函数用法】=SUBTOTAL(功能代码,计算区域)

"功能代码"用于指定该函数要实现哪种计算方式，由1~11（包含隐藏值）和 101~111（忽略隐藏值）之间的数字组成。通过功能代码的选择，即可指定使用何种计算方式。SUBTOTAL函数的功能代码及对应的含义见表5-1。

表5-1　SUBTOTAL函数的功能代码及对应的含义

包含隐藏单元格计算	不含隐藏单元格计算	代表的功能	同等的函数
1	101	计算平均值	AVERAGE
2	102	对数值型数据计数	COUNT
3	103	对非空单元格计数	COUNTA
4	104	计算最大值	MAX
5	105	计算最小值	MIN
6	106	计算积	PRODUCT
7	107	计算无偏标准偏差	STDEV
8	108	计算样本标准偏差	STDEVP
9	109	求和	SUM
10	110	计算无偏方差	VAR
11	111	计算样本方差	VARP

例如，某个公式编写为

=SUBTOTAL(109,A1:A100)

在SUBTOTAL函数中，109代码指的是忽略区域中的隐藏行进行求和。这个公式的含义为对A1:A100单元格区域内的数据进行忽略隐藏行的求和计算。

这个函数在对包含隐藏行或筛选过后的区域进行计算时应用较多。

4）WEEKDAY函数

【WEEKDAY函数介绍】返回某个日期是一周中的第几天。可以指定以每周中的星期几作为一周的第一天。在默认情况下，从 1（星期日）到 7（星期六）返回星期中的天数。

【WEEKDAY函数用法】=WEEKDAY(日期,代码)

WEEKDAY函数的第二个参数是指定以周几作为一周第一天的功能代码。该函数的功能代码有以下可选内容。

➤ 1或省略：数字 1（星期日）到数字7（星期六）；

➤ 2：数字 1（星期一）到数字7（星期日）；

➤ 3：数字 0（星期一）到数字6（星期日）；

➤ 11：数字 1（星期一）到数字7（星期日）；

➤ 12：数字 1（星期二）到数字 7（星期一）；

➤ 13：数字 1（星期三）到数字 7（星期二）；

➤ 14：数字 1（星期四）到数字 7（星期三）；

➤ 15：数字 1（星期五）到数字 7（星期四）；

➤ 16：数字 1（星期六）到数字 7（星期五）；

➤ 17：数字 1（星期日）到数字 7（星期六）。

别看功能代码有这么多，最为常用的是数字"2"，即以每周一作为一周第一天，只需要记住这一个代码基本上就够用了。

如公式= WEEKDAY(日期,2)，指的就是按每周一为第一天的方式，返回指定的日期是一周中的第几天。

5）COUNTIF函数

【COUNTIF函数介绍】条件计数函数，用于对指定区域中符合某个条件的单元格进行计数。

【COUNTIF函数用法】=COUNTIF(条件区域,条件)

通过以下公式举例：

=COUNTIF(A2：A15,C1)

这个公式的意思是：对A2：A15单元格区域中的所有数据进行检索，对与C1单元格内容相同的数据进行计数。

3. 设计动态交互式考勤表

有了对所需函数的基本了解，表姐Lisa手把手教小张和小刘从空表开始，制作一份多功能的动态交互式考勤表。

1）为考勤表准备两个表头

在打开一个新的Excel文档后，表姐Lisa首先让小张和小刘编制了考勤表的表头。

表头中前三列分别为月份、部门与姓名，接下来的几列用于放置考勤的统计结果，比如出勤、病假、事假、年假、调休、法休、加班等。在统计区域的右侧设置31个格子，用来盛放每月最多31天的考勤记录情况。

需要注意的是，在这里需要制作两个表头，如图5-1所示。

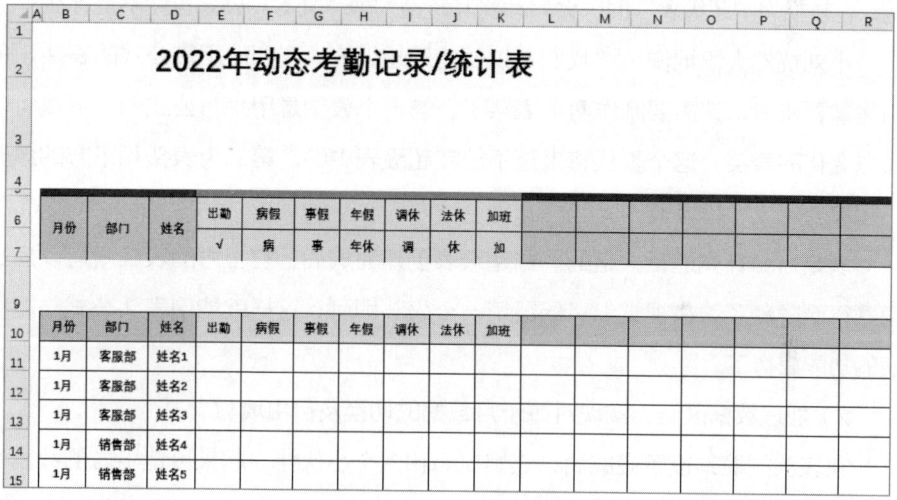

图5-1　动态考勤表中的双表头

小刘不解地问道："为什么要制作两个表头呢？有什么特殊的用意吗？"

表姐Lisa解释道："在一般情况下是不需要这种双表头设计的，但是我们今天要制作的这份交互式考勤表有一个特殊之处。我们不仅要在表头下方人员考勤数据区域中使用'切片器'，还要让表头上显示的日期能够动态地根据所选月份自动变化。设置根据所选月份自动变化的表头就不可避免地要用到公式。"

表姐Lisa继续说道："在我们试图把一个表头上有公式的区域和下方的数据区域一起选中，使用【Ctrl+T】组合键创建超级表的过程中，就会发现这样的提示。"说着，表姐演示了一下，如图5-2所示。

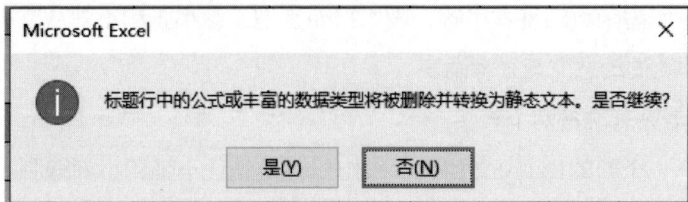

图5-2　创建超级表时的提示

小张不解地问道："这个提示的意思是，超级表要把我们写在表头中的公式转换成普通文本。那转换后表头中的公式就不存在了，是这样的吗？"

表姐Lisa点点头，在超级表的表头中是不允许有公式的。对于有公式的表头行，在转换为"超级表"时，会自动将其转换为静态文本，公式也就不复存在了。

小刘恍然大悟地说："我们不仅要使用超级表，还要使用带公式的表头。鱼和熊掌要兼得，就需要制作两个表头了。第一个表头是用来写公式的，形成可以动态变化的表头，这个表头将来是不放在超级表中的。第二个表头和下方的数据一起被创建成'超级表'。"

表姐Lisa补充道："是的。当超级表创建完成后，它上方的表头就可以通过隐藏行而隐藏了，在视觉上只保留第一个表头即可，这样就能使表头公式与超级表的功能兼得了。"

2）处理数据区域，实现对每个月数据的切换及自由填写

在表头的框架设置完成后，表姐Lisa和两个小伙伴一起来设置下方的数据区域。设置数据区域的目的是要实现每个月数据的填写和查询的基础功能。在设置好数据区域后，再来优化表格上方需要带公式的表头。

设置数据区域，需要将数据区域转换为"超级表"并且应用"切片器"。

先将图5-3框中的数据区域选中。图片下方的数据是演示用的数据，其实数据可多可少，没有太大关系，因为在创建"超级表"以后，还是可以继续进行数据添加的。

在选中数据区域后，单击【插入】菜单中的【表格】按钮，如图5-4所示。

月份	部门	姓名	出勤√	病假病	事假事	年假年休	调休调	法休休	加班加	2022/1/1	2022/1/2			

（###　年　1　月　　　出勤：√　病假：病）

2022年动态考勤记录/统计表

月份	部门	姓名	出勤	病假	事假	年假	调休	法休	加班					
1月	客服部	姓名1												
1月	客服部	姓名2												
1月	客服部	姓名3												
1月	销售部	姓名4												
1月	销售部	姓名5												
1月	研发部	姓名6												
2月	客服部	姓名1												
2月	客服部	姓名2												
2月	客服部	姓名3												
2月	销售部	姓名4												
2月	销售部	姓名5												

图5-3　选中要创建超级表的区域

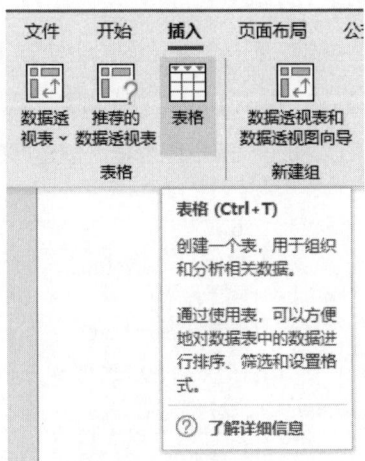

图5-4　插入表格

使用【Ctrl+T】组合键也可以实现同样的效果。接下来会弹出【创建表】对话框，如图5-5所示。

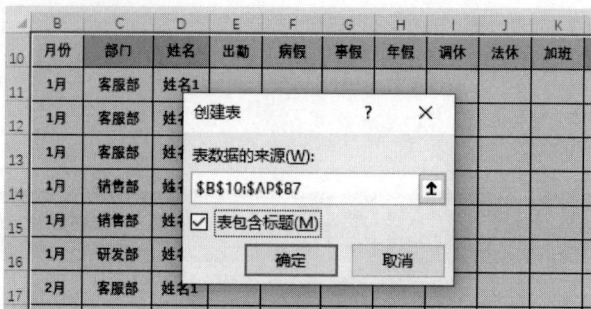

图5-5 【创建表】对话框

选中【表包含标题】复选框，单击【确定】按钮，超级表创建完成。

在超级表的区域会自动套用一些格式，比如隔行填充的颜色等。表姐Lisa考虑到后续会对数据区域做更加灵活的格式效果，因此需要将超级表中默认的格式去除。

将光标定位到超级表中的任意一个单元格，切换到【表设计】菜单（在WPS中该菜单名为【表格工具】），取消选中【表格样式选项】选项区域中的【镶边行】复选框，表格即可还原为原有格式效果，如图5-6所示。

接下来为数据区域创建"切片器"。

将光标定位到超级表中的任意一个单元格，切换到【表设计】菜单（在WPS中该菜单名为【表格工具】），单击【插入切片器】，选中【月份】和【部门】复选框，即可创建"月份"和"部门"两个切片器。创建好的切片器如图5-7所示。

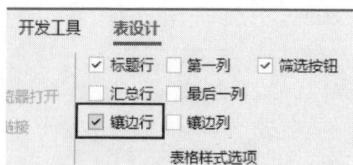

图5-6 【镶边行】复选框

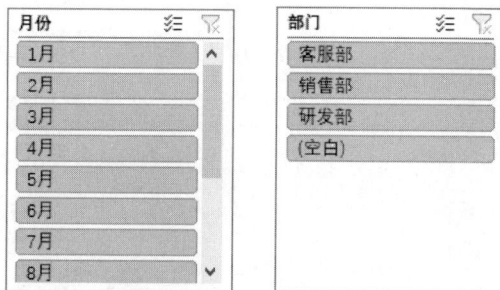

图5-7 切片器

表姐Lisa和两个伙伴一起对切片器进行了适当的格式设置，将切片器设置为横向效果。选中某个切片器，单击菜单栏中的【切片器】菜单，找到【列】选项，录入适当的数据。比如，将"月份"切片器设置为每行有"6列"的效果，可使切片器中的月份每行放置6列，全年12个月的数据显示为两行。对"部门"切片器根据需要进行设置即可。设置完成的切片器如图5-8所示。

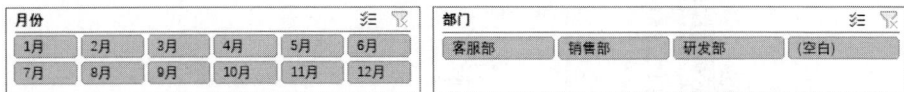

月份					
1月	2月	3月	4月	5月	6月
7月	8月	9月	10月	11月	12月

部门			
客服部	销售部	研发部	(空白)

图5-8　调整切片器列数

在设置完成后，表姐Lisa让小刘在数据区域中录入了1~12月的部分数据，包括月份、部门、员工姓名等。

在录入数据的过程中，如果录入的内容超出了超级表中原有的行数，其实是没有关系的，因为超级表会将与之相邻的行中录入的信息自动地"抓取"到超级表中。从这里也可以看出，超级表的优势之一就是可以自动扩展数据区域。

为了便于后续操作，在"月份"列中录入的内容应当使用"1、2、3、……"这样的数字，而不是"1月、2月、3月、……"。两者的区别在于，"1、2、3、……"这样的内容为"数字"类型，而"1月、2月、3月、……"则为"文本"类型。数字与文本的区别就在于，数字是可以进行一些运算的。在后续的设置中将会多次用到这一列中录入的数字。

小刘是一个对细节要求比较严谨的人，说道："我在'月份'这一列中录入了'1、2、3、……'这样的数字来表示月份，但我还是希望能够将它们显示为'1月、2月、3月、……'这样的格式，可以实现吗？"

表姐Lisa笑笑说道："当然可以。选中录入的月份数据，右击，在弹出的快捷菜单中选择【设置单元格格式】命令，在弹出的对话框的【数字】选项卡的【自定义】格式中加入一个'月'字，就可以了。"如图5-9所示。

在设置完成后，表姐Lisa解释道："在Excel中，要注意区分单元格中原本的数据和它的显示效果。直接录入在单元格中的内容是这个单元格的原始数据，而在单元格格式中所调整和改变的仅仅是它的显示效果。"

图5-9　自定义单元格格式

小张问道："录入的内容就是数据的'素颜'，而'单元格格式'是数据'美颜'之后的效果，对吗？"确实如此。所以，在Excel中，你所看到的数据不一定是这个单元格的原值，还有可能是它"化妆"之后的展示效果。这一点一定要注意区分。设置完成后的数据区域如图5-10所示。

图5-10　自定义格式的设置效果

这时，单击切片器中的任意内容，就可以在各个月份之间实现切换了。切换到某个已经录入考勤数据的月份，可以查看该月份的数据；切换到一个尚未录入数据的月份，可以直接进行数据的填写。

在完成以上操作后，超级表的表头也就不再需要了。只需要选中超级表的表头，隐藏该行即可。隐藏超级表表头后的效果如图5-11所示。

图5-11　隐藏超级表表头

当超级表的表头被隐藏以后，表格看上去更加和谐，当前考勤表的雏形也基本实现了。

3）用函数抓取切片器对月份的选择，为后续操作提供便利

为了便于后续操作，需要使用函数抓取切片器选中的是哪个月份。

在表头上方放置与"年"和"月"相关的单元格，如图5-12所示。

图5-12　表格中的年与月单元格

图上标识的年份单元格中的内容"2022"为手动录入的数字，每当年度发生变化时，手动录入新的年份即可。

图上标识框中的月份"1"与年份不同。表姐Lisa希望实现的效果是根据切片器动态变化的月份显示相应的数字，当上方切片器切换到1月时，此处的月份显示为"1"；当上方切片器切换到"2"月时，此处的月份也同步显示为"2"。

表姐Lisa说道："要实现前面说的月份单元格的动态显示效果，就需要捕捉到切片器当前选中的月份是几月。这要如何实现呢？我们先来分析一下。切片器是一个筛选工具，当在切片器中单击切换月份后，在下方的数据区域中就仅显示所选月份的数据。那其他月份的数据去哪里了呢？"

小张说道："当切片器选中的月份是1月的时候，在数据区域中只有1月的数据显示出来，其他月份的数据被隐藏了。"

没错！基于以上分析，只需要使用一个既能够忽略隐藏值，又能够计算最小值或最大值的函数就可以了。

小刘似乎并没有理解："忽略隐藏值，就是对看得见的区域进行计算，我对此是能够理解的。但为什么是计算最小值或最大值呢？"

因为在切片器中选择一个月份时，在"月份"列中只会有"一个"月份存在。相当于在1~12个数字中只留下一个数字，通过对这个数字进行最小值或最大值运算就能够获取到这个数字了。

小张想到前面学习的SUBTOTAL函数，恰恰适合应用于有隐藏数据区域的计算。

所以，在表头上方放置月份数字的单元格中录入如图5-13所示的公式即可。

使用的公式如下：

$$=SUBTOTAL(105,\$B\$11:\$B\$82)$$

【公式释义】代码"105"指的是忽略隐藏值计算数据区域中的最小值。整个公式的意思就是对$B$11:$B$82单元格区域中的可见单元格（忽略隐藏数据）进行最小值的计算。

由于$B$11:$B$82单元格区域指的是考勤表中的"月份"列，所以，通过计算最小值的方式就获取到了当前切片器所选中的月份。

需要注意的是，这个区域中所有数据里的"月"字是通过单元格格式设置生成的，实际上每个单元格中的内容仅为数字。如果"月"字是手动录入单元格中的，则将无法进行求取最小值的计算。

图5-13　月份的抓取公式

4）制作动态的考勤表表头

在当前的考勤表中，在表头上显示日期的单元格里是没有填写内容的。接下来要通过公式实现动态的表头显示效果。

此处要设置的表头动态效果表现为如下内容：

➢ 在第一行表头中显示当前月份中的日期。为了可读性更强，可以让日期显示为"1日、2日、3日、4日、……"。尽管在表头行中保留了31个日期的单元格，但考虑到各个月份的天数不是固定的31天，具体显示的天数要根据当月天数来定。例如，2022年2月应当显示28天。

➢ 在第二行表头中显示上方单元格中日期的星期数。如2022年5月3日对应显示为"星期二"，为了简化显示效果，还可以省略"星期"二字，只显示星期数"二"即可。由于每个月的1日、2日、……对应的星期数不是固定的，此处表头应当为动态变化的效果。

首先，选中表头第一行中要放置第一个日期的单元格，录入如图5-14所示的公式。

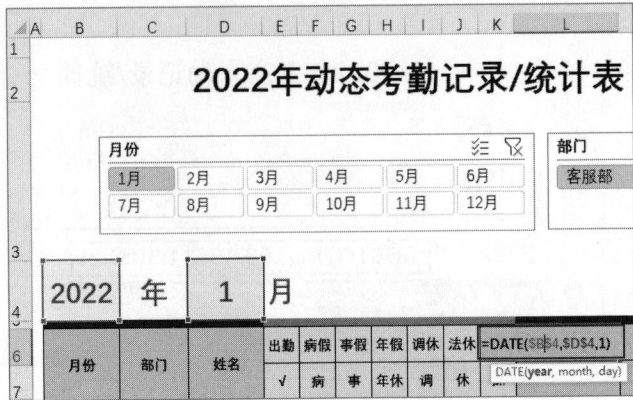

图5-14　第一个日期单元格中的公式

在每月第一个日期的单元格中显示的日期即当前年份2022年、当前月份1月的"1日"的日期数据。以图5-14中的数据为例，应当显示为"2022-1-1"。因此就用到了DATE函数。图5-14中的公式为：

=DATE($B$4,$D$4,1)

【公式释义】$B$4单元格中的数字"2022"代表年份，$D$4单元格中的数字代表捕捉到的切片器选中的月份"1"。通过DATE函数将年份、月份及数字1组合成一个日期，即"2022-1-1"。

接下来，设置第二个日期单元格中的公式。只需要对第一个日期加1，即可得到第二个日期，如图5-15所示。

图5-15　第二个日期单元格中的公式

在第二个日期单元格设置完成后，向右拖动复制公式一直到第31个单元格，可以对应生成当前月份中2～31日所有的日期。

在设置完成后，选中这一行中的31个日期单元格，右击，在弹出的快捷菜单中选择【设置单元格格式】命令，在弹出的对话框中选择【自定义】选项，并录入格式代码"d日"，如图5-16所示。

图5-16　日期行的自定义格式设置

图5-16中用到的格式代码"d日"是指将日期格式原本的"年-月-日"格式设置为只显示"日"，隐藏"年"和"月"。设置完成后的显示效果如图5-17所示。

接下来，设置表头第二行的内容。第二行希望显示为中文的星期数字，也就是显示为"一、二、三、四、五、六、日"这样的效果。只需要选中第二行第一个单元格，设置公式为等于上方单元格即可，如图5-18所示。

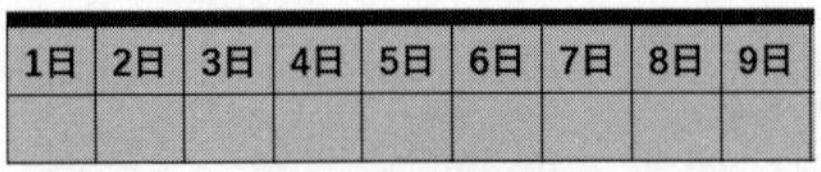

图5-17　自定义日期格式的显示效果

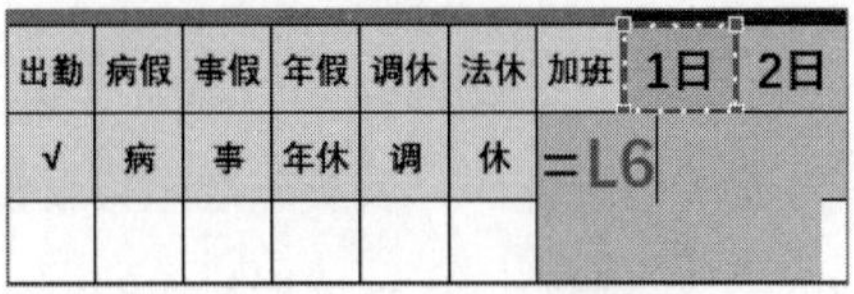

图5-18　星期行中的公式设置

将公式向右拖动复制到第二行表头的所有31个单元格中。

在公式复制完成后，需要改变一下显示效果。选中第二行表头的31个单元格，右击，在弹出的快捷菜单中选择【设置单元格格式】命令，在弹出的对话框中选择【自定义】选项，并录入格式代码"aaa"，如图5-19所示。

出勤	病假	事假	年假	调休	法休	加班	1日	2日	3日	4日	5日	6日	7日	8日	9日
√	病	事	年休	调	休	加	1日	2日	3日	4日	5日	6日	7日	8日	9日

设置单元格格式 ? ×

数字　对齐　字体　边框　填充　保护

分类(C):

常规
数值
货币
会计专用
日期
时间
百分比
分数
科学记数
文本
特殊
自定义

示例
六

类型(T):
aaa

上午/下午h"时"mm"分"
上午/下午h"时"mm"分"ss"秒"
yyyy/m/d h:mm
mm:ss
mm:ss.0
@
[h]:mm:ss

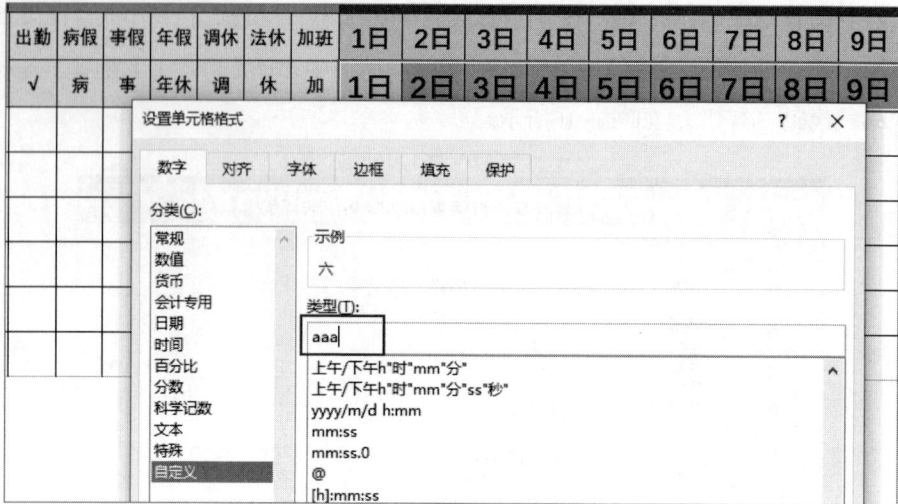

图5-19　对日期进行星期设置

当单元格中放置的是日期型数据时，格式代码"aaa"能够将该日期显示为"一、二、三、四、五、六、日"这样的效果，如图5-20所示。

出勤	病假	事假	年假	调休	法休	加班	1日	2日	3日	4日	5日	6日	7日	8日	9日
√	病	事	年休	调	休	加	六	日	一	二	三	四	五	六	日

图5-20　设置完成的日期星期效果

如果录入格式代码"aaaa"，则将会显示为"星期一、星期二、星期三、星期四、星期五、星期六、星期日"这样的效果。

经过以上操作，表头基础效果就设置完成了。由于放置了公式，所以设置完成的表头会随着切片器选择月份的变化而变化，这就实现了切片器与表头的联动显示。之所以能够实现联动效果，是因为前面使用SUBTOTAL函数提取的月份起到了切片器与表头公式之间的纽带作用。这也是这个案例设置的巧妙之处。

在表头设置完成后，如果切换不同月份查看，就会发现仍然存在一个问题。由于设置日期单元格的是31个单元格，所以，当切换至2月、4月等不满31天的月份时，在表头中就会有多余的日期存在。以2月为例，表头中出现的跨月信息如图5-21所示。

20日	21日	22日	23日	24日	25日	26日	27日	28日	1日	2日	3日
日	一	二	三	四	五	六	日	一	二	三	四

图5-21　表头中出现的跨月信息

　　表头日期区域中显示的是2月的日期，而最后的三个单元格显示的"1日、2日、3日"其实是3月1日、3月2日与3月3日。

　　接下来，可以设置一个条件格式，将跨月日期单元格中的文字、底色和边框全部隐藏。

　　由于要设置隐藏的不仅仅是表头，还包含下方的数据区域，因此需要选中表格日期区域中最后的三个单元格以及下方数据区域中所有的单元格。

　　选择【开始】→【条件格式】→【新建规则】命令，在弹出的对话框中选择【使用公式确定要设置格式的单元格】选项，录入如图5-22所示的公式。

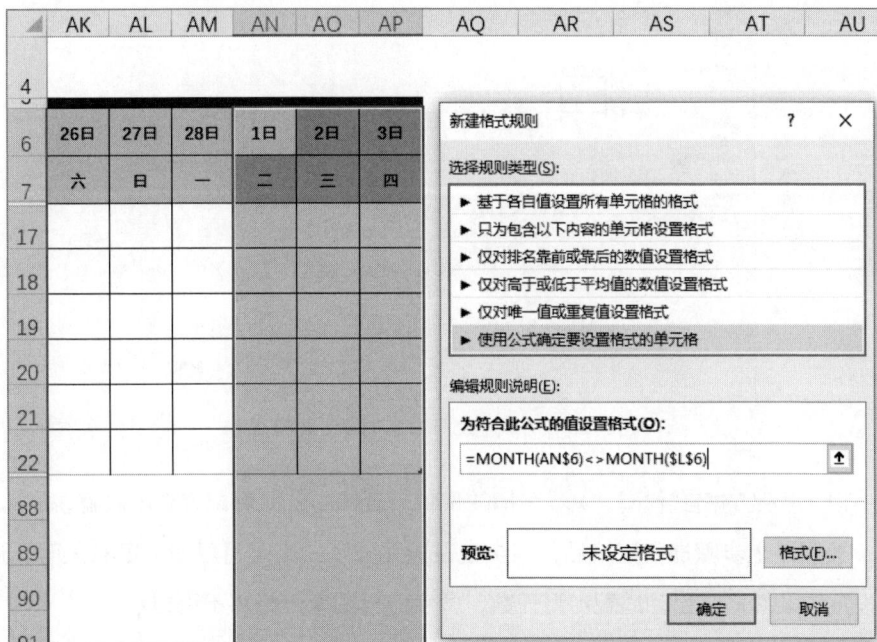

图5-22　条件格式中的公式

公式的具体内容为：

$$=MONTH(AN\$6)<>MONTH(\$L\$6)$$

【公式释义】MONTH函数是一个从日期中提取月份的函数。该公式将第29日所在的单元格AN\$6中的月份提取出来，将其与表头上第一个日期的单元格\$L\$6中的月份进行比较。如果两个月份相同，则说明日期没有跨月。如果两个月份不同，则代表日期已经跨月。公式中的"<>"是Excel中的"不等于"运算符的表示方法。

单击【新建格式规则】对话框中的【格式】按钮，在弹出的对话框中对跨月日期的格式进行设置。在设置时可将【填充】设置为无，将【边框】设置为无。在【数字】选项卡中，选择【自定义】选项，录入单元格中的格式代码为"；；；"，如图5-23所示。

图5-23　隐藏单元格内容的自定义格式

以上提及的格式代码"；；；"指的是将单元格中的所有内容全部隐藏。

按照以上步骤操作完成后，表头就设置完成了。当某月日期不足31天时，通过设置的条件格式自动适配当月天数，多余的日期单元格将不再显示。

5）设置周末以特殊颜色标识，便于录入考勤时区分工作日和周末

在进行考勤表填写时，通常需要区分工作日和周末。为了方便在填写时进行区分，将考勤表设置为周末日期显示灰色底色的效果，如图5-24所示。

图5-24　将周末日期设置为灰色底色

从图5-24中可以看出，要设置灰色底色的单元格，应当满足"当前单元格对应的日期是周末"这样一个特定条件。因此，需要用到"条件格式"功能。

选中1～31日这个表头下方所有的数据单元格。需要注意的是，在选中区域时，不要选中表头，仅选中下方的数据区域即可。

选择【开始】→【条件格式】→【新建规则】命令，在弹出的对话框中选择【使用公式确定要设置格式的单元格】选项，设置如图5-25所示的公式。

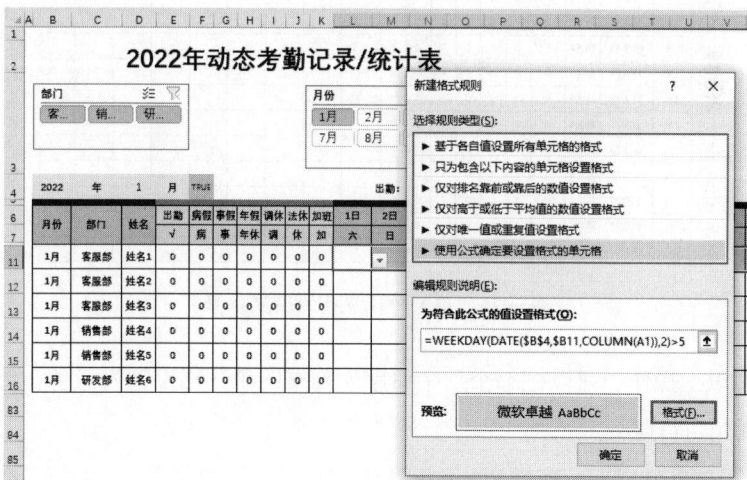

图5-25　条件格式中的周末判断公式

此处使用的公式为：

=WEEKDAY(DATE($B$4,$B11,COLUMN(A1)),2)>5

【公式释义】在$B$4单元格中放置的是年份，在$B11单元格中放置的是月份，COLUMN(A1)调用A1单元格的列序得到数字"1"，通过DATE函数将这三个数字组合成一个可变的日期。这个日期不仅会跟随$B$4单元格中的年份变化而变化，也会跟随$B11单元格中每行显示月份的不同而变化。另外，在所选数据区域的每一列中应用公式时，通过COLUMN函数调用"日"的数据，也会依次生成一个从1日到31日的数据。通过WEEKDAY函数将前面生成的这个日期进行星期数的判断，当星期数字大于5时，表示公式所指示的日期是周六或周日。

公式中的WEEKDAY(日期,2)指的是以每周的周一作为第一天，返回当前日期的星期数。也就是星期一至星期日对应的星期数分别为数字"1、2……7"。设置完成的效果如图5-26所示。

图5-26　周末特殊底色的设置效果

通过以上操作，可以把每个月中日期为周末的单元格设置为灰色，便于填写时与工作日进行区分。

6）设置数据区域中便捷的数据录入方式

为了确保数据区域中考勤信息录入的准确性，可以在数据单元格中制作下拉选项。

选中数据区域，选择【数据】→【数据验证】→【数据验证】命令（或【数据有效性】命令），在弹出的对话框中选择【序列】选项，如图5-27所示。

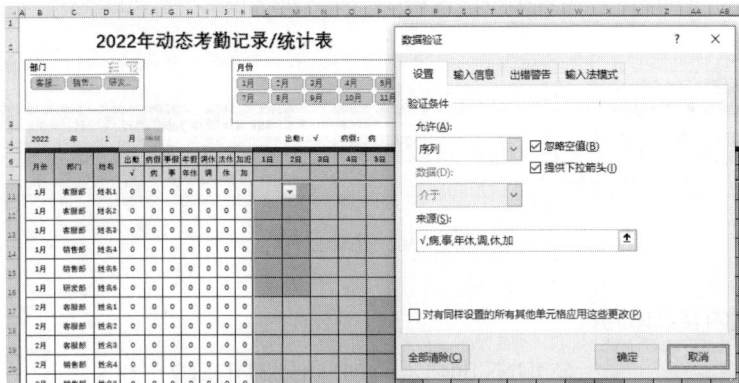

图5-27　【数据验证】对话框

在序列的【来源】编辑框中录入所有下拉选项，每个下拉选项之间用英文状态下的逗号作为分隔符。下拉选项的内容可根据实际情况灵活设置。设置完成的下拉选项如图5-28所示。

在进行数据录入时，可以从下拉选项中选择数据，也可以手动进行录入。但是，即便采用手动录入方式，也只能录入下拉选项中已有的备选项内容，以确保数据录入的规范化和准确性。规范化的数据录入是进行数据统计的基本前提。

7）为考勤数据统计区域设置公式

在考勤表中，为了便于对考勤数据进行汇总，设置一个用于统计考勤结果的区域，如图5-29所示。

图5-28　下拉选项设置效果

图5-29　用于统计考勤结果的区域

要统计每个员工的出勤、病假、事假、年假等情况下的数据，需要用到条件计数函数COUNTIF。在考勤统计区域中，录入如图5-30所示的公式。

	2022	年	1	月									出勤	√		病假	
月份	部门	姓名	出勤 √		病假	事假	年假	调休	法休	加班		1日	2日	3日	4日		
					病	事	年假	调	休	加							
1月	客服部	姓名1	=COUNTIF(表2[@[列1]:[列31]],E$7)		4	0	0	0	9	0		休	休	休	病		

图5-30　统计公式

公式内容具体为：

$$=COUNTIF(表2[@[列1]:[列31]], E\$7)$$

【公式释义】"表2"是下方数据区域中超级表区域的名称。"表2[@[列1]:[列31]]"指的是将图5-30所示的当前员工所在的数据行中从1日至31日的数据区域作为条件计数的判断区域。该公式的意思为：对当前行中1～31日的考勤数据进行检索，找出所有和E$7单元格中内容相同的数据，也就是对同为"√"的单元格进行计数。

以同样的方式，对病假、事假、年假等所有的统计区域设置公式。

经过以上操作，就完成了一份动态交互式考勤表的设置。表姐Lisa考虑到这张表格的设置步骤较多，为大家录制了视频。视频还包含更详细的修饰和调整，可以反复观看、深入理解、灵活设置。

二、员工请假数据的计算与统计

小张所在公司采用的考勤记录方式和小刘所在公司采用的动态考勤表不同。小张所在公司是将员工的请假信息进行记录，通过对请假情况的汇总和查询实现对员工的请假管理。在统计过程中，小张遇到了一些问题，想请教表姐Lisa。

在《员工休假情况记录表》中，记录了员工请假的开始日期、结束日期以及休假类型，如图5-31所示。

员工休假情况记录表

员工姓名	开始日期	结束日期	休假类型	天数
员工 1	2022/1/5	2022/1/11	病假	
员工 2	2022/1/12	2022/1/14	事假	
员工 3	2022/1/12	2022/1/17	事假	
员工 4	2022/2/18	2022/2/23	事假	
员工 5	2022/2/15	2022/2/22	病假	

图5-31　员工休假情况记录表

1. 如何快速计算出每个员工请假的工作日天数

小张想知道如何快速计算出图5-31中员工的请假天数。员工的请假天数是指请假期间工作日的天数，是不包含节假日及周末的。所以，小张每次都采用手工计算的方式，不仅费时费力，而且稍微疏忽就容易出错。

表姐Lisa听完小张的问题，给出了一个建议：可以使用函数来计算两个日期之间的工作日天数。在Excel中有两个函数可以实现这个功能，一个是NETWORKDAYS函数，另一个是NETWORKDAYS.INTL函数。接下来分别介绍一下这两个函数。

1）NETWORKDAYS函数

【NETWORKDAYS函数介绍】用于给出在开始日期和结束日期之间完整的工作日天数。工作日不包括周末和专门指定的假期。

【NETWORKDAYS函数用法】=NETWORKDAYS(开始日期,结束日期,[指定的假期日期])

这个函数的第三个参数用于自定义设置假期的日期。只需要在某些单元格中将这些日期罗列出来，并且将这个放置假期日期的单元格区域指定给NETWORKDAYS函数即可。

NETWORKDAYS函数应用举例如图5-32所示。

图5-32中的公式为：

=NETWORKDAYS(D19,D21,F20)

这个公式的意思是：计算从2022年4月18日至2022年4月26日所有工作日的

天数。在计算时会将两个日期之间的周末排除在外，并且将F20单元格中指定的假期日期也排除在外。

2）NETWORKDAYS.INTL函数

【NETWORKDAYS.INTL函数介绍】以更加灵活的方式计算开始日期和结束日期之间完整的工作日天数。

这个函数相比NETWORKDAYS函数而言，增加了对"周末"的自定义设置。可以使用参数指示哪些天是周末，以及有多少天是周末。周末和任何指定为假期的日期不被视为工作日。

【NETWORKDAYS.INTL函数用法】=NETWORKDAYS.INTL(开始日期，结束日期,[对周末的自定义], [指定的假期日期])

这个函数的第三个参数表示介于开始日期和结束日期之间但又不包括在所有工作日数中的周末，它是一个用于指定周末日的周末数字或字符串。该参数的可选代码如图5-33所示。

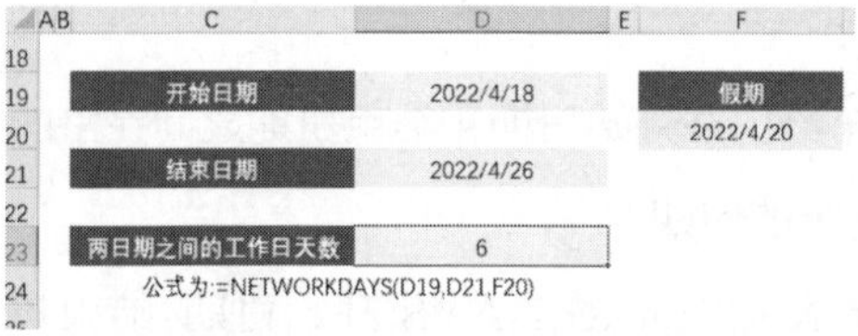

周末数	周末日
1 或省略	星期六、星期日
2	星期日、星期一
3	星期一、星期二
4	星期二、星期三
5	星期三、星期四
6	星期四、星期五
7	星期五、星期六
11	仅星期日
12	仅星期一
13	仅星期二
14	仅星期三
15	仅星期四
16	仅星期五
17	仅星期六

图5-32 NETWORKDAYS函数应用举例　　图5-33 NETWORKDAYS.INTL函数第三个参数的可选代码

这个函数的第四个参数指的是要从工作日日历中排除的一个或多个日期。

NETWORKDAYS.INTL函数应用示例如图5-34所示。

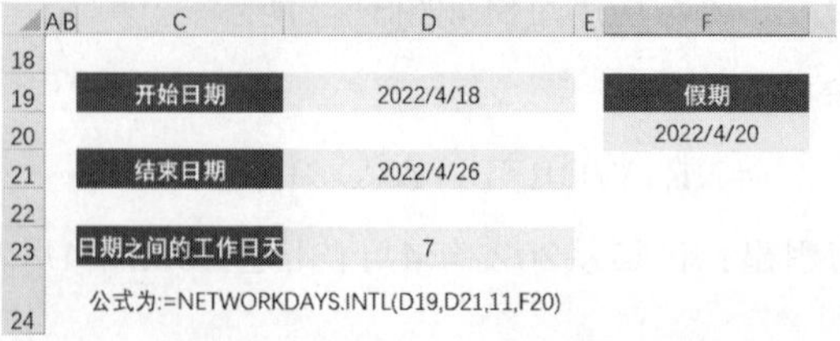

图5-34 NETWORKDAYS.INTL函数应用示例

图5-34中的公式为：

$$=NETWORKDAYS.INTL(D19,D21,11,F20)$$

这个公式中第三个参数使用的代码"11"指的是仅将星期日作为"周末"。

【公式释义】这个公式的意思是：计算从2022年4月18日至2022年4月26日所有工作日的天数。在计算时会将两个日期之间的"星期日"作为周末排除在外，并且将F20单元格中指定的假期日期也排除在外。

有了这两个函数，小张在前面提出的问题就可以快速得到解决。

首先需要结合小张所在公司的放假安排，将假期日期罗列出来。为了便于引用，可单独建立一张工作表（比如命名为《公司假期》），便于在后续使用过程中不断增加内容或进行维护，如图5-35所示。

公司假期

公司假期	说明	说明	说明
2022/1/1	法定节假日	元旦	
2022/1/2	法定节假日	元旦	
2022/1/3	法定节假日	元旦	
2022/1/31	法定节假日	春节	
2022/2/1	法定节假日	春节	
2022/2/2	法定节假日	春节	
2022/2/3	法定节假日	春节	
2022/2/4	法定节假日	春节	
2022/2/5	法定节假日	春节	

图5-35　公司假期信息

在《员工休假情况记录表》中，在计算请假天数的单元格中就可以根据需要使用NETWORKDAYS.INTL或NETWORKDAYS函数了，如图5-36所示。

员工姓名	开始日期	结束日期	休假类型	天数
员工1	2022/1/5	2022/1/11	病假	=NETWORKDAYS(C4,D4,公司假期!$B$4:$B$40)

员工休假情况记录表

图5-36　请假天数计算公式

公式的具体内容如下：

=NETWORKDAYS(C4,D4,公司假期!$B$4:$B$40)

【公式释义】这个公式的意思是：计算从C4单元格中的日期至D4单元格中的日期的工作日天数。其中将$B$4:$B$40单元格区域中（《公司假期》表格中第一列的日期部分）位于C4单元格和D4单元格两个日期之间的假期天数排除。除此之外，将两个日期之间的星期六与星期日作为周末也排除掉，再计算最终的工作日天数。

表姐Lisa在和小张完成以上公式的计算后，提出了一个问题：通过以上公式来计算员工请假的工作日天数，有没有什么问题呢？

小张思考了半天，说道："我们的很多法定节假日在放假前或放假后的某些周末会被调整为工作日。如果出现这样的问题，要怎样处理呢？"

小张说得很对，在以上公式的计算中，会先将开始日期至结束日期之间的周末和自定义的假期日期排除，再计算工作日。由于法定节假日的调休会将某个原本是休息日的星期六或星期日调整为工作日，所以，如果请假日期刚好遇到这样的问题，那么按工作日计算的请假天数就不准确了。

要解决这个问题，可以在前面公式的基础上再打一个"补丁"，也就是在上述公式计算的工作日天数的基础上，再去查询一下请假日期中有没有将周末调整为工作日的情况。如果有，则把相应天数加到原公式结果上即可。

将所有将周末调整为工作日的日期罗列在一张表中，如图5-37所示。

假期调班安排

假期调班的日期	原因	假期名称
2022/1/29	法定节假日补班	春节调班
2022/1/30	法定节假日补班	春节调班
2022/4/2	法定节假日补班	清明节调班
2022/4/24	法定节假日补班	五一调班
2022/5/7	法定节假日补班	五一调班
2022/10/8	法定节假日补班	国庆节调班
2022/10/9	法定节假日补班	国庆节调班

图5-37 假期调班安排

在请假日期的计算公式中，使用前面讲到的多条件计数函数COUNTIFS即可。

小张想到在制作动态考勤表时，使用过条件计数函数COUNTIF，于是问道："前面学到的COUNTIF函数是一个条件计数函数，它和COUNTIFS函数有什么相同点与不同点呢？"这是一个好问题。相近知识点的比较性学习是能够加深印象的好方法。

COUNTIF函数是一个单条件计数函数，而COUNTIFS函数是一个多条件计数函数，这是两者在功能上的区别。而且COUNTIFS函数作为多条件计数函数，也是可以进行单条件下的计数的，所以COUNTIFS函数的应用范围更广。

另外，从使用方法上来说，它们的参数也略有不同。COUNTIF函数只有两个参数，即条件判断的区域和条件。但是，作为一个多条件计数函数，显然两个参数是不够的，所以，COUNTIFS函数的参数根据判断条件的数量多少可以相应增加。

【COUNTIFS函数介绍】COUNTIFS函数是Excel中的多条件计数函数，用于对指定区域中符合某个条件或多个条件的单元格进行计数。

【COUNTIFS函数用法】=COUNTIFS (条件区域1,条件1，条件区域2,条件2,…)

其中条件个数最多可以有127组，完全可以满足大多数日常使用所需。

结合COUNTIFS函数的用法，将前面提到的请假天数的计算公式改造一下，如图5-38所示。

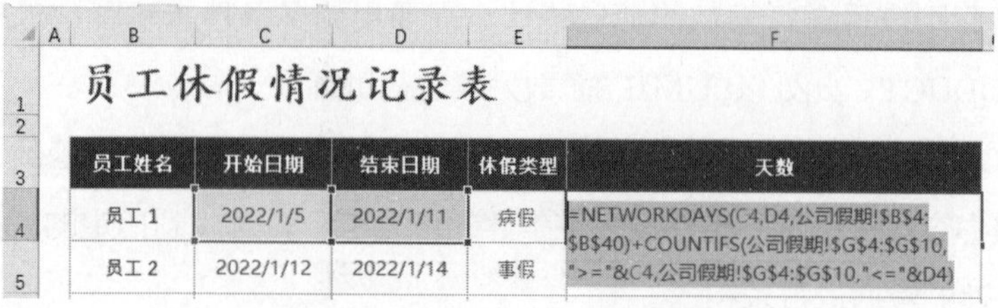

员工休假情况记录表

员工姓名	开始日期	结束日期	休假类型	天数
员工1	2022/1/5	2022/1/11	病假	=NETWORKDAYS(C4,D4,公司假期!$B$4:$B$40)+COUNTIFS(公司假期!$G$4:$G$10,">="&C4,公司假期!$G$4:$G$10,"<="&D4)
员工2	2022/1/12	2022/1/14	事假	

图5-38　改造后的请假天数计算公式

图5-38中使用的公式内容为：

=NETWORKDAYS(C4,D4,公司假期!$B$4:$B$40)+COUNTIFS(公司假期!$G$4:$G$10,">="&C4,公司假期!$G$4:$G$10,"<="&D4)

【公式释义】这个公式的前半部分是使用NETWORKDAYS函数计算的工作日天数。加号后面的COUNTIFS(公司假期!$G$4:$G$10,">="&C4,公司假期!$G$4:$G$10,"<="&D4)部分是对《公司假期》表中罗列在$G$4:$G$10单元格区域中的调班日期进行的判断，将其中大于或等于请假开始日期，并且小于或等于请假结束日期的天数进行计数，得到请假期间的调班工作日天数。将此处求得的天数与NETWORKDAYS函数计算的工作日天数相加，就得到了正确的总的工作日天数。

小张感叹于Excel函数的灵活功能。原来，学好Excel真的可以极大地提高工作效率。原本烦琐的计算，用函数写一个公式就可以快速完成了。

2. 如何快速地计算所有员工当月累计的各假别请假天数

在完成《员工休假情况记录表》的设计与制作后，如果希望统计员工月度的请假天数要怎么做呢？

在统计前先来厘清《员工休假情况记录表》中存在的一个问题。如果员工请假的开始日期是月末，而结束日期是下月月初，就产生了跨月请假的情况。

在员工跨月请假的情况下，为了便于进行按月的数据汇总，建议在录入请假数据时分段进行录入。比如员工请事假日期是从3月28日至4月5日。在录入数据时，可以录入为两条数据记录，一条为从3月28日至3月31日，另一条为从4月1日至4月5日。经过这样的拆分录入，就避免了数据跨月时统计不便的问题。在解决了该问题后，就可以进行数据的按月统计了。

对各假别按月进行天数的汇总统计，需要用到多条件求和函数SUMIFS或SUMPRODUCT。此处以SUMIFS函数为例进行讲解。

【SUMIFS函数介绍】SUMIFS函数是Excel中的多条件求和函数，用于在指定区域中查找符合某个条件或多个条件的单元格，并对应到指定的求和区域中对符合条件的数据进行求和。

【SUMIFS函数用法】=SUMIFS（求和区域，条件区域1，条件1，条件区域2，条件2，…）

其中条件个数最多可以有127组，完全可以满足大多数日常使用所需。

SUMIFS函数是一个看上去简单，但在使用上仍有很多细节的函数。考虑到要用这个函数分姓名、按月统计各不同假别的总天数，这个统计要求稍微有一点儿烦琐，需要对SUMIFS函数有比较清晰的理解。表姐Lisa担心小张不能很好地掌握这个函数的使用方法，决定分步骤讲解，一边带小张学习SUMIFS函数的使用，一边完成统计工作。

先来准备一张用于存放统计数据的表格，如图5-39所示的《2022年1月份员工请假情况统计表》。

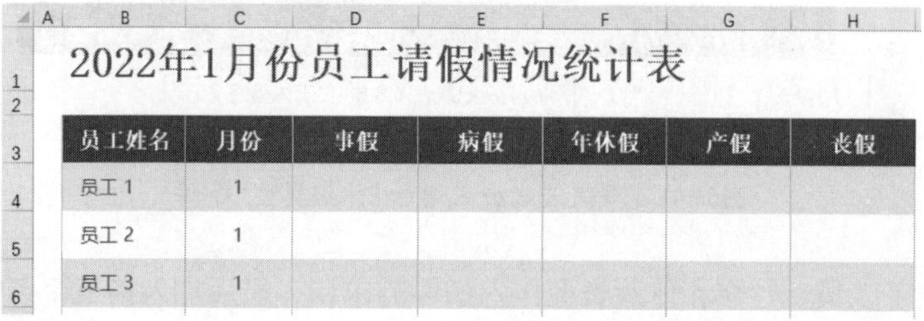

图5-39　2022年1月份员工请假情况统计表

在这张表中，先来实现按"员工姓名"这个单一的条件完成一个基本的条件求和。即根据员工姓名，先统计出该员工所有的请假天数。具体来说，求和区域应当是《员工休假情况记录表》中"天数"这一列的数据，而条件区域应当是《员工休假情况记录表》中的"员工姓名"这一列，条件就是图5-40所示的统计表中该行中的员工姓名"员工1"。明确了本次计算的求和区域、条件区域和条件，就可以完成如图5-40所示的公式。

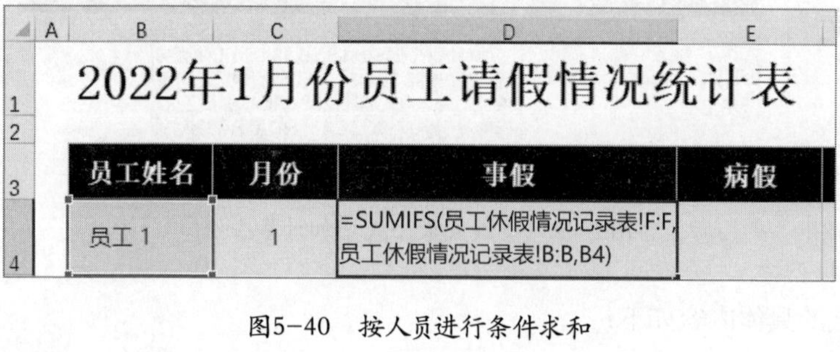

图5-40　按人员进行条件求和

公式的具体内容为：

=SUMIFS(员工休假情况记录表!F:F,员工休假情况记录表!B:B,B4)

【公式释义】在《员工休假情况记录表》中放置员工姓名的B列中查找，找到符合条件为"员工1"的单元格，对应到《员工休假情况记录表》中放置请假天数的F列中提取数据，并进行求和。这就完成了一个最为简单的条件求和操作。

接下来，在上面公式的基础上再将"休假类型"作为条件加进去，如图5-41所示。

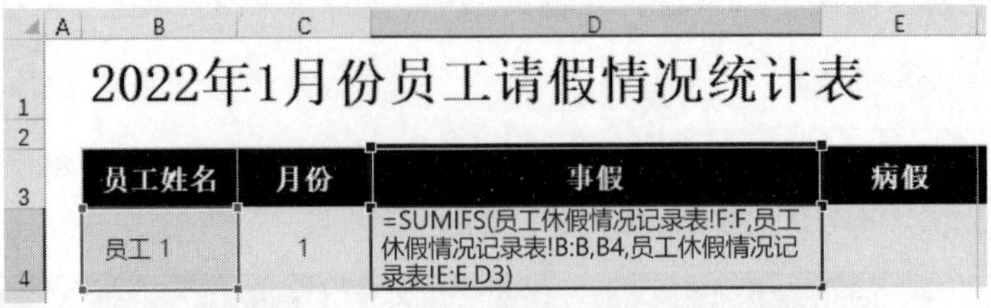

图5-41　事假天数公式增加"休假类型"条件

完成了以员工姓名和休假类型作为条件的求和，最后加入第三个条件，也就是增加以月份为条件的判断。

在《员工休假情况记录表》的请假日期中填入的是日期型数据，但在统计表中需要将日期中的"月份"作为判断条件进行求和。以对1月份进行的数据统计为例。1月份的条件应当表述为请假日期"大于或等于2022年1月1日"并且"小于2022年2月1日"。相关的公式如图5-42所示。

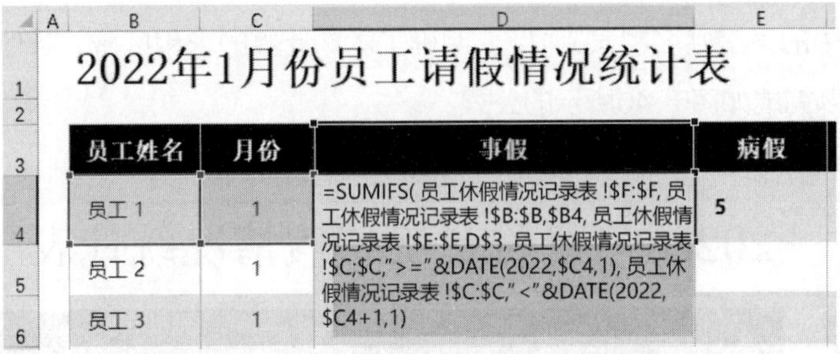

图5-42　事假天数公式增加计算条件

公式的具体内容如下：

=SUMIFS(员工休假情况记录表!\$F:\$F，员工休假情况记录表!\$B:\$B，\$B4，员工休假情况记录表!\$E:\$E，D\$3，员工休假情况记录表!\$C:\$C，">="&DATE(2022,\$C4,1)，<u>员工休假情况记录表!\$C:\$C，"<"&DATE(2022,\$C4+1,1))</u>

【公式释义】公式中下画线标注的部分是在原公式的基础上增加了对月份的条件判断。需要注意的是，此处使用DATE函数对统计表中的月份构造了日期，用于和《员工休假情况记录表》中的数据匹配，以便于进行比较。

">="&DATE(2022,$C4,1)这部分条件，表示大于或等于当前月份的1日；"<"&DATE(2022,$C4+1,1)这部分条件表示小于下月1日。

在SUMIFS、SUMIF、COUNTIF和COUNTIFS函数中，如果用到文本条件或任何含有逻辑或数学符号的条件，则必须使用双引号包裹起来。如果条件为数字，则不需使用双引号。这就是为什么公式中用到的">="和"<"都要带有一对英文状态下的双引号。此外，当构造的条件中使用了逻辑符号或数学符号并用双引号包裹后，如果还需要连接其他函数，则需要使用"&"连接符。这就是为什么将条件表示为">="&DATE(2022,$C4,1)。

在上述公式中，已经根据需要对单元格进行了必要的锁定，只需将写好的公式向右和向下复制到整个统计区域中即可。统计结果如图5-43所示。

2022年1月份员工请假情况统计表

员工姓名	月份	事假	病假	年休假	产假	丧假
员工1	1	0	5	0	0	0
员工2	1	3	0	0	0	0
员工3	1	4	0	0	0	0
员工4	1	0	0	0	0	0

图5-43　统计结果

统计完成的月度员工请假情况即可作为计算当月工资时的依据之一。

条件求和函数是Excel中应用非常广泛的统计函数，表姐Lisa为了让大家更加深入地理解该函数，录制了视频。

三、快速统计员工迟到早退情况及加班时长

小张在工作中遇到了员工打卡数据的统计问题。需要根据员工上下班打卡的数据，统计出员工是否有迟到和早退的情况。对于有加班记录的员工，还需要根据打卡的时间，统计出员工的加班时长。

1. 根据打卡时间判断员工迟到和早退情况

小张提供了员工上下班打卡的数据，并希望在如图5-44所示的表格中完成对迟到和早退情况的判断，以及对加班时长的统计。

员工姓名	上班打卡	下班打卡	是否迟到	是否早退	加班时长
员工1	2022/1/4 7:12	2022/1/4 17:12			
员工2	2022/1/4 7:23	2022/1/4 16:45			
员工3	2022/1/4 7:34	2022/1/4 17:15			
员工4	2022/1/4 7:45	2022/1/4 16:55			
员工5	2022/1/4 7:56	2022/1/4 16:50			
员工6	2022/1/4 8:07	2022/1/4 20:55			
员工7	2022/1/4 8:18	2022/1/4 17:50			
员工8	2022/1/4 8:29	2022/1/4 21:50			
员工10	2022/1/4 8:40	2022/1/4 17:10			
员工14	2022/1/4 8:51	2022/1/5 17:23			
员工18	2022/1/4 9:02	2022/1/6 17:10			
员工22	2022/1/4 9:13	2022/1/7 17:02			
员工12	2022/1/4 9:24	2022/1/8 17:05			
员工9	2022/1/4 9:35	2022/1/9 17:14			
员工15	2022/1/4 9:46	2022/1/10 17:10			

图5-44　打卡统计表

小张所在公司每天的上班时间是8:00，下班时间是17:00。要想判断员工是否迟到，需要将打卡时间和当天的8:00进行比较。下班早退情况的统计也是一样，只需要和当天的17:00进行比较即可。是否迟到判断公式如图5-45所示。

员工姓名	上班打卡	下班打卡	是否迟到
员工1	2022/1/4 7:12	2022/1/4 17:12	=IF(C4>(INT(C4)+"8:00"),"迟到","")
员工2	2022/1/4 7:23	2022/1/4 16:45	

图5-45　是否迟到判断公式

在理解这个公式之前，先来认识一下日期时间型数据以及INT函数。

日期时间型数据在Excel中本质是一个数字，其中整数部分为日期，小数部分为时间。所以，日期型数据或日期时间型数据可以使用数字的一些计算方式。

比如，对一个日期时间型数据进行"取整"，得到的就是这个日期时间型数据中的"日期"部分。

【INT函数介绍】将数字向下舍入到最接近的整数。

【INT函数用法】=INT(数字)

这个函数的使用方法非常简单，给它指定一个数字如"2.5"，将会返回这个数字的整数部分，也就是数字"2"。

在图5-45中，公式的具体内容为：

=IF(C4>(INT(C4)+"8:00"),"迟到","")

【公式释义】INT(C4)用来从打卡的日期和时间中提取整数部分。我们在前面提到过，在日期时间型数据中，整数部分表示的是日期。因此，INT(C4)用来提取打卡的日期。

INT(C4)+"8:00"用来在提取日期的基础上加上公司规定的上班时间8:00，得到一个新的日期时间型数据，也就是当天规定的上班时间。接下来，通过IF函数判断员工的上班打卡时间是否大于当天规定的上班时间，如果条件满足，则说明该员工迟到了；如果条件不满足，则说明该员工未迟到，此时将公式结果显示为空即可。

经过表姐Lisa的讲解，小张明白了计算方式。小张按同样的思路编写出了判断员工是否早退的公式，如图5-46所示。

员工姓名	上班打卡	下班打卡	是否迟到	是否早退
员工1	2022/1/4 7:12	2022/1/4 17:12		=IF(D4<(INT(C4)+"17:00"),"早退","")
员工2	2022/1/4 7:23	2022/1/4 16:45		

2022年1月份员工打卡统计表

图5-46　是否早退判断公式

小张解释道："是否早退的计算方式和是否迟到的计算方式是一样的，只需用当天日期加上公司规定的下班时间17:00，再与每位员工的下班打卡时间进行比较即可。员工下班打卡时间小于规定下班时间的，就是早退；否则为正常下班。这一部分通过IF函数进行判断就可以了。"

通过上述两个公式，可以分别判断出员工上班是否迟到、下班是否早退。在公式编写完成后，拖动复制到下方所有员工打卡记录的数据区域中，就可以判断出全体员工的迟到与早退情况了。

2. 计算员工的加班时长

除了判断出迟到和早退情况，还需要通过员工的打卡数据，计算每位员工每天的加班时长，以便于月末进行汇总。加班时长计算公式如图5-47所示。

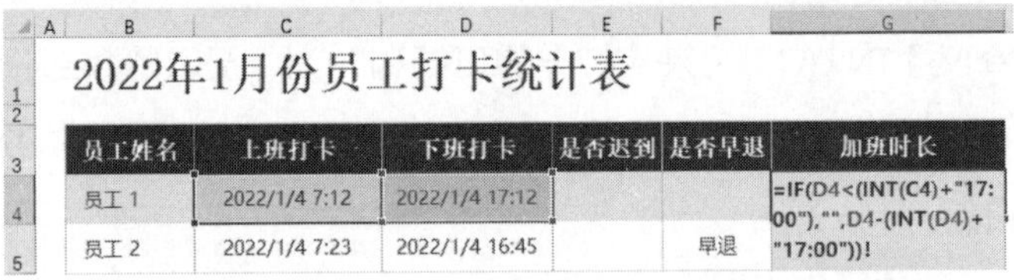

图5-47　加班时长计算公式

公式的具体内容如下：

=IF(D4<(INT(C4)+"17:00"),"",D4-(INT(D4)+"17:00"))

【公式释义】在公式中，首先对是否早退进行判断，如果早退则不需要计算加班时长。这就是公式最外层使用IF函数的作用。当D4单元格中的下班打卡时间早于通过INT(C4)+"17:00"所构造的规定下班时间，就意味着该员工早退了，则公式返回结果为空，即不进行加班时长的计算。

在员工未早退的情况下，进行加班时长的计算。公式中D4-(INT(D4)+"17:00")这一部分用于进行加班时长的计算。该公式将下班打卡时间与当天的规定下班时间相减，得到两个时间之差，这个时间差就是加班时长。公式的结果显示如图5-48所示。

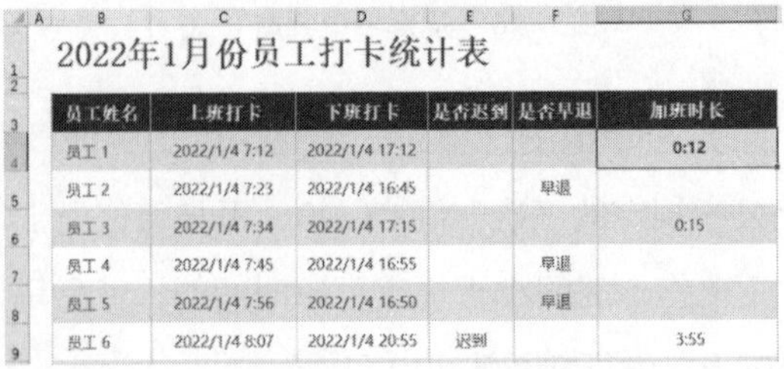

图5-48　公式的结果显示

在公式设置完成后，将其拖动或复制到下方所有员工的考勤记录中进行统计即可。

3. 汇总统计员工的加班时长

在计算总的加班时长之前，表姐Lisa先给小张讲解了TEXT函数的基本用法。

【TEXT函数介绍】对指定的数字、文字、日期、时间等各类数据进行格式化设置后输出。TEXT函数就像一位化妆师，它可以按指定的显示效果对数据进行格式化设置。这也是一个应用范围非常广泛的函数。

【TEXT函数用法】=TEXT（数据,格式代码）

TEXT函数的格式代码有很多，对于数值型数据、日期型数据、时间型数据、文本类型数据等分别有不同的格式代码，其中时间型数据的常用格式代码如下：

➢ h：将小时显示为不带前导零的数字；

➢ [h]：以小时为单位显示经过的时间。如果使用了公式，该公式返回的小时数超过24小时，则可以使用[h]:mm:ss数字格式；

➢ hh：将小时显示为带前导零的数字；

➢ m：当m或mm代码紧跟在h或hh代码之后，或紧跟在ss代码之前时，表示的是时间中的"分钟"代码；

➢ [m]：以分钟为单位显示经过的时间；

➢ s：将秒显示为不带前导零的数字；

➢ [s]：以秒为单位显示经过的时间。

在明白TEXT函数的基本用法后，可以将这个函数应用于加班时长求和公式中，如图5-49所示。

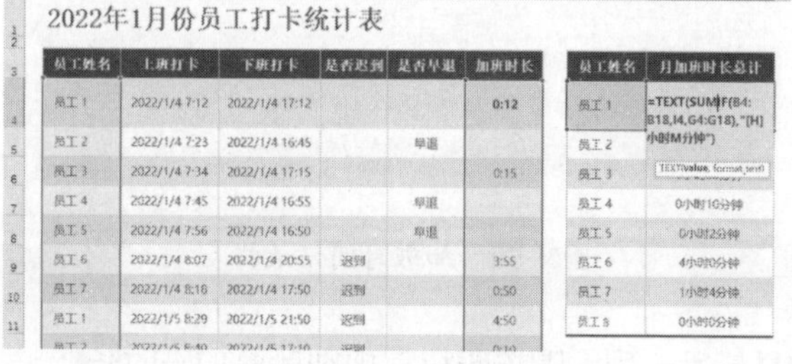

图5-49 加班时长求和公式

公式的具体内容如下：

=TEXT(SUMIF(B4:B18,I4,G4:G18),"[H]小时M分钟")

【公式释义】通过SUMIF函数统计出当前员工的本月累计加班时长。为了避免加班时长超过24小时格式显示不正确的问题，使用TEXT函数对统计出的加班时长进行格式化设置，将其格式显示为“[H]小时M分钟”这样的效果。其中，[H]代表以小时为单位显示经过的时间，当累计的小时数超过24小时时不向上进位。假如一位员工的累计加班时长为27小时，则将显示为“27小时××分钟”，而不是将27小时中满24小时的部分进位。

4. 复杂规则下的加班时长统计

表姐Lisa在工作中还遇到了一些复杂规则下的加班时长统计。

某家公司为了体现人性化加班管理，给予员工一项小“福利”（同时也为了方便计算），对加班时间统计做出了一项规定：根据加班的开始时间和结束时间计算出加班时长，对于小时数以外余下的分钟数按以下规则向上舍入：

- 小于或等于15分钟的，按15分钟核算；
- 大于15分钟，小于或等于30分钟的，按30分钟核算；
- 大于30分钟，小于或等于45分钟的，按45分钟核算；
- 大于45分钟，小于或等于1小时的，按1小时核算。

为了便于说明这位朋友的需求，我们给出如图5-50所示的加班时间记录样表。

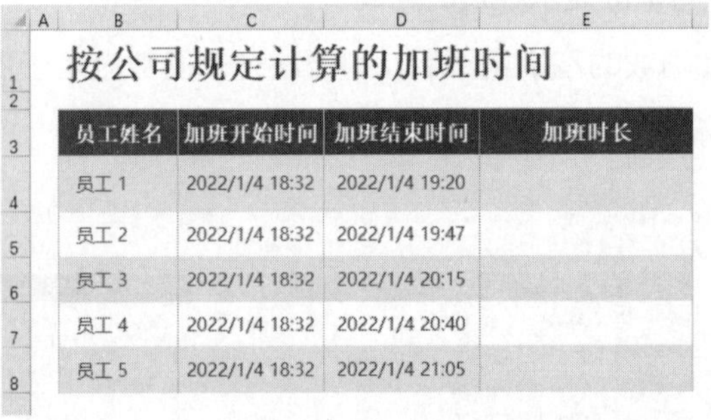
按公司规定计算的加班时间

员工姓名	加班开始时间	加班结束时间	加班时长
员工 1	2022/1/4 18:32	2022/1/4 19:20	
员工 2	2022/1/4 18:32	2022/1/4 19:47	
员工 3	2022/1/4 18:32	2022/1/4 20:15	
员工 4	2022/1/4 18:32	2022/1/4 20:40	
员工 5	2022/1/4 18:32	2022/1/4 21:05	

图5-50　加班时间记录样表

需要计算的是最后一列，即按照特定规则计算加班时长。

假如某员工的加班时长为1小时17分钟。按以上规则，加班时间按1小时30分钟核算，即1.5小时。

结合以上需求，在样表中录入公式，如图5-51所示。

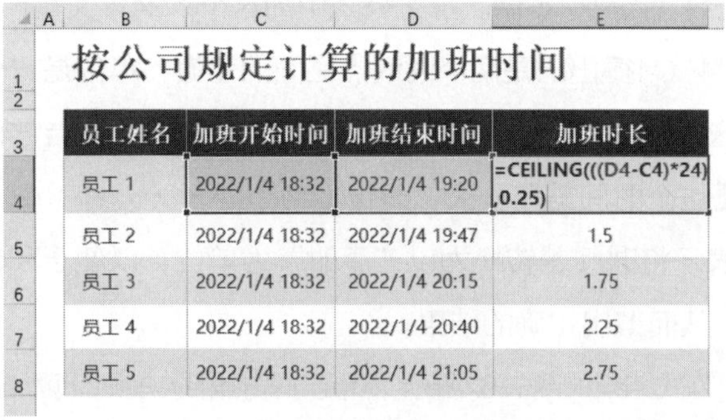

图5-51　加班时长计算公式

通过图5-51中一个非常简单的公式就实现了统计要求。为了弄明白该公式的原理，以便于在以后的工作中举一反三，我们先学习一下与之相关的函数。

【CEILING函数介绍】将一个数向上舍入（沿绝对值增大的方向）为最接近的指定基数的倍数。

【CEILING函数用法】=CEILING(要舍入的值,要舍入到的倍数)

举例1：=CEILING(2.5，1)。这个公式的意思是将 2.5 向上舍入为最接近的1的倍数，即本公式结果为3。

举例2：=CEILING(1.05，0.1)。这个公式的意思是将 1.5 向上舍入为最接近的 0.1 的倍数，即本公式结果为1.1。

综合以上例子可以看出，CEILING函数是对"数值"进行向上舍入的。

在进行加班时长统计时，正是因为两个时间（包括两个日期、两个时间点）相减，得出的结果在Excel中本质上都是数值，所以在这个例子中才能使用CEILING函数做向上舍入。

图5-51中的公式内容具体如下：

$$=CEILING(((D4-C4)*24),0.25)$$

【公式释义】这里的0.25就是上面公式中讲到的"要舍入到的倍数"。因为是以15分钟为单位的，也就是一个小时的0.25倍（注意：单位是"小时"）。这个不难理解。

之所以说这个公式巧妙，是因为公式中有一个令人感觉蹊跷的地方。在公式中通过D4-C4计算出来两个时间的差值，但又在计算出来的结果上乘以24，才拿来用CEILNG函数舍入到0.25倍。那么公式中的这个"24"又是什么呢？

公式中的D4-C4得出的是两个时间点之间的差值，单位是"分钟"，是一个时间型数据。这个时间型数据是可以转换为数值型数据的，当它转换为数值型数据时，表示的是这个时间差在一天总时长（24小时×60分钟）中的占比。而在公式中乘以24，表示将时间差转换为以"小时"为单位，以便于和0.25倍的舍入保持相同的单位，从而得出正确的结果。

经过计算，公式结果如图5-52所示，满足了按照相关规则计算加班时长的要求。

按公司规定计算的加班时间

员工姓名	加班开始时间	加班结束时间	加班时长
员工 1	2022/1/4 18:32	2022/1/4 19:20	1
员工 2	2022/1/4 18:32	2022/1/4 19:47	1.5
员工 3	2022/1/4 18:32	2022/1/4 20:15	1.75
员工 4	2022/1/4 18:32	2022/1/4 20:40	2.25
员工 5	2022/1/4 18:32	2022/1/4 21:05	2.75

图5-52　公式结果

考勤情况与加班时长的计算在不同的公司里往往有不同的要求，只需要将相关函数掌握透彻并灵活应用即可。

本章复盘

在讲解完本章的内容后，复盘本章中涉及的知识点，具体如下：

➢ DATE函数在具体实例中的用法；

➢ IF函数在具体实例中的用法；

➢ SUBTOTAL函数在具体实例中的用法；

➢ WEEKDAY函数在具体实例中的用法；

➢ COUNTIF函数在具体实例中的用法；

➢ NETWORKDAYS或NETWORKDAYS.INTL函数在具体实例中的用法；

➢ COUNTIFS函数在具体实例中的用法；

➢ SUMIFS函数在具体实例中的用法；

➢ INT函数在具体实例中的用法；

➢ TEXT函数在具体实例中的用法；

➢ CEILING函数在具体实例中的用法；

➢ 超级表、切片器、条件格式等功能在具体实例中的用法。

第六章

用好Excel，行政管理也高效

很多公司的行政部都比较繁忙而且工作内容琐碎，用到Excel表格的工作场景也有很多。小周是小张所在公司行政部的一位行政专员。小张只学会了Excel中一些非常简单的基础操作，常常用手动方式来处理一些数据或表格。随着工作事项的增多，小张越来越感觉到自己Excel技能的缺乏已经严重影响到工作效率。

小张作为公司的人力资源专员，一直在学习Excel。随着学习的深入，她越来越觉得Excel这项技能不仅仅是人力资源管理岗位的必备技能，在行政管理工作中也可以通过Excel来提高工作效率。

一、制作年会抽奖器

随着新年的来临，行政部同事小周在领导的安排下正在筹备年会。在公司的年会上，有一个抽奖环节，以往是通过抽奖箱的方式来抽奖的，但今年小周想制作一个抽奖器。于是，小张和小周一起去见表姐Lisa，提出制作一个年会抽奖器的想法。

小周希望抽奖器能够在大屏上进行数字滚动，最终定格在中奖员工的号码上，营造出更热烈的年会氛围。

表姐Lisa听完小周的想法，只用了几分钟就完成了抽奖器的制作，如图6-1所示。

表姐Lisa分步骤来为小张和小周介绍了这个抽奖器的制作方法。

1. 制作抽奖器的底图

抽奖器要投影在年会现场的大屏上，就要考虑效果的美观性。先找到一张符合节日氛围的背景图片，插入Excel表格中。

"幸运大抽奖"这几个字可以是背景图片中带有的文字，也可以在Excel中制作类似的效果。如果使用Excel来制作，其实步骤也是比较简单的。

单击【插入】菜单中的【艺术字】下拉按钮，弹出如图6-2所示的艺术字效果。

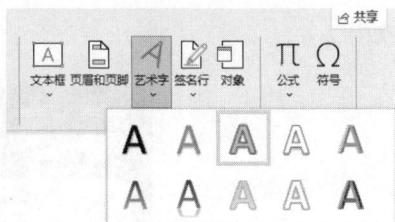

图6-1　抽奖器　　　　　　　　　　图6-2　艺术字

从图6-2中选择一个喜欢的样式效果，并录入文字。要想修改插入的艺术字效果，右击创建好的艺术字，在弹出的快捷菜单中选择【设置形状格式】命令，弹出【设置形状格式】窗格，如图6-3所示。

在【设置形状格式】窗格中，有很多可以灵活设置的选项。比如，可以选中【文本选项】来为艺术字中的文字进行格式效果的设置。

选中【文本填充】下的【渐变填充】单选按钮，并在下方的【渐变光圈】中根据喜好设置颜色即可。渐变光圈中的色块可以随时增加或减少，对每个色块都可以单独设置颜色。

在设置完成后，单击【插入】菜单中的【形状】下拉按钮，其中包含了各种常用图形，如图6-4所示。

图6-3　【设置形状格式】窗格

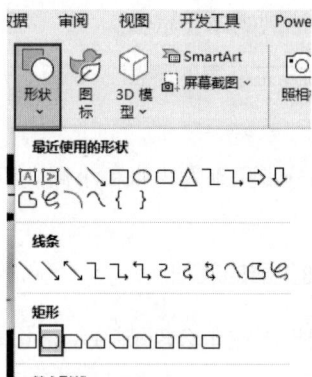

图6-4　形状

单击图6-4中的"圆角矩形"图标，并在Excel中按住鼠标左键进行拖动，即可完成一个形状的插入。为了显得美观，还可以插入另一个圆角矩形。将两个大小稍有区别的圆角矩形叠加在一起，分别设置填充颜色，即可实现如图6-5所示的效果。

图6-5　抽奖器基础形状设置

看得出来，圆角矩形是用于显示滚动的抽奖数字以及中奖号码的位置。

2. 制作滚动的随机数字

在制作完抽奖器的背景效果后，我们来制作滚动的随机数字效果。小周所在的公司有121名员工，所以抽奖号码就在1~121随机滚动。

要生成指定范围内的随机数字，需要用到Excel中一个生成随机数字的函数RANDBETWEEN。

【RANDBETWEEN函数介绍】用于在指定的数字区间内生成随机的整数。

【RANDBETWEEN函数用法】=RANDBETWEEN(最小整数,最大整数)

这里的最小整数和最大整数指的就是要生成随机数字的区间。比如，通过RANDBETWEEN(1,121)即可在1~121（包含1和121）随机生成一个整数。

学会了这个函数，就可以将其应用于抽奖器的制作。在当前这个Excel工作表中的任意一个空白单元格中录入如下公式：

=RANDBETWEEN(1,121)

公式录入完成，按回车键后将会随机出现一个整数。生成的随机数字并不是固定不变的，每当Excel表进行刷新时，随机数字也会随之刷新。公式和公式结果如图6-6所示。

随机数字	公式
76	=RANDBETWEEN(1,121)

图6-6　随机生成数字的公式和公式结果

在设置完成后，就可以将这个随机数字显示在之前创建好的背景图上。

选中背景图上用于放置数字的圆角矩形框，在公式编辑栏中录入"="，再单击公式生成随机数字的单元格，按回车键即可，如图6-7所示。

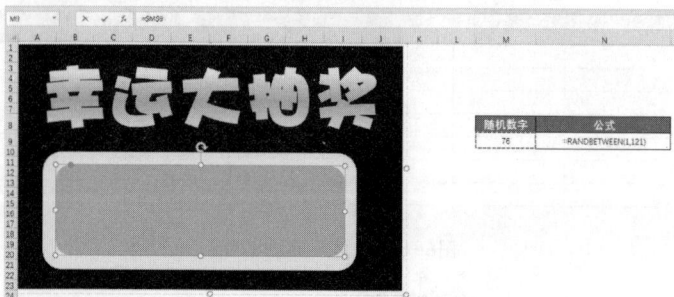

图6-7　将随机数字应用于形状

按回车键后，随机数字将会出现在圆角矩形框中。这个操作的目的是将圆角矩形框关联一个单元格的值。当关联的单元格中的值变化时，形状上显示的内容也随之变化。另外，选中圆角矩形框，可以调整文字的大小。

圆角矩形框中的随机数字默认在Excel刷新时会更新显示不同的随机结果。如果想要手动控制更新让数字滚动起来，则需要按住【F9】键不放。圆角矩形框中的随机数字将会一直不停地滚动，松开【F9】键则数字停止滚动，幸运号码也就产生了。

小张和小周并没有理解【F9】键在这里起到了什么作用。表姐Lisa解释道："在这里使用【F9】键进行手动刷新，每刷新一次，RANDBETWEEN函数生成的随机数字就会变化一次。按住【F9】键不放，就相当于一直在刷新，所以RANDBETWEEN函数生成的随机数字也一直在更新变化。松开【F9】键，刷新就停止了，RANDBETWEEN函数也就停止了更新，定格到一个随机数字。这样就刚好实现了抽奖器的数字滚动和随机抽奖的效果。"

小周真的没想到，使用Excel来制作一个抽奖器竟然这么简单。

二、优化《来访人员登记表》

小周在学会了抽奖器的制作以后，一直想优化一下公司前台使用的《来访人员登记表》。为了便于信息记录和查询，公司前台会用一份Excel表格对每位来访人员的相关信息进行记录。

小周正在使用的《来访人员登记表》如图6-8所示。

来访人员登记表

序号	来访时间	离开时间	来访人员	联系电话	事由	被访人员	部门	行程码	测量体温	是否放行

图6-8　来访人员登记表

这份表格在使用的过程中，每次都需要手动填写"来访时间"和"离开时间"。小周向表姐Lisa提出，是否可以通过Excel的某些功能，制作一个可以方便地录入当前日期和时间的功能。

表姐Lisa听完小周的需求，说道："当然是可以的。Excel中的NOW函数能够调用系统当前的日期和时间。使用这个函数和数据验证功能，就可以轻松地实现表格中对当前日期和时间的快速录入。对了，如果是在WPS中，那么数据验证功能的名字叫作数据有效性。"

【NOW函数介绍】用于显示当前的日期和时间，它是根据计算机当前的系统时间来显示的。随着日期或时间的变化，当Excel表进行刷新时，NOW函数显示的"当前日期和时间"也会跟着自动刷新和变化。

【NOW函数用法】=NOW()

这个函数是不需要参数的。

首先，在不影响现有表格内容的前提下，找到一个空白单元格，录入以下公式：

=NOW()

在公式录入完成后，按回车键。如果公式结果没有按预期显示为日期和时间格式，则可以选中该单元格，右击，在弹出的快捷菜单中选择【设置单元格格式】命令，弹出【设置单元格格式】对话框，如图6-9所示。

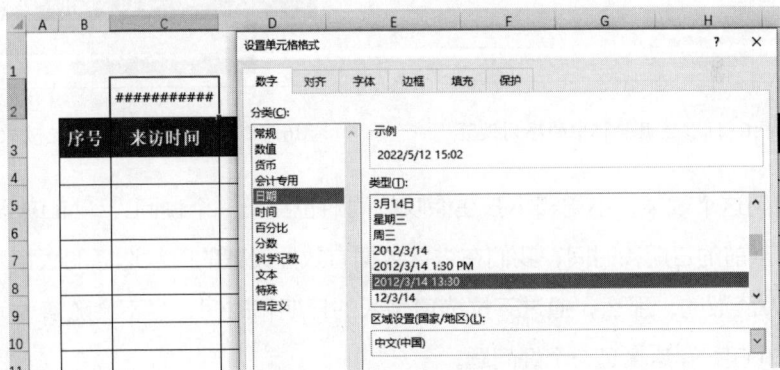

图6-9　【设置单元格格式】对话框

在对话框中选择【日期】格式中带有日期和时间的显示效果，单击【确定】按钮即可。

接下来，选中"来访时间"和"离开时间"这两列单元格，单击【数据】菜单中的【数据验证】按钮，如图6-10所示。

图6-10　数据验证

在弹出的对话框中，选择【序列】，并在下方的【来源】编辑框中指定工作表中设置了NOW函数的单元格，如图6-11所示。

在设置完成后，单击【确定】按钮返回工作表中。当在"来访时间"和"离开时间"下方设置过数据验证的任意单元格中单击时，会出现下拉选项，下拉选项中显示的是系统当前日期和时间，如图6-12所示。只需要从下拉选项中选中显示的当前日期和时间，即可实现对当前日期和时间的快速录入。

图6-11　数据验证中的序列设置

图6-12　来访时间的下拉选项效果

看到这个效果，小周和小张在惊叹的同时也提出一个疑问："NOW函数用于调用当前的日期和时间，我们在进行数据有效性设置的时候选择的数据源是包含NOW函数的。那么，通过下拉选项录入的日期和时间，会不会随着时间的变化而变化呢？"这真是一个好问题。

表姐Lisa解释道："在【数据有效性】或【数据验证】对话框中，我们引用的其实是NOW函数所在单元格的某个结果，而不是直接引用NOW函数，所以显示的日期和时间与手动录入的效果是一样的。当录入完成后，该单元格的内容并不会再随着时间的变化而变化。"

完成了这样的设置，在来访人员到公司前台进行登记时，只需要在表格中单击就可以录入当前日期和时间，非常方便，也提高了数据录入的效率。

三、员工健康与关怀

一直以来，很多公司都将员工的身心健康问题作为员工关怀的重点，不同的公司会采取不同的方式体现对员工的关怀。小周所在的公司每年都会定期组织员工体检，确保员工以最佳的状态投入工作和生活中。

1. 快速匹配员工适用的体检套餐

小周所在的公司计划5月份组织员工体检。在设计本次员工体检方案时，公司决定改变以往"一刀切"的简单方式，结合各年龄段员工身体健康状况的变化，采用更细化的体检方案。本次员工体检方案将根据员工的不同年龄段适用不同的体检套餐。小周需要根据每位员工的性别、年龄、婚否等信息，列出每位员工适用的套餐安排。

公司体检安排如图6-13所示。

性别	婚否	年龄段	适用套餐
女	未婚	不限	套餐1
	已婚	40岁以下	套餐2
		40岁及以上	套餐3
男	不限	40岁以下	套餐4
		40岁及以上	套餐5

图6-13　公司体检安排

小周可以从员工信息表中提取到每位员工的性别、年龄、婚否等信息，那么，如何根据这些信息快速匹配不同的体检套餐呢？

为了解决这个问题，表姐Lisa给小周介绍了IFS函数和AND函数的用法。

【IFS函数介绍】IFS函数是一个多条件的判断函数，根据不同的条件，可以输出不同的结果。与之相近的IF函数在使用时如果需要输出多个条件对应的不同结果，则需要多级IF函数嵌套使用。在这种情况下，IFS函数不需要嵌套，可以通过多条件的判断直接产生对应的不同结果。

【IFS函数用法】=IFS (条件1,结果1,条件2,结果2,条件3,结果3,…)

需要注意的是，在使用IFS函数时，需要关注条件放置的顺序。IFS函数会从第一个参数开始，逐一向后进行查找，当它找到第一个成立的条件时，就会立即返回这个条件所对应的结果，对后面的其他条件将不再进行查找。

若要指定默认结果，可以在最后一个条件参数中输入“TRUE”，如果不满足其他任何条件，则将返回相应值。在最后一个条件参数中输入“TRUE”，相当于为IFS函数设置了一个兜底条件和兜底结果，当之前的所有条件均不成立时，则返回兜底的结果值。

为了便于理解，表姐Lisa给出了一个非常简单、易于理解的小例子：为不同员工的绩效分数设置对应的等级。具体规则如下：

- 绩效分数大于或等于90分，评定为A级；
- 绩效分数为80~89分，评定为B级；
- 绩效分数为70~79分，评定为C级；
- 绩效分数在70分以下，评定为D级。

根据以上规则，IFS函数设置如图6-14所示。

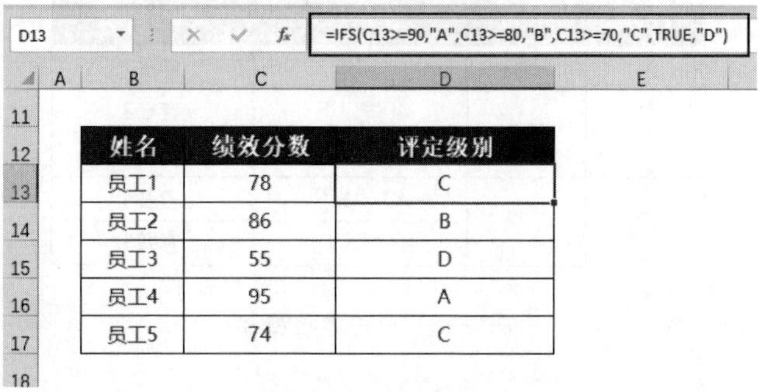

姓名	绩效分数	评定级别
员工1	78	C
员工2	86	B
员工3	55	D
员工4	95	A
员工5	74	C

图6-14 IFS函数设置

图6-14中的公式内容具体如下：

=IFS(C13>=90,"A",C13>=80,"B",C13>=70,"C",TRUE,"D")

【公式释义】当C13≥90时，显示级别“A”；当C13≥80时，显示级别“B”；当C13≥70时，显示级别“C”；当以上条件均不成立时，显示级别“D”。

通过这个小例子，就能够很好地理解IFS函数的基础用法了。

【AND函数介绍】当所有条件都成立时，AND函数的结果为“真”，返回结果“TRUE”。

【AND函数用法】=AND (条件1,条件2,条件3,…)

学习了以上两个函数的基础用法，接下来编写匹配体检套餐的公式，具体如图6-15所示。

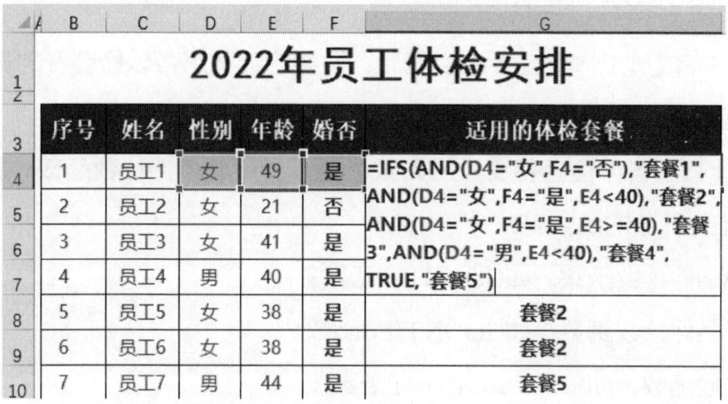

2022年员工体检安排

序号	姓名	性别	年龄	婚否	适用的体检套餐
1	员工1	女	49	是	=IFS(AND(D4="女",F4="否"),"套餐1",AND(D4="女",F4="是",E4<40),"套餐2",AND(D4="女",F4="是",E4>=40),"套餐3",AND(D4="男",E4<40),"套餐4",TRUE,"套餐5")
2	员工2	女	21	否	
3	员工3	女	41	是	
4	员工4	男	40	是	
5	员工5	女	38	是	套餐2
6	员工6	女	38	是	套餐2
7	员工7	男	44	是	套餐5

图6-15　体检套餐判断公式

图6-15中的公式具体内容如下：

=IFS(AND(D4="女",F4="否"),"套餐1",AND(D4="女",F4="是",E4<40),“套餐2",AND(D4="女",F4="是",E4>=40),"套餐3",AND(D4="男",E4<40),"套餐4",TRUE, "套餐5")

【公式释义】这个公式看上去比较复杂，但只要厘清它的逻辑是很容易理解的。为了便于理解，将公式内容进行拆分。

➢ AND(D4="女",F4="否"),"套餐1"：当性别为“女”、婚否为“否”时，返回结果“套餐1”。

➢ AND(D4="女",F4="是",E4<40) ,"套餐2"：当性别为“女”、婚否为“是”、年龄小于40岁这三个条件同时成立时，返回结果“套餐2”。

➢ AND(D4="女",F4="是",E4>=40), "套餐3"：当性别为“女”、婚否为“是”、年龄大于或等于40岁这三个条件同时成立时，返回结果“套餐3”。

➢ AND(D4="男",E4<40), "套餐4"：当性别为“男”并且年龄小于40岁时，返回结果“套餐4”。

➤ TRUE, "套餐5"：当前面的所有条件都不满足时，返回结果"套餐5"。

需要注意的是，IFS函数是有版本要求的。目前，IFS函数在Excel的2019、2021、365版本，以及WPS的最新版本中是可以使用的。如果无法获得新版本，则可以考虑使用IF函数嵌套来解决以上问题。

2. 统计适用各体检套餐的员工人数

小周在完成员工体检套餐的匹配后，需要统计适用各体检套餐的员工人数，以便于和体检机构进行对接。

要统计适用各体检套餐的员工人数，就需要用到条件计数函数。在Excel中能够实现条件计数的函数有：

➤ 单条件计数函数，如COUNTIF函数；

➤ 多条件计数函数，如COUNTIFS函数；

➤ 其他函数，如SUMPRODUCT函数。

在这里要统计每个套餐有多少人，这是一个单条件的计数，可以使用COUNTIF函数来实现。

【COUNTIF函数介绍】对符合指定条件的数据进行计数。

【COUNTIF函数用法】=COUNTIF (条件区域,条件)

COUNTIF函数应用在各体检套餐人数的统计中，公式如图6-16所示。

序号	姓名	性别	年龄	婚否	适用的体检套餐		套餐	人数
					2022年员工体检安排			
1	员工1	女	49	是	套餐3		套餐1	=COUNTIF($G$4:
2	员工2	女	21	否	套餐1		套餐2	$G$105,I4)
3	员工3	女	41	是	套餐3		套餐3	12
4	员工4	男	40	是	套餐5		套餐4	24
5	员工5	女	38	是	套餐2		套餐5	24
6	员工6	女	38	是	套餐2			

图6-16　体检套餐人数统计

【公式释义】这个公式的意思是对$G$4:$G$105单元格区域中所有与I4单元格（套餐1）相同的数据进行计数。

在公式设置完成后，拖动公式向下复制，完成其他各套餐人数的统计即可。

四、员工通讯录中的自定义排序

由于人员有所变动，领导安排小周把公司员工的通讯录整理一下，分发给各部门使用。领导希望能够按照指定的部门顺序进行排序。部门的排列顺序为：市场部、营销部、研发部、生产部、质检部、客服部、财务部、人力资源部、行政部……

小周尝试对员工通讯录进行排序，发现不管是使用升序还是使用降序排列，都无法完全按照领导指定的顺序来对"部门"列进行排序。小周学习了一段时间的Excel，不想再像以前一样手动进行数据的移动和排列，于是向表姐Lisa求助。

表姐Lisa告诉小周，在Excel中是可以自定义排序的顺序的。

将光标定位到员工通讯录的数据区域中，单击【数据】菜单中的【排序】按钮，弹出【排序】对话框，如图6-17所示。

选中【数据包含标题】复选框，这样可以避免标题被列入排序中。单击【主要关键字】右侧的下拉按钮，从弹出的下拉列表中选择要进行排序的列名，也就是"部门"列。单击【次序】右侧的下拉按钮，从弹出的下拉列表中选择【自定义序列】选项，弹出如图6-18所示的【自定义序列】对话框。

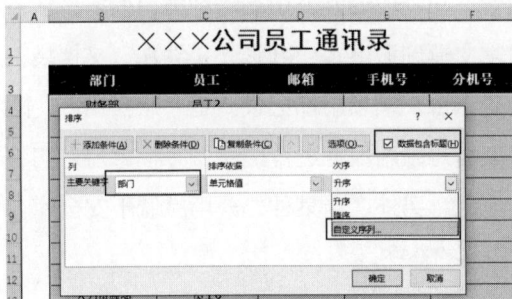

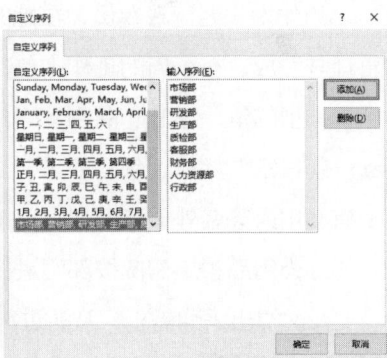

图6-17 【排序】对话框　　　　　图6-18 【自定义序列】对话框

在该对话框中，按领导要求的顺序录入各个部门，在每个部门录入完成后，按回车键。当所有部门全部按顺序录入完成后，单击【添加】按钮，在左侧的【自定义序列】列表框中就会出现录入的部门列表。

当自定义序列设置完成后，单击【确定】按钮，返回【排序】对话框，在

【次序】下拉列表中会出现自定义的排序顺序，如图6-19所示。

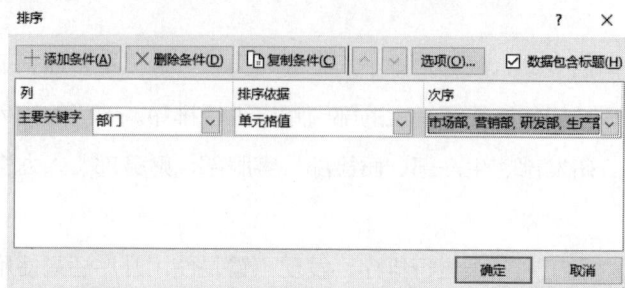

图6-19　选中自定义排序

单击【确定】按钮，就会发现员工通讯录中的"部门"列是按照上述自定义顺序排列的。

通过自定义排序功能，就可以灵活地设置对姓名、部门等各类数据的自定义顺序了。

五、办公用品的日常领用与统计

小周作为一名行政专员，在她的岗位职责中有一项工作是负责公司办公用品的管理与发放。在小周的工作中负责管理与发放的办公用品的种类有很多，从各种不同类型的笔、笔芯、曲别针等日常文具到记事本、纸张、文件夹、文档袋，再到一些日常IT耗材。领导要求，要确保每一笔领用都记录清楚、账实相符，除了要有领用人签名外，还要通过电子表格对领用数据进行记录，并在每月月初将上月的办公用品领用情况按部门进行汇总。另外，当某种办公用品低于安全库存后，要及时提出采购需求，及时进行物品的补充。

面对林林总总数十种物品，既想要做好领用记录、数据汇总、数据统计的工作，又想要提高工作效率，就一定需要借助Excel来完成。

随着与小张、小刘以及其他小伙伴交流的增多，表姐Lisa决定在每个周六上午都组织一次Excel沙龙。参与的小伙伴都可以带着自己的问题过来，一边交流学习Excel知识，一边喝喝咖啡、会会朋友，也是不错的放松方式。

小周遇到的是一个比较典型的Excel表格的问题。表姐Lisa将这个问题作为典型案例，带着几位参加Excel沙龙的小伙伴一起讨论、完成这个案例。

在开始前，需要明确这套Excel表格要完成的功能需求有哪些。小周先说了自己的想法，其他小伙伴再参与讨论，最终整理出以下想法。

➢ 能够记录所有办公用品"入库"的信息。当办公用品采购回来交给小周后，小周需要将物品名称、种类、数量、入库的日期记录在表格中，作为核对账目的依据。

➢ 能够记录所有办公用品的领用信息，比如哪个部门、哪个员工、何时领用、领用何物、领用数量、领用时间等。

➢ 要编制一张记录当前库存情况的表格，能够一目了然地知道所有分类、各个物品当前的库存数量和库存状态，并对库存不足的物品做出醒目的提示，以便及时发起采购申请，及时补充物品。

➢ 要编制一张领用汇总表，按月、按部门将领用数据汇总在一起。除此之外，还需要按类别或物品进行领用情况的统计与分析，以便于更精细化地统计与分析物品的消耗情况，制作采购预算或采购计算。

有了这些明确的需求，表格的设计工作就变得清晰而简单了。

1. 制作《基础设置表》

在制作表格之前，表姐Lisa补充提出一个建议："大家讨论的这些需求已经比较全面、清晰了。我建议在此基础上增加一张《基础设置表》。在这张表中，将其他几张表共用的一些基础信息录入进来，比如物品的分类、物品名称。有了这张《基础设置表》，前面提到的入库表、领用表就可以调用其中的相关数据了。这样一方面可以方便地进行数据录入，另一方面能够提高其他表格中数据录入的准确性。"

表姐继续说道："入库表、领用表都是基础数据表，这些表格中数据的准确性越高，后面进行统计与分析才会越方便。比如，同样是一支中性笔，在入库表中写作'中性笔'，在出库表中写作'签字笔'，这样是无法准确进行数据统计的。"

《基础设置表》中的内容要根据后续表格的需要设置，如图6-20所示。

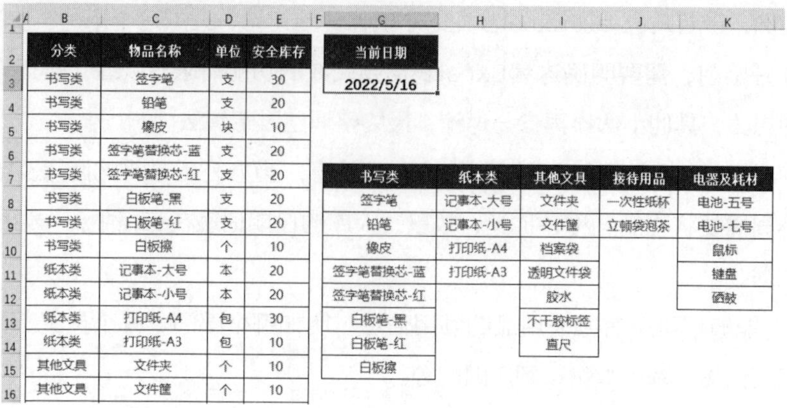

分类	物品名称	单位	安全库存
书写类	签字笔	支	30
书写类	铅笔	支	20
书写类	橡皮	块	10
书写类	签字笔替换芯-蓝	支	20
书写类	签字笔替换芯-红	支	20
书写类	白板笔-黑	支	20
书写类	白板笔-红	支	20
书写类	白板擦	个	10
纸本类	记事本-大号	本	20
纸本类	记事本-小号	本	20
纸本类	打印纸-A4	包	30
纸本类	打印纸-A3	包	10
其他文具	文件夹	个	10
其他文具	文件筐	个	10

当前日期
2022/5/16

书写类	纸本类	其他文具	接待用品	电器及耗材
签字笔	记事本-大号	文件夹	一次性纸杯	电池-五号
铅笔	记事本-小号	文件筐	立顿袋泡茶	电池-七号
橡皮	打印纸-A4	档案袋		鼠标
签字笔替换芯-蓝	打印纸-A3	透明文件袋		键盘
签字笔替换芯-红		胶水		硒鼓
白板笔-黑		不干胶标签		
白板笔-红		直尺		
白板擦				

图6-20　基础设置表

表格中“当前日期”下方单元格中显示的日期并不是手动录入的，而是使用了TODAY函数调用系统的当前日期，如图6-21所示。

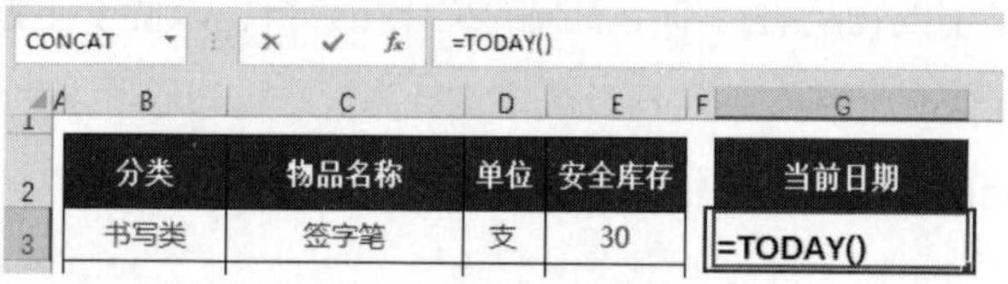

分类	物品名称	单位	安全库存	当前日期
书写类	签字笔	支	30	=TODAY()

图6-21　TODAY函数应用

【TODAY函数介绍】用于调用系统的当前日期，所显示的日期会随着每天日期的变化而自动变化。

【TODAY函数用法】=TODAY()

这是一个没有参数的函数，所以在函数名的后面只需要有一对英文状态下的空括号即可。

在《基础设置表》中放置的“当前日期”单元格，是为了在领用表中设置更便捷的日期录入方式。

在《基础设置表》中放置的其他信息，同样也会在接下来的表格设置中用到。

2. 设置《办公用品入库表》

首先，制作一张《办公用品入库表》空表，如图6-22所示。

办公用品入库表

序号	入库日期	分类	物品名称	单位	入库数量	备注

图6-22　《办公用品入库表》空表

接下来，在表中各列依次进行功能设置。

1）在"序号"列中，设置能够自动连续的数字

在"序号"列的第一个单元格中录入公式"=ROW()-2"，按回车键，将该公式拖动复制到"序号"列下方的各个单元格中即可。

【公式释义】ROW函数是一个可以用来调取当前单元格的行号或指定单元格的行号的函数。公式录入为"=ROW()"表示返回当前单元格的行号，减2是为了让行号从1开始。在使用中减去的具体是数字几根据具体情况设置。

2）设置两级联动的下拉列表

为了便于录入数据，在"分类"和"物品名称"列中，可以设置一个两级联动的下拉列表。在填写该表格时，可以从"分类"的下拉列表中选择一个分类，在"物品名称"的下拉列表中就会显示该分类对应的物品名称，这就是一个两级联动的下拉列表。

首先选中"分类"列下方的单元格，然后单击【数据】菜单中的【数据验证】按钮，从弹出的对话框的【允许】下拉列表中选择【序列】选项，如图6-23所示。

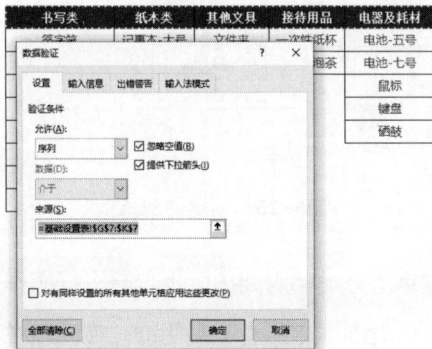

图6-23　"分类"序列设置

在【来源】编辑框中，单击右侧的折叠按钮，选中《基础设置表》中放置物品分类的单元格。在设置完成后，单击【确定】按钮，第一级下拉列表就制作完成了，效果如图6-24所示。

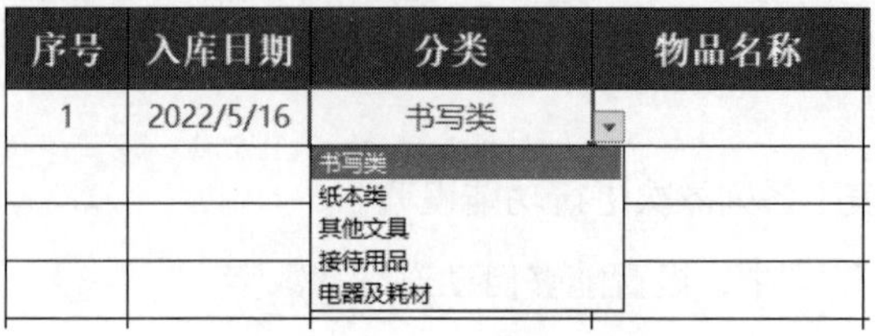

图6-24　第一级下拉列表效果

接下来，在"物品名称"列中制作能够根据"分类"自动变化的第二级下拉列表。

考虑在各个分类下的物品是比较琐碎的，有时候需要根据实际需要不断增加新的物品，所以需要将第二级下拉列表制作成可以动态扩展的效果。

为了实现动态扩展效果，需要将每个分类下面作为下拉列表的内容创建成超级表。如图6-25所示，选中一个类别及下方物品明细数据区域，按【Ctrl+T】组合键，并在弹出的对话框中选中【表包含标题】复选框，单击【确定】按钮。

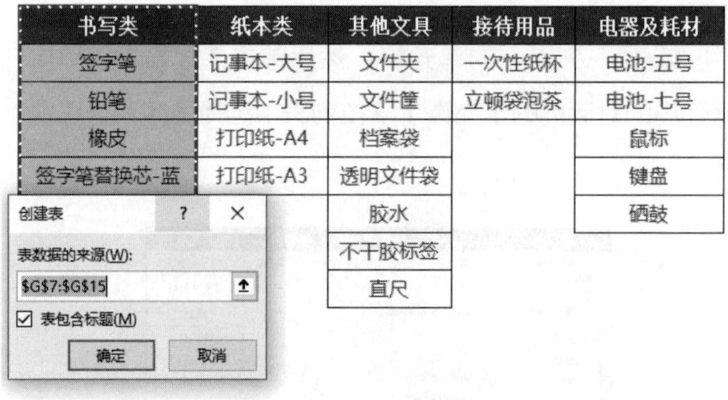

图6-25　创建超级表

需要注意的是，对每个分类都需要按以上步骤进行操作，分别创建超级表。

接下来，选中第一个类别下方所有物品明细，在编辑栏左侧找到如图6-26所示的名称框，从中录入这个分类的名称，如"书写类"，完成后按回车键确认。

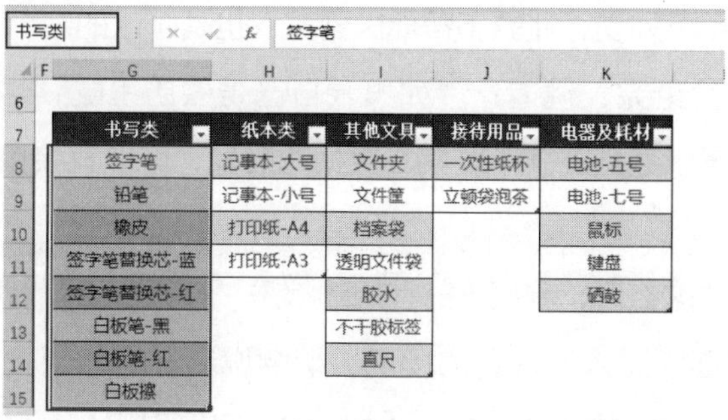

图6-26　定义分类名称

　　这个步骤的目的是通过名称框来对选中的数据区域进行命名。对每个类别下的明细数据分别使用以上方式完成命名。

　　在《办公用品入库表》中，选中要设置第二级下拉列表的区域，也就是"物品名称"列下方的数据区域，单击【数据】菜单中的【数据验证】按钮，从弹出的对话框的【允许】下拉列表中选择【序列】选项，如图6-27所示。

图6-27　"物品名称"序列设置

　　在【来源】编辑框中录入如下公式：

$$=INDIRECT(\$D4)$$

　　看到小伙伴们对INDIRECT函数比较陌生，表姐Lisa先给大家打了一个比方："比如，我想吃某条街上某家店的'小龙虾'。大家说有几种方式？"

　　小张说："可以直接走去那家店里吃。"

小周说："点个外卖，让骑手帮你送到家，也是可以的！"

表姐听大家讨论完，说道："如果我自己走去店里吃，这在Excel中叫作'直接引用'。意思是当公式需要某个数据的时候，可以直接引用这个单元格得到相应的数据。"

小刘问道："这么说，我们平时在用的都是'直接引用'对吗？"。

表姐看大家逐渐进入了假设的场景，继续说道："如果我把餐厅的地址告诉骑手，由骑手代买回来，这在Excel中叫作'间接引用'。骑手会根据我给出的地址，到相应的位置取来物品交给我。这就是间接引用。INDIRECT函数就是一个间接引用函数。在上面的公式中，'\$D4'就是我交给骑手INDIRECT的地址，这个函数会根据\$D4单元格中放置的数据'书写类'三个字，去调用那个名为'书写类'的单元格区域。"

小伙伴们恍然大悟道："'书写类'的单元格区域名称就是在上一步中定义的名称。原来是给INDIRECT函数使用的。"

【INDIRECT函数介绍】返回由文本字符串指定的引用。这个函数就像前面讲到的，给它一个文本字符，它会将其转换为指定的引用方式。

【INDIRECT函数用法】=INDIRECT（引用,[引用类型]）

第一个参数为必需参数，包含 A1 样式引用、R1C1 样式引用、定义为引用的名称或作为文本字符串对单元格的引用。如果该参数不是有效的单元格引用，则 INDIRECT函数返回"#REF！"错误值。

第二个参数是可选参数，用于指定第一个参数中使用的引用类型。该参数为TRUE或省略，表示第一个参数使用的是"A1样式"的单元格引用；该参数为FALSE，表明第一个参数使用的是"R1C1样式"的单元格引用。

【公式释义】使用间接引用函数INDIRECT，根据D4单元格中所选择的分类名称（如"书写类"）去调用与该分类同名的单元格区域，也就是在上一步中通过名称框定义的区域名称。

通过以上设置，就完成了两级联动的下拉列表，效果如图6-28所示。

当"分类"列中选择一个分类，在右侧"物品名称"列中就会出现该分类下所有的物品明细。通过两级联动的下拉列表，就可以快速、准确地进行数据录入了。

办公用品入库表

图6-28 两级联动的下拉列表效果

如果在《基础设置表》中增加了新的物品名称，则可以在创建超级表的对应区域中录入数据，录入后的内容将自动出现在《办公用品入库表》的第二级下拉列表中。

3）设置当录入了"物品名称"后，自动显示对应的"单位"

在《基础设置表》中，已经针对每种物品录入了对应的"单位"。在《入库表》的"单位"列中，可以直接调用在《基础设置表》中预设的"单位"，以减少手动录入的工作量。

要实现根据"物品名称"自动查询出该物品对应的"单位"，可以使用VLOOKUP函数。

在"单位"列中，录入如图6-29所示的公式。

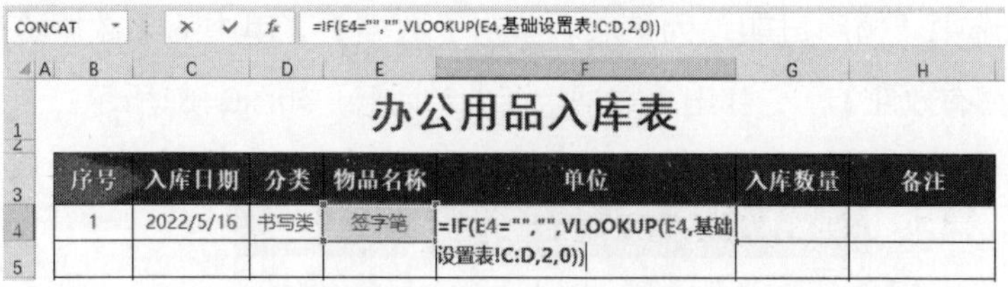

图6-29 单位的提取

公式的具体内容如下：

=IF(E4="","",VLOOKUP(E4,基础设置表!C:D,2,0))

【公式释义】首先判断E4单元格是否为空，当公式左侧的"物品名称"单元格中未录入内容时，该公式显示为空。当E4单元格中有内容时，则通过VLOOKUP函数进行数据查询。VLOOKUP函数将会以E4单元格中的内容为查询关键词，在《基础设置表》的C列中进行查找，当查找到关键词后，则从《基础设置表》的C:D单元格区域中，对第2列也就是D列中的数据进行提取。

当公式设置完成后，将该公式复制到下方的单元格区域中即可。

VLOOKUP函数在Excel中的应用非常广泛，此处不再赘述。

3. 设置《办公用品领用表》

首先，制作一张《办公用品领用表》空表，如图6-30所示。

办公用品领用表

序号	领用部门	领用人	领用日期	分类	物品名称	单位	领用数量	备注

图6-30 《办公用品领用表》空表

接下来，在表中各列依次进行功能设置。

1）为"领用日期"列设置可以快速录入当前日期的下拉列表

在《办公用品领用表》中，为了方便"领用日期"列中数据的录入，可以利用《基础设置表》中设置过的"当前日期"和"数据验证"功能制作快速录入当前日期的下拉列表。

首先选中"领用日期"列，然后单击【数据】菜单中的【数据验证】按钮（或【数据有效性】），弹出【数据验证】对话框，如图6-31所示。

图6-31 【数据验证】对话框

在该对话框中，选择【序列】选项，并在【来源】编辑框中选中《基础设置表》中放置TODAY函数的单元格，即以上公式中的G3单元格。

设置完成后，效果如图6-32所示。制作过《来访人员登记表》的小周对这个功能设置并不陌生，因为在《来访人员登记表》中使用同样的方法制作了带有日期和时间的下拉列表。

图6-32　《领用日期》下拉列表

2）根据"物品名称"，查询该物品的"单位"

在《办公用品入库表》和《办公用品领用表》中都有一列为"单位"。如果不希望手动录入"单位"列中的数据，则可以通过查询取数的函数，调用《基础设置表》中已经录入的信息。

表姐Lisa问小伙伴们："哪个函数可以根据指定的关键词查找并提取数据？"

小张抢答道："表姐教过VLOOKUP函数，就是我比较常用的查询取数的函数。在这里应该也可以用它来完成吧？"

表姐Lisa笑笑说道："是的，可以。刚才我们就用到了VLOOKUP函数，可见它确实是非常常用的查询取数的函数。"

从如图6-33所示的VLOOKUP函数查询公式中可以看出，在使用VLOOKUP函数时，如果希望公式结果能够屏蔽查询不到数据时的报错结果，需要在外面嵌套IFERROR函数来使用。

图6-33　VLOOKUP函数查询公式

表姐Lisa继续说道："如果大家使用的是新版本的Excel或新版本的WPS软

件，那么里面还提供了一个更好用的查询取数的函数——XLOOKUP函数。”

在表姐Lisa使用的笔记本电脑上安装的是Excel 2021版本，里面提供了XLOOKUP函数。除了这个版本，在Excel 365版本以及红色图标的WPS版本中也可以使用XLOOKUP函数。XLOOKUP函数查询公式如图6-34所示。

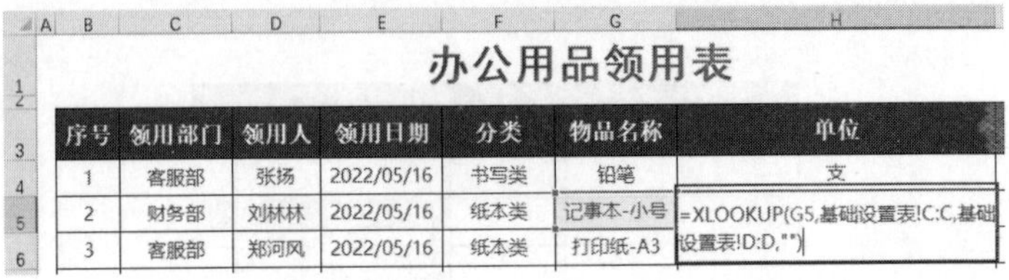

办公用品领用表

序号	领用部门	领用人	领用日期	分类	物品名称	单位
1	客服部	张扬	2022/05/16	书写类	铅笔	支
2	财务部	刘林林	2022/05/16	纸本类	记事本-小号	=XLOOKUP(G5,基础设置表!C:C,基础设置表!D:D,"")
3	客服部	郑河风	2022/05/16	纸本类	打印纸-A3	

图6-34　XLOOKUP函数查询公式

【XLOOKUP函数介绍】可以实现根据特定的关键词灵活查询取数。

【XLOOKUP函数用法】=XLOOKUP(要搜索的值,搜索区域,取数区域,[当找不到匹配项时显示的内容],[匹配类型],[搜索模式])

从函数用法中可以看出，XLOOKUP函数将搜索区域和取数区域分别用两个参数来表示，这样就可以更加灵活地提取数据了。

另外，XLOOKUP函数的第四个参数是指当该函数查找不到要匹配的内容时所返回的结果。如果为第四个参数指定显示内容，就可以替代在VLOOKUP函数外面嵌套的IFERROR函数了。

图6-34中使用XLOOKUP函数设置的公式如下：

=XLOOKUP(G5,基础设置表!C:C,基础设置表!D:D,"")

【公式释义】学过了VLOOKUP函数，再来对比学习XLOOKUP函数是比较容易理解的。这个公式的意思是以G5单元格中指定的物品名称作为查找关键词，去《基础设置表》的C列中查询是否存在指定关键词，在能够找到相应关键词的情况下从《基础设置表》的D列（“单位”列）中提取数据即可。

小伙伴们听完表姐Lisa对XLOOKUP函数的详细讲解，确实觉得这个函数比VLOOKUP函数更加强大、灵活。

4. 设置《办公用品库存统计表》

编制《办公用品库存统计表》是为了能够实时看到每件物品的库存数量，并且能够快速找到各个分类下面库存不足的物品名称，以便及时安排采购补充库存。

《办公用品库存统计表》空表如图6-35所示。

办公用品库存统计表

序号	分类	物品名称	单位	入库数量	领用数量	库存数量	库存状态

图6-35 《办公用品库存统计表》空表

在这张表格中，对于"序号"列，同样可以使用"=Row()-某数值"这样的公式，向下拖动复制公式后就可以得到一组连续的数字序号。

对于"分类""物品名称""单位"三列，可以直接从《基础设置表》中相应的位置引用，如图6-36所示。如果想要直接引用另一张表格中固定位置单元的数据，则可以直接在单元格中录入"="，切换到要引用数据的表格中，单击想要取得数据的单元格，按回车键即可。

序号	分类	物品名称	单位
1	=基础设置表!B3	=基础设置表!C3	=基础设置表!D3
2	书写类	铅笔	支
3	书写类	橡皮	块

图6-36 从《基础设置表》中引用数据

1）快速进行累计入库数量和领用数量的计算

表格中的"入库数量"列需要按照"物品名称"在办公用品的入库表中进行单条件的求和计算。同样，表格中的"领用数量"列需要按照"物品名称"在办公用品的领用表中进行单条件的求和计算。公式设置如图6-37所示。

序号	分类	物品名称	单位	入库数量	领用数量
1	书写类	签字笔	支	=SUMIF(入库表!E:E,D4,入库表!G:G)	=SUMIF(领用表!G:G,统计表!D4,领用表!I:I)
2	书写类	铅笔	支	60	0
3	书写类	橡皮	块	30	0
4	书写类	签字笔替换芯-蓝	支	60	0

图6-37 入库数量和领用数量统计公式

这两个公式都使用了条件求和函数SUMIF。

【SUMIF函数介绍】用于进行单条件的求和计算。

【SUMIF函数用法】= SUMIF(条件判断区域,条件,求和区域)

第一个参数为条件判断区域,当公式中省略了第三个参数时,将对第一个参数所指定的区域中符合条件的数据进行求和。

第二个参数为条件,可使用通配符?（问号）或*（星号）。文本条件或任何含有逻辑或数学符号的条件都必须使用双引号括起来。如果条件为数字,则不需要使用双引号。

第三个参数为求和区域,这个参数可以有,也可以省略。如果省略该参数,则默认对第一个参数区域进行求和。

熟悉了该函数的基本用法,对于图6-37中入库数量的计算公式就比较容易理解了。

=SUMIF(入库表!E:E,D4,入库表!G:G)

【公式释义】在入库表的E列中查找,当找到D4单元格（物品名称）中的数据后,对应从入库表的G列,也就是"入库数量"列中取出数据,并最终对所有符合条件的数据进行求和。

图6-37中领用数量的计算公式"=SUMIF(领用表!G:G,统计表!D4,领用表!I:I)"也是同样的用法。

2）根据库存数量,自动判断库存状态

完成了累计入库数量与领用数量的计算,就可以计算当前实时的库存数量,并在此基础上对库存状态进行判断。

"库存数量"的计算非常简单,只需要用入库数量减去领用数量即可。

要判断"库存状态",就需要用当前的库存数量与《基础设置表》中每个物品的"安全库存"数量进行比较。如果当前库存数量低于安全库存数量,就在"库存状态"列中显示"需采购"字样;如果库存充足,则不作任何显示。库存状态公式如图6-38所示。

对于已经学习并多次使用过IF函数的小伙伴来说,这个公式就非常易于理解了,在此不再赘述。

图6-38　库存状态公式

5. 按月份、按部门统计办公用品的领用情况

小周希望能够按月份、按部门统计办公用品的领用情况。

对于这个问题，表姐Lisa说道："进行数据的统计，可以使用函数来完成，也可以不使用函数。如果使用函数来完成统计要求，就需要以月份和部门为条件，进行多条件求和。多条件求和使用SUMIFS函数即可。但今天我想和大家分享不使用函数的做法。"

表姐继续说道："在Excel中有一个非常好用的数据统计工具，名为'数据透视表'，它能够灵活地进行数据的汇总。"

打开前面制作好的《办公用品领用表》，将光标定位到领用表的数据区域中，单击【插入】菜单中的【数据透视表】按钮，插入数据透视表，如图6-39所示。

弹出如图6-40所示的【来自表格或区域的数据透视表】对话框。

图6-39　插入数据透视表

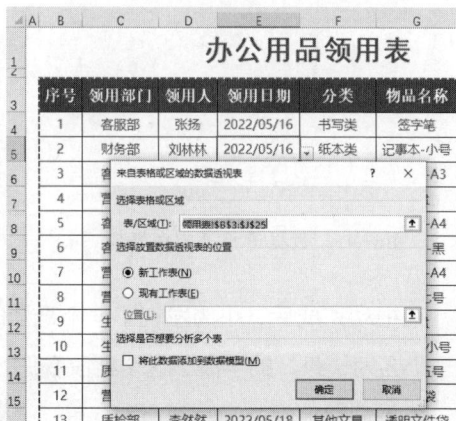

图6-40　【来自表格或区域的数据透视表】对话框

在该对话框中，需要确定【表/区域】编辑框中自动框选的区域是否为需要进行数据统计的区域。在确认无误后，选中【新工作表】单选按钮，表示将创建的数据透视表放置在一张新建的工作表中。如果希望将数据透视表放置在现有工作表中的某个指定位置，则可以选中【现有工作表】单选按钮，并指定现有工作表中的某个具体位置。

设置完成后单击【确定】按钮，将会自动出现如图6-41所示的两个区域，左侧区域是数据透视表的创建区域，右侧区域是用于设置数据透视表的浮动窗格。

数据透视表的右侧窗格是设计与修改数据透视表的主要区域，在这个区域上方显示了原始表中所有的表头，如序号、领用部门、领用人、领用日期等。

根据需要，将上方的表头名称选中后拖动到下方的【筛选】【列】【行】【值】区域中，将会得到不同的数据透视表效果。其中最为常用的是：

> 【列】区域是指将拖动放入该区域中的字段作为数据透视表中的列显示；
> 【行】区域是指将放入该区域的字段中的数据以行的方式来放置；
> 【值】区域是指对所有放入该区域中的字段进行数据计算。

为了实现小周想要的计算效果，将"领用日期"和"领用部门"两个字段拖动到【行】区域中，将"领用数量"字段拖动到【值】区域中，如图6-42所示。

图6-41　数据透视表空白框架　　　图6-42　拖动字段形成数据透视表

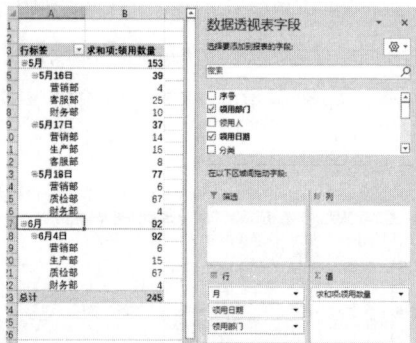

在拖动完成后，小周发现了一个奇怪的现象："为什么在【行】区域中出现了一个名为'月'的字段。这个字段我们并没有放进去啊？"

小周说得很对，观察得也很仔细。【行】区域中的"月"字段之所以出现，是因为拖动放入了"领用日期"字段。Excel的聪明之处就在于它预判到很多人会希望按年、按月来进行数据汇总，所以自动根据领用日期中的数据组合出来"月"这个字段名。

当"月"字段自动出现后，可以将"领用日期"字段从【行】区域中拖出去，只留下要使用的"月"字段即可，这样就实现了按月、按部门进行领用数量汇总的效果，如图6-43所示。

小周和其他几个小伙伴看到通过几个简单的拖动操作就能够完成统计，感觉这个工具确实非常强大。小周进而提出另一个问题："能否让表格左侧显示部门，右侧按月份进行数据汇总？"

表姐Lisa说道："数据透视表的强大之处就在于它是一个交互式、非常灵活的统计工具。比如小周说的这个需求，只需要将'月'字段从【行】区域拖动到【列】区域中就可以了。"效果如图6-44所示。

图6-43 数据透视表中对日期的自动组合　　图6-44 将"月"字段放置在【列】区域中

在统计表格制作完成后，表姐Lisa补充道："如果想对数据透视表做一些美化的操作，则可以将光标定位在数据透视表区域中，使用菜单栏中出现的【数据透视表分析】和【设计】这两个菜单来完成。大家可以多尝试一下，会发现很多让我们惊喜的功能。"

在表姐Lisa的耐心讲解下，小周提出的这套办公用品的入库、领用和统计表就制作完成了。通过这套表格的制作，参加Excel沙龙的小伙伴们不但学到了一些常用函数的用法，还接触到了强大的数据统计汇总工具——"数据透视表"。关于函数和数据透视表的更多用法，在后面的章节中还会继续展开。

六、制作文件夹的侧标签

就在本次Excel沙龙即将结束时，另一位小伙伴小何提出了本次沙龙的最后一个问题：如何制作文件夹的侧标签？小何也是一位行政专员，她经常需要打印文件夹的侧标签，所以想交流一下有没有更好的办法可以做到。

表姐Lisa觉得这个问题的典型意义在于如何通过Excel中一些简单的操作或图形工具，制作规定尺寸的标签。不仅仅文件夹的侧标签需要指定尺寸，比如要制作员工工卡的底框等，都会对尺寸提出具体的要求。

要制作文件夹的侧标签，通常可以使用Excel中的单元格，也可以使用"形状"功能来实现。

由于在Excel的单元格中定义行高或列宽时，默认的单位是"磅"，并不是很好理解，所以表姐Lisa建议使用更加灵活的"形状"功能来制作。"形状"功能在设置大小时是可以直接使用"厘米"单位的。

首先，单击【插入】菜单中的【形状】下拉按钮，从中找到矩形工具，如图6-45所示。

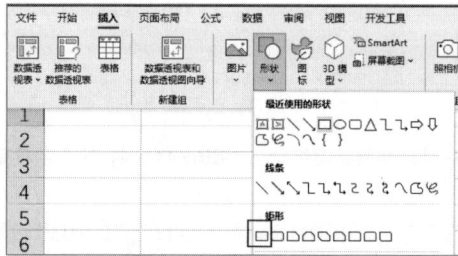

图6-45　形状工具中的矩形

通过拖动，创建两个矩形形状。手动插入的形状尺寸是不确定的，接下来需要修改矩形框的尺寸。文件夹的侧标签尺寸多数为17.5厘米×3.5厘米，具体可根据文件夹大小测量后确定。

选中外侧的矩形，右击，在弹出的快捷菜单中选择【设置形状格式】命令，在弹出的【设置形状格式】窗格中找到如图6-46所示的选项。

在该窗格中修改尺寸，即可为选中的形状设置高度和宽度。可以看到此处对尺寸的设置是以"厘米"为单位的。

设置完成后，要在标签框中添加文本。选择【插入】→【文本框】→【竖排文本框】命令，插入竖排文本框，如图6-47所示。

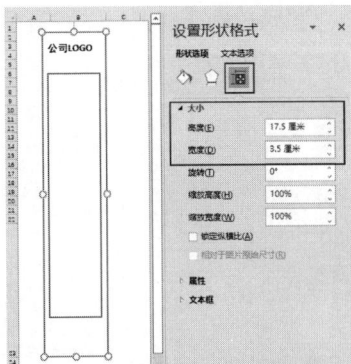

图6-46　【设置形状格式】窗格中的尺寸设置

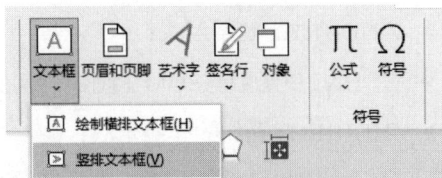

图6-47　插入竖排文本框

拖动生成竖排文本框后，根据需要录入文件夹侧标签中的文字，并设置合适的文字大小。设置完成后，还可以根据需要插入公司的Logo。主要图形元素设置完成后，选中所有形状和文本框，右击，在弹出的快捷菜单中选择【组合】→【组合】命令，如图6-48所示。

组合后的多个形状会成为一个整体，便于拖动复制。根据需要复制多个标签，并修改其中的文字，就可以完成如图6-49所示的效果。

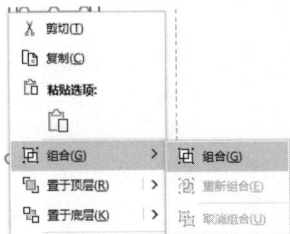

图6-48　组合

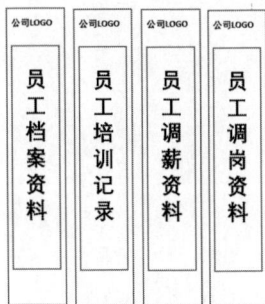

图6-49　设置完成的文件夹侧标签效果

只需要将这些设置好的标签打印并裁切后，粘贴在文件夹侧面就可以了。

从本章内容中可以看出，在行政管理的各项工作中，Excel的应用非常广泛。深入学习Excel中的各项功能，将会对提升行政管理工作中的数据处理效率大有帮助。

本章复盘

在讲解完本章的内容后，复盘本章中涉及的知识点，具体如下：

➢ RANDBETWEEN函数在制作抽奖器中的实例用法；

➢ NOW函数与TODAY函数的实例用法；

➢ IFS函数的实例用法；

➢ AND函数的实用用法；

➢ COUNTIF函数与SUMIF函数的实例用法；

➢ INDIRECT函数的实例用法；

➢ VLOOKUP函数与XLOOKUP函数在数据查询中的实例用法；

➢ 数据透视表在统计中的基础用法；

➢ 形状工具的使用实例等。

第二部分

数据能力修炼之"高效进阶篇"
——主管与经理的 Excel 数据能力提升

第七章

快速进行在职与离职人员信息分析

在人力资源管理工作中离不开数据。数据统计与分析能力也是作为人力资源主管或人力资源经理的必备技能。

不论是人员的招聘与甄选、培训与人才发展，还是绩效管理或薪酬调整方案的设计、员工关系管理等各方面，都需要建立在对企业现状深入分析的基础上。只有找到企业当前的痛点，才有可能高效地制订出有针对性的、有效的解决方案。而数据分析是深入了解企业人力资源现状的重要途径。

一、按部门进行人员信息统计与分析

小张由于在人力资源专员岗位上的卓越表现，最近升职为人力资源部门负责招聘与员工关系管理的主管。

从小张的工作职责来看，她在专员岗位与主管岗位上的主要职责区别就在于，在专员岗位上更多的是做基础事务性工作，而升职主管岗位后她的关注点要更多一些。为了全面地了解公司人员的现状，她试着对当前员工的人员结构进行一些基础性分析，包括以下几个方面：

> ➢ 按性别统计人数；
>
> ➢ 按学历进行统计和比例的计算；
>
> ➢ 细分到各部门进行人数和学历维度的统计等。

上周周末，小张刚参与了表姐Lisa组织的Excel沙龙，想到上次学习的"数据透视表"功能就可以完成以上操作。小张调取了某家子公司的人员信息数据，从该子公司的员工基本表和员工岗位信息表中提取了本次数据统计所需要的信息，汇总成一张表。部分员工信息如图7-1所示。

单击【插入】菜单中的【数据透视表】按钮，在弹出的对话框中确认【表/区域】编辑框中自动选定的数据区域是否完整，是否为本次要统计分析的数据区域，如图7-2所示。

编号	姓名	性别	出生日期	年龄	学历	部门	岗级	工龄
1	张琳林	男	1991/7/5	30	硕士	研发部	L4	2
2	刘峰	男	35968	23	高中	营销部	L10	3
3	何琴	女	1978/7/29	43	本科	客服部	L6	10
4	张至海	男	1988/7/26	33	本科	客服部	L7	3
5	孙东原	男	1986/3/22	36	本科	客服部	L5	6
6	王玲	女	1989/12/28	32	高中	生产部	L8	3
7	尹然然	男	1982/5/12	40	硕士	研发部	L7	4
8	周强	男	1999/4/29	23	硕士	研发部	L4	3
9	宋华	男	1985/4/25	37	本科	生产部	L4	5
10	张婷婷	女	1989/8/29	32	硕士	营销部	L6	5
11	朱凡	男	1984/9/29	37	硕士	研发部	L9	2

图7-1　部分员工信息

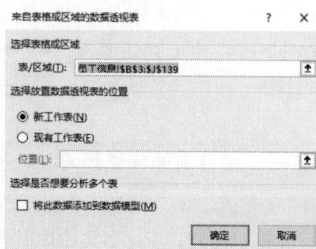

图7-2　确认数据区域

选中【新工作表】单选按钮，将新建的数据透视表放置在一张新的工作表中，单击【确定】按钮。在工作表中出现了数据透视表的区域，并自动打开【数据透视表字段】窗格。

1. 按性别统计人数

在【数据透视表字段】窗格中选中"性别"字段，拖动到【行】区域中。考虑到需要进行人数的统计，可以将"性别"字段选中，再次拖动到【值】区域中，如图7-3所示。

如果将某个数值型字段拖动到【值】区域中，则默认的统计方式为"求和"。如果将"姓名""性别"等非数值型字段拖动到【值】区域中，则默认的统计方式为"计数"。

拖动完成后，数据透视表的统计内容则为以"性别"列作为数据透视表中的行，对男性和女性员工分别进行计数。

2. 按学历进行统计和比例的计算

按照上述步骤，再次创建一张新的数据透视表，可以将其放置在上一张数据透视表的同一张工作表中，如图7-4所示。

图7-3　按性别进行统计的数据透视表　　图7-4　在现在工作表中创建新的数据透视表

创建完成后，再次以相同的拖动方式，先将需要统计的"学历"字段拖动到【行】区域中，再将"学历"字段拖动到【值】区域中进行计数。当然，除了可以将"学历"字段拖动到【值】区域中进行计数，还可以使用"姓名"列等其他

数据列。按学历进行统计的数据透视表如图7-5所示。

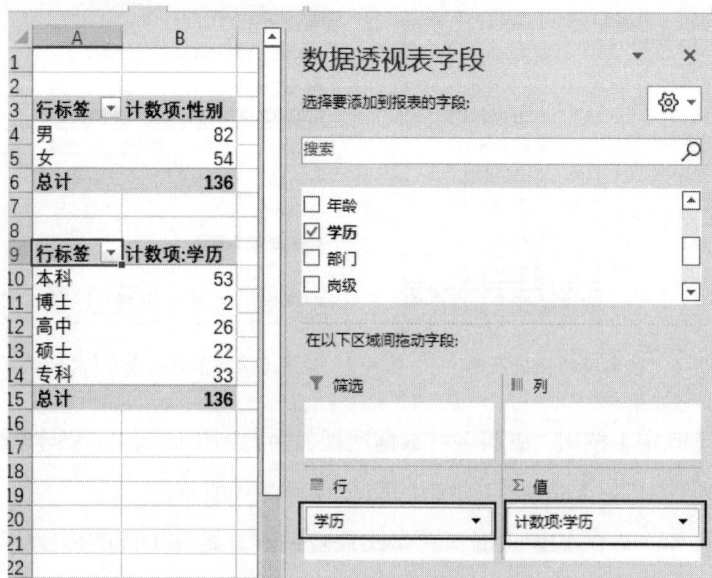

图7-5　按学历进行统计的数据透视表

小张除了想知道不同学历的人数以外，还想统计出各学历的人数占子公司总人数的比例。对于不熟悉数据透视表操作的小张来说，感觉无从下手。于是，小张在表姐Lisa组织的Excel沙龙中提出，想进一步学习数据透视表在数据统计中的用法。

表姐Lisa在和大家的交流中，逐步展开了对于数据透视表应用细节的讲解。

将"学历"字段再次拖动到【值】区域中。两次放入的"学历"字段，一个用来进行计数，另一个用来计算各学历构成人数在总人数中的占比。

在【数据透视表字段】窗格的【值】区域中，找到第二次放入的"学历"字段，单击，弹出如图7-6所示的快捷菜单。

从快捷菜单中选择【值字段设置】命令，弹出【值字段设置】对话框，切换到【值显示方式】选项卡，在【值显示方式】下拉列表中选择【总计的百分比】选项，如图7-7所示。

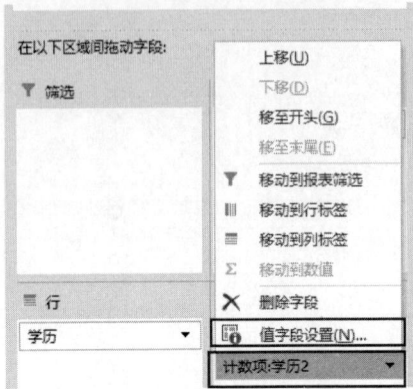

图7-6　值字段的快捷菜单　　图7-7　设置【值显示方式】为【总计的百分比】

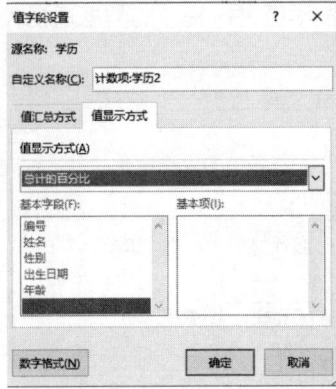

单击【确定】按钮，就可以在数据透视表中看到统计结果。各学历构成人数及其在总人数中的占比都被自动统计完成，如图7-8所示。

小张在学习新的知识点时，总是比较爱钻研。她在上面的设置中发现，在【值显示方式】下拉列表中提供了很多选项，如图7-9所示。

行标签	计数项:学历	计数项:学历2
本科	53	38.97%
博士	2	1.47%
高中	26	19.12%
硕士	22	16.18%
专科	33	24.26%
总计	136	100.00%

图7-8　统计学历占比的数据透视表　　图7-9　【值显示方式】下拉列表中的各个选项

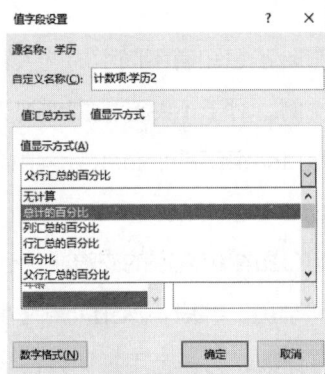

为了弄清楚每个选项的作用，小张向表姐Lisa请教。表姐Lisa介绍了【值显示方式】下拉列表中各个选项的具体功能。

➢ 【无计算】：【值】区域字段显示为数据透视表中的原始数据。

➢ 【总计的百分比】：【值】区域字段分别显示为每个数据项占该列和行的所有项总和的百分比。

➢ 【列汇总的百分比】：【值】区域字段显示为每个数据项占该列所有项

总和的百分比。

> 【行汇总的百分比】：【值】区域字段显示为每个数据项占该行所有项总和的百分比。

> 【百分比】：【值】区域字段显示为基本字段和基本项的百分比。

> 【父行汇总的百分比】：【值】区域字段显示为每个数据项占该行父级项总和的百分比。

> 【父列汇总的百分比】：【值】区域字段显示为每个数据项占该列父级项总和的百分比。

> 【父级汇总的百分比】：【值】区域字段显示为每个数据项占该列和行的父级项总和的百分比。

> 【差异】：【值】区域字段与指定的基本字段和基本项的差值。

> 【差异百分比】：【值】区域字段显示为与基本字段项的差异百分比；

> 【按某一字段汇总】：【值】区域字段显示为基本字段项的汇总。

> 【按某一字段汇总的百分比】：【值】区域字段显示为基本字段项的汇总百分比。

> 【升序排列】：【值】区域字段显示为按升序排列的序号。

> 【降序排列】：【值】区域字段显示为按降序排列的序号。

> 【指数】：使用公式[(单元格的值)×(总体汇总之和)]÷[(行汇总)×(列汇总)]。

3. 数据透视表中的手动排序

在前面的案例中，小张制作了按学历进行统计的数据透视表。

但是，小张发现了一个问题："在这张数据透视表中，学历项的排序看上去是无序的，在查看的时候有点儿不方便。能不能按学历的高低，对学历项进行排序呢？"

表姐Lisa说道："对于灵活善变的数据透视表来说，肯定是没有问题的。在数据透视表中内容的排序有很多种方式，可以手动排序，还可以自动排序，当然还能够自定义排序顺序。小张制作的这张数据透视表内容比较少，我们就先来了解一下手动排序的做法吧。"

在数据透视表中，选中要调整位置的内容，比如"博士"单元格。将鼠标指针指向单元格边框，按住鼠标左键向上拖动，会出现一条粗横线，用于指示该单元格即将放置的位置，如图7-10所示。

拖动到合适位置后，松开鼠标左键，就完成了一个单元格的移动。从这个操作中可以看出，数据透视表中的手动排序操作和普通单元格中的移动操作是一样的。

除了这种方式，还可以在要移动位置的单元格上右击，在弹出的快捷菜单中找到【移动】菜单，可以看到如图7-11所示的移动选项。

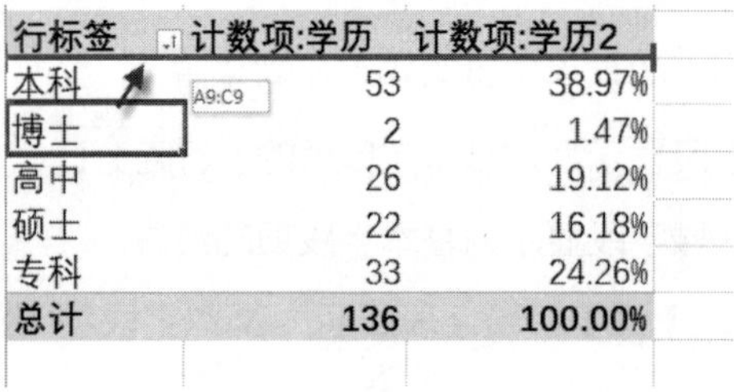

图7-10　手动排序

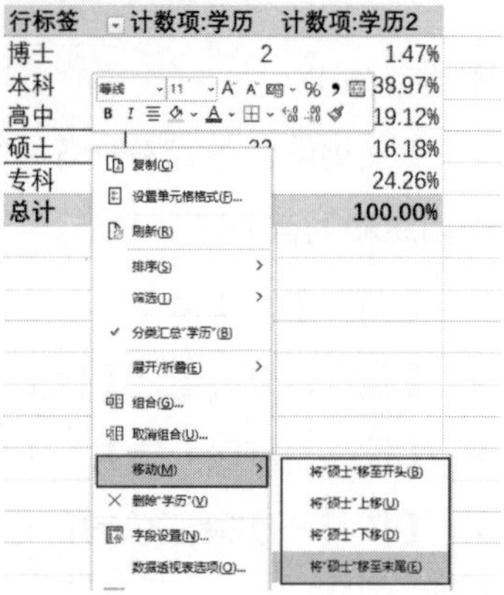

图7-11　数据透视表中的移动选项

单击【将"硕士"上移】即可实现对该单元格的移动。多次使用该菜单，就可以完成对各个学历项的手动排序操作。手动排序后的数据透视表如图7-12所示。

行标签	计数项:学历	计数项:学历2
博士	2	1.47%
硕士	22	16.18%
本科	53	38.97%
高中	26	19.12%
专科	33	24.26%
总计	136	100.00%

图7-12　手动排序后的数据透视表

手动排序的操作简单方便，当要排序的数据或单元格数量不多时，可以使用这种排序方式。

4. 细分到各部门进行人数和学历维度的统计

通过前面的简单分析，可以看出该子公司员工的学历构成情况。在此基础上，小张提出想进一步按部门对学历的构成情况进行统计，并计算出各个部门不同学历的占比情况。

首先按前面的步骤创建一张空的数据透视表。然后把"部门"列和"学历"列拖动到【行】区域中，把"姓名"列拖动两次到【值】区域中，完成基础的数据透视表，如图7-13所示。

图7-13　按部门和学历进行统计的数据透视表

接下来，需要将【值】区域中第二个"姓名"列的计数项修改为百分比的显示方式。

单击图7-13中的【计数项：姓名2】，在弹出的快捷菜单中选择【值字段设置】命令，在弹出的【值字段设置】对话框的【值显示方式】下拉列表中选择【父行汇总的百分比】选项，如图7-14所示。

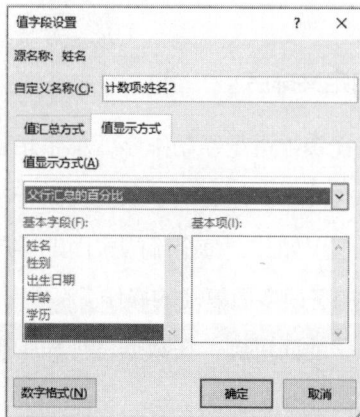

图7-14　设置【值显示方式】为【父行汇总的百分比】

这个选项的意思是将当前选中的这个字段的值显示为每个数据项占该列父级项总和的百分比。也就是每一个单个的数据都会去找它的上级的汇总项，计算当前值占上一级汇总数据的百分比。设置完成后的效果如图7-15所示。

行标签	计数项:姓名	计数项:姓名2
财务部	6	4.41%
专科	1	16.67%
硕士	1	16.67%
本科	4	66.67%
客服部	28	20.59%
专科	10	35.71%
硕士	3	10.71%
本科	15	53.57%
人力资源部	5	3.68%
本科	5	100.00%
生产部	32	23.53%
专科	7	21.88%
高中	20	62.50%
本科	5	15.63%
市场部	5	3.68%
本科	5	100.00%
行政部	3	2.21%
专科	2	66.67%
本科	1	33.33%
研发部	22	16.18%
专科	1	4.55%
硕士	14	63.64%
博士	2	9.09%
本科	5	22.73%
营销部	25	18.38%
专科	9	36.00%
硕士	3	12.00%
高中	3	12.00%
本科	10	40.00%
质检部	10	7.35%
专科	3	30.00%
硕士	1	10.00%
高中	3	30.00%
本科	3	30.00%
总计	136	100.00%

图7-15　按学历统计人数和百分比

从图7-15中可以看出，每个部门中的学历构成项的百分比计算的都是该项数据占本部门总人数的百分比，而每个部门汇总的数据计算的也是它的上一级（子公司总人数）中的数据占比。

5. 数据透视表中的自定义排序

前面学习了在数据透视表中进行手动排序，小张想要将按部门和学历进行统计的数据透视表也进行一次排序。但是，小张发现由于部门比较多，对部门进行手动排序就会比较麻烦。不仅如此，每个部门里面的学历构成也需要按学历由高到低进行排序，这样就增加了很多重复性的操作。

表姐Lisa笑笑说道："前面讲到，在数据透视表中不仅可以手动排序，还可以按照某些自定义的顺序进行排序。"

自定义排序，顾名思义，是可以自由定义排序顺序的。在进行自定义排序操作之前，需要将希望的排序顺序"告诉"Excel。选择【文件】→【选项】命令，弹出【Excel选项】对话框，如图7-16所示。

在该对话框左侧找到【高级】选项卡，在右侧找到并单击【编辑自定义列表】按钮，在自定义序列中录入希望的部门排序。在录入时，每一项录入完成后按回车键，所有项录入完成后单击【添加】按钮，即可完成自定义序列的添加，如图7-17所示。

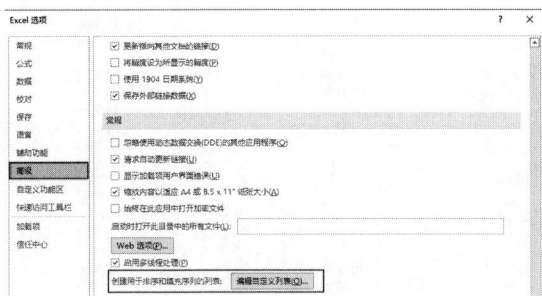

图7-16　【Excel选项】对话框

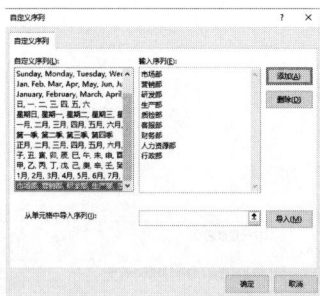

图7-17　自定义序列

部门的自定义序列录入并添加完成后，可以单击左侧【自定义序列】列表框最上方的【新序列】，在右侧空白处继续添加第二个序列，比如对于学历构成的自定义序列。录入完成后单击【确定】按钮即可。

设置完成后，就可以在数据透视表的排序中使用自定义序列了。单击数据透视表中的部门，从中选择"升序"或"降序"排列即可，如图7-18所示。

如果数据透视表并未产生自定义排序的效果，则可以在数据透视表中右击，在弹出的快捷菜单中选择【数据透视表选项】命令，如图7-19所示。

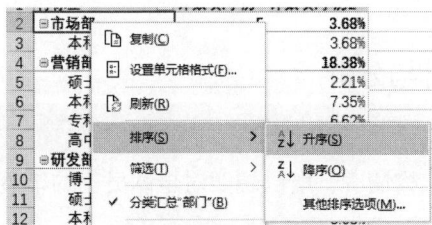

图7-18　数据透视表中的排序

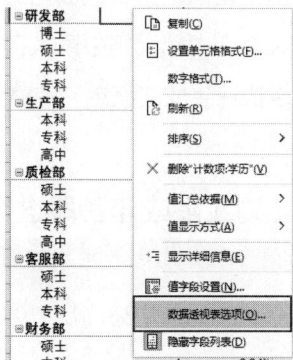

图7-19　选择【数据透视表选项】命令

在弹出的【数据透视表选项】对话框中，切换到【汇总和筛选】选项卡，选中【排序时使用自定义列表】复选框，如图7-20所示。

按“部门”排序完成后，如果需要进一步对各部门中的学历项目进行排序，则可以在某个学历构成上右击，同样设置排序顺序为“升序”即可。自定义排序后的数据透视表如图7-21所示。

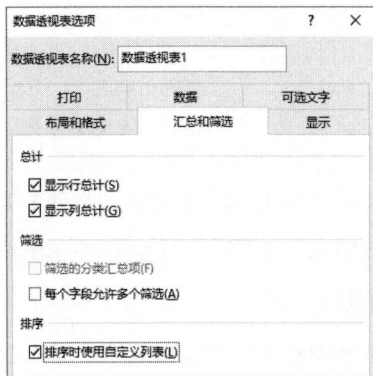

图7-20 【数据透视表选项】对话框

行标签	计数项:学历	计数项:学历2
⊟市场部	**5**	**3.68%**
本科	5	3.68%
⊟营销部	**25**	**18.38%**
硕士	3	2.21%
本科	10	7.35%
专科	9	6.62%
高中	3	2.21%
⊟研发部	**22**	**16.18%**
博士	2	1.47%
硕士	14	10.29%
本科	5	3.68%
专科	1	0.74%
⊟生产部	**32**	**23.53%**
本科	5	3.68%
专科	7	5.15%
高中	20	14.71%
⊟质检部	**10**	**7.35%**
硕士	1	0.74%
本科	3	2.21%
专科	3	2.21%
高中	3	2.21%
⊟客服部	**28**	**20.59%**
硕士	3	2.21%
本科	15	11.03%
专科	10	7.35%
⊟财务部	**6**	**4.41%**
硕士	1	0.74%
本科	4	2.94%
专科	1	0.74%
⊟人力资源部	**5**	**3.68%**
本科	5	3.68%
⊟行政部	**3**	**2.21%**
本科	1	0.74%
专科	2	1.47%
总计	**136**	**100.00%**

图7-21 自定义排序后的数据透视表

表姐Lisa补充道：“我们设置的自定义序列在Excel中有很多用处。它不仅可以应用于普通数据表或数据透视表中的自定义排序，还可以实现数据的快速录入。在某个空白单元格中录入自定义序列中的某个部门名称，拖动该单元格的句柄，可以快速生成前面定义的整个部门列表。”

二、对工龄或年龄段进行统计与分析

小张想要知道子公司员工的年龄结构情况，所以想要对全体员工的年龄进行统计与分析。

于是她使用前面学到的方法，创建了以"年龄"作为【行】区域、以"姓名"作为【值】区域的数据透视表，如图7-22所示。

但是，小张发现，这样创建的数据透视表仅仅统计了各个年龄对应的员工人数。

于是，小张问道："是否能够按5年一个年龄段，对员工年龄分布情况进行统计呢？"当然是可以的。

将光标定位到数据透视表最左列，也就是放置了各个年龄的列中，右击，在弹出的快捷菜单中选择【组合】命令，如图7-23所示。

图7-22　按年龄进行统计的数据透视表　　　图7-23　数据透视表的右键快捷菜单

在弹出的【组合】对话框的【起始于】数值框录入分组的起始数字。比如，希望从20岁开始统计就录入"20"，并设置【步长】为"5"，如图7-24所示。这里的"步长"指的是在对数字进行分段时，每一分段的数字间隔。

设置完成后，得到如图7-25所示的分组效果。

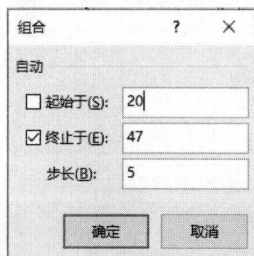

图7-24　【组合】对话框

行标签	计数项:姓名
20-24	19
25-29	26
30-34	24
35-39	26
40-44	29
45-49	12
总计	136

图7-25　对年龄段分组后的数据透视表

从图7-25中可以看出，20~24岁的员工人数为19人，25~29岁的员工人数为26人，其他年龄段数据以同样的方式显示。

表姐Lisa补充道："'分组'功能是数据透视表中非常有用的一个功能，它能够对数字、日期进行自动分组。比如，可以对日期按年、季度、月份进行分组，也可以对数字按指定的步长进行分组。这次我们用到的就是对数字的分组功能。对数字的分组功能除了能够用于年龄段的统计外，还能用在什么场景下呢？"

小张回答道："如果想知道员工的工龄分布情况，则也可以使用刚才讲到的'分组'功能。"确实如此。

三、人员流动情况与离职原因分析

在Excel沙龙的交流中，另一个在某公司担任人力资源主管的小伙伴小姜也提出了关于数据分析的问题。小姜想对最近两年内公司的人员流动情况与离职原因进行分析。

人员流动是企业管理中必然存在的现象，适当的或健康的人员流动对保持公司活力是有益的。要进行人员流动情况与离职原因分析，难点之一是要有效地收集信息。有效的基础数据是进行数据统计与分析的前提。为了更清楚地了解员工离职的原因，进而通过分析找到改进点，在进行员工离职面谈时就应当多下功夫。在离职面谈中获得的信息往往过于散乱，只有将这些信息分别归纳提炼，才有进行数据分析的价值。

小姜提供的离职人员信息表如图7-26所示。

编号	姓名	部门	岗级	离职日期	在职年限	离职方式	离职原因
1	何琴	销售部	L7	2020/5/21	0	员工辞职	不能胜任或不适应岗位要求
2	丁元元	销售部	L3	2020/5/22	4	员工辞职	职业发展原因
3	宫占强	工程部	L3	2020/5/26	5	员工辞职	职业发展原因
4	张万	工程部	L6	2020/6/1	6	员工辞职	个人及家庭原因
5	祁乐	工程部	L6	2020/6/5	1	员工辞职	个人及家庭原因
6	彭玲燕	质量部	L3	2020/6/17	5	员工辞职	薪酬原因
7	李晓然	生产部	L8	2020/7/11	2	员工辞职	薪酬原因
8	赵成成	工程部	L5	2020/7/14	5	员工辞职	薪酬原因
9	赵炎	技术部	L9	2020/7/24	2	员工辞职	薪酬原因
10	许志东	生产部	L6	2020/7/27	0	公司辞退	不能胜任或不适应岗位要求

图7-26　离职人员信息表

1. 离职方式与离职原因的统计

小姜根据表姐Lisa介绍的数据透视表操作，首先来进行简单的离职原因分析。

将光标定位到数据区域中，单击【插入】菜单中的【数据透视表】按钮，创建一张空的新数据透视表。将“离职方式”“离职原因”分别拖动到【行】区域中，将“姓名”拖动到【值】区域中，默认的计算方式为“计数”。创建的离职原因数据透视表如图7-27所示。

接下来，根据各个离职原因出现的频率进行排序。由于在【行】区域中有“离职方式”和“离职原因”两个字段，所以对这两个字段分别进行排序。将光标定位到如图7-28所示的单元格中，右击，在弹出的快捷菜单中选择【排序】→【降序】命令。

行标签	计数项:姓名
⊟公司辞退	15
不能胜任或不适应岗位要求	10
薪酬原因	1
严重违规违纪	4
⊟员工辞职	50
不能胜任或不适应岗位要求	3
个人及家庭原因	7
管理原因	8
团队文化及人际原因	7
薪酬原因	14
职业发展原因	10
(空白)	1
总计	65

图7-27　离职原因数据透视表

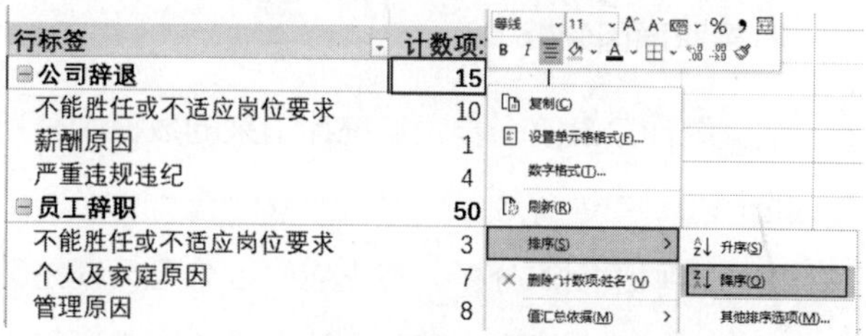

图7-28　按离职方式对数据透视表进行降序排序

由于在排序前光标定位的点是“离职方式”中的数据，所以以上完成的排序操作是对“离职方式”中的两项内容根据数据大小进行的排序，如图7-29所示。

行标签	计数项:姓名
⊟员工辞职	50
不能胜任或不适应岗位要求	3
个人及家庭原因	7
管理原因	8
团队文化及人际原因	7
薪酬原因	14
职业发展原因	10
(空白)	1
⊟公司辞退	15
不能胜任或不适应岗位要求	10
薪酬原因	1
严重违规违纪	4
总计	65

图7-29　按离职方式对数据透视表进行降序排序的效果

这时就会发现“离职方式”下面各个“离职原因”中的数据仍是没有经过排序的。如果希望根据各个离职原因出现的频率进一步排序，则可以在如图7-30所示的数据区域中右击,在弹出的快捷菜单中选择【排序】→【降序】命令。

由于此次排序前选中的是"离职原因"中的数据,因此,在排序完成后,各个离职原因将会按其出现的频率进行排序,如图7-31所示。

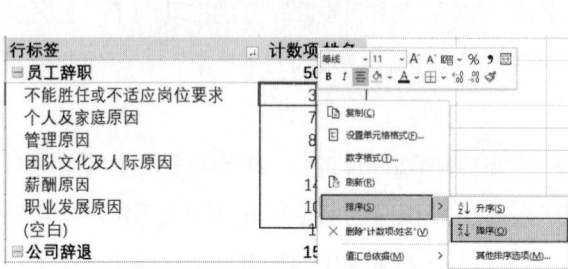

图7-30　按离职原因对数据透视表进行降序排序　　图7-31　按离职原因对数据透视表
进行降序排序的效果

2. 离职原因分析

数据统计只是第一步,从统计出来的数据中分析得出有益的改进机会才是更重要的。

对于离职原因的分析,首先应当区分是公司主动进行的人员辞退、优化或裁撤,还是员工个人提出的辞职。从企业角度来说,人员流动率并非越低越好。较高的人员流动率会带来变动或不稳定,但过低的人员流动率也会导致团队活力不足等问题。公司层面合理的主动优化与比较稳定合理的员工离职率才是更加理想的状态。

在员工主动提出的离职中,特别应当关注员工中不同在职时间的流动趋势,关注核心岗位或高岗级员工的流动趋势,关注导致流动的关键原因。

员工在工作过程中,从感到倦怠或萌生不满,到无法积极全力投入工作并产生抱怨,直至员工经过多方权衡最终向公司提出离职,往往会有较长时间的心理变化和准备。当员工已经提出离职后,希望通过离职面谈留住员工的可能性不大。因此,更重要的是从已离职员工的离职动机中分析获得有价值的改进机会。

1)分析各个部门的人员流动数据

不同部门的职责、工作内容和工作方式不同,不同管理者的管理风格不同,人员流动在各个部门之间也可能会存在明显的差异。很多数据表明,员工的流动往往与其直接上级的管理风格与管理方式有着密不可分的关系。按部门进行人员流动的分析，可以及时发现导致人员流动风险较高的潜在原因，并采取必要的改进措施。能够通过数据深入观察，并且帮助各部门的管理者发现自身存在的改进机会，也是人力资源管理者价值的体现。

表姐Lisa帮助小姜创建了一张新的数据透视表，用于区分根据离职方式、部门查看离职原因的数据，如图7-32所示。

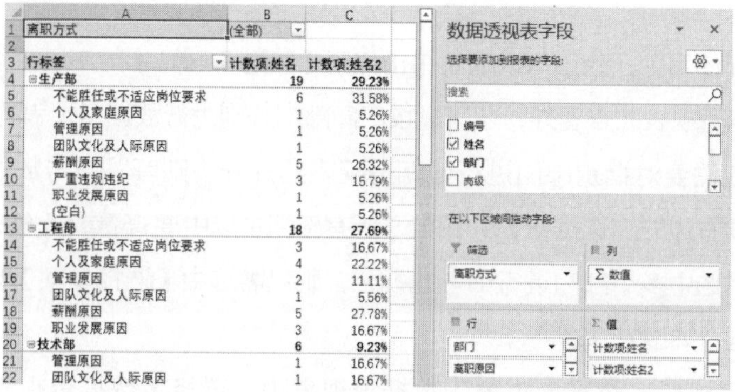

图7-32 按离职方式、部门和离职原因创建的数据透视表

在这张数据透视表中，将"离职方式"字段放在【筛选】区域中，将"部门"和"离职原因"两个字段放在【行】区域中，将"姓名"字段两次放入【值】区域中。在这张数据透视表中，仍然按照数据值的大小进行【降序】排列。

表姐Lisa特别介绍了【筛选】区域的用法。【筛选】区域位于数据透视表的上方，当一个字段被拖动到【筛选】区域后，可以实现筛选查看和拆分查看两种常用操作。

在数据透视表中，单击"离职方式"这一筛选项右侧的"（全部）"字样，可以打开筛选对话框，如图7-33所示。

通过单击，可以显示或关闭某个筛选项。比如，在只选中"员工辞职"项的情况下，在下方的数据透视表中仅显示离职方式为"员工辞职"的所有相关数据。由此可以看出，筛选项的出现相当于将一份数据透视表变为多页，每切换一个筛选项，下方数据透视表中的数据也会发生相应变化。

在【数据透视表字段】窗格中可以随时拖动字段改变数据透视表的布局。如图7-34所示，将"部门"字段放在【筛选】区域中。

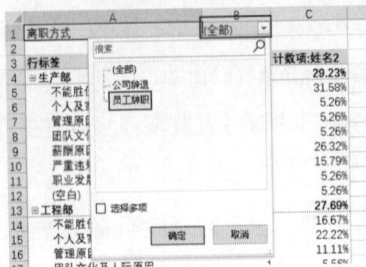

图7-33　筛选项

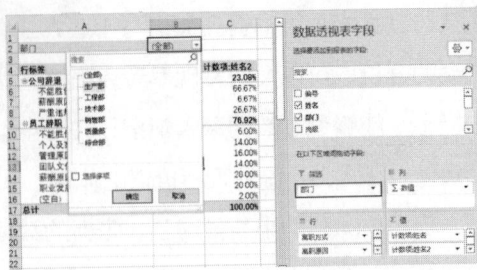

图7-34　将"部门"设置为筛选项

在实际使用中，除了可以通过单击位于【筛选】区域中的字段来切换不同部门进行数据透视表的查看外，还可以按不同部门分别进行数据透视表的拆分。

如果仅需要对指定部门进行数据透视表的拆分，则可以单击数据透视表中"部门"项右边的筛选按钮，并在上方所有部门中选中要查看或拆分的部门。如果需要同时选中多个部门进行筛选或拆分，则只需选中【选择多项】复选框，即可实现多选，如图7-35所示。

设置完成后，将光标定位到数据透视表中，选择【数据透视表分析】→【选项】→【显示报表筛选页】命令，如图7-36所示。

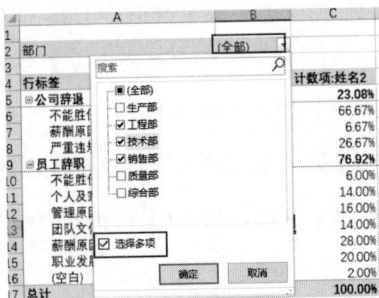

图7-35　选择多项

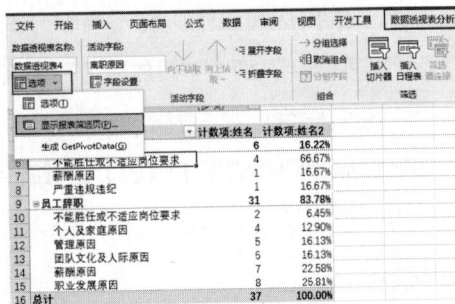

图7-36　选择【显示报表筛选页】命令

弹出【显示报表筛选页】对话框，如图7-37所示，单击【确定】按钮。

以上步骤设置完成后，在当前文件中会根据前面多选的部门名称，依次生成各个部门单独的数据透视表，如图7-38所示。

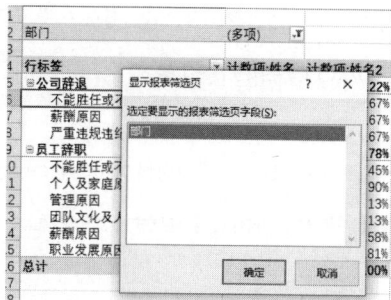

图7-37　【显示报表筛选页】对话框

图7-38　拆分数据透视表

通过这种方式就可以实现快速创建不同部门单独的数据透视表。拆分后的每一张数据透视表仍然可以进一步细化分析或调整。

2）分析不同在职年限员工的离职原因，关注员工在企业中职业发展各阶段的诉求

不同在职年限的员工往往有着不同的诉求。在进行离职原因分析的过程中，从时间线上关注不同在职年限员工的离职原因也是非常有必要的。

小姜通过数据透视表，对离职数据进行按"在职年限"和"离职原因"的数据统计。只需在创建数据透视表后，将"在职年限"和"离职原因"字段先后拖动到【行】区域中，将"姓名"字段（或其他字段）拖动到【值】区域中即可，如图7-39所示。

图7-39　按在职年限和离职原因创建的数据透视表

从图7-39中可以看出，在职年限的数据为"0、1、2、3、4、5……"这样的单个数字。可以使用分组功能，将在职年限进行适当的分组聚合，按不同在职时间段进行分析。

将光标定位到在职年限数字"0、1、2、3、4、5……"的任意一个单元格中，右击，在弹出的快捷菜单中选择【分组】命令，弹出【组合】对话框，如图7-40所示。

由于小姜希望将1年以内作为单独分组进行查看，因此在【组合】对话框的【起始于】数值框中录入数字"1"，在【步长】数值框中录入数字"3"，单击【确定】按钮，得到如图7-41所示的数据透视表效果。

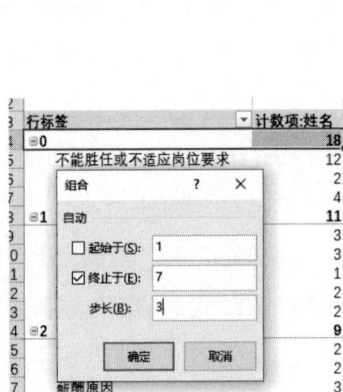

图7-40　【组合】对话框　　　图7-41　对在职年限进行组合后的数据透视表效果

从图7-41中可以看出，1年以内被作为一个单独的分组，1~3年为一组，4~7年为一组。

在这张数据透视表的基础上，小姜提出一个问题："在前面创建的数据透视表中，我一直有一个疑问。表头中的'行标签'和'计数项：姓名'字样不太容易理解，能不能把这个表头修改一下呢？"当然可以，这就涉及对数据透视表进行美化操作了。

要修改表头中的文字，只需要在表头的单元格位置直接录入新的表头就可以了，如图7-42所示。需要注意的是，此处录入的表头文字不能与数据源中原有的表头重名。

为了便于查看，可以对每组内各离职原因按数字大小降序排列。除此之外，还可以在数据透视表中增加"部门"列的分析维度，查看不同部门内不同在职年限员工离职原因的分布情况。此处不再赘述。

为了获得更好的显示效果，可以通过数据透视表的【设计】菜单，进一步进行数据透视表的布局修改或美化。将光标定位到数据透视表中，找到【设计】→【报表布局】菜单。我们创建的数据透视表，默认的报表布局为【以压缩形式显示】，可以将其修改为【以大纲形式显示】或其他的布局效果，如图7-43所示。

图7-42　修改数据透视表中的表头

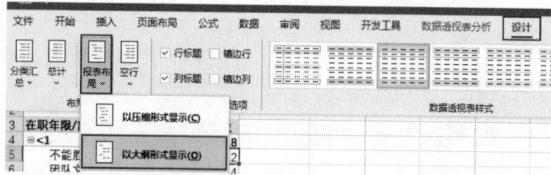

图7-43　【报表布局】菜单

以大纲形式显示的数据透视表，结构更清晰，更易于理解，如图7-44所示。

图7-44　以大纲形式显示的数据透视表

在数据透视表的【设计】菜单中，还可以为数据透视表选择某些预设的样式，如图7-45所示。只需选中某个样式，该样式将被自动套用到数据透视表中。

【设计】菜单中的【数据透视表样式选项】选项区域中的【行标题】【列标题】【镶边行】【镶边列】4个选项，可以控制默认样式是否显示在数据透视表的行标题、列标题、汇总行或汇总列中，根据需要灵活选择即可。

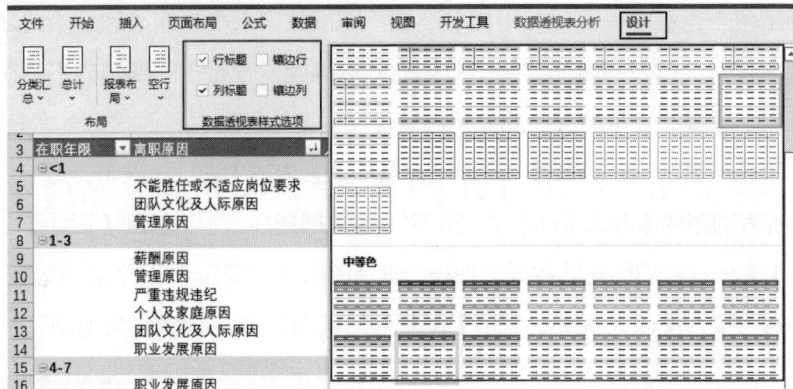

图7-45　数据透视表的预设样式

如果图7-45中提供的预设样式无法满足实际需要，则还可以像普通表格一样直接对数据透视表中的单元格进行灵活的格式设置。

小姜听到表姐Lisa说可以进行灵活的格式设置，说道："在数据透视表中设置好了格式、列宽或行高，但是有时候进行数据刷新时，格式就没有了。在刷新完数据以后，还需要重新进行格式设置，非常不方便。"

这个问题有时候确实是存在的。如果想避免这样的情况，则只需要在进行格式设置前，右击数据透视表，在弹出的快捷菜单中选择【数据透视表选项】命令，弹出【数据透视表选项】对话框，切换到【布局和格式】选项卡，如图7-46所示。

取消选中【更新时自动调整列宽】复选框，可以在数据透视表刷新时避免手动调整的列宽变回原有列宽。

选中【更新时保留单元格格式】复选框，再进行格式设置，可以避免手动调整的格式在数据透视表刷新时被去除。

另外，对于惯用的一些数据透视表格式效果，可以建立为用户自定义的"数据透视表样式"。在数据透视表的【设计】菜单中打开预设样式的下拉列表，从中找到【新建数据透视表样式】，如图7-47所示。

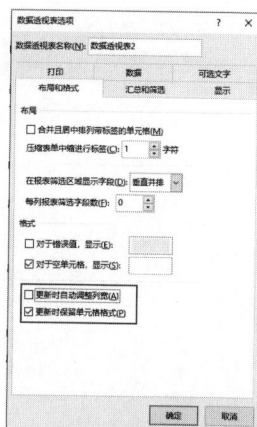

图7-46　【数据透视表选项】对话框
　　　　中的【布局和格式】选项卡

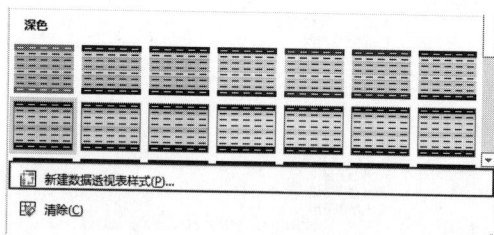

图7-47　新建数据透视表样式

通过【新建数据透视表样式】即可进行更灵活的数据透视表格式设置。设置好的样式可以保留下来，方便在创建其他数据透视表时使用。

3）分析重点岗位任职者或核心员工等重点人群的离职原因

在人力资源管理中，应当特别关注某些重点岗位、核心岗位、核心员工或高潜员工的稳定性。在进行离职原因分析时，可以特别关注这一部分重点岗位任职者或核心员工的离职原因。比如，对于一些以技术为导向或以产品技术能力作为核心竞争力的公司来说，对研发团队中骨干研发人员的稳定性是需要重点关注的。重点岗位上绩效优异的任职者往往也是同行业或同地区人力资源竞争中各企业竞相争夺的人才资源。他们的离职不仅可能会带来具体业务的影响，甚至会在行业内带来负面的口碑。

由于不同公司对于重点岗位、核心员工等重点人群的定义是不同的，所以只需要在离职人员的信息中通过某个列或某个标签进行区分，即可进行相应的统计。

以小姜所在的公司为例，该公司重点关注的是较高岗级的人员流动情况。各部门按岗级统计离职原因的数据透视表如图7-48所示。

部门	离职原因	L2	L3	L4	L5	L6	L7	L8	L9	L10	总计
生产部		6	5	2	3	2	1				19
	不能胜任或不适应岗位要求	1	3	1	1						6
	个人及家庭原因		1								1
	管理原因				1						1
	团队文化及人际原因					1					1
	薪酬原因	2		1	1		1				5
	严重违规违纪	2				1					3
	职业发展原因				1						1
	(空白)	1									1
工程部		1	4	3	6	2	1		1		18
	不能胜任或不适应岗位要求		1	1	1						3
	个人及家庭原因			1	1	2					4
	管理原因		2								2
	团队文化及人际原因	1									1
	薪酬原因		1		3				1		5
	职业发展原因		2	1							3
技术部				2		1	1	1			6
	管理原因			1			1				2
	团队文化及人际原因					1					1
	薪酬原因			1				1			1
	严重违规违纪			1							1
	职业发展原因					1					1
销售部		2	4	1	2	1		1			13

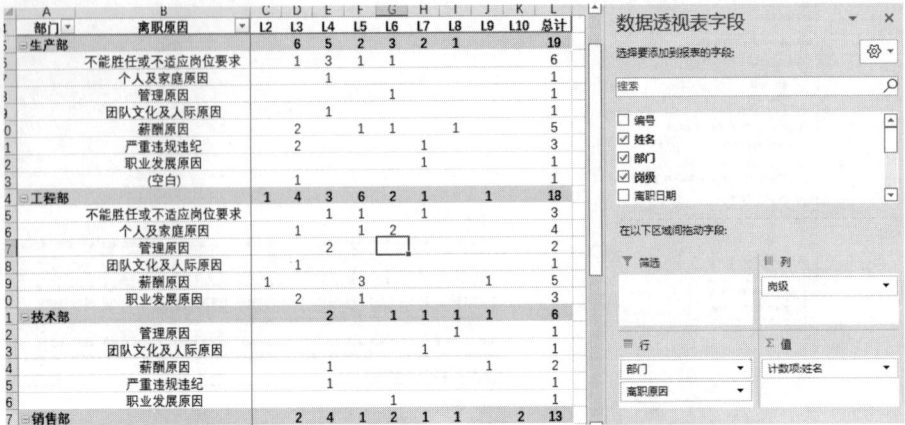

图7-48　各部门按岗级统计离职原因的数据透视表

除此之外，也可以将"部门"列去掉，从公司层面统计各岗级的离职人员不同的离职原因分布情况，数据透视表如图7-49所示。

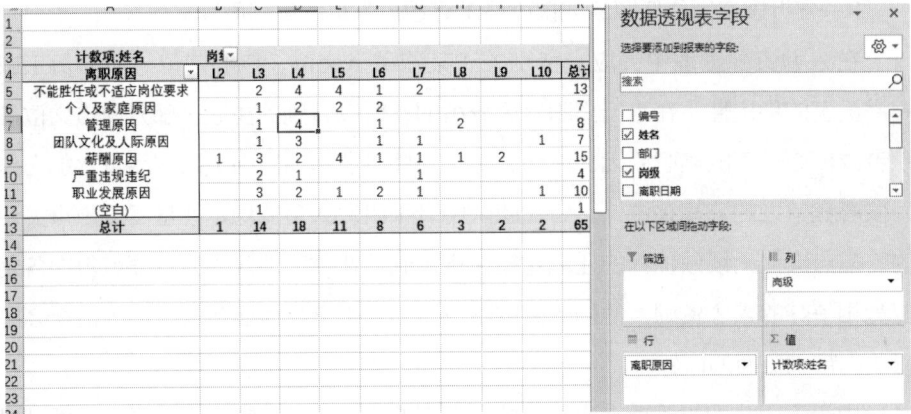

计数项:姓名	岗级									
离职原因	L2	L3	L4	L5	L6	L7	L8	L9	L10	总计
不能胜任或不适应岗位要求		2	4	4	1					13
个人及家庭原因		1	2	2	2					7
管理原因		1	4		1		2			8
团队文化及人际原因		1	3		1	1		1		7
薪酬原因	1	3	2	4	1	1	1	2		15
严重违规违纪		2	1		1					4
职业发展原因		3	2	1	2	1		1		10
(空白)		1								1
总计	1	14	18	11	8	6	3	2	2	65

图7-49　各岗级不同离职原因统计的数据透视表

通过前面几个案例中用到的数据透视表创建、布局调整及格式设置等操作，即可方便地创建按部门、岗级或其他灵活维度进行数据统计的数据透视表。

通过数据透视表的使用，可以方便、快捷地对数据进行多维度、更灵活的数据统计。根据数据统计的结果，人力资源管理者可以深入思考，找到其中的改进点，并采取有针对性的措施。

本章复盘

表姐Lisa带着几个小伙伴复盘了本次交流中涉及的知识点。在本次沟通中，重点介绍通过"数据透视表"功能，对数据进行灵活多样的统计与分析。在本章中主要应用了数据透视表以下的知识点：

➢ 数据透视表的创建与布局；

➢ 数据透视表中数据占比的统计；

➢ 数据透视表中数据的手动排序、自定义排序；

➢ 数据透视表中"分组"功能的运用；

➢ 数据透视表的布局设置与格式设置等。

数据透视表功能强大、使用灵活，不仅可以应用于本章介绍的场景中，在薪酬与人工成本的统计与汇总、绩效结果的统计与处理、招聘与培训数据的处理等工作中都有其用武之地。

但是，数据透视表对原始数据的规范性是有要求的。在使用数据透视表之前，应当确保用于创建数据透视表的原始数据满足以下基本要求：

➢ 在数据源的工作簿名称中不能包含特殊字符；

➢ 数据源的表头应当完整，不能留空；

➢ 在数据源中没有行或列的合并单元格；

➢ 数据源中的数据应当规范，比如日期型数据应当使用规范的日期格式表示；

➢ 在数据源中没有空行、空列，尽量避免空白单元格的存在；

➢ 在数据源中没有合计或分类汇总行。

除了满足以上要求外，还有一点需要注意，那就是数据源尽量是一维数据表格。只有满足了数据透视表对数据源的基本要求，才能更好地使用数据透视表，避免在后续操作中出现诸多问题。

第八章

招聘与人员配置中Excel的深度应用

在企业的经营与发展过程中，人才是关键因素之一。人才的获得来源，一方面是对内部人员的培养与培训；另一方面是通过招聘进行人才的引进与补充，两者相辅相成。招聘作为人才进入企业的入口与渠道，如何高质量、高效率地开展招聘工作，是企业人力资源管理部门与用人部门的重要课题。

对于人力资源管理者来说，不断提高招聘效能，降低人才甄选过程中的失误，除了依赖丰富的经验，也离不开对招聘数据的关注。通过数据分析的思维去分析并改进招聘工作，就必然会用到专业的招聘管理系统或使用Excel对招聘数据进行分析。

一、招聘分析的维度与关注点

单一维度的分析往往很难窥见数据的全貌，同样，招聘分析往往也需要关注多个维度。不同企业、不同阶段以及不同管理者对于招聘过程中各个维度的关注点可能是不同的。

通常来说，在招聘数据的分析过程中被普遍关注的维度有以下几个。

1. 结果维度

对于用人部门来说，最为关注的是人员是否能够及时到岗，并顺利通过试用期，取得较好的绩效表现。对于人力资源部门来说，结果数据也直接地反映了招聘团队的工作成果与关键考核指标的达成情况。招聘环节在结果维度的分析包括招聘到岗人数、招聘计划的达成率，以及人才甄选的成功率与质量等。

2. 过程维度

过程维度的分析重点分析招聘团队为了达成结果，在招聘全过程中的运作效率，包括有效简历率、初试或复试通过率、到面率、录用率、到岗率，以及重点岗位的平均招聘周期等。

3. 成本维度

招聘环节中的成本分析，一方面需要关注人均招聘成本；另一方面需要关注年度招聘的总体成本等。招聘的相关成本不仅包括企业在招聘渠道中支付的费用，也包括招聘与面试官的薪资、福利或因招聘产生的差旅费等。

4. 对招聘渠道的横向分析与比较等

对于招聘渠道的分析，重点在于深入了解各个招聘渠道的优势及不足，关注各个招聘渠道的投入与产出情况。不同的岗位序列甚至是不同的岗位，在不同招聘渠道中的质量、效率或投入产出比可能存在差异。通过分析能够确定各岗位最佳的招聘策略与招聘渠道，不仅可以提高招聘效率，还能够降低招聘成本。

通过对招聘环节的分析，有助于找到合理的改进措施，选择更理想的招聘策略与招聘渠道，降低招聘投入，提高招聘效率。

二、招聘费用预算的制作

制订招聘费用预算，首先应当确定预算与成本管控的类目与内容。招聘费用预算表可以按年为单位编制，也可以根据阶段性的招聘需求或招聘项目编制。

制订招聘费用预算时的颗粒度取决于管理的精细程度。相对精细的招聘费用类目划分有助于使统计分析更加精细化，也为招聘分析提供了更多的可能性。但是，实际情况是，对于一些基础数据不够全面或者没有往期数据积累的企业来说，要制订详细或相对精准的招聘费用预算是很难的。对于这种情况，还是应当确定招聘费用预算的管控颗粒度，制订相对明确的类目。

招聘费用预算通常分为招募阶段的费用、甄选阶段的费用以及录用阶段的费用等。

1. 招募阶段的费用类目

招募阶段的费用主要包括在各个招聘渠道上支出的费用、以招聘为目的产生的宣传费用、招聘相关物料的制作费用，以及招募活动中产生的人员薪酬、差旅、交通费用等。

招聘阶段常见的费用类目如图8-1所示。

项目大类	项目子类	项目说明
	各个招聘网站的服务费	根据所用招聘渠道设定
	招聘会费用	现场招聘会的服务费
	广告宣传费	报纸广告、其他渠道广告宣传费用
	招聘外包费用	外包机构的服务费用、中介费用等
	招聘人员薪酬	根据招聘人员的薪酬测定单位时间的薪酬，乘以投入招聘的时间
	交通费	为进行招聘所支出的市内外交通费用
招募费用	住宿费用	外出招聘期间发生的公司标准之内的住宿费
	餐费	外出招聘期间发生的符合公司要求的餐费
	差旅补助	按公司标准，因招聘出差发放的补助
	内推奖励金	人员内部推荐，给予推荐人的奖金
	宣传及办公用品费用	招聘宣传品、办公用品、耗材支出等费用
	场地租赁费用	因招聘需要租赁场地及设施的费用
	其他	产生在招募阶段的费用

图8-1 招募阶段常见的费用类目

2. 甄选阶段的费用类目

甄选阶段的费用主要是指在人才面试与选拔过程中支出的费用，如面试官的薪酬、采用人才测评手段产生的费用、引进专家参与关键岗位测评产生的费用、第三方机构在人才甄选过程中提供服务所支付的费用等。

甄选阶段常见的费用类目如图8-2所示。

项目大类	项目子类	项目说明
甄选费用	面试人员薪酬	面试各个阶段参与人员的薪酬，可对不同级别人员测定单位时间的薪酬，分别乘以投入招聘的时间
	测评费用	采用测评系统或测评服务所产生的费用
	专家费用	人员甄选时邀请专家参与的相关费用
	第三方咨询费用	对于部分关键岗位采用第三方咨询方式给予技术支持产生的费用
	其他	人员甄选阶段产生的其他费用

图8-2　甄选阶段常见的费用类目

3. 录用阶段的费用类目

在招聘进入人员录用阶段后，试用期人员的薪酬与福利、为试用期人员支出的培训费用等，都可以列入录用阶段的费用范畴，具体如图8-3所示。

项目大类	项目子类	项目说明
录用费用	试用期人员工资	试用期人员的工资
	试用期人员社保	试用期人员的社保支出
	试用期人员福利	试用期人员的福利
	试用期培训	对试用期人员进行培训所产生的成本合计
	其他	人员录用阶段产生的其他成本

图8-3　录用阶段常见的费用类目

由于各企业的招聘需求与方式不同、管控要求不同，可以在以上类目的基础上进行调整，确定适合本企业的费用范畴。在列明招聘费用预算的类目后，根据年度招聘与人员配置计划，编制费用计划。举例如图8-4所示。

在编制以上表格时需要注意的是，不建议将左侧列中的"项目大类"进行合并。

2022年度招聘费用预算

项目大类	项目子类	合计	1月	2月	3月	4月	5月	6月	7月	8月	9月	10月	11月	12月
招募费用	各个招聘网站的服务费													
招募费用	招聘会费用													
招募费用	广告宣传费													
招募费用	招聘外包费用													
招募费用	招聘人员薪酬													
招募费用	交通费													
招募费用	住宿费用													
招募费用	餐费													
招募费用	差旅补助													
招募费用	内推奖励金													
招募费用	宣传及办公用品费用													
招募费用	场地租赁费用													
招募费用	其他													
甄选费用	面试人员薪酬													
甄选费用	测评费用													
甄选费用	专家费用													
甄选费用	第三方咨询费用													
甄选费用	其他													
录用费用	试用期人员工资													
录用费用	试用期人员社保													
录用费用	试用期人员福利													
录用费用	试用期培训													
录用费用	其他													
合计														

图8-4　2022年度招聘费用预算

三、招聘费用的统计分析

在招聘的日常工作中，应当结合招聘费用类目的要求，进行相关数据的记录，作为数据分析的基础。

1. 编制招聘费用记录的基础数据表

为了便于进行数据的记录，编制《招聘费用数据记录表》，如图8-5所示。

在表格的设置过程中，需要尽量确保数据录入的准确性。以"日期"列为例，为了防止录入不规范的日期格式或录入的日期超出当前年份，可以通过"数据验证"或"数据有效性"功能对录入的内容进行限制。

选中"日期"列中的单元格，单击【数据】菜单中的【数据验证】按钮（或在WPS中单击【数据有效性】按钮），弹出【数据验证】对话框，如图8-6所示。

招聘费用数据记录

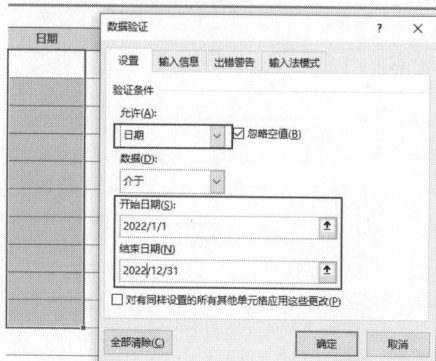

单位：元

日期	项目大类	渠道	子项目	金额	备注
2021/1/18	招募费用	前程	前程无忧服务费	¥20,000.00	全年费用
2021/1/18	招募费用	智联	智联招聘服务费	¥18,000.00	全年费用
2021/1/18	招募费用	拉勾网	拉勾网服务费	¥20,000.00	全年费用
2021/1/18	招募费用	BOSS直聘	BOSS直聘服务费	¥20,000.00	全年费用
2021/1/18	招募费用	猎聘网	猎聘网服务费	¥20,000.00	全年费用
2021/11/18	招募费用	校招	招聘会费用	¥1,200.00	
2021/11/18	招募费用	校招	广告宣传费	¥3,500.00	4期报纸广告
2021/11/18	招募费用	校招	招聘会费用	¥1,500.00	
2021/11/10	招募费用	校招	交通费	¥1,200.00	
2021/11/15	招募费用	校招	交通费	¥1,500.00	
2021/11/15	招募费用	校招	住宿费用	¥600.00	
2021/11/15	招募费用	校招	餐费	¥400.00	

图8-5　招聘费用数据记录表

在【允许】下拉列表中选择【日期】选项，在【数据】下拉列表中选择【介于】选项，并录入【开始日期】和【结束日期】。通过这项设置，可以使所选单元格中只允许录入指定日期范围的日期型数据。当录入其他不规范的日期格式时，将会给出提示。对于数据录入出错的提示内容，可以在【数据验证】对话框的【出错警告】选项卡中进行设置，如图8-7所示。

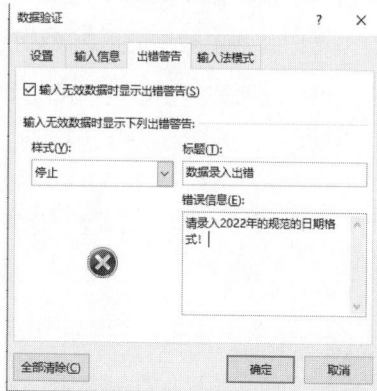

图8-6　【数据验证】对话框　　图8-7　【数据验证】对话框中的【出错警告】选项卡

在【样式】下拉列表中提供了【停止】【警告】【信息】三种样式可供选择。其中，【停止】样式是指拒绝无效数据的录入，仅接受符合条件的数据。当选择【停止】样式后，录入数据出错的提示如图8-8所示。

在出现该提示框后，单击【重试】按钮可以重新录入数据。

当在前述【样式】下拉列表中选择【警告】样式后，在单元格中录入无效数据，提示框如图8-9所示。

图8-8　数据验证【停止】类型的出错提示　　图8-9　数据验证【警告】类型的出错提示

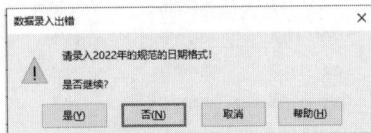

在该提示框中给出了【是】与【否】按钮。单击【是】按钮，尽管录入的数据不符合数据验证规则，仍然可以将其录入进来。如果单击【否】按钮，则将返回单元格中重新进行数据录入。

当在前述【样式】下拉列表中选择【信息】样式后，在录入不符合数据验证规则的数据时，系统会给出如图8-10所示的提示。

此时单击【确定】按钮即可完成数据录入。

可以看出，【数据验证】对话框中的【出错警告】选项卡中提供的【停止】【警告】【信息】三种样式，从对不符合条件数据的接受程度来看是逐渐宽松的，根据实际需要进行设置即可。

对于《招聘费用数据记录表》中的"项目大类""子项目"等有固定录入内容的列，也可以根据需要设置下拉选项，如图8-11所示。

图8-10　数据验证【信息】类型的出错提示　　图8-11　通过数据验证设置序列

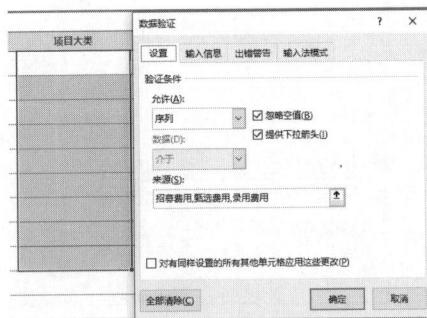

在前面的章节中多次进行了该功能的介绍，具体设置方法不再赘述。

2. 招聘费用的统计与分析

小张在升职主管岗位后，想要对招聘费用数据进行分析。招聘费用的统计与分析可以使用函数完成，也可以使用数据透视表完成。相对而言，数据透视表的操作更便捷，可以优先考虑使用数据透视表。如果需要的统计方式比较灵活，当数据透视表无法达成时，则可以使用函数实现。

以使用数据透视表实现为例。

小张想到表姐Lisa在讲数据透视表时特别提到，在使用数据透视表前，需要确认原始数据是否符合数据透视表的基本要求。比如，如果记录招聘费用的表格中"日期"列存在像"2021.1.15"这样不规范的日期格式，将会影响到数据透视表中对日期的分组，导致无法达到想要的统计效果，如图8-12所示。

日期	项目大类	渠道	子项目	金额	备注
2021.1.15	招募费用	前程	招聘人员薪酬	¥4,000.00	以月为单位统计
2021/11/15	甄选费用	智联	面试人员薪酬	¥3,000.00	以月为单位统计

图8-12 不规范的日期数据

在Excel中，正确的日期格式可以表示为"2021-1-15"和"2021/1/15"两种方式，使用"-"或"/"作为日期中"年""月""日"的分隔线。

经过对数据的检查和修改，在确认原始数据中没有合并单元格、没有空行与空列、没有不规范的数据格式后，就可以应用数据透视表了。

将光标定位到要统计的数据区域中，单击【插入】菜单中的【数据透视表】按钮，在弹出的对话框中确认框选的数据范围是否准确，如图8-13所示。

图8-13 确认数据范围是否准备

选中【新工作表】单选按钮，将在一张新的工作表中创建对招聘费用进行统计与分析的数据透视表。单击【确定】按钮，创建一张空的数据透视表。

小张希望能够按季度查看各招聘费用项目的支出情况，于是将"项目大类"和"子项目"两个字段分别拖动到【行】区域中，将"日期"字段拖动到【列】区域中。当"日期"字段被拖动到【列】区域中后，会自动在【列】区域中出现"月"这个分组字段，如图8-14所示。

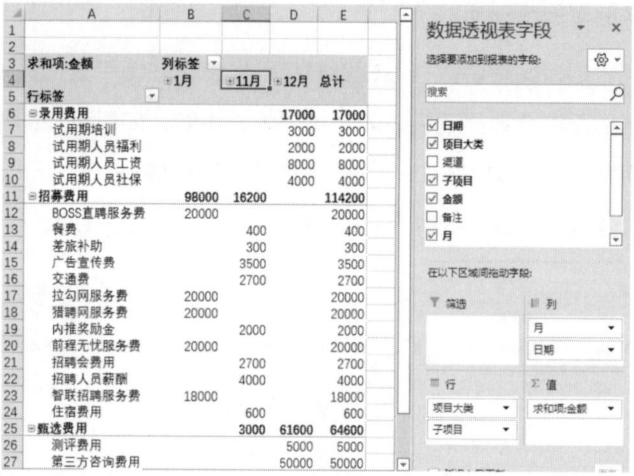

图8-14 创建的数据透视表

小张希望能够按季度查看数据，因此手动将【列】区域中自动出现的"月"字段拖出当前区域。同时，将"金额"字段拖动到【值】区域中。由于"金额"列中的数据为数值型数据，所以Excel自动对其设定为"求和项"，在数据透视表中对"金额"进行求和计算。

接下来，需要将"日期"列设置为按季度展示。将光标定位到列标签的任意日期中，右击，在弹出的快捷菜单中选择【组合】命令，弹出如图8-15所示的【组合】对话框。

小张发现，对日期型数据进行组合出现的对话框不同于对数值型数据进行组合出现的对话框，区别在于对数值型数据的组合是以数字为步长的，而在日期型数据的【步长】设置中提供的是【年】【季度】【月】【日】【小时】【分】【秒】这样的日期时间型选项。从中选择【季度】选项，并单击【确定】按钮，即可以季度为单位对日期进行组合，如图8-16所示。

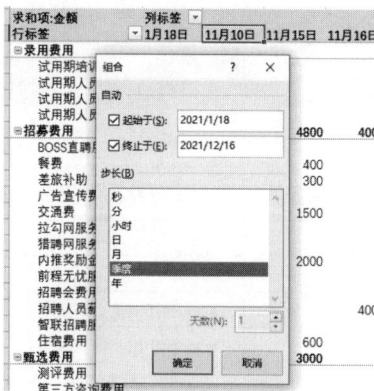

图8-15　【组合】对话框

图8-16　按季度组合统计数据

由于在小张的原始数据中仅有第一季度和第四季度的数据，因此在数据透视表中仅显示这两个季度的相关内容。

在实际工作中，如需按其他维度进行费用的统计与分析，可以在数据透视表中通过对字段的拖动进行灵活设置，此处不再赘述。

四、招聘渠道及岗位数据的多维度统计与分析

表姐Lisa组织的Excel沙龙在周末如期举行，在交流中得知小张正在进行招聘数据的统计，并且在统计过程中需要不断变换统计的条件与维度。为了能够实现灵活的数据统计，表姐Lisa决定将本次沙龙的主题设定为一些常用条件统计类函数的讲解。

有了前面几次交流的基础，小伙伴们对于条件统计类函数也有所了解。"一学就会，一做就废"是很多Excel"小白"在学习中的困扰。之所以会有这样的问题，很重要的一个原因是很多人对函数的了解程度不够，不理解常用函数的应用细节和原理，导致只能照本宣科，难以灵活运用。针对这个问题，下面将更加深入、系统地分享一些条件统计类函数，并通过这些函数的比较与学习，帮助小张完成招聘渠道分析的任务。

Excel中部分常用的条件统计类函数包括条件求和函数、条件计数函数、按条件求平均值、按条件求最大值、按条件求最小值等，具体函数如图8-17所示。

函数名	功能	备注
SUMIF	根据单条件求和	
SUMIFS	根据多条件求和	
COUNTIF	根据单条件计数	
COUNTIFS	根据多条件计数	
SUMPRODUCT	可灵活地进行带条件的求和、计数等计算	
AVERAGEIF	根据单条件计算平均值	
AVERAGEIFS	根据多条件计算平均值	
MAXIFS	根据条件求最大值	Excel 2016以及更高版本
MINIFS	根据条件求最小值	Excel 2016以及更高版本
SUM函数的数组用法	可以进行带条件的求和计算	以数组用法使用

图8-17　常见的条件统计类函数

1. 深入学习条件求和与条件计数函数的应用细节

在条件统计类函数中，使用最多的当属条件求和与条件计数函数，总结其参数用法如图8-18所示。

函数名	功能	函数参数
SUMIF	根据单条件求和	=SUMIF(条件区域,条件,求和区域)
SUMIFS	根据多条件求和	=SUMIFS(求和区域,条件区域1,条件1,条件区域2,条件2,…)
COUNTIF	根据单条件计数	=COUNTIF(条件区域,条件)
COUNTIFS	根据多条件计数	=COUNTIFS(条件区域1,条件,条件区域2,条件2 …)

图8-18　常见的条件求和与条件计数函数

在前面的章节中，讲解了这些函数的基础用法。对于一些经典的函数，除了基础用法，往往还有很多扩展用法。通过对这些扩展用法的深入学习，才能达到在日常工作多场景下的灵活应用。

对于以上4个函数来说，要实现更灵活的统计效果，关键是要掌握函数中关于"条件"参数的设置。之所以要将SUMIF、SUMIFS、COUNTIF和COUNTIFS函数放在一起讲解，是因为这4个函数的"条件"参数的设置方法是一样的。

1）"条件"参数的表现方式可以是数字、表达式、单元格引用、文本或者函数

SUMIF和SUMIFS函数中的"条件"参数在具体工作中的应用举例如图8-19所示。

函数	要求	公式及释义
SUMIF	计算招聘费用中用于"校招"的费用支出金额	=SUMIF(A1:A100,**"校招"**,D1:D100) 【公式释义】　在记录招聘费用项目的A1:A100区域中，查找内容为"校招"的数据，对符合条件的数据，从费用金额区域D1:D100中求和
SUMIFS	计算2021年一季度的招聘费用中用于"校招"的费用支出金额	=SUMIFS(D1:D100, A1:A100,**"校招"**,B1:B100,**">=2021-1-1"**,B1:B100,**"<2021-4-1"**) 【公式释义】　对金额区域D1:D100进行条件求和，需要同时满足的条件为：A1:A100区域中内容为"校招"、区域B1:B100中的日期要大于或等于2021-1-1，区域B1:B100中的日期要小于2021-4-1

图8-19　条件求和函数中的"条件"参数应用举例

最常见的是按月或按季度统计数据，在对"日期"列设定条件时，应当转换为相应的日期区间。如统计条件为"2021年1月"，则表示为大于或等于2021年1月1日并且小于2021年2月1日。如要统计的是"2021年一季度"的数据时，该条件应当表示为大于或等于2021年1月1日并且小于2021年4月1日。

COUNTIF和COUNTIFS函数在招聘渠道数据统计中的应用举例如图8-20所示。

函数	要求	公式及释义
COUNTIF	计算有多少简历来自于内推渠道	=COUNTIF(B1:B100，"内推") 【公式释义】对B1:B100 单元格区域中内容为"内推"的数据进行计数
COUNTIFS	在通过简历初筛的所有人员中，计算简历来源渠道为"智联招聘"、投递岗位为"软件研发工程师"、工作经验3年以上的简历数量	=COUNTIFS(B1:B100，"智联招聘"，C1:100,"软件研发工程师",D1:D100,">=3") 【公式释义】对同时符合以下三个条件的数据进行计数。条件为：B1:B100单元格区域中的内容为"智联招聘"；C1:C100单元格区域中的内容为"软件研发工程师"；D1:D100单元格区域中的数值大于或等于3

图8-20　COUNTIF和COUNTIFS函数应用举例

2）在"条件"参数中可以使用通配符进行模糊查找

通配符不仅可以在本例讲解的函数中使用，在Excel中进行查找和替换、在支持通配符的其他函数中也是适用的。另外，在Word与PPT等其他办公软件中也

可以使用通配符。常见的通配符有两种，其含义如下：

> 问号（？）：匹配任意单个字符。

> 星号（*）：匹配不限个数的任意字符。

如果要查找的内容为问号或星号本身，则在该字符前输入波形符（~）。

例如，要对岗位名称前包括"软件"两个字的相关数据进行统计，公式表示如图8-21所示。

函数	要求	公式及释义
COUNTIF	在通过初筛的简历中，对投递岗位名称以"软件"开头的数据进行统计	=COUNTIF(C1:C100，"软件*") 【公式释义】在C1:C100单元格区域中，对以"软件"开头、其后可以是任意内容的数据进行统计。 如软件开发工程师、软件测试工程师、软件实施工程师、软件销售工程师等岗位均满足以上条件

图8-21　通配符应用示例

3）任何文本条件或任何含有逻辑或数学符号的条件都必须使用双引号(""）括起来。如果条件为数字，则无须使用双引号

常用的逻辑或数学符号包括如下几种：

> 大于符号">"；

> 大于或等于符号">="；

> 小于符号"<"；

> 小于或等于符号"<="；

> 等于符号"="；

> 不等于符号"<>"。

当条件中需要用到这些符号时，需要使用英文状态下的双引号括起来，如">=3"">=2021-1-1"这样的条件。当这些逻辑或数学符号需要与单元格引用或函数搭配表示某个条件时，需要用文本连接符"&"进行连接。举例如下：

> 条件表述为">="&D3，其意为大于或等于D3单元格中的数据；

> 条件表述为">="&AVERAGE(A2：A100)，其意为大于或等于数据区域A2：A100的平均值，其中AVERAGE为计算平均值的函数。

4）了解了条件求和函数的运算逻辑，才是真的学会了SUMIF和SUMIFS函数

SUMIF和SUMIFS函数在计算中，会首先在"条件区域"中找到符合条件的单元格，并记住所有符合条件的单元格在条件区域中的位置。接下来，函数会按同样的位置去指定的"求和区域"中取出数据，并进行求和，得到条件求和的计算结果。

基于以上运算逻辑，表姐Lisa向小伙伴们提出了一个问题："在前面的使用中，我们都是先选中一列数据作为条件区域，再选中一列数据作为求和区域的。大家来猜一下，能不能将条件区域选为多列，同时也将求和区域选为多列呢？"

小张答道："我在平时没有遇到过取多行多列的情况。根据刚才讲到的运算逻辑，如果条件区域与求和区域是一样大的多行多列区域，应该也是可以取到的吧？"确实如此。SUMIF和SUMIFS函数的条件区域与求和区域的对应关系如图8-22所示。

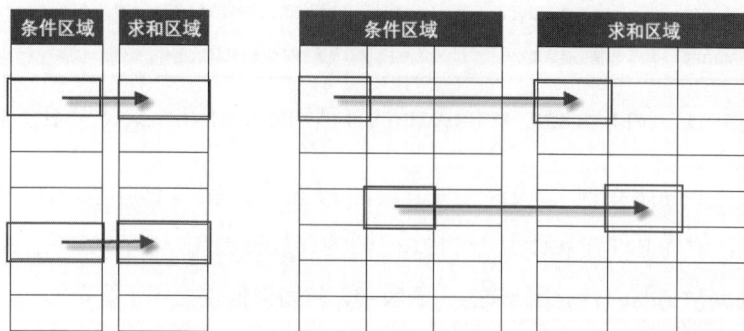

图8-22　SUMIF和SUMIFS函数的条件区域与求和区域的对应关系

在SUMIF和SUMIFS函数中，条件区域与求和区域必须包含相同的行数和列数。当条件区域为单列时，求和区域应当也为单列。当条件区域为多行多列时，求和区域也要有同样的行列数。只有如此，函数才能根据前面讲到的运算逻辑提取符合条件的数据，并进行计算。

2. 对比学习根据条件计算平均值、最大值及最小值的相关函数

分享完关于SUMIF、SUMIFS、COUNTIF和COUNTIFS函数的用法，小张提出一个问题："前面提到的其他条件计算函数怎么用呢？比如，在招聘数据统计中，我想统计所有'软件开发工程师'岗位投递简历的候选人，平均工作年限

是几年？最长工作年限是几年？平均年龄是多少？像这样带条件的平均值、最大值或者最小值的统计要怎样实现呢？"

在Excel中，最常用的平均值计算函数是AVERAGE函数，最大值和最小值计算函数分别是MAX函数和MIN函数。这三个函数在默认情况下用于不带条件的统计与计算。

当需要对符合条件的数据进行求平均值、最大值或最小值计算时，可以使用AVERAGEIF函数或AVERAGEIFS函数、MAXIFS函数和MINIFS函数。以上4个函数的参数设置如图8-23所示。

函数名	功能	函数参数
AVERAGEIF	根据单条件计算平均值	AVERAGEIF(条件区域,条件,计算平均值的区域)
AVERAGEIFS	根据多条件计算平均值	AVERAGEIFS(计算平均值的区域,条件区域1,条件1,条件区域2,条件2,…)
MAXIFS	根据条件求最大值	MAXIFS(计算最大值的区域,条件区域1,条件1,条件区域2,条件2,…)
MINIFS	根据条件求最小值	MINIFS(计算最小值的区域,条件区域1,条件1,条件区域2,条件2,…)

图8-23　AVERAGEIF、AVERAGEIFS、MAXIFS和MINIFS函数的参数设置

表姐Lisa补充道："这4个函数的参数设置和具体用法与SUMIF、SUMIFS、COUNTIF和COUNTIFS函数的参数设置和具体用法高度相似。所以，把前面学到的内容应用于这4个函数中，就可以很快上手了。"

小张希望统计"软件开发工程师"岗位候选人的平均工作年限、平均年龄、最长工作年限，具体公式示例如图8-24所示。

函数名	功能	函数参数
AVERAGEIF	在"软件开发工程师"岗位候选人中,平均工作年限是几年	AVERAGEIF(A1:A100,"软件开发工程师",E1:E100) 【公式释义】: 在A1:A100区域中找出所有岗位名称为"软件开发工程师"的数据, 对应至记录工作年限的E1:E100区域进行平均值计算
AVERAGEIFS	在"软件开发工程师"岗位候选人中,男性求职者的平均年龄是多大	AVERAGEIFS(F1:F100,G1:G100,"男",A1:A100,"软件开发工程师") 【公式释义】对用于记录求职者年龄的F1:F100区域进行条件求平均值, 条件为: (1)"岗位名称"列中A1:A100区域的内容为"软件开发工程师" (2)"性别"列G1:G100区域中,性别为"男"
MAXIFS	在"软件开发工程师"岗位候选人中,最长工作年限是几年	MAXIFS(E1:E100,A1:A100,"软件开发工程师") 【公式释义】在A1:A100区域中找出所有岗位名称为"软件开发工程师"的数据, 对应至记录工作年限的E1:E100区域进行最大值计算

图8-24　AVERAGEIF、AVERAGEIFS和MAXIFS函数应用举例

灵活运用以上分享的常用条件统计类函数，便可以根据不同需求灵活地、多维度地进行数据的汇总与统计。

3. 扩展学习能够实现更灵活条件统计的函数SUMPRODUCT

在实际工作中，往往需要根据灵活多样的条件进行数据统计。这就需要掌握更加灵活多变的统计函数，以便快速实现工作中的统计要求。很多小伙伴在拿到别人制作的表格时，会发现有些公式与函数看不懂，这就需要适当拓宽函数的知识面。

考虑到以上因素，表姐Lisa在条件统计类函数的基础上将继续分享另一个强大的条件统计函数——SUMPRODUCT函数。

SUMPRODUCT函数是Excel中的一个对乘积求和的函数，但是又衍生出很多的进阶用法，其中最为常用的是对数据进行条件求和与条件计数。

【SUMPRODUCT函数介绍】既可以用于对多个指定区域计算乘积后求和，也可以实现条件求和与条件计数功能。

【SUMPRODUCT函数用法】基础用法为：=SUMPRODUCT (区域1,区域2,…)

在基础用法中，如果以两个区域作为参数，那么SUMPRODUCT函数将会对两个区域中相同位置的数据一一对应相乘，并对所有乘积求和。

当进行条件求和时，可以参照=SUMPRODUCT (条件1*条件2*…*条件N*求和区域)的用法；当进行条件计数时，可以参照=SUMPRODUCT (条件1*条件2*…*条件N)的用法。

在使用中有以下两点需要注意：

➤ 所选中的数据区域作为参数必须具有相同的维数，否则SUMPRODUCT函数将返回错误值"#VALUE!"；

➤ 在计算过程中，SUMPRODUCT函数会将逻辑值或文本等非数值型数据视为0值。这一点非常重要，在SUMPRODUCT函数的进阶用法中需要特别注意这一特性。

1）使用SUMPRODUCT函数的基础用法，实现对两组或多组数据先相乘后求和以某次招聘活动的物料支出统计为例，先将每种物料的单价与数量相乘，计算出每种物料的支出，再将所有物料的支出求和，得到本次活动总支出。

要实现以上描述的计算过程，只需要使用SUMPRODUCT函数的基础用法，如图8-25所示。

公式的具体内容如下：

=SUMPRODUCT(C5:C14,D5:D14)

【公式释义】将“单价”区域C5:C14与“数量”区域D5:D14中的对应数据相乘，并对所有乘积求和。

2）使用SUMPRODUCT函数进行单个条件的计数统计

如果希望统计渠道来源为“智联”的候选人的数量，就需要用到条件计数函数。条件计数除了可以使用COUNTIF或COUNTIFS函数以外，还有很多人喜欢使用SUMPRODUCT函数，公式如图8-26所示。

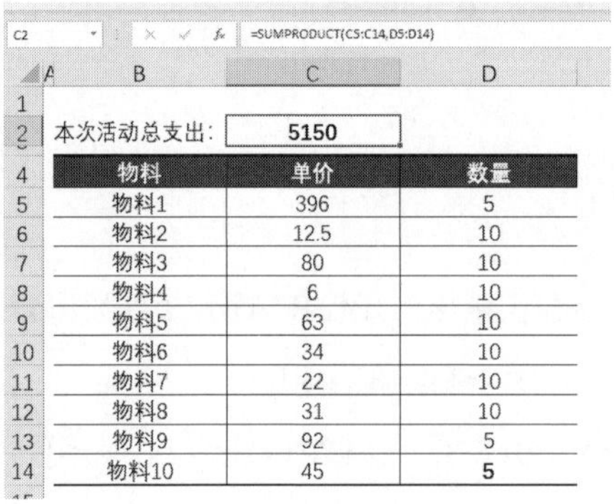

物料	单价	数量
物料1	396	5
物料2	12.5	10
物料3	80	10
物料4	6	10
物料5	63	10
物料6	34	10
物料7	22	10
物料8	31	10
物料9	92	5
物料10	45	5

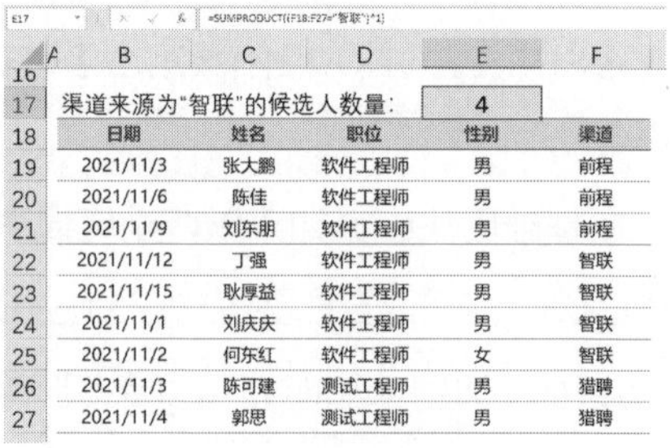

日期	姓名	职位	性别	渠道
2021/11/3	张大鹏	软件工程师	男	前程
2021/11/6	陈佳	软件工程师	男	前程
2021/11/9	刘东朋	软件工程师	男	前程
2021/11/12	丁强	软件工程师	男	智联
2021/11/15	耿厚益	软件工程师	男	智联
2021/11/1	刘庆庆	软件工程师	男	智联
2021/11/2	何东红	软件工程师	女	智联
2021/11/3	陈可建	测试工程师	男	猎聘
2021/11/4	郭思	测试工程师	男	猎聘

图8-25　SUMPRODUCT函数的基础用法举例　图8-26　使用SUMPRODUCT函数进行单条件计数

图8-26中用到的公式如下：

=SUMPRODUCT((F18:F27="智联")*1)

【公式释义】依次判断源数据表“渠道”列中的F18:F27区域中每一个单元格的内容是否等于“智联”，会得到一组由逻辑值“真”和“假”所构成的结果。在Excel中，逻辑值“真”表示为“TRUE”，逻辑值“假”表示为“FALSE”，如图8-27所示。

在前面函数用法的介绍中提到，SUMPRODUCT函数会将逻辑值等非数值型数据视为0值，所以，图8-27左列中的这一组逻辑值是无法被SUMPRODUCT函数所接受的。因此，在公式中增加了“*1”这部分内容。这里的乘号“*”像一位“翻译”一样，能够将逻辑值转换为数字1和0。

F18:F27="智联"	乘以1
FALSE	0
FALSE	0
FALSE	0
FALSE	0
TRUE	1
TRUE	1
TRUE	1
TRUE	1
FALSE	0
FALSE	0

图8-27　SUMPRODUCT函数的运算逻辑

将转换后的内容交给SUMPRODUCT函数进行相乘后求和。由于公式中每一个符合条件的单元格判断会被转换为“1”，不符合条件的单元格判断会被转换为“0”，所以，对这一列由“1”“0”构成的数据区域进行“求和”，就得到了计数结果。

3）使用SUMPRODUCT函数进行多个条件的灵活计数统计

表姐Lisa继续说道：“使用SUMPRODUCT函数不仅可以进行单条件统计，也可以进行多个条件的灵活统计。”

以在数据表中统计12月份、渠道来源为“智联”的候选人数量为例，公式如图8-28所示。

E17　=SUMPRODUCT((F19:F27="智联")*(MONTH(B19:B27)=12))

	A	B	C	D	E	F
16		统计12月份，渠道来源为"智联"的				
17			候选人数量：		2	
18		日期	姓名	职位	性别	渠道
19		2021/11/3	张大鹏	软件工程师	男	前程
20		2021/11/6	陈佳	软件工程师	男	前程
21		2021/11/9	刘东朋	软件工程师	男	前程
22		2021/11/12	丁强	软件工程师	男	智联
23		2021/11/15	耿厚益	软件工程师	男	智联
24		2021/12/1	刘庆庆	软件工程师	男	智联
25		2021/12/2	何东红	软件工程师	女	智联
26		2021/12/3	陈可建	测试工程师	男	猎聘
27		2021/12/4	郭思	测试工程师	男	猎聘

图8-28　使用SUMPRODUCT函数进行多条件计数

图8-28中用到的公式如下：

=SUMPRODUCT((F19:F27="智联")*(MONTH(B19:B27)=12))

【公式释义】在以上公式中，第一个条件是对"渠道"列中的内容是否为"智联"进行判断；第二个条件是通过MONTH函数提取B19:B27区域中的月份，对于月份是否等于"12"进行判断。两个条件的判断结果均为一组由"TRUE"和"FALSE"组成的逻辑值。这两组逻辑值通过公式中的乘号进行相乘运算，转换为由"0"和"1"组成的数值区域。最终通过相乘后的求和结果，得到两个条件同时满足时的计数结果。

在分享完以上内容后，表姐Lisa问道："大家有没有发现，同样是进行多条件计数，COUNTIFS函数与SUMPRODUCT函数有什么不同呢？"

小张抢先说道："在进行月份统计时，要表示1月份，COUNTIFS函数要将参数表示为大于或等于1月1日并且小于2月1日而SUMPRODUCT函数可以直接使用MONTH函数提取出的月份进行条件设置。相比较而言，COUNTIFS函数更易于理解，而SUMPRODUCT函数更加灵活，公式也更简洁。"

表姐Lisa补充道："没错。既然能够进行两个条件的计算，那么SUMPRODUCT函数以同样的做法，可以进行更多条件的灵活统计。在进行多条件统计时，只需要表示为'SUMPRODUCT (条件1*条件2*…*条件N)'这样的写法就可以了。"

4）使用SUMPRODUCT函数进行条件求和统计

学完了前面的内容，小张又提出了一个她关心的问题："表姐在前面讲的都是通过SUMPRODUCT函数进行条件计数，那么通过SUMPRODUCT函数如何实现条件求和呢？"

在进行条件求和时，可以将公式编写为如下形式：

=SUMPRODUCT(条件1*条件2*…*条件N*求和区域)

只需要在一个或多个条件的后面增加一个用于求和的区域就可以了。除了这一点，其他与通过SUMPRODUCT函数进行条件计数时的用法完全一样，此处不再赘述。

在掌握了多种条件的统计方法后，应用于实际工作中就可以更加灵活地进行变换，从而准确、高效地完成数据统计工作。

表姐Lisa考虑到在此次交流中SUMPRODUCT函数是一个难点，特意为小伙伴们录制了视频，可以反复观看、深入理解、灵活使用。

五、对各招聘环节转化效率的分析

招聘是很多企业的人力资源管理部门中工作量非常繁重的一项工作，一方面是用人部门希望新人尽快到岗；另一方面是要甄选到真正匹配任职要求的人员。人力资源部门的管理者往往非常关心招聘过程的效率。

1. 绘制招聘漏斗图表，对各招聘环节进行数据分析

从整个招聘过程来看，从收取筛选简历到面试邀约直至录用，并跟进新员工到岗情况，这个过程就像漏斗一样，是一个逐级转化的过程，如图8-29所示。

通过分析整个招聘流程中简历收集、邀约人数（通过简历初筛的人数）、初试人数、复试人数、录用人数、入职人数之间的比例，可以全面地了解各招聘环节的转化效率。特别是当招聘目标未达成时，可以通过对各招聘环节进行统计与分析，找到薄弱环节并加以改进。另外，不断优化各招聘环节的转化效率，也有助于提高录用效率、降低招聘成本。

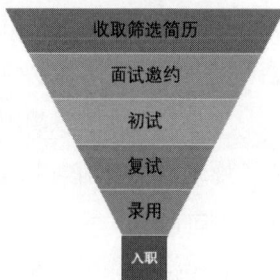

图8-29　招聘漏斗示意图

2. 要绘制招聘漏斗图表，首先需要统计各招聘环节的候选人数

要统计各招聘环节的候选人数，就需要从招聘过程的记录数据表中对招聘环节进行"条件计数"，根据不同的招聘过程记录数据灵活使用前面讲到的函数即可。

在进行数据统计时，可以对某个时间段，比如一年内或半年内的数据进行总体的统计，也可以对某一个或某几个关键岗位在某个时间段内的数据进行统计。从哪个维度进行数据统计，取决于数据分析时的关注点。统计完成的招聘环节基础数据如图8-30所示。

招聘环节	数量
简历收集	860
邀约人数	542
初试人数	289
复试人数	103
录用人数	45
入职人数	36

图8-30　招聘环节基础数据

3. 为了便于图表呈现，对招聘环节基础数据进行补充

在Excel中可以通过多种方式实现招聘漏斗图表的制作。既可以通过条形图的方式经过变换实现漏斗图，也可以通过Excel中提供的漏斗图的图表类型快速制作该图表。

接下来分别对两种漏斗图的制作方式进行介绍。先来看一下如何通过条形图变换制作漏斗图。通过条形图来制作漏斗图的思路非常值得在其他各类图表的绘制中借鉴。

在制作图表的过程中，需要一些辅助数据，这些辅助数据需要在原始数据的基础上手动添加，如图8-31所示的“辅助列”与“百分比”两列。

图8-31中的D3单元格中的公式如下：

=($C$3-C3)/2

【公式释义】以简历收集数量为基数，减去其后每一个环节的数量并取其一半。拖动公式复制到下方的单元格中。对于这个辅助列的作用，通过后续图表的制作即可理解。

在原始数据中，还增加了一列名为“百分比”的数据，计算公式如图8-32所示。

=($C$3-C3)/2

招聘环节	数量	辅助列	百分比
简历收集	860	0	
邀约人数	542	159	63%
初试人数	289	285.5	53%
复试人数	103	378.5	36%
录用人数	45	407.5	44%
入职人数	36	412	80%

图8-31　为招聘环节基础数据添加辅助数据

=C4/C3

招聘环节	数量	辅助列	百分比
简历收集	860	0	
邀约人数	542	159	63%
初试人数	289	285.5	53%
复试人数	103	378.5	36%
录用人数	45	407.5	44%
入职人数	36	412	80%

图8-32　“百分比”列的计算公式

此处的“百分比”是当前环节数据占上一环节数据的比例。

4. 通过条形图的变换，将数据制作为漏斗图表，用于直观地进行展示

在制作完成的数据区域中，选中“招聘环节”“数量”“辅助列”三组数据。单击【插入】菜单中的【推荐的图表】按钮，弹出【插入图表】对话框，如

图8-33所示。

图8-33　【插入图表】对话框

选择【条形图】中的【堆积条形图】，单击【确定】按钮，生成一张基础的条形图。

生成的图表看上去并不像漏斗图。漏斗图效果是从"简历收集"这一环节开始逐级向下展示的，但在这个图表中刚好相反。

将鼠标指针指向图表中左侧的坐标轴，即显示"入职人数""录用人数"等信息的位置，右击，在弹出的快捷菜单中选择【设置坐标轴格式】命令，如图8-34所示。

在弹出的【设置坐标轴格式】窗格中，选中【逆序类别】复选框，如图8-35所示。

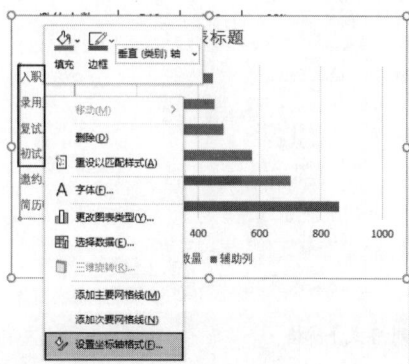

图8-34　图表中的快捷菜单

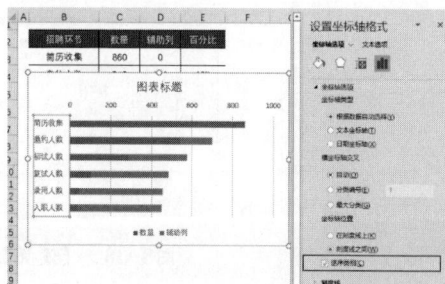

图8-35　选中【逆序类别】复选框

在完成上述操作后，会发现图表中的数据顺序变为与原始数据相同的顺序，展示的数据条自上而下依次是简历收集、邀约人数、初试人数等。

但此时的图表是左侧对齐的，所以看上去与漏斗的形状相去甚远。在图表上右击，在弹出的快捷菜单中选择【选择数据】命令，弹出【选择数据源】对话框，如图8-36所示。

参照图8-36，选中"辅助列"这一项，单击上方的上移按钮，将"辅助列"与"数量"两项的位置对调。设置完成后，单击【确定】按钮，图表会变化为如图8-37所示的效果。

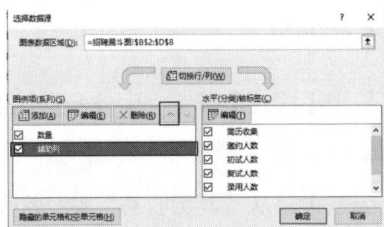

图8-36　【选择数据源】对话框

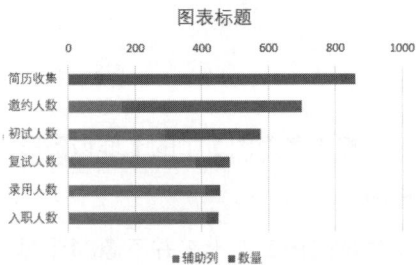

图8-37　调整后的条形图

从图8-37中可以看出，图表中间部分的数据呈现出类似漏斗的效果。选中辅助列对应的数据条，右击，在弹出的快捷菜单中选择【设置数据系列格式】命令，弹出【设置数据系列格式】窗格，如图8-38所示。

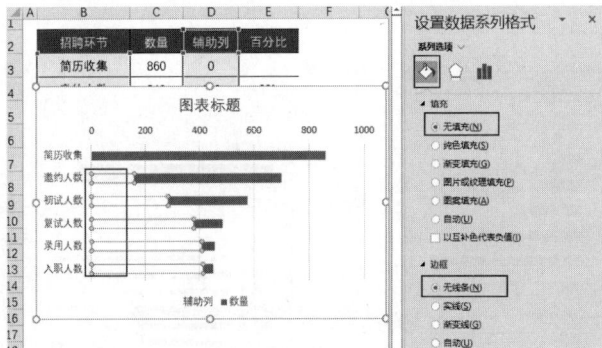

图8-38　【设置数据系列格式】窗格

将选中的数据条修改为【无填充】【无线条】，也就是将该数据条设置为透明效果。初具雏形的漏斗图如图8-39所示。

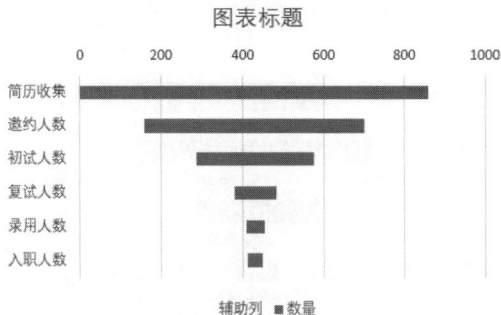

图8-39 初具雏形的漏斗图

通过以上设置，就呈现出较为接近漏斗图的效果，图中的每一个数据条指示某个环节的数据情况，从中可以看出各个环节向下一个环节的转化效率。对该图表进行适当的美化和微调，以达到更好的效果。

选中图表中的数据条，右击，在弹出的快捷菜单中选择【添加数据标签】命令，将会在每个数据条的上面显示该数据条对应的数据。

通过【插入】菜单中的【形状】命令，可以选中并插入【箭头】，放置在图表中可以起到美化的效果。

通过【插入】菜单中的【文本框】命令，可以在图表中插入多个文本框，用于放置各个环节的转化效率（源数据中的"百分比"）。为了让源数据中的百分比能够在文本框中关联显示，可以选中一个文本框，在编辑栏中录入"="，单击源表中的数据单元格，将该单元格引用关联到选中的文本框中，如图8-40所示。

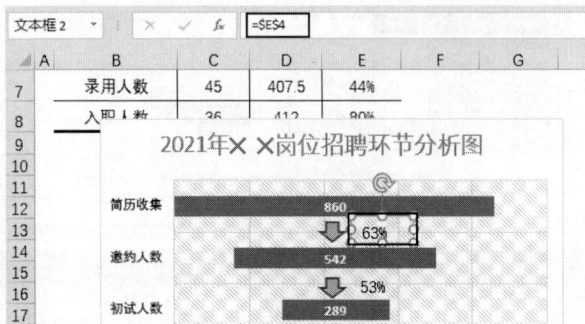

图8-40 在文本框中显示转化效率

美化后的漏斗图如图8-41所示。

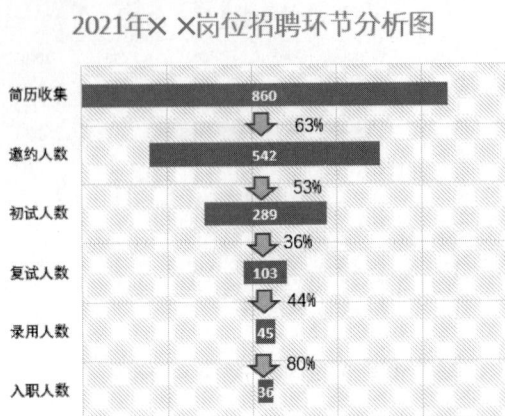

图8-41　美化后的漏斗图

通过这个美化后的漏斗图可以清晰地展示出招聘各个环节向下一个环节转化的具体数据与转化效率。

从招聘漏斗的分析来看，不同职类、不同岗位、不同职级往往会呈现出不同的数据规律，可以根据以上不同的维度进行细化分析。

除了可以通过以上方式制作漏斗图外，还可以通过特定的图表类型直接创建漏斗图。

选中数据区域，单击【插入】菜单中的【推荐的图表】按钮，从弹出的对话框中的【所有图表】选项卡中找到【漏斗图】，如图8-42所示。

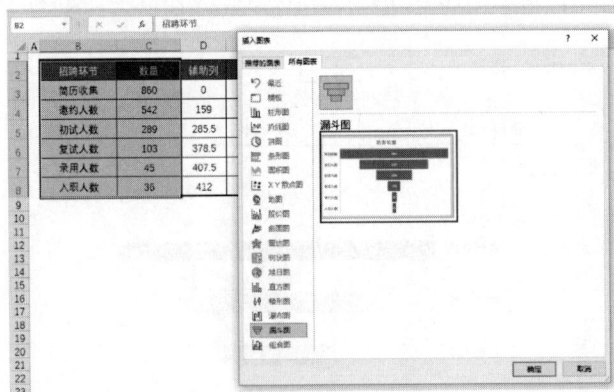

图8-42　插入漏斗图

单击【确定】按钮,可以直接创建一张基础的漏斗图表,如图8-43所示。

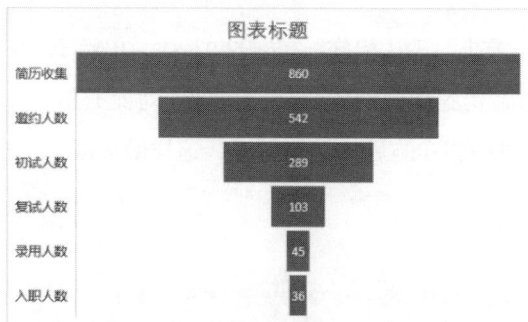

图8-43 直接创建的基础漏斗图表

在该图表的基础上进行适当的美化与调整即可,此处不再赘述。

如果在工作中存在某个关键性岗位的招聘周期长、招聘效率低,迟迟没有完成招聘指标的情况,则可以对该岗位进行单独分析。只需要将该岗位的统计数据填入以上图表的源数据中,即可根据数据变化自动生成新的图表。

在本例中,既然能够快速插入漏斗图,为什么还要通过条形图变换实现漏斗图呢?一方面考虑到在某些版本中并未提供漏斗图,另一方面希望通过前面的案例介绍自定义图表的设置思路与方法。当希望创建的图表在Excel中并未预设相应的类型时,便可以通过基础图表加辅助列的方式进行灵活设置。

5. 如何通过数据及图表分析找到可能的改进点

在招聘过程中记录的原始数据是统计与分析的基础。对原始数据记录如果不加以统计和归纳,就只能是一笔笔流水账存在计算机中的某个文件夹里。对原始数据的统计与图形化展示,都是为了能够从原始数据中找到某些普遍存在的规律或现象,是对数据的加工与提炼。但是,数据统计就等于数据分析吗?不是的。数据统计只是从各个侧面窥见数据中存在的现状,要想采取有针对性的改进措施,还需要对数据所呈现的现状进行分析。

要对统计得出的数据进行深入分析,往往要分层次、从不同维度去查看数据之间的关联性。基于丰富的管理经验,或基于对同行业、同类岗位或同领域的普遍现状的对比,或基于本公司积累的历史数据,在大胆的假设中找出问题,并不断从数据的不同角度求证问题是否确实存在。数据分析的第一步是找到并正确定义关键性问题。

在确定问题后，在制订改进措施与实施的过程中，仍然要注意做好数据记录。

通过对改进措施实施后的数据统计、呈现与对比分析，可以清晰地判断改进措施实施前与改进措施实施后的结果差异，这样便形成了一个完整的PDCA循环，如图8-44所示。

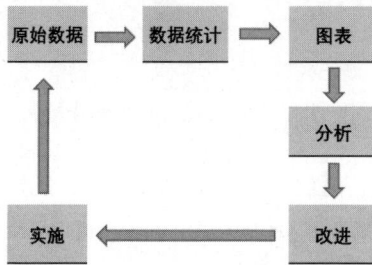

图8-44　数据分析与改进的PDCA循环

本章复盘

表姐Lisa带着几个小伙伴复盘了本次交流中涉及的Excel的一些知识点。

招聘环节产生的原始数据和过程数据比较多，要进行数据的统计与分析，就需要对Excel中的一些函数或功能有深入的理解。本章介绍了数据统计中常用的统计函数、数据透视表中对日期数据的分组、招聘漏斗图表的制作等内容。

第九章

培训与人才发展中的Excel应用

在企业的竞争与发展过程中，对人才的需求也在不断变化与提高。除了通过招聘引进外部人才，对内部人才的培训、培养与发展也是人力资源管理工作的重点。人力资源管理部门在开展培训与人才发展工作的过程中，同样离不开作为数据管理工具的Excel。

在表姐Lisa组织的某次人力资源Excel沙龙中，参加活动的人力资源管理岗位的小伙伴们就Excel在培训与人才发展工作中的应用进行了交流和探讨。

一、雷达图在素质能力测评中的应用

小陈是某家公司的培训主管。为了做好公司中层管理岗位与某些核心岗位的发展规则，公司组织实施了对某些特定岗位的素质能力测评。小陈希望使用更加直观、清晰的方式对测评结果进行展示或对比。

对于这个需求，表姐Lisa建议采用"雷达图"。

1. 什么是雷达图

表姐Lisa说道："雷达图也被称为蜘蛛图、网络图或蜘蛛网图，由于其图表非常像雷达或蜘蛛网而得名。当工作中需要对多项数据进行对比查看时，我们往往会首先想到使用什么图表类型呢？"

小陈说道："我在工作中用得比较多的是条形图或柱状图，用不同的数据条来表示各个数据项之间的对比情况。"

表姐Lisa继续说道："没错，很多小伙伴都会首先想到条形图或柱状图。除此之外，当需要综合评价多个数据项时，使用雷达图也是非常好的选择。雷达图本身就是用于表现多维度数据的图表，非常适合对某一评价对象的多个维度进行对比查看。在开展员工素质能力测评时，会首先确定测评的维度。在测评实施完成后，会获得每个员工各个测评维度的数据。这些维度和数据能够反映员工素质能力在不同维度的现状。雷达图非常适合用于对某个员工的素质能力现状进行展示，也可以用作多人的数据对比查看。"

在绘制雷达图时，会将多个维度的数据量映射到坐标轴上，每个维度的数据分别对应一个坐标轴，这些坐标轴以相同的间距沿着径向排列，并且刻度相同。将各个坐标轴上的数据点用线连接起来就形成了一个多边形。坐标轴、点、线、多边形这些图表中的元素就构成了雷达图，如图9-1所示。

在绘制雷达图的时候，需要注意的是各个维度数据的单位应当统一。如果各个维度数据的单位不同，则需要先转换为同一单位再绘制图表。

2. 使用雷达图展示某个员工的素质能力现状

小陈展示了对中层管理岗位中某个员工素质能力测评的维度及数据，如图9-2所示。

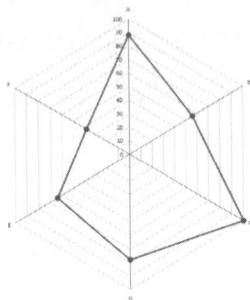

评价维度	分数
任用委派	78
监督落实	37
问题解决	61
计划安排	38
沟通协调	92
指导培养	72
激励他人	80
学习能力	37

图9-1　雷达图　　　　　　图9-2　素质能力测评的维度及数据

图9-2中的数据描述了该员工在各个评价维度的得分情况。这样的描述往往很难让人形成直观的印象，而将数据转换为合适的图表会极大地提高数据的可读性。

在Excel中默认提供了"雷达图"这一图表类型。选中数据，单击【插入】菜单中的【推荐的图表】按钮，在弹出的对话框中切换到【所有图表】选项卡。

对话框左侧是Excel中提供的图表类型，从中选择【雷达图】，在对话框右侧选中【带数据标记的雷达图】，如图9-3所示。在选择图表类型后，单击【确定】按钮，即可根据所选择的数据生成雷达图，如图9-4所示。

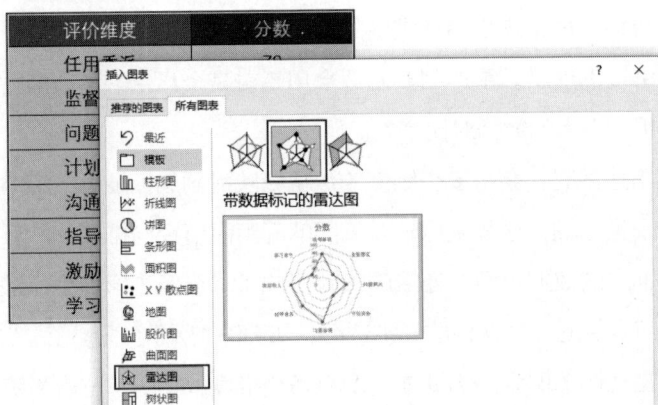

图9-3　【插入图表】对话框中的【所有图表】选项卡

分数

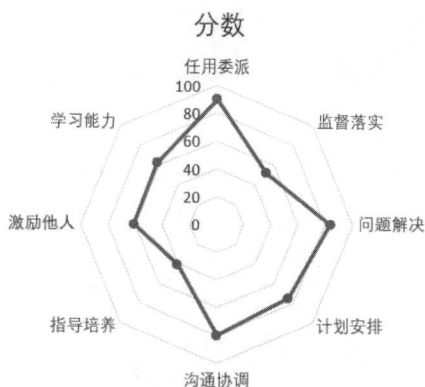

图9-4　员工素质能力测评雷达图

从图9-4中可以看出，雷达图的中心点是坐标0的位置，越向外坐标轴上的数据越大。数据曲线越接近外圈，说明该项表现越好；数据曲线越接近中心点，表明员工在该项的分值较低。

原始数据与表格相比，雷达图能够直观地展现该员工在不同素质能力维度的表现情况。该员工在"任用委派""协调沟通"及"问题解决"维度的能力要明显高于在其他维度的能力。"指导培养"与"监督落实"两个维度明显更接近雷达图的中心点，也暴露出该员工作为管理者在这两项素质能力中存在的不足。

3. 使用雷达图展示某个员工在多次测评中展现的素质能力变化

由于员工个人的成长意愿，以及公司为员工提供的成长机会，结合员工在工作过程中的历练，使得员工的素质能力发展是持续变化、动态发展的过程。人力资源管理部门可以将关键岗位的素质能力测评作为年度或半年度定期开展的一项工作。当积累了多次测评的数据后，还可以使用雷达图来对连续两次或多次的测评数据进行对比查看。以如图9-5所示的数据为例。

评价维度	2022年测评得分	2021年测评得分
任用委派	90	73
监督落实	52	55
问题解决	84	75
计划安排	75	78
沟通协调	80	62
指导培养	41	55
激励他人	61	55
学习能力	62	55

图9-5　两次素质能力测评数据

选中所有的数据，按前面同样的方法和步骤，创建雷达图，如图9-6所示。

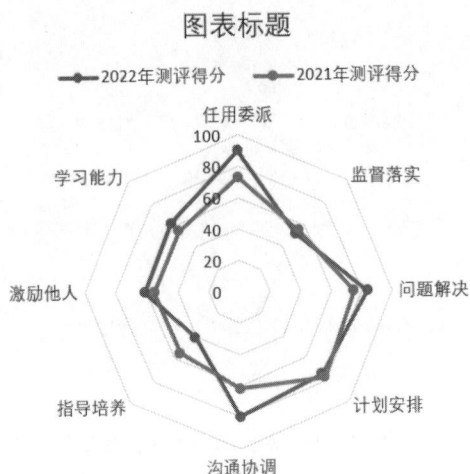

图9-6　两组数据对比的雷达图

　　在这张雷达图中，两条数据线分别代表两次不同的数据结果。从测评结果中可以看出，员工在某些维度素质能力的提升与变化情况。由于素质能力的测评数据并非绝对量化，所以在两次测评中也会出现某一维度数据的第二次测评结果低于第一次测评结果的情况。但通过该雷达图可以总体看出，这名管理者在"任用委派""沟通协调""激励他人""学习能力"等维度发生了积极的变化。

　　人力资源管理部门根据测评的结果，在后续的培训与培养中可以有针对性地制订具体方案，帮助员工更快地弥补短板。

4. 使用雷达图对多个员工的素质能力测评数据进行对比

　　在选拔与任用管理者前，可以对多个候选人进行拟聘岗位的素质能力测评，根据测评结果在多个候选人之间进行比较和选择。这时，只需要将不同个体用统一的雷达图进行描述，就可以直观地发现不同个体之间的差异。

　　除此之外，还可以将某关键岗位中某个绩效优异的员工作为对标对象，将其他任职者与对标对象进行对比，以便于找出绩效平平员工与绩效优异员工的素质能力差异。举例如图9-7所示。

评价维度	对标对象	候选人1-刘海华	候选人2-郑远
任用委派	82	90	75
监督落实	94	79	65
问题解决	85	82	52
计划安排	90	65	48
沟通协调	92	89	36
指导培养	88	51	90
激励他人	79	49	31
学习能力	82	67	65

图9-7　员工与对标对象的数据对比

根据以上数据绘制的雷达图如图9-8所示。

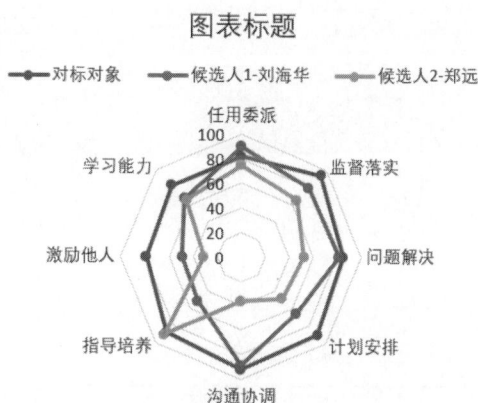

图9-8　多组数据对比的雷达图

从图9-8中可以看出，候选人刘海华和候选人郑远与对标对象之间在素质能力各维度方面存在的明显差异。

需要注意的是，雷达图通常不适合用于过多候选人的同时对比。当雷达图中的数据线条较多时，数据的直观性将会下降，给人以眼花缭乱的感觉。

5. 对雷达图进行美化

在基本的雷达图绘制完成后，可以根据需要对图表中的各个元素进行微调或格式化设置，使其更美观。

选中图表，在【图表设计】菜单的【图表样式】选项区域中找到如图9-9所示的预设图表样式，可以从中选择某种样式应用于所选图表。

图9-9　预设图表样式

选择了合适的样式，还可以对图表中的配色进行调整。

选中图表，在图表右侧单击图9-10中的笔刷按钮，从弹出的小窗格中找到【颜色】，其中展示的每一行都是一种配色方案，选择其中一种，即可改变图表的配色。

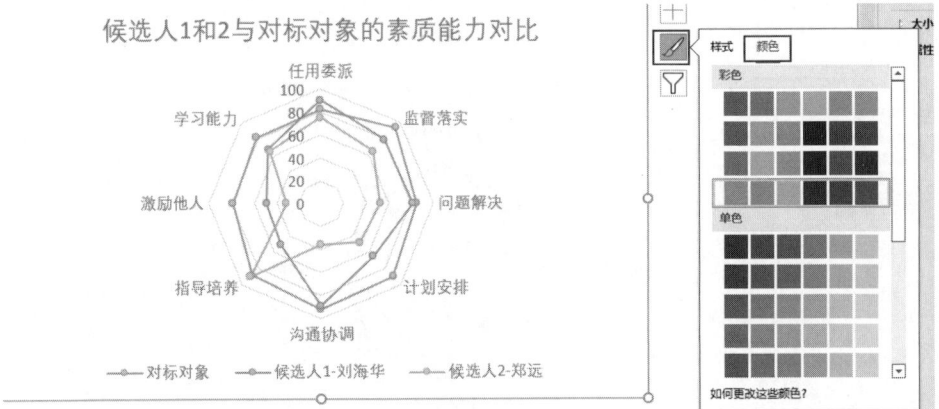

图9-10　预设配色方案

关于图表的美化，除了对图表的样式及配色进行调整以外，还有很多细节。

表姐Lisa补充道："图表是由很多元素组合而成的，包括图表标题、坐标轴、数据标签、网格线、图例等。对于每个图表元素都可以单独进行细节上的修改。要对图表元素进行修改，需要选中该元素，右击找到设置某图表元素格式的快捷菜单即可。"

选中图表中的"图表标题"，手动录入即可对图表标题进行修改。如不需要显示图表标题，可以选中将其删除。

图例是用于指示图表中各条数据线或数据条归属的。选中图例，右击，在弹出的快捷菜单中选择【设置图例格式】命令，如图9-11所示。

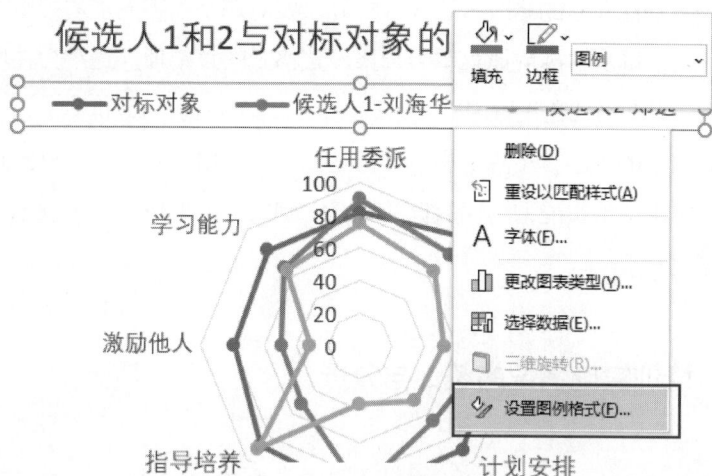

图9-11　图例的右键快捷菜单

在窗口右侧出现的【设置图例格式】窗格中，可以选择图例的放置位置。比如选择【靠下】，图例将被自动调整到图表下方显示。

要删除图表中"0、20、40、60……"这样的坐标轴数据，只需要将其选中，删除即可。

要为图表中的数据线添加数值，只需要选中某一条数据线，右击，在弹出的快捷菜单中选择【添加数据标签】命令即可。美化后的雷达图如图9-12所示。

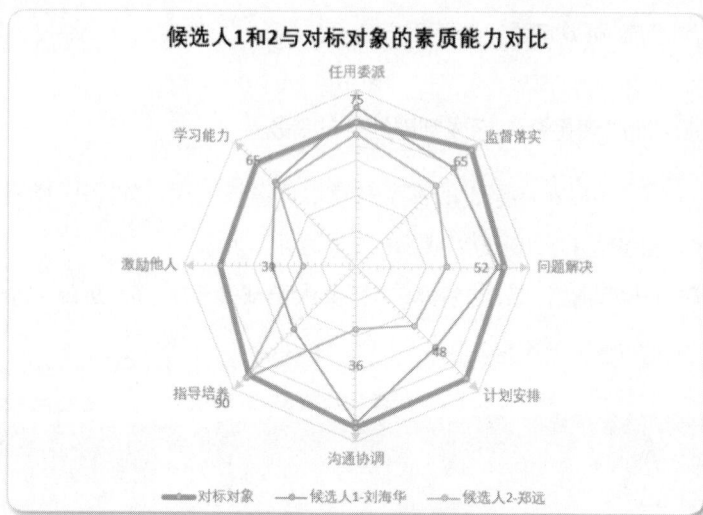

图9-12　美化后的雷达图

图表中其他元素的修改方法大致相同。要对哪个图表元素进行修改，需要先选中该元素，再从右键快捷菜单中选择设置格式的菜单项。通常会在界面右侧出现该图表元素的格式化设置窗格时，选择相应选项进行设置即可。

学完上面的内容，小陈说道："雷达图操作简单，展示数据形象直观，确实非常适合应用于素质能力测评数据的展示。回去我就把数据全部展示为图表的形式，再向领导汇报。"

二、培训实施情况的统计与分析

在企业内部，策划组织培训活动，是人力资源管理部门的一项重要工作。但一个阶段的培训完成，并不意味着这项工作的结束。在培训活动结束后，培训管理者往往都会非常关注培训的完成情况。这就需要根据培训的出勤情况、考核情况进行数据统计与分析。

在Excel沙龙的交流中，小陈也提出了一些想法："由于公司组织的培训内容不同，培训的组织方式与数据统计的关注点也不一样。像一些安全教育类的培训，在培训完成后会进行考试，就需要根据参训人员的考试成绩来判断是否达标，或者为培训成绩划分等次。如何快速地完成这些工作呢？"

表姐Lisa说道："小陈说的问题在Excel中很容易实现。只需要掌握一些函数的用法，在遇到同类问题时就不用担心了。"

1. 判断培训成绩是否达标或判断成绩的等次

小陈提供了一份126名员工的安全教育培训考核结果，如图9-13所示。她想快速地对这一百多人的考核分数判断是否"达标"。

小陈提出的培训达标条件是考核得分要大于或等于90分。这是一个比较简单的要求，只需要使用IF函数就可以实现，公式如图9-14所示。

序号	参训人员	考核得分	是否达标
1	刘琳	89	
2	王与枫	95	
3	宋丽丽	92	
4	张超	86	
5	刘凯林	77	
6	郑远	96	
……	……	99	
126	孙多林	97	

图9-13 员工安全教育培训考核结果

序号	参训人员	考核得分	是否达标
1	刘琳	89	=IF(D3>=90,"达标","不达标")
2	王与枫	95	IF(logical_test, [value_if_true], [value_if_false])
3	宋丽丽	92	达标
4	张超	86	不达标
5	刘凯林	77	不达标
6	郑远	96	达标
……	……	99	达标
126	孙多林	97	达标

图9-14 判断考核得分是否达标的公式

图9-14中的公式如下：

$$=IF(D3>=90,"达标","不达标")$$

【公式释义】在公式中使用IF函数进行判断。如果D3单元格中的分数大于或等于90分，就显示为"达标"；否则显示为"不达标"。需要注意的是，"大于或等于"在公式中的表示方法为">="。另外，对公式中的文本字符要使用英文状态下的双引号括起来。

除了对考核得分进行达标与否的简单判断外，有时还需要对培训的结果进行分级评定。小陈希望将某次培训成绩分为不合格、合格、良好、优秀4个级别，具体的划分标准如图9-15所示。

要实现多级别的判断，有很多种方法。

1）使用IF函数进行成绩多级划分

从前面的公式中可以看出，一个IF函数只能产生两个分支。要将成绩划分为4个级别，就需要将三个IF函数嵌套在一起使用，公式如图9-16所示。

分数区间	评级
0~69	不合格
70~79	合格
80~89	良好
90~100	优秀

图9-15 培训成绩等次划分依据

序号	参训人员	考核得分	评级
1	何青山	66	=IF(E14>=90,"优秀",IF(E14>=80,"良好",IF(E14>=70,"合格","不合格")))
2	刘裕东	68	
3	袁小玉	58	不合格
4	邓媛媛	76	合格
5	司思	69	不合格
6	李然	87	良好
7	伍清清	51	不合格
8	李东	99	优秀
9	王海	100	优秀
……	张平平	54	不合格
45	柳燕紫	92	优秀

图9-16 通过IF函数进行多级判断

图9-16中的公式如下：

=IF(E14>=90,"优秀",IF(E14>=80,"良好",IF(E14>=70,"合格","不合格")))

【公式释义】在这个公式中将三个IF函数进行了嵌套。这里的IF函数嵌套就像洋葱皮一样，需要一层一层地进行判断。

在理解这样的公式时，可以从外到内一层一层地去理解。最左边的第一个IF函数用于判断成绩是否大于或等于90分，如果条件成立，就显示"优秀"。当该条件不成立时，说明成绩是小于90分的，再通过第二个IF函数判断成绩是否大于或等于80分，如果条件成立，则显示"良好"。当这个判断条件也不成立时，说明成绩是小于80分的，再通过第三个IF函数判断成绩是否大于或等于70分，当条件成立时，显示"合格"。如果以上条件均不成立，则说明成绩是小于70分的，显示"不合格"。

小陈看到这个公式，虽然也能明白它的意思，但是感觉非常烦琐。特别是当级别更多时，就需要更多的嵌套才能实现。所以，小陈想知道有没有更快的办法可以实现同样的效果。

2）使用IFS函数进行成绩多级划分

在Excel或WPS比较新的版本中，有一个名为IFS的函数。这个函数可以被看作IF函数的升级版，在进行多级判断时非常方便。

【IFS函数介绍】IFS函数用来判断是否满足一个或多个条件，它将返回符合找到的第一个条件所对应的值。IFS函数可以取代多个嵌套的IF函数，并且在有多个条件时使用起来更方便。

【IFS函数用法】=IFS（条件1,结果1,条件2,结果2,条件3,结果3,条件4,结果4,…）

请注意，IFS函数最多允许使用127个不同的条件。在最后一个条件中，如果想指定当前面所有条件都不满足时返回的默认结果，则可以将条件设置为"TRUE"，并录入要返回的指定结果。公式设置如图9-17所示。

序号	参训人员	考核得分	评级
1	何青山	66	=IFS(E27>=90,"优秀",E27>=80,"良好",E27>=70,"合格",TRUE,"不合格")
2	刘裕东	68	
3	袁小玉	58	
4	邓媛媛	76	合格
5	司思	69	不合格
6	李然	87	良好
7	伍清清	51	不合格
8	李东	99	优秀
9	王海	100	优秀
......	张平平	54	不合格
45	柳燕紫	92	优秀

图9-17　IFS函数多条件判断公式

图9-17中的公式如下：

=IFS(E27>=90,"优秀",E27>=80,"良好",E27>=70,"合格",TRUE,"不合格")

【公式释义】IFS函数是将所有判断条件平铺设置的，而不是嵌套设置的，所以使用起来更易于理解。这个公式的意思很容易理解：当成绩大于或等于90分时，显示"优秀"；当成绩大于或等于80分时，显示"良好"；当成绩大于或等于70分时，显示"合格"；在以上所有条件都不满足的情况下，显示"不合格"。

3）使用VLOOKUP函数的"近似查找模式"，进行成绩多级划分

除了前面介绍的两种方法外，表姐Lisa还想与小伙伴们分享第三种方法——使用VLOOKUP函数。虽然以上两种方法都可以解决问题，但不同的做法使用的函数不同。表姐Lisa特别希望小伙伴们能够掌握更多的常用函数，因为学会了不同的函数，就可以在其他工作场景中更加灵活地加以运用了。

【VLOOKUP函数介绍】根据指定的关键词，在数据区域的首列进行查找，找到数据后，在数据区域指定的列中提取数据。

【VLOOKUP函数用法】=VLOOKUP(参数1,参数2,参数3,参数4）

参数1：查什么，是指要查询的关键词。

参数2：去哪里查，也就是用于查找取数的区域。要确保参数1中指定的查找关键词位于查找区域的第一列。VLOOKUP函数只从该区域的第一列去搜索关键词是否存在。

参数3：查询到数据后提取第几列数据，是指在查找区域的第几列中提取数据。

参数4：精确匹配或近似匹配，其中"0"代表精确匹配，"1"或省略该参数代表近似匹配。本次用到的公式使用的是近似匹配。

使用VLOOKUP函数进行多级划分的近似匹配公式如图9-18所示。

序号	参训人员	考核得分	评级		分数区间	区间分隔点	评级
1	何青山	66	=VLOOKUP(E42,$I$41:$J$45,2,1)			0	不合格
2	刘裕东	68	VLOOKUP(**lookup_value**, table_array, col_index_num, [range_lookup])			70	合格
3	袁小玉	58	不合格		80-89	80	良好
4	邓媛媛	76	合格		90-100	90	优秀
5	司思	69	不合格				
6	李然	87	良好				
7	伍清清	51	不合格				
8	李东	99	优秀				
9	王海	100	优秀				
……	张平平	54	不合格				
45	柳燕紫	92	优秀				

图9-18　使用VLOOKUP函数进行多级划分的近似匹配公式

图9-18中的公式如下：

$$=VLOOKUP(E42,\$I\$41:\$J\$45,2,1)$$

【公式释义】这个公式看上去比前面使用IF函数和IFS函数的公式都要精简。这个公式的意思是：拿E42单元格中的分数到单元格区域$I$41:$J$45中进行查找，从这个区域中提取第二列也就是"评级"列的内容，采用的查找方式为近似匹配。

虽然这种方法看上去很简单，但是VLOOKUP函数的近似匹配模式在使用中有一些注意事项，如果不加以注意，那么公式往往得不到预期的结果。

➢ VLOOKUP函数中的第二个参数，也就是查找区域的第一列中的数据一定要升序排列。

➢ 在公式中使用了右侧的辅助表，在辅助表中的"区间分隔点"列中要取每个数字区间的下限（最小值）。比如0～60分区段对应"不及格"，它的区间分隔点单元格中录入的内容为0～60分区段的下限，也就是数字"0"。其他区段的区间分隔点的设置也是一样的。

以分数"87"分为例。公式使用87分在辅助表中查找数据时，当未找到87分时会去近似匹配到小于查找值（87分）的最大值即80分，并据此取得对应的等级为"良好"。

学完这个功能，小陈说道："VLOOKUP函数的近似匹配功能确实很方便，公式简洁，易于理解，但每次还要做一张辅助表，就有点儿麻烦了。要是能不用辅助表来实现同样的效果就好了。"

表姐Lisa笑笑说道："小陈说的是一个好问题。对于刚才写好的公式，只需要用【F9】这个快捷键，就能将其改造成不用辅助表的模式了。在公式中，【F9】是一个很常用的快捷键。"

在一个已经写好的公式中，选中公式中的某一部分内容，按【F9】键就能将其运算结果显示出来。比如，要解决小陈提出的这个问题，可以选中公式中的第二个参数，如图9-19所示。

序号	参训人员	考核得分	评级		分数区间	区间分隔点	评级
1	何青山	66	=VLOOKUP(E42,$I$41:$J$45,2,1)			0	不合格
2	刘裕东	68	VLOOKUP(lookup_value, **table_array**, col_index_num, [range_lookup])			70	合格
3	袁小玉	58	不合格		80-89	80	良好
4	邓媛媛	76	合格		90-100	90	优秀

图9-19 选中VLOOKUP函数中的第二个参数

在公式中的部分内容被选中的情况下，按【F9】键，会将所选区域中的实际内容转换到公式中，如图9-20所示。

序号	参训人员	考核得分	评级		分数区间	区间分隔点	评级
1	何青山	66	=VLOOKUP(E42,{"区间分隔点","评级";0,"不合格";70,"合格";80,"良好";90,"优秀"},2,1)				
2	刘裕东	68	VLOOKUP(lookup_value, **table_array**, col_index_num, [range_lookup])			70	合格
3	袁小玉	58	不合格		80-89	80	良好
4	邓媛媛	76	合格		90-100	90	优秀

图9-20 使用【F9】键转换公式内容

转换完成后，按回车键即可。转换之后的公式已经不再需要旁边的辅助表来参与计算了。

在使用这个功能时，如果在转换后想回归公式原来的内容，则可以在转换后立即按【Ctrl+Z】组合键撤销刚才的转换操作即可。

4）其他方法

既然使用VLOOKUP函数能够完成上面的多级评定，那么Excel新版本中增加的XLOOKUP函数同样可以做到。使用XLOOKUP函数编写的公式如图9-21所示。

	A	B	C	D	E	F	G	H	I	J
40										
41			序号	参训人员	考核得分	评级		分数区间	区间分隔点	评级
42			1	何青山	66	=XLOOKUP(E42,$I$41:$I$45,$J$41:$J$45,,			70	合格
43			2	刘裕东	68	不合格		70-79		
44			3	袁小玉	58	不合格		80-89		
45			4	邓媛媛	76	合格		90-100		优秀

图9-21　使用XLOOKUP函数编写的公式

公式的具体内容如下：

$$=XLOOKUP(E42,\$I\$41:\$I\$45,\$J\$41:\$J\$45,,-1)$$

【公式释义】这个公式的意思是：查找E42单元格中的内容，从$I$41:$I$45单元格区域中查找，从$J$41:$J$45单元格区域中提取数据。第五个参数中的"-1"指的是"精确查找或下一个较小的项"，意思是在进行成绩多级划分时，将查找数据近似到比当前值小并且最接近当前值的那个数据。这个选项的意思和VLOOKUP函数的近似匹配的意思是一样的。

值得注意的是，XLOOKUP函数在进行统计时，对于辅助表中的区间分隔点是没有数据排序要求的。这一点与VLOOKUP函数有明显不同。

XLOOKUP函数可以理解为VLOOKUP函数的升级版，它的使用非常灵活，在后面的章节中将深入讲解它的具体用法。

2. 将某个部门中培训考核成绩"不合格"的数据提取出来

小陈在统计完成几个部门的培训考核成绩及等次后，希望将某个部门中培训考核成绩不合格的所有员工筛选提取出来，以便于制订补考计划。

自动筛选功能是Excel中应用较多的数据筛选工具。要使用筛选功能，首先将光标定位到数据区域中，然后单击【数据】菜单中的【筛选】按钮，如图9-22所示。

在开启【筛选】功能后，在数据区域的表头上会显示用于筛选的按钮。单击每个表头上的筛选按钮，从打开的小窗格中选择要筛选的数据即可。比如，在"部门"列中选中"生产部"，可以将生产部的所有数据筛选出来，如图9-23所示。

図9-22　【数据】菜单中的【筛选】按钮

図9-23　使用筛选功能

以同样的方法，在"成绩"列中筛选内容为"不合格"的数据。

将筛选出来的数据全部选中，按【Ctrl+C】组合键复制数据。在复制数据时，会发现数据中的流动线框是不连续的，这说明目前复制的内容仅为筛选后的内容，如图9-24所示。

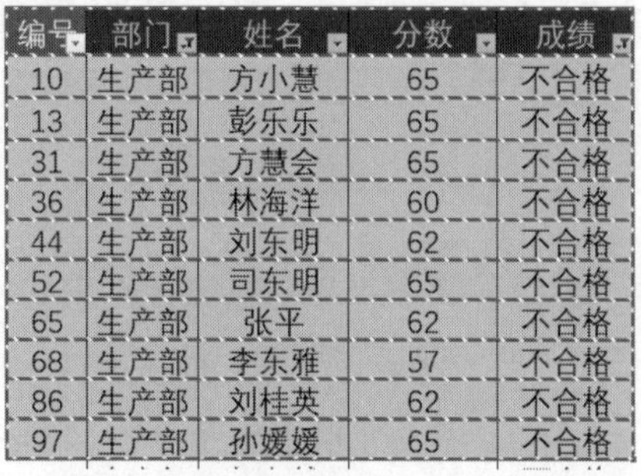

図9-24　选中筛选数据进行复制

将复制的数据粘贴到其他区域中，即可获得所有符合条件的数据。

三、全面管理员工培训档案

小陈所在的公司有400余人。作为人力资源管理部门的培训主管，小陈希望能够为员工制作一份电子培训档案，记录员工的参训情况，并且能够实现方便的数据查询。

很多企业在培训时都会有纸质签到表或其他纸质的培训资料。在纸质表格的基础上，还要通过电子表格对每次培训的相关信息进行记录，会有一些小伙伴觉得麻烦。但实际情况是纸质保存的培训记录往往在培训完成后被束之高阁。如果没有对培训档案的电子化记录，就很难进行培训信息的查询与统计。像小陈所在的公司有400余人，在日常生产与经营中，各种培训作为常态化的工作之一，与培训相关的数据量就会更大。作为一名培训主管，小陈的职责不仅是组织培训活动，还需要制订培训计划、跟进培训成效、开展对内训师的选拔与考核等，这些活动都离不开对培训数据的查询与统计。

为了建立一份简单、实用的培训档案表，表姐Lisa与小陈一起讨论，确定了需要记录的信息，如图9-25所示。

2022年员工培训档案

编号	培训日期	培训类型	培训编号	课程名称	课时	主讲人	参训人	部门	分数	评价	备注
1	2022/1/18	内训	A-01	安全生产培训	3	李云	张元元	客服部	60	不合格	
2	2022/1/18	内训	A-01	安全生产培训	3	李云	刘东	质检部	62	不合格	
3	2022/1/18	内训	A-01	安全生产培训	3	李云	陈强强	生产部	91	优秀	
4	2022/1/18	内训	A-01	安全生产培训	3	李云	李立	生产部	89	良好	
5	2022/1/18	内训	A-01	安全生产培训	3	李云	秦小海	质检部	57	不合格	
6	2022/1/18	内训	A-01	安全生产培训	3	李云	刘庆海	生产部	71	合格	
7	2022/1/18	内训	A-01	安全生产培训	3	李云	欧阳丽	生产部	73	合格	

图9-25　员工培训档案表

电子化的培训档案表仍然需要考虑与纸质资料的关联与衔接，所以在培训档案表中设置了"培训编号"列。在保存纸质培训资料时，只需要按"培训编号"进行索引即可。比如，想查询某个员工培训考试的纸质资料，只需要从培训档案资料的电子表格中找到该次培训的编号，对应在纸质资料中查找即可。

在实际使用过程中，《员工培训档案表》就像"流水账"表格一样，对每次培训中的相关信息进行记录，逐次罗列即可。需要注意的是，为了便于数据查询与统计，在表格中不要使用合并单元格。

1. 使用超级表和切片器, 更方便地进行数据查询与检索

当《员工培训档案表》的数据量越来越大时, 可以将该表格转换为超级表, 并添加切片器, 实现日常数据查找。关于"超级表"在前面的章节中做过具体介绍, 它是一种比普通表格区域更加"智能"的表格样式。

首先将表格中现有的数据选中, 或将光标定位在当前连续的数据区域中, 然后单击【插入】菜单中的【表格】按钮, 如图9-26所示, 或者使用快捷键【Ctrl+T】。

在弹出的对话框中确认选中的数据区域是否正确, 并选中【表包含标题】复选框, 单击【确定】按钮, 就将一个普通的表格区域转换为超级表。在转换为超级表后, 会自动应用超级表的默认格式, 比如对单元格底色设置隔行填色的效果。

将光标定位在超级表的数据区域中, 在菜单栏中会出现【表设计】菜单（在WPS中该菜单名为【表格工具】, 作用相同）。该菜单是仅面向超级表的设置菜单。在该菜单中单击【插入切片器】按钮, 如图9-27所示。

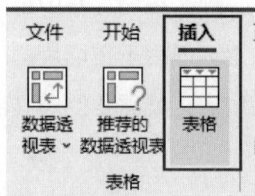

图9-26　【插入】菜单中的【表格】按钮　　图9-27　单击【插入切片器】按钮

在弹出的【插入切片器】对话框中选中要作为切片器的列名。可以仅选中一列创建切片器, 也可以选中多列创建切片器。表格中的"培训类型""课程名称""部门"这三列比较适合作为切片器使用, 将其选中, 单击【确定】按钮即可, 如图9-28所示。

在切片器创建完成后, 将会在表格中出现选中的三个列对应的切片器。切片器是一个便捷的筛选工具, 会将所选列中所有不重复的数据显示出来, 单击切片器中的任意选项即可实现数据的筛选。创建的切片器如图9-29所示。

图9-28 【插入切片器】对话框

图9-29 创建的切片器

切片器默认是纵向排列的。如果希望将切片器进行多列排列，则选中某个切片器，切换到菜单栏中出现的【切片器】菜单，对其中的【列】数进行修改。

选中某个切片器，右击，在弹出的快捷菜单中选择【切片器设置】命令，弹出如图9-30所示的【切片器设置】对话框。

在该对话框中，如果取消选中【显示页眉】复选框，那么在切片器中将不会出现页眉。取消对页眉的显示，会获得更简约的视觉效果。但由于在切片器的页眉中设置有【清除筛选器】和【多选】按钮，在关闭页眉后，就需要使用其他方式实现这两项功能。

以取消了页眉显示的"培训类型"切片器为例。在单击某个筛选项以后，要想清除筛选器，可以在该切片器上右击，在弹出的快捷菜单中选择【从"培训类型"中清除筛选器】命令即可，如图9-31所示。

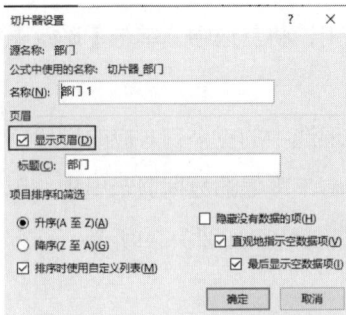

图9-30 【切片器设置】对话框

图9-31 右键快捷菜单中的清除筛选器功能

另外，如果需要对切片器中的筛选项进行多选，则只需按住【Ctrl】键即可。尤其是在 WPS 版本中要关注这个操作，因为在 WPS 的切片器页眉中是没有【多选】按钮的。

通过【切片器】菜单可以对其进行细节的格式设置。设置完成后，根据需要将切片器摆放在表格中适当的位置即可，效果如图9-32所示。

图9-32 设置完成的带切片器图表

设置完成后，只需要使用图表左侧放置的一个或多个切片器，即可实现快捷的数据查询。

2. 使用筛选功能，实现便捷的数据查询

在前面的操作中，通过建立超级表和切片器可以实现对特定列的数据筛选。在实际使用过程中，如果想进行更加具体或者详细的数据查询，则还可以使用超级表中的筛选功能。

在 Excel 中，将光标定位在超级表的数据区域中，切换到【表设计】菜单，选中【筛选按钮】复选框，如图9-33所示。

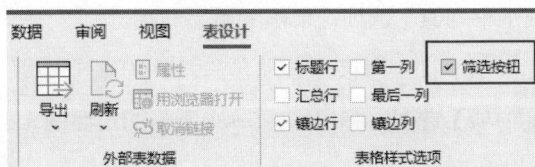

图9-33 选中【表设计】菜单中的【筛选按钮】复选框

在选中该复选框后，在超级表的表头中将会出现筛选按钮。如果使用的是WPS，按以上步骤找不到相应的选项，则可以单击【数据】菜单中的【筛选】按钮。

如果希望查找2022年5月开展的所有培训，则可以单击标题的下拉按钮，从筛选对话框中选择相应的筛选项，如图9-34所示。

在筛选对话框中，"培训日期"列中的数据被自动聚合为年份和月份。只需要选中其中的"2022"年和"五月"，单击【确定】按钮，即可完成对该条件的数据筛选。

如果希望查询某次"安全生产培训"中考核分数为80分及低于80分的人员，则需要做两个列的筛选。首先从"课程名称"的筛选项中选中"安全生产培训"，然后单击【分数】列的下拉按钮，选择【数字筛选】中的【小于或等于】选项，如图9-35所示。

图9-34　筛选对话框

图9-35　数字筛选

在对话框中录入数据，单击【确定】按钮即可完成对以上条件的筛选。

如果希望查询的是本次培训的考核分数低于平均分的人员，则可以从【数字筛选】中选择【低于平均值】选项，单击即可完成筛选。

如果希望找出本次培训中考核分数排名在最后10%的人员，则可以从【数字筛选】中选择【前10项】选项，弹出如图9-36所示的对话框。

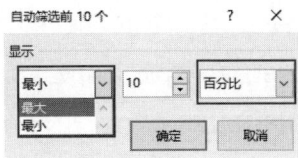

图9-36　自动筛选前10项

这里的"前10项"并非只能选择排名靠前的人员。从图9-36中可以看出，既可以找到最大的某些数据，也可以找到最小的某些数据。

另外，在右侧的下拉列表中可以选择【百分比】或【项】。如果选中的是【最小】和【百分比】，则将会筛选出排名最后10%的人员。如果选中的是【项】，则将会把分数最低的10条数据显示出来。

从这些操作中可以看出，通过筛选功能可以很方便地对表格中的一列或多列进行筛选，快速查询出需要的数据。

3. 对培训数据进行统计

通过建立对培训信息的详细记录，不仅可以实现方便、快捷的数据查询，也可以实现对指定人员培训学习情况的统计。

以统计某个员工的累计学时为例，编写公式如图9-37所示。

图9-37　累计学时计算公式

公式的具体内容如下：

=SUMIFS(表1[分数], 表1[参训人], E2)

【公式释义】按员工姓名进行累计学时的计算，实际上就是一个带条件的求和。使用前面章节中分享过的SUMIF函数、SUMIFS函数、SUMPRODUCT函数都可以实现。以上公式是使用SUMIFS函数进行的带条件求和。

由于公式的统计区域是超级表中的内容，所以在公式中出现了"表1[分数]"和"表1[参训人]"这样的单元格引用方式。"表1[分数]"指的是在名为"表1"的超级表中调用"分数"这一整列。"表1[参训人]"指的是在名为"表1"的超级表中调用"参训人"这一整列。

在实际工作过程中，培训数据的统计需求有很多。灵活使用前面章节中分享过的各类统计函数，即可快速获得所需的数据。

四、培训成效的评估与展现

小陈作为公司的培训主管，在工作过程中常常思考的一个问题是：如何评估并展现培训的成效？这也是很多从事人力资源管理或培训工作的人非常关心的一个问题。有很多人感觉公司领导不重视培训工作，或者虽然在口头上重视，但在培训的投入和支持力度上却远远不够。存在这种现象的原因有很多，其中较为普遍的原因之一是很多培训组织往往重过程、不重结果，或者不能把培训成效展现出来。

1. 对培训成效评估的多个层面

培训的本质也是企业的一种投资活动，投入的不仅仅是培训费用，还包括培训师与参训人员的时间与精力。既然是投资，企业老板就必然会关注投资所带来的回报。对培训成效的统计分析与展现是对培训成效的进一步关注，也是对培训成效的具体化展示。这样做不仅有助于不断改进培训成效，也会帮助培训管理者获得上级领导或企业高层对培训工作的更多资源支持。

通常在对培训成效进行评估时，使用比较多的是"柯氏四级培训评估模式"，其主要包括以下内容：

第一层，反应评估，评估被培训者的满意程度。主要指的是评估参训人员对培训项目的感受，包括大家对培训组织过程、培训内容、讲师、培训设施、培训方式方法等方面的感受和满意程度。为了便于了解这些方面的信息，可以在培训项目结束时，通过问卷调查的方式来收集参训人员的反馈。这个层面的评估实施起来比较容易，是培训管理中使用比较多的一种评估方式。但是需要注意，由于培训组织者与参训人员的角色与视角不同，所以参训人员的满意程度并不能完全代表培训目的与目标的达成情况，但所获得的信息可以作为培训组织过程改进的参考。

第二层，学习评估，主要用来评估参训人员对所学内容的掌握情况。以某公司组织岗位技能的学习为例。参训人员是否学会了本次培训讲授的相关知识和技能，这是学习评估的关注点。在培训完成后，组织对相关知识点进行笔试、答辩、讲解、实地操作测试等，都可以比较容易地评估参训人员对知识的掌握情况。为了便于比较，可以在培训开始前对参训人员的知识和技能掌握情况进行考试，在培训结束后再次进行考试，前后两次考试的对比情况即能较好地体现参训人员的学习成效。

第三层，行为评估，评估参训人员在培训结束以后对相关知识与技能的运用程度。行为评估主要考察对知识和技能是否能够在工作中加以运用。这个层面的评估需要在培训结束后的一段时间内对参训人员进行持续观察，比较在培训前后是否发生了变化，是否将所学知识在工作中加以运用。这个层面是体现培训成效的重要维度。可以由参训人员的上级、下属、同事以及参训人员本人参与评估过程。

第四层，成效评估，评估培训对实际工作绩效产生的影响，或者对企业经营带来的贡献与改变。这个层面的评估往往需要更长的周期，并且需要更多维度的观察与比较，实施起来难度较大，但也能够使管理层更加了解培训所带来的收益。

除了以上四个层面，也有人在此基础上发展出第五层，即投资回报率评估。

2.Excel在培训成效展示中的应用

小陈根据1季度营销部人员变动较大、团队士气不足、整体业绩不佳的情况，组织进行了培训需求调研，并面向营销部重点人群组织实施了一系列的针对性培训。在培训结束后，小陈收集了2季度营销部门参训人员的绩效考核数据与销售业绩数据，具体如图9-38所示。

营销部1季度培训实施成效评估数据

部门	姓名	1季度考核（培训前）	2季度考核（培训后）	考核结果提升率	1季度业绩（培训前）	2季度业绩（培训后）	销售业绩提升率
营销部	张宇涛	76	85	11.8%	157900	179400	13.6%
营销部	刘思然	55	63	14.5%	199900	206300	3.2%
营销部	秦川海	67	64	-4.5%	218800	211100	-3.5%
营销部	周小楠	50	64	28.0%	243000	298900	23.0%
营销部	林容	47	81	72.3%	129400	206900	59.9%
营销部	孙玉岩	55	58	5.5%	178500	217000	21.6%
营销部	刘超	59	73	23.7%	159800	270900	69.5%
营销部	李晴寸	42	75	78.6%	193400	230400	19.1%
营销部	郑关关	69	78	13.0%	163400	222000	35.9%

图9-38　培训实施成效评估数据

小陈想对收集到的培训前后的对比数据进行更清晰化的展示。

对数据的图形化展示，能够使数据更直观地表现出来。要实现数据的图形化展示，除了可以使用图表外，还可以通过"条件格式"功能中的"数据条"和"图集"功能来进行设置。

为了便于数据对比，接下来通过条件格式制作蝴蝶图效果。

首先选中某一列数据，然后选择【开始】→【条件格式】→【数据条】→【其他规则】命令，如图9-39所示。

数据条的作用是在单元格中根据数字的大小，将数字展示为一组长短不一的数据条。打开【编辑格式规则】对话框，如图9-40所示。

图9-39　条件格式中的数据条

图9-40　【编辑格式规则】对话框

在该对话框中选择【最小值】为【数字】，【值】设置为0；选择【最大值】为【数字】，【值】设置为100；将【条形图方向】设置为【从右到左】。此外，还可以根据喜好，设置数据条的颜色与边框颜色。第一个数据条效果如图9-41所示。

接下来，以同样的步骤和方式，设置第二个数据条。需要注意的是，第二组数据的最大值和最小值应当与第一组数据的设置相同，【条形图方向】设置为默认的【从左到右】。第二个数据条效果如图9-42所示。

部门	姓名	1季度考核（培训前）
营销部	张宇涛	76
营销部	刘思然	55
营销部	秦川海	67
营销部	周小楠	50
营销部	林容	47
营销部	孙玉岩	55
营销部	刘超	59
营销部	李晴寸	42
营销部	郑关关	69

图9-41　第一个数据条效果

部门	姓名	1季度考核（培训前）	2季度考核（培训后）
营销部	张宇涛	76	85
营销部	刘思然	55	63
营销部	秦川海	67	64
营销部	周小楠	50	64
营销部	林容	47	81
营销部	孙玉岩	55	58
营销部	刘超	59	73
营销部	李晴寸	42	75
营销部	郑关关	69	78

图9-42　第二个数据条效果

从制作完成的数据条效果中可以看出，两组数据从中间分别向左、向右展示数据长度，起到了鲜明的对比效果。

在制作两组数据条的过程中，特别提到了指定该数据条最大值和最小值的操作。这么做是因为只有将两个数据条的最大值和最小值范围设置为相同，才能让相同大小的数据展示为相同长度的数据条，便于对比查看。

接下来为表格数据中的提升率设置图标集效果。

条件格式中的图标集可以为不同区间的数据设置不同的图标进行展示。比如，可以为提升率较大的数据设置绿色向上箭头，为提升率较小的数据设置黄色平向箭头，为提升率降低的数据设置红色向下箭头。

选中"考核结果提升率"这一列数据，选择【开始】→【条件格式】→【图标集】→【其他规则】命令，弹出【新建格式规则】对话框，如图9-43所示。

图9-43 【新建格式规则】对话框

在【图标样式】下拉列表中选择适当的图标，并对图标对应的数据区间进行设置。比如绿色向上箭头，数据【类型】选择为【数字】，并将值设置为0.1。这里指的是对提升率大于0.1，也就是大于10%的数据应用该箭头效果。

将黄色平向箭头对应的数据【类型】选择为【数字】，并将值设置为0。这里指的是对小于0.1且大于0的数据应用该箭头效果。

红色向下箭头则自动设置为应用于小于0的数据中。设置完成后单击【确定】按钮，在"考核结果提升率"这一列中，根据数据大小，出现相应的箭头提示效果，如图9-44所示。

部门	姓名	1季度考核 （培训前）	2季度考核 （培训后）	考核结果 提升率
营销部	张宇涛	76	85	⬆ 11.8%
营销部	刘思然	55	63	⬆ 14.5%
营销部	秦川海	67	64	⬇ -4.5%
营销部	周小楠	50	64	⬆ 28.0%
营销部	林容	47	81	⬆ 72.3%
营销部	孙玉岩	55	58	➡ 5.5%
营销部	刘超	59	73	⬆ 23.7%
营销部	李晴寸	42	75	⬆ 78.6%
营销部	郑关关	69	78	⬆ 13.0%

图9-44 "考核结果提升率"的箭头提示效果

以同样的方式，对原数据表中"销售业绩提升率"这一列的相关数据进行设置，最终效果如图9-45所示。

营销部1季度培训实施成效评估数据

部门	姓名	1季度考核 (培训前)	2季度考核 (培训后)	考核结果 提升率		1季度业绩 (培训前)	2季度业绩 (培训后)	销售业绩 提升率	
营销部	张宇涛	76	85	⬆	11.8%	157900	179400	⬆	13.6%
营销部	刘思然	55	63	⬆	14.5%	199900	206300	➡	3.2%
营销部	秦川海	67	64	⬇	-4.5%	218800	211100	⬇	-3.5%
营销部	周小楠	50	64	⬆	28.0%	243000	298900	⬆	23.0%
营销部	林客	47	81	⬆	72.3%	129400	206900	⬆	59.9%
营销部	孙玉岩	55	58	➡	5.5%	178500	217000	⬆	21.6%
营销部	刘超	59	73	⬆	23.7%	159800	270900	⬆	69.5%
营销部	李晴寸	42	75	⬆	78.6%	193400	230400	⬆	19.1%
营销部	郑关关	69	78	⬆	13.0%	163400	222000	⬆	35.9%

图9-45 设置完成的条件格式效果

在对销售业绩列进行数据条设置时，通过观察发现，两列数据中最大的数据为接近300 000，因此将两列数据条的【最大值】均设置为300 000即可。

在条件格式中提供了如图9-46所示的多种图标集效果，在实际工作中根据需要进行设置即可。

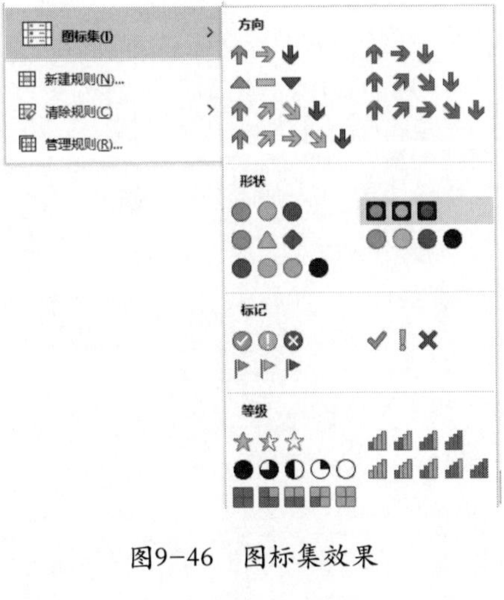

图9-46 图标集效果

每组图标集的数量不同，可区分的数据区间也不相同。比如，一组图标集中有5个图标，即可对数据进行5个区间的设置，不同的数据区间对应不同的图标效果。

从上面的设置效果中可以看出，在对数据进行图形化设置的时候，除了可以使用图表，"条件格式"也是不错的选择。

本章复盘

表姐Lisa带着几个小伙伴复盘了本次交流中涉及的一些Excel知识点，包括如下内容：

➢ 雷达图的制作与应用；

➢ IF函数、IFS函数、VLOOKUP函数、XLOOKUP函数在进行数据的多级划分中的具体使用方法；

➢ 超级表与切片器在基础数据表中的应用；

➢ 条件格式中的图形化展示效果的设置。

第十章

绩效管理中Excel的深度应用

绩效管理是人力资源管理工作中一项非常重要的工作。在开展绩效管理工作的过程中不可避免地会产生大量数据，如何使用Excel快捷地完成绩效得分的计算、统计、修正、排名以及年度考评结果的评级等工作，是很多人力资源管理者非常关心，同时也让他们困扰的问题。

随着表姐Lisa与人力资源岗位小伙伴们的周末Excel沙龙持续开展，聚集了越来越多的小伙伴。小梁是某家公司人力资源管理部门的绩效主管，近段时间正在开展绩效管理体系优化的相关工作。在本次的Excel沙龙中，表姐Lisa决定与小伙伴们一起交流一下在绩效管理工作中Excel可以发挥哪些作用。

一、Excel在绩效考核表设计中的应用

在设计绩效考核指标时要考虑的因素有很多，除了要考虑与业务相关的诸多因素，还需要考虑指标计算的便捷性和准确性。如果在设计绩效考核表时能够考虑通过Excel实现对每个指标得分的自动计算，则将会极大地减少人工计算的工作量，提高效率和准确性。

1. 在绩效考核表中设置公式，自动计算绩效得分

在推行绩效管理的工作过程中，小梁所在的人力资源管理部门，组织各部门设置了一系列绩效考核指标和考核标准。在交流过程中，小梁提出了一个困惑："部门的管理者每次计算月度绩效考核指标实际得分的时候，就会觉得很麻烦。是不是有办法通过在Excel中设置公式快速实现得分计算呢？"

表姐Lisa说道："没问题，绩效考核的打分标准其实就是得分的计算过程。既然有明确的计算过程，那么在一般情况下都是可以通过设置公式实现自动计算的。接下来，我们来看一下，如何用公式进行绩效得分的计算。"

以如图10-1所示的绩效考核指标为例，如何根据"考核标准""权重分""实际值"，计算某个员工的绩效得分？

指标名称	考核标准	权重分	目标值	实际值	得分
销售计划达成率	完成率≥90%，本项满分 完成率＜90%，每少1%，扣2分	40	90%	86.30%	

图10-1　绩效考核指标

从图10-1中可以看出，在考核标准里列出了两种情况，即：

➢ 完成率≥90%，本项满分。

➢ 完成率＜90%，每少1%，扣2分。

表姐Lisa边分析边说道："根据以上规则，需要在计算时先进行判断，再根

据判断结果来选择得分计算的规则。说到判断，最常用的就是IF函数。先来回顾一下IF函数的基本用法。"

【IF函数介绍】对一个条件进行判断，当条件成立时与条件不成立时，分别显示对应的结果。

IF函数中的"参数1"也就是判断条件，可能产生两种结果，即条件"成立"或条件"不成立"。当判断条件成立时，显示结果为"TRUE"；当判断条件不成立时，显示结果为"FALSE"。

【IF函数用法】=IF(条件,条件成立时的结果,条件不成立时的结果)

用IF函数进行绩效得分计算，公式如图10-2所示。

	G4		× ✓ fx	=IF(F4>=E4,D4,D4-INT((E4-F4)/0.01)*2)			
	A	B	C	D	E	F	G
1							
2							
3		指标名称	考核标准	权重分	目标值	实际值	得分
4		销售计划达成率	完成率≥90%，本项满分 完成率＜90%，每少1%，扣2分	40	90%	86.30%	34

图10-2　使用IF函数编写的公式

图10-2中的公式如下：

$$=IF(F4>=E4,D4,D4-INT((E4-F4)/0.01)*2)$$

【公式释义】根据F4单元格中的值（实际值），使用IF函数进行判断。当F4单元格中的值大于或等于"目标值"所在的E4单元格时，"得分"显示为D4单元格中的值，也就是绩效得分拿满指标的权重分。

当条件不满足，也就是实际值小于目标值时，使用公式中的D4-INT((E4-F4)/0.01)*2算法。公式中的INT函数是对数值进行取整的函数，用于将数字向下舍入到最接近的整数。之所以要取整，是因为实际值百分比是带有小数的，在计算目标值和实际值的差值时，得到的结果有可能不是整数，而考核标准中规定的算法是每少1%扣2分，这就需要用到INT函数对目标值与实际值的差值取整后再进行计算。

表姐Lisa解释完公式，问道："说到这里，你们有没有看出这个公式还有哪些问题呢？"

小梁想了想，发现了端倪，说道："按照我们设计指标时的思路，当员工实际完成情况非常差（比如仅完成了30%），最坏的情况就是该指标的标准分被扣完，即本指标为0分。而在上面的公式中，当值过低时，是有可能出现负分的。"

表姐Lisa说道："没错，确实如此。要避免这个问题，我们可以再进行一次判断。当用现有的公式计算出来的结果小于0时，得分为0分；大于0时，就显示实际计算出来的得分即可。"

为了便于理解，表姐Lisa在演示时，增加了一个单元格，名为"得分修正"，在里面放置了一个判断公式，以使用IF函数判断为例，公式如图10-3所示。

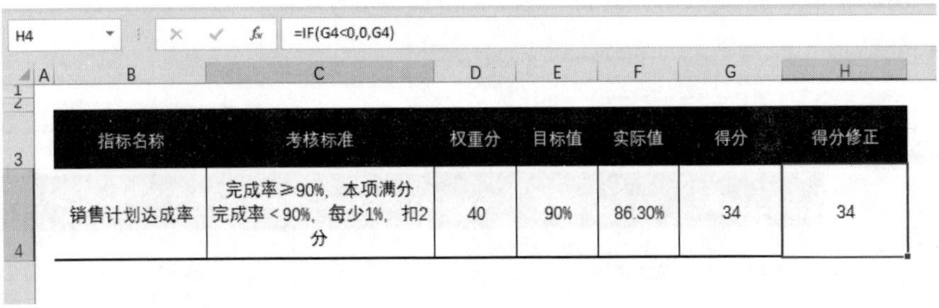

图10-3　得分修正计算公式

公式内容如下：

$$=IF(G4<0,0,G4)$$

【公式释义】当G4单元格中的数据小于0时，显示为0；否则显示G4单元格中的原值。

在实际工作中，往往不希望多出"得分修正"列，而是希望在原公式中实现这样的效果。将"得分"列与"得分修正"列中的公式嵌套在一起即可。嵌套后的公式如图10-4所示。

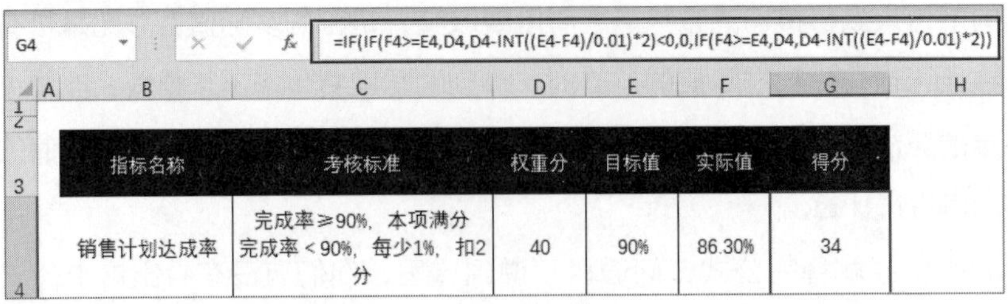

图10-4　嵌套后的公式

公式内容如下：

=IF(IF(F4>=E4,D4,D4-INT((E4-F4)/0.01)*2)<0,0,IF(F4>=E4,D4,D4-INT((E4-F4)/0.01)*2))

由于公式进行了嵌套，看上去变得有点儿长，也有点儿复杂，但这个公式就是通过IF函数进行的嵌套。公式中下画线标识的三部分分别是嵌套在最外层的IF函数的三个参数。

表姐Lisa在讲解完以上公式后，问大家："这个公式看上去太长了，不太友好。我们来发挥一下想象力，看有没有更简单一些的办法。"

看到大家面面相觑，表姐Lisa继续说道："如果我们在0值和得分数据之间计算最大值，则会有什么结果呢？当得分是负数的时候，0分和负数相比，最大值是0分；当得分是正数比如70分的时候，0分和70分相比，最大值是70分。这样就起到了屏蔽负数的效果。这就用到了计算最大值的MAX函数。"

【MAX函数介绍】从给定的数据中返回最大值。

【MAX函数用法】=MAX(数据或区域)

MAX函数是一个用途和用法都非常简单的函数，用于从给定的区域或诸多数据中取出最大值。如果使用MAX函数来处理前面绩效得分修正的问题，就会非常简单。其使用方法为"MAX(0,计算出来的实际得分)"。将该公式嵌套进原有公式中即可，如图10-5所示。

			权重分	目标值	实际值	得分
指标名称		考核标准				
销售计划达成率		完成率≥90%，本项满分 完成率＜90%，每少1%，扣2分	40	90%	86.30%	34

图10-5 MAX函数应用

公式内容如下：

=MAX(0,IF(F4>=E4,D4,D4-INT((E4-F4)/0.01)*2))

【公式释义】公式中下画线标识的部分是嵌套之前实际得分的计算公式。只需在实际得分的外面加入MAX函数计算，从0分和原公式计算出的实际得分之间取出最大值即可。

表姐Lisa补充道："从公式的易用性和友好性来看，在对这个问题的处理上MAX函数有明显的优势。MAX函数和IF函数处理的思路不同。IF函数采用的是判断的方式，而MAX函数采用的是取最大值的方式。与MAX函数取最大值相对应的还有MIN函数，能够取得数据中的最小值。既然最大值函数能够用于屏蔽较小的值，那么最小值函数也可以用于屏蔽数据中大于指定数据的值。在后面应该还有机会用到它们。"

2. 另一个绩效得分计算案例

在交流中，小梁又给出了另一个绩效得分计算案例，同样需要根据指标的权重分、目标值，以及员工该指标的实际值，计算该员工的实际得分。其中，实际得分的计算规则为：

➢ 每高于目标值5%，加2分，最多加10分；

➢ 每低于目标值5%，扣2分，最多扣20分。

根据以上要求编写的计算公式如图10-6所示。

指标名称	考核标准	权重分	目标值	实际值	实际得分
销售计划达成率	每高于目标值5%，加2分，最多加10分 每低于目标值5%，扣2分，最多扣20分	40	95%	45.00%	20

图10-6 绩效得分计算公式

公式内容如下：

=D4+MIN(MAX(ROUNDDOWN((F4−E4)/0.05,0)*2,−20),10)

【公式释义】为了便于理解，可以由内而外理解公式的意思。公式中(F4−E4)/0.05是最基础的部分，用于计算实际值与目标值的差值是5%的倍数。计算结果可能是一个小数，但实际上只有高于或低于目标值5%的整数倍，才进行相应的加减分。如何确保这个数据是一个整数呢？

小梁抢先说道："可以使用前面讲到的INT函数对计算的结果取整。"表姐Lisa说道："在前面的案例中，我们用到了INT函数。我们发现，当计算出来的数据是正数时，INT函数在取整时会去掉小数部分，只保留整数部分，这是没错的。但如果计算出来的数据是负数，那么，INT函数在取整时会是什么结果呢？我们再来学习一下INT函数的细节。"

【INT函数介绍】将数字向下舍入到最接近的整数。

从函数的功能来看，这个函数的作用是"向下"舍入，所以在参数为正数和负数时的结果如下：

➢ =INT(8.9)，意思是将 8.9 向下舍入到最接近的整数，结果为8。

➢ =INT(-8.9)，将 -8.9 向下舍入到最接近的整数。向下舍入负数会朝着远离 0 的方向将数字舍入，所以得到的结果为-9。

【INT函数用法】=INT(数值)

小梁看完INT函数的用法，想了想说道："在前面的公式中，如果得到的结果是-8.9，其实希望按'-8'来计算扣分分值，但INT函数向下舍入，就会将这个数据变为'-9'。这就和我们绩效指标的计算规则相悖了。既然INT函数不行，那么我们可以用什么办法解决这个问题呢？"

表姐Lisa指了指公式，说道："在前面的公式中，ROUNDDOWN((F4-E4)/0.05,0)部分就是使用了ROUNDDOWN函数来解决这个问题。我们先来学习一下ROUNDDOWN函数的功能和细节。"

【ROUNDDOWN函数介绍】朝着0的方向将数字进行向下舍入。

【ROUNDDOWN函数用法】=ROUNDDOWN(数值,舍入的位数)

如果"舍入的位数"大于 0（零），则将数字向下舍入到指定的小数位数。

如果"舍入的位数"为 0，则将数字向下舍入到最接近的整数。

如果"舍入的位数"小于 0，则将数字向下舍入到小数点左边的相应位数。

从函数功能上可以看出，同样是进行数据舍入，ROUNDDOWN函数与INT函数有一些细节上的差异，比较如下：

➢ INT函数是"向下"舍入的，而ROUNDDOWN函数则是朝着0的方向舍入的，这一点在对于负数的舍入上就会呈现不同的结果；

➢ INT 函 数 会 将 数 据 舍 入 为 整 数 ， 不 需 要 指 定 舍 入 的 位 数 ； 而ROUNDDOWN函数则将数据舍入到指定的位数。

学完了ROUNDDOWN函数，小梁在前面提出的问题就得到了解答。

不难看出，在上面的公式中将舍入的位数设置为"0"，目的是朝着0的方向将数字向下舍入到最接近的整数。只需要使用ROUNDDOWN函数舍入到整数位，就可以将"-8.9"这样的数据舍入为"-8"，而不是"-9"。

通过分解步骤的理解，小梁明白了在公式"=D4+MIN(MAX(ROUNDDOWN((F4-E4)/0.05,0)*2,-20),10)"中，将舍入到整数的数据乘以2，就得到应扣分或应加分。

表姐Lisa继续引导说："既然应扣分或应加分已经计算出来了，我们再来解决下一个要求。小梁的要求是加分最多加10分，扣分最多扣20分。这就需要把应加分或应扣分进行'封顶'或'保底'，其加减分不要超出要求的范围。这要使用什么函数来解决呢？"

小梁想到前面讲过的MAX函数和MIN函数，于是说道："最多扣20分，可以用MAX函数，把公式写为'MAX(-20,应加分数或应扣分数)'。这样，当数据大于-20的时候，就会保留原数据；当数据小于-20的时候，-20就成了最大值，公式返回-20。这样，公式结果就不会小于-20了。"

表姐Lisa赞赏地说："非常正确。小梁已经把前面的内容灵活地运用起来了！在小梁刚才的基础上，可以把公式再嵌套MIN函数，控制加分最多加10分。公式可以编写为'MIN(10,应加分数或应扣分数)'。当数据大于10时，MIN函数返回最小值10；当数据小于10时，则返回原数据。"

通过前面分步骤的讲解，小梁和其他的小伙伴终于弄明白了前面公式中的具体做法。只需要将前面的步骤组合嵌套，就得到了公式"=D4+MIN(MAX(ROUNDDOWN((F4-E4)/0.05,0)*2,-20),10)"。

这个公式其实没有什么玄妙之处，却将MIN、MAX和ROUNDOWN这三个很简单的函数进行了巧妙的组合。

绩效得分的统计方式取决于绩效得分的计算规则。在不同的计算规则下，只需要灵活地应用函数即可实现快速、便捷的统计。

二、绩效得分的统计与排名

在绩效管理工作的开展过程中会涉及很多细节。其中，绩效得分的统计与排名是一项比较烦琐的工作。面对林林总总的数据，如果全靠手工统计，工作量大不说，还容易出错。这不，绩效主管小梁前几天就一直在加班进行绩效得分的统计与排名。

在表姐Lisa组织的Excel沙龙中，重点对大家在绩效得分统计与排名中遇到的一些案例进行了交流，重点探讨如何使用Excel中的函数快速地完成工作。

1. 根据分项得分和每项指标所占权重计算最终考核得分

小梁提出了下面这样一个实际案例。某个部门有二十余名员工，需要根据每个员工的单项考核得分（十分制）和所占权重，计算最终得分，如图10-7所示。

指标及权重 姓名	指标1 35%	指标2 20%	指标3 15%	指标4 15%	指标5 10%	指标6 5%	得分
张东强	3	9	3	3	3	2	
林玉杰	8	2	7	10	4	8	
周海涛	5	3	9	10	5	6	
宋金华	7	6	10	8	5	2	
刘兰	7	9	6	5	5	6	

图10-7　绩效得分计算表

要计算每个员工的最终得分，只需要将每项指标的得分与这项指标对应的权重相乘后再求和即可，这就用到了SUMPRODUCT函数。

【SUMPRODUCT函数介绍】既可以用于对多个指定区域计算乘积后求和，也可以实现条件求和与条件计数功能。

【SUMPRODUCT函数用法】基础用法为：=SUMPRODUCT(区域1,区域2,…)

在基础用法中，如果以两个区域作为参数，那么SUMPRODUCT函数将会对两个区域中相同位置的数据一一对应相乘，并对所有乘积求和。

针对小梁提出的实际案例，使用SUMPRODUCT函数计算得分，如图10-8所示。

I4	× ✓ fx	=SUMPRODUCT($C$3:$H$3,C4:H4)*10						
指标及权重 姓名	指标1 35%	指标2 20%	指标3 15%	指标4 15%	指标5 10%	指标6 5%	得分	
张东强	3	9	3	3	3	2	41.5	
林玉杰	8	2	7	10	4	8	65.5	
周海涛	5	3	9	10	5	6	60	

图10-8　使用SUMPRODUCT函数计算得分

公式的具体内容如下：

$$=SUMPRODUCT(\$C\$3:\$H\$3,C4:H4)*10$$

【公式释义】这个公式借助SUMPRODUCT函数将数组元素对应相乘再相加的原理进行计算。在公式中配合单元格引用，锁定第二行的权重值，与每一行数据先相乘再加权求和，得到最终得分。在公式设置好后，拖动复制到下方的单元格中，即可实现对表中所有员工考核得分的计算。

小梁看到这个计算公式感叹道："原来每次计算的时候都需要拿计算器敲半天，有时候还会出错。使用SUMPRODUCT函数在不到半分钟的时间里就完成了。怪不得我以前常常加班呢。看来要好好学一学函数。"

表姐Lisa回复说："是的，函数的优势就在于能够对有明显计算规律的数据进行便捷的运算。数据量越大，手工计算起来的工作量也越大，而函数的优势也越明显。"

2. 统计绩效考核分数在各区间的人数

小梁的第二个案例是她有一张记录了145名员工的考核分数的表格，想按区间段来统计人数。比如，小梁想知道分数在60分以下的有多少人，60~69分的有多少人，70~79分的有多少人，80~89分的有多少人，90~100分的有多少人，101分及以上的有多少人。

当提出这个问题时，小张灵机一动，提出了一个解决方案："表姐Lisa分享过如何给分数划分等级，那么我们可以按照前面讲的方法，先把这些分数划分到不同等级，然后使用条件计数函数COUNTIF、COUNTIFS或SUMPRODUCT来统计每个等级的人数，就解决了这个问题。"

表姐Lisa说道："小张提出的确实是一个可行的好主意。对于很多函数基础不够好的小伙伴来说，如果能够在遇到问题时尝试利用已经学会的函数解决问题，就达到了举一反三的效果。看得出来，随着学习的深入，小张的进步还是很大的。"

表姐Lisa补充道："对于小梁提出的这个问题，除了小张说的解决方法，也有更便捷的方法。我们可以使用FREQUENCY函数一步完成统计。"

【FREQUENCY函数介绍】计算值在数值范围内出现的频率。

【FREQUENCY函数用法】=FREQUENCY(数据区域,数据间隔所在的单元格区域）

在Excel 2021和365版本中，只需在输出区域的左上角单元格中输入公式，然后按回车键即可得到预期结果。如果使用的是其他版本的Excel或者WPS表格，在录入公式前必须选择放置结果的区域，在录入公式后按【Ctrl+Shift+Enter】组合键结束公式录入。

关于"参数2"对应的区间分隔点的区域设置：每个区间分隔点都要使用这个区间的最大值，最后一个可省略。

关于"参数2"区域的选取：公式结果中的元素比"参数2"中的元素要多选一个。公式结果中多出来的单元格将生成大于最高间隔的数值的数量。

另外，FREQUENCY函数在计算时将会忽略数据中的空白单元格和文本。

要解决小梁提出的对145名员工的考核分数进行分区段统计人数的问题，为了便于理解，需要根据对考核分数的区段划分，制作一张辅助表，如图10-9所示。

统计区间	区间分隔点	区间人数
0~59	59	
60~69	69	
70~79	79	
80~89	89	
90~100	100	
101分及以上		

图10-9　FREQUENCY函数在计算时使用的辅助表

在辅助表中单独设置了一列"区间分隔点"。这一列中的数据不同于前面学过的VLOOKUP函数的设置。在这一列中，区间分隔点取的值是每个统计区间的上限。

以WPS或较低版本的Excel为例。在使用FREQUENCY函数之前，首先选中要放置结果的区域，即"区间人数"下方的区域。在录入公式后，按【Ctrl+Shift+Enter】组合键结束公式录入。公式和计算结果如图10-10所示。

图10-10中的公式如下：

$$\{=FREQUENCY(C3:C147,F3:F8)\}$$

【公式释义】这个公式将会使用F3:F8单元格区域中的区间分隔点统计

C3:C147单元格区域中的所有数据在各区间的出现次数，即频率。由于公式结果中的元素比"参数2"区域中的元素多一个，所以在计算时会在最后没有区间分隔点的单元格中对应生成大于100分的数值的数量。

需要注意的是，公式中的"{ }"并不是手动直接录入的，而是在公式编写完成后按【Ctrl+Shift+Enter】组合键结束公式录入后由Excel自动生成的。

由于这是一个数组公式，所以只能对公式所选区域进行整体编辑或删除。当试图删除结果区域中的某个单元格时，将会出现如图10-11所示的提示框。

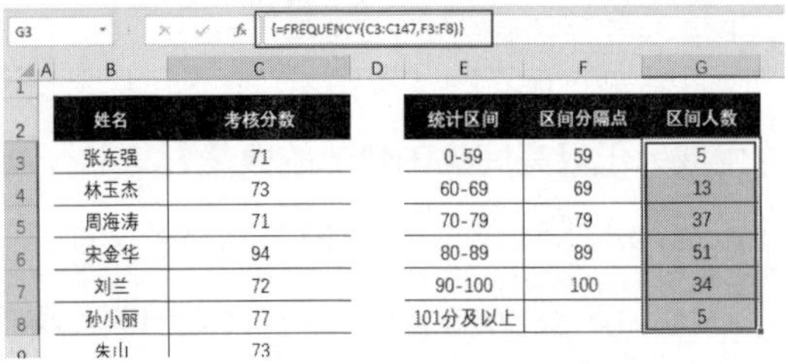

图10-10　公式和计算结果

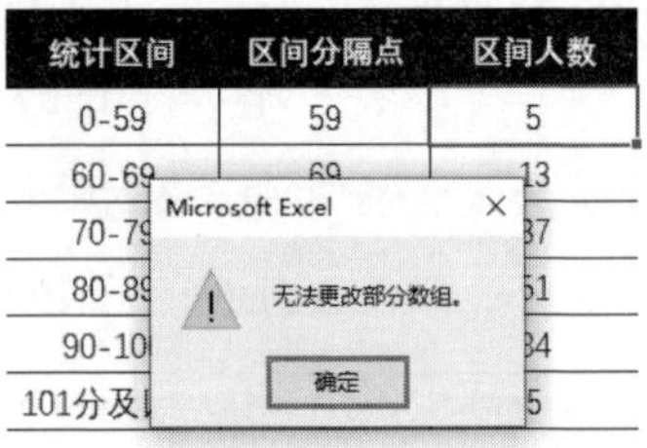

图10-11　无法更改部分数组

3. 进行绩效考核分数的美式排名与中式排名

对于忙碌的HR来说，用好Excel高效地处理工作中的各项数据，是提高工作效率的重要方式之一。小梁提出希望使用函数实现对绩效考核分数的排名。

表姐Lisa问道："由于排名的算法不同，经常使用的排名方式有美式排名与中式排名，你们希望学习哪种排名方式呢？"大家不太清楚美式排名与中式排名的区别，于是希望对两种排名方式都进行了解和学习。

美式排名与中式排名的主要区别在于分数中出现同分情况下排名方式的不同。比如，当一组学生成绩中有两名同学的分数相同并且分数是最高分时，两者同为第一名。那下一个次高分数的名次应该是第几名呢？在有两位并列第一名的情况下，在美式排名中会将次高分数确定为第三名，而在中式排名中会将次高分数的名次确定为第二名。

1）使用RANK函数进行美式排名

要对数据进行美式排名，在Excel中提供了一个排名函数——RANK函数。

【RANK函数介绍】返回一列数字的数字排位。

【RANK函数用法】=RANK(当前数据,一组数据或区域,排位方式)

第三个参数用数字表明对排位方式的选择。第三个参数如果为 0（零）或省略，则会按照降序排列；如果不为0，则会按照升序排列。

RANK函数赋予重复数相同的排位，但重复数的存在将会影响后续数值的排位。例如，在按升序排列的整数列表中，如果数字10出现两次，且其排位为5，则数字11的排位为7（没有排位为 6 的数值）。

使用RANK函数实现排名如图10-12所示。

部门	姓名	考核分数	部门内排名
销售一区	白小雪	105	=RANK(D3,$D$3:$D$64)
销售三区	广与山	99	RANK(number, **ref**, [order])
销售一区	何小海	87	20
销售一区	胡小东	103	5
销售一区	李小铭	55	60
销售三区	梁佳	120	1
销售二区	林栋栋	100	6

图10-12 使用RANK函数实现排名

图10-12中的公式内容如下：

$$=RANK(D3,\$D\$3:\$D\$64)$$

【公式释义】计算D3单元格中的数字在$D$3:$D$64单元格区域中的排名。由于在公式中未指定第三个参数，所以默认按照降序排列。为了便于公式向下复制计算其他员工排名，需要将第二个参数中的单元格引用进行锁定。在公式设置完成后，拖动复制到下方单元格中，即可实现对所有员工考核分数的排名。

从以上例子中可以看出，使用RANK函数能够非常方便地实现美式排名。

2）使用数据透视表进行中式排名

对于中式排名，表姐Lisa说道："如果使用函数来实现中式排名相对比较复杂，如果使用透视表来实现中式排名就会简单得多。大家想学哪种方式呢？"

对于以学习为目的的交流来说，大家纷纷表示希望两种方式都能学到。不同的实现方法适合不同的应用场景。按照先易后难的原则，先学习如何使用数据透视表来实现中式排名。

将光标定位到要进行排名的考核分数数据表中，单击【插入】菜单中的【数据透视表】按钮，创建一张数据透视表，将"姓名"列拖动到【行】区域中，将"考核分数"列两次拖动到【值】区域中，如图10-13所示。

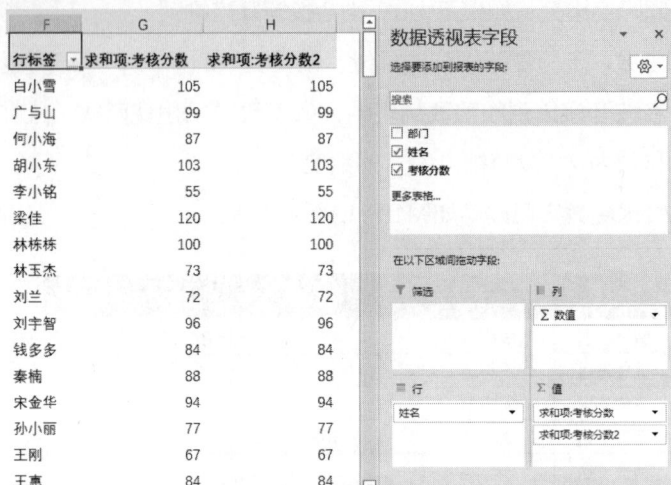

图10-13 创建的数据透视表

在图10-13右下角的【值】区域中，单击【求和项：考核分数2】，从中选择【值字段设置】并打开如图10-14所示的对话框。

在该对话框中选择【值显示方式】为【降序排列】，单击【确定】按钮，即可完成数据排名。可以将数据透视表中"求和项：考核分数2"的列名修改为"排名"。完成的效果如图10-15所示。

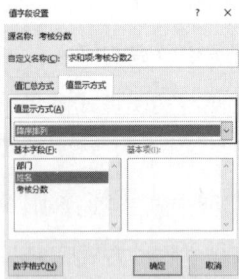

图10-14 【值字段设置】对话框

图10-15 使用数据透视表进行中式排名

从图10-15中可以看出，两名员工的绩效考核分数均为120分，排名显示为"1"；次高分为119分，排名显示为"2"。这就是使用数据透视表进行中式排名的操作方法。

表姐Lisa补充道："数据透视表的实现方法固然简单快捷，但它的问题在于，会在原数据表之外另外制作数据透视表。如果需要使用公式实现中式排名，则也是完全没有问题的。"

3）使用函数进行中式排名

使用函数进行中式排名，通常需要用到SUMPRODUCT和COUNTIF函数。在前面的分享中，已经多次介绍了这两个函数的用法。接下来看一下如何灵活运用这两个函数来实现中式排名的效果。

在使用SUMPRODUCT和COUNTIF函数实现中式排名时，其基本思路是进行带条件对唯一值的计数，公式设置如图10-16所示。

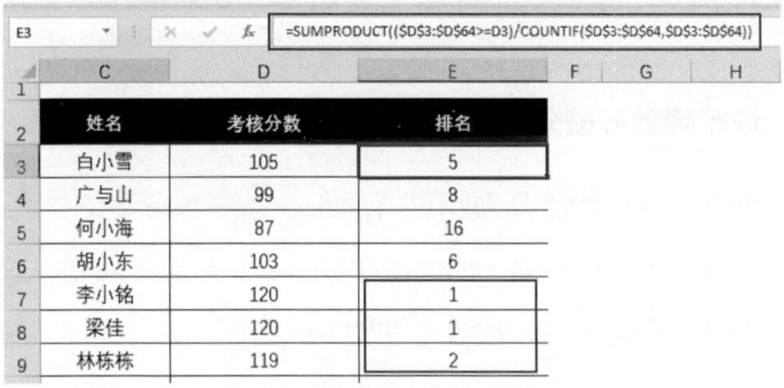

E3 =SUMPRODUCT(($D$3:$D$64>=D3)/COUNTIF($D$3:$D$64,$D$3:$D$64))

姓名	考核分数	排名
白小雪	105	5
广与山	99	8
何小海	87	16
胡小东	103	6
李小铭	120	1
梁佳	120	1
林栋栋	119	2

图10-16　中式排名公式

图10-16中的公式内容如下：

=SUMPRODUCT(($D$3:$D$64>=D3)/COUNTIF($D$3: $D$64,$D$3:$D$64))

【公式释义】公式最外层嵌套的SUMPRODUCT函数在整个公式中起到条件计数的作用。其中"($D$3:$D$64>=D3)"部分是拿公式所在行的分数与所有员工的分数进行比较，看看有多少数据比当前分数大。有多少数据大于或等于当前分数，这是确定排名的基本思路。

在没有同分的情况下，假如有5个分数高于当前分数，当前员工排名自然就是第6名。遇到同分情况又将如何处理呢？为了便于理解，举一个极端的例子。比如，有5个高于当前分数的数据全部是同分，也就是前面5位员工的排名均为第一名，按中式排名的规则，当前员工的排名应为第二名。从同分情况下的计算规则来看，是需要对所有大于或等于当前分数的数据在去除重复值以后进行计数的。"COUNTIF($D$3:$D$64,$D$3:$D$64)"部分是指对每个分数在所有分数中出现的次数进行统计。

使用"1/COUNTIF($D$3:$D$64,$D$3:$D$64)"就实现了对每个分数出现次数的倒数计算。这个倒数与"($D$3:$D$64>=D3)"部分的结果相乘之后，由SUMPRODUCT函数进行求和，就得到了大于或等于当前分数的不重复数据的个数，这个数据结果就是中式排名的结果。

表姐Lisa看着大家似懂非懂的表情，说道："在这个公式中用到了一些计算中的数学知识，也用到了数组的概念，对于很多小伙伴来说可能理解起来有些困难。这样吧，我录制一个分步骤的讲解视频，大家可以反复观看，边看边操作，争取早日理解这个公式。"

4. 分部门进行绩效考核分数的排名

小梁的第四个案例是希望分部门进行员工绩效考核分数的排名。这实际上是一个对数据进行分组排名的问题。如何使用Excel中的函数来完成这项工作呢？

小梁提供的部分绩效考核分数数据如图10-17所示。

部门	姓名	考核分数	部门内排名
销售三区	梁佳	120	
销售一区	周云丽	115	
销售一区	张庆强	114	
销售一区	白小雪	105	
销售一区	胡小东	103	
销售二区	林栋栋	100	
销售二区	吴彬	100	

图10-17　部分绩效考核分数数据

对于这张数据表，小梁解释道："在原数据表中包含多个部门，我希望以部门为单位实现部门内员工的绩效考核分数排名。"

小梁和其他小伙伴对于这个排名要求一筹莫展。平时遇到这样的问题，他们会先按照部门和分数对表格进行排序，再根据排序后的数据手动来填写排名。这样做当然也可以，但是当人数较多并且有同分情况的时候，手动填写排名也会比较麻烦。使用函数则可以实现更快捷的排名操作。

表姐Lisa在写函数之前，先来引导大家讨论公式的运算逻辑。当把公式的运算逻辑厘清后，选取哪个函数来最终解决问题就是水到渠成的事情了。

表姐Lisa说道："由于小梁的要求是按部门进行排名，所以先进行部门的区分。以第一位员工的排名计算为例。在区分出部门以后，再去统计一下本部门内高于本员工得分的人数有几人。如果有三个人的分数比该员工的分数高，那么该员工的排名就是第四名。"

通过分析很容易发现，这可以转换为一个"条件计数"的计算。以使用SUMPRODUCT函数实现条件计数为例，公式及结果如图10-18所示。

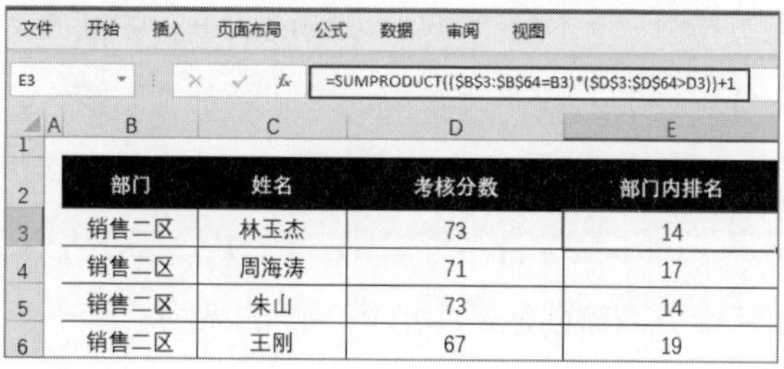

部门	姓名	考核分数	部门内排名
销售二区	林玉杰	73	14
销售二区	周海涛	71	17
销售二区	朱山	73	14
销售二区	王刚	67	19

图10-18　分组排名计算公式

图10-18中的公式内容如下：

=SUMPRODUCT(($B$3:$B$64=B3)*($D$3:$D$64>D3))+1

【公式释义】在这个公式中，"($B$3:$B$64=B3)"部分进行的是对当前员工所在部门的判断，"($D$3:$D$64>D3)"部分进行的是对所有员工的绩效考核分数是否大于当前员工的绩效考核分数的判断。这两个判断条件分别会得到一列由"TRUE"和"FALSE"所构成的逻辑值。其中，"TRUE"表明的是符合条件的数据。将这两列数据相乘，可以理解为要同时满足这两个条件，这两个条件之间为"并且"的关系。

最终通过求和得到符合这两个条件的数据个数。也就是计算出在与当前员工同一个部门的所有员工中，绩效考核分数大于当前员工绩效考核分数的数据个数。在SUMPRODUCT函数计数的基础上加1，就得到了当前员工的排名结果。

函数的学习和使用是一个持续进行、螺旋上升的过程，用好函数能够极大地提高工作效率。

三、评定员工年度绩效等级

绩效主管小梁提出的另一个问题是如何快速对员工绩效得分划分等级。

小梁说："在年末的时候，很多HR都需要进行年度绩效得分的计算。根据年度绩效考核结果评定等级，以便于将员工的年度综合表现和年终奖金的计算发放、下一年度调薪、职位晋升以及年度评优等进行关联。"

小梁所在公司的年度绩效评定采用的是强制正态分布的方法。强制正态分布是很多企业普遍采用的考核结果的综合评定方法。在综合考评前，预先将绩效考核结果从绩效优异到不能胜任工作预设几个等级，并按正态分布方式明确各个等级的分布比例。在进行分布比例设定时，呈现两头小、中间大的特点。绩效特别突出与完全不能胜任工作的人数占比较小，中间级别占比较大，比例呈现钟形分布。在设定完成后，根据员工表现和每个等级的比例人数，将员工的绩效得分进行强制分布，得出员工的年度综合考评级别。在绩效结果的应用中，将会根据不同的考核等级，在评优、调薪或晋升中给予不同的激励。

小梁所在公司的年度绩效评定等级分S、A、B、C、D五个等级。其中，评定为S级和A级的优先予以加薪、晋升，评定为C级或D级的优先考虑被调岗、降职或者辞退。绩效评级划分如图10-19所示。

考核等级	定义	分布比例
S (优秀)	实际绩效显著超过预期目标，取得非常突出的成绩	10%
A (优良)	实际绩效完全达到或超过预期目标，取得比较突出的成绩	15%
B (合格)	实际绩效基本达到预期目标，没有明显失误	45%
C (需改进)	基本达成工作目标的常规要求，但仍存在不足	25%
D (不合格)	不符合岗位常规要求，距离达成工作目标有显著差距	5%

图10-19 绩效评级划分

对于这个需求，表姐Lisa先带大家来分析使用函数实现计算的逻辑："首先需要根据部门员工人数和分布比例，计算出每个等级的人数限额。由于部门总人数乘以分布比例有可能会得到小数，当出现小数时如何取人数值，就要根据绩效制度的规定来确定。小梁所在公司的绩效制度是如何规定的呢？"

小梁想了想说道："公司的绩效制度规定，各等级人数根据比例按四舍五入的原则确定。另外，由于考核结果可能存在同分情况，所以在根据分布比例确定人数时，要尽量保持分布比例，可以计算每个等级及以上等级的累计比例。比如S级的分布比例为10%，A级及以上等级的累计分布比例为25%，B级及以上等级的累计分布比例为70%，C级及以上等级的累计分布比例为95%。"

明确了这样的计算要求，就可以通过公式来实现对考核等级的评定了。为了方便计算，在表格中首先计算出各个等级的累计分布比例和累计人数，如图10-20所示。

图10-20　累计分布比例和累计人数计算

累计分布比例指的是当前等级及以上等级的合计比例。图10-20中J3单元格中的公式内容如下：

$$=SUM(\$I\$3:I3)$$

【公式释义】这是一个最常用的求和计算，但又有它的巧妙之处。巧妙之处为公式中单元格的引用方式为\$I\$3:I3。这部分内容的意思为，引用从固定起点\$I\$3单元格开始，到当前行对应的I3单元格中的所有数据。如果将公式复制到J5单元格中，那么公式将变化为"SUM(\$I\$3:I5)"。从中可以看出，此处的单元格引用通过绝对引用\$I\$3单元格固定了引用的起点，实现了从\$I\$3单元格开始到公式所在行的I列中的数据计算。通过这种方式实现了对累计分布比例的计算。

图10-20中累计人数的计算是先对当前表中的所有数据进行计数，也就是计算出总人数，再与累计分布比例相乘，得到各等级的累计人数。K3单元格中的公式内容如下：

$$=ROUND(COUNT(D:D)*J3,0)$$

【公式释义】公式中"COUNT(D:D)"指的是对D列（"考核分数"列）中所有数值型单元格进行计数，得到的也就是考核分数的数量，可以理解为有考核分数的员工人数。将员工人数与J3单元格中的累计分布比例相乘，并通过ROUND函数对其结果进行四舍五入。

接下来，计算出每个员工考核分数的排名情况，如图10-21所示。

E3			fx	=RANK(D3,$D$3:$D$23)						
	B	C	D	E	F	G	H	I	J	K
2	部门	姓名	考核分数	排名	评级		考核等级	分布比例	累计分布比例	累计人数
3	销售二区	姓名30	100	1			S（优秀）	10%	10%	2
4	销售二区	姓名43	100	1			A（优良）	15%	25%	5
5	销售二区	姓名36	100	1			B（合格）	45%	70%	15
6	销售二区	姓名61	98	4			C（需改进）	25%	95%	20
7	销售二区	姓名27	94	5			D（不合格）	5%	100%	21
8	销售二区	姓名29	89	6						
9	销售二区	姓名35	87	7						
10	销售二区	姓名53	86	8						

图10-21　计算排名

此处使用的排名为美式排名，所以直接使用前面讲到的RANK函数即可。E3单元格中的排名公式如下：

$$=RANK(D3,\$D\$3:\$D\$23)$$

【公式释义】通过RANK函数得到D3单元格中的数据在$D$3:$D$23单元格区域中的排名情况。

完成了前面的准备工作，最后一步就是根据排名和每个等级的累计人数，计算出每个员工的绩效评级结果。在计算时需要拿当前员工的排名与各个等级的累计人数比较，找到"累计人数"列中比排名数据大的那个数据，取其对应级别。

要完成上面的计算要求，可以使用XLOOKUP函数来实现。XLOOKUP函数是在新版本Excel和WPS中提供的VLOOKUP函数的升级版。它的参数更多，使用场景和功能也更加灵活。能够使用XLOOKUP函数的版本包括Excel 2021、Excel 365，以及WPS的新版本。

【XLOOKUP函数介绍】可以替代VLOOKUP函数、HLOOKUP函数等，实现更加灵活的数据查找。

【XLOOKUP函数用法】=XLOOKUP(查找关键词,查询数据的区域,提取数

据的区域,[找不到查找值时返回的结果],[匹配类型],[搜索模式])

➤ 参数1：查找关键词。指的是用于查找数据的"线索"。

➤ 参数2：查询数据的区域。可以是一列，也可以是一行。Excel将会拿查找关键词去该区域中检索，找到符合条件的数据并记录其位置。

➤ 参数3：提取数据的区域。根据位置在该参数区域中同样的位置提取数据，作为公式的结果。

➤ 参数4（可选参数）：找不到查找值时返回的结果。在不指定该参数时，未找到数据通常会返回"#N/A"报错。在指定该参数后，将会显示指定内容。

➤ 参数5（可选参数）：匹配类型。包括5个选项。其中，"0"代表"完全匹配"，这是默认选项；"−1"代表"完全匹配，如果没有找到，则返回下一个较小的项"；"1"代表"完全匹配，如果没有找到，则返回下一个较大的项"；"2"代表"通配符匹配"，可以使用通配符"*""?"和"~"。

➤ 参数6（可选参数）：搜索模式。包括4个选项。其中，"1"代表从第一项开始执行搜索，这是默认选项；"−1"代表从最后一项开始执行反向搜索；"2"代表执行依赖于参数2按升序排列的二进制搜索，如果未排序，则将返回无效结果。

在进行绩效评级时，使用XLOOKUP函数的公式设置如图10-22所示。

F3			× ✓ fx	=XLOOKUP(E3,$K$2:$K$7,$H$2:$H$7,,1)					
	B	C	D	E	F	G	H	I	J	K
2	部门	姓名	考核分数	排名	评级		考核等级	分布比例	累计分布比例	累计人数
3	销售二区	姓名30	100	1	S（优秀）		S（优秀）	10%	10%	2
4	销售二区	姓名43	100	1	S（优秀）		A（优良）	15%	25%	5
5	销售二区	姓名36	100	1	S（优秀）		B（合格）	45%	70%	15
6	销售二区	姓名61	98	4	A（优良）		C（需改进）	25%	95%	20
7	销售二区	姓名27	94	5	A（优良）		D（不合格）	5%	100%	21
8	销售二区	姓名29	89	6	B（合格）					
9	销售二区	姓名35	87	7	B（合格）					

图10-22　使用XLOOKUP函数进行绩效评级的公式设置

F3单元格中的评级公式内容如下：

=XLOOKUP(E3,$K$2:$K$7,$H$2:$H$7,,1)

【公式释义】拿E3单元格中的排名去代表各考核等级累计人数的$K$2:$K$7单元格区域中查找数据，找到后从代表考核等级的$H$2:$H$7单元格区域中返回同样位置的数据。在这个公式中将XLOOKUP函数的第五个参数设置为"1"，指的是"完全匹配，如果没有找到，则返回下一个较大的项"。它的意思是，当查找不到对应数据时，去寻找比当前排名数字大的下一个数据，匹配完成考核等级。在公式设置完成后，向下拖动复制公式，实现对所有员工绩效考核结果的评定。

小梁和很多小伙伴都是第一次看到这个函数。有的小伙伴平时会用到VLOOKUP函数，大家都非常想知道这个新函数与VLOOKUP函数有什么样的共性和区别。表姐Lisa对其进行了简单总结，如图10-23所示。

功能	XLOOKUP函数	VLOOKUP函数
参数个数	6个	4个
根据关键词进行一对一查询	√	√
根据关键词从查询列的左侧取得数据	√	需要辅助列或嵌套其他函数
多关键词查询	√	需要辅助列或嵌套其他函数
对查询结果错误值的处理	√	需要嵌套IFERROR等函数
从前向后查找，匹配第一个符合条件的数据	√	√
从后向前查找，匹配最后一个符合条件的数据	√	×
近似匹配，查找小于查找值的最大值	√	√
近似匹配，查找大于查找值的最小值	√	×
根据查找值，一次返回多列数据	√	嵌套数组或嵌套其他函数
不指定查找方式时的默认值	精确查找	近似查找

图10-23　XLOOKUP函数和VLOOKUP函数对比

表姐Lisa考虑到大家对这个函数的了解不多，说道："这个函数的功能非常强大，能够帮大家解决很多实际问题。这样吧，我录制一个全面的讲解视频，大家可以反复观看，边看边操作，学会这个函数一定会受益匪浅。"

本章复盘

表姐Lisa带着几个小伙伴复盘了本次交流中涉及的一些Excel知识点，包括如下内容：

> IF函数的灵活应用；

> MAX函数与MIN函数的灵活应用；

> INT函数与ROUNDDOWN函数的灵活应用；

> SUMPRODUCT函数的灵活应用；

> RANK函数的用法；

> FREQUENCY函数的用法；

> XLOOKUP函数的用法。

通过各类函数的灵活应用，可以更加便捷、高效地完成绩效管理过程中与数据相关的工作。

第十一章

薪酬管理中Excel的深度应用

薪酬管理是企业人力资源管理的重要组成部分。在人力资源管理中薪酬模块也是数据处理工作量比较大的一部分工作。采用手工方式来编制、计算和管理薪酬数据非常繁杂。Excel具有强大的数据统计、分析和计算功能，不仅能够确保数据的准确性，还能够实现更高的工作效率。

表姐Lisa和HR小伙伴们的周末Excel沙龙已经举办了好几期，很多小伙伴通过学习Excel中的各种函数或工具，已经能够在工作中快捷、高效地解决很多与数据有关的问题。新来参加沙龙的小伙伴小邱在一家公司担任薪酬主管，小严是另一家公司的人力资源部经理，他们都非常关注在薪酬管理中如何通过Excel的灵活运用提高工作效率。

一、做好重要数据表格的数据保护

与薪酬相关的各项数据往往是有保密要求的。如果不慎泄露了薪酬数据，则可能会影响到员工的工作积极性，影响组织团队合作，甚至在部门或公司内造成严重后果。因此，很多公司在制度中有明确规定，员工未经公司同意，不得向他人（包括公司内部的人）泄露工资、福利待遇等保密事项。小邱所在的公司采用的是密薪制，在公司的薪酬管理制度中对于薪酬相关数据的保密也提出了明确要求。

不仅仅是采用密薪制的企业，在人力资源工作中，很多数据都有文件保护或数据保密的要求。如何做好数据表格的保密与保护呢？

表姐Lisa说道："在人力资源工作中，我们确实要关注和解决数据的安全性问题。这里提到的安全性不仅仅是小邱希望的数据保密，还包括如何确保数据安全不丢失、数据不被意外修改等。接下来，我们来看一下在Excel中提供了哪些工具和方法。"

Excel中的数据保护操作分为对工作簿的保护设置、对工作表的保护设置以及对单元格的保护设置，不同的保护设置发挥的作用不同。

1. 对工作簿进行保护设置：为Excel文件设置打开密码

在交流中，小邱讲了曾经发生在公司里的一件事情："前面讲到，我们公司采用的是密薪制。但是，公司也发生过数据泄露的情况。曾经有一位业务部门的同事借用人力资源部同事的U盘，无意中看到了U盘中存放的一份几个月前的工资表。那个同事悄悄地把工资表进行了复制。这份记录了全体员工工资信息的表格就悄悄地在公司一些员工之间流传开来。由于公司的某些岗位存在新老员工薪酬倒挂的情况，所以新员工在入职时谈的薪酬比更高年资的老员工的薪酬高，一些老员工由此产生了负面情绪。还有一些员工知道其他岗位的工资比自己的工资高，愤愤不平，觉得自己付出了很多，但工资却比不上其他部门的类似岗位。诸如此类的问题一再发酵，带来了很严重的影响和后果，公司业务也一度受到明显的影响。这件事情虽然发生在我进入这家公司之前，但是我也深深感受到由此带来的影响。"

在没有发生任何问题时，数据保护与数据保密的重要性往往得不到重视。但是，一旦发生问题，就容易形成难以收拾的困难局面。所以，对于数据的安全性应当未雨绸缪，在点滴细节中做好对数据的保护，防患于未然。

要防止出现小邱所描述的问题，可以为保密的Excel文件设置打开密码。

在Excel文件中，选择【文件】→【信息】命令，在界面右侧找到【保护工作簿】选项，从其下拉列表中找到【用密码进行加密】选项，如图11-1所示。

选择该选项后，弹出如图11-2所示的【加密文档】对话框，从中设置文档的打开密码即可。

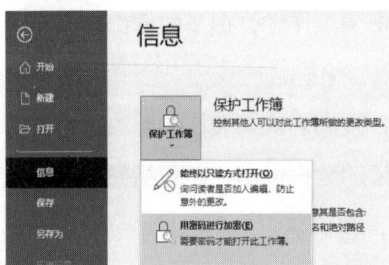

图11-1 【用密码进行加密】选项   图11-2 【加密文档】对话框

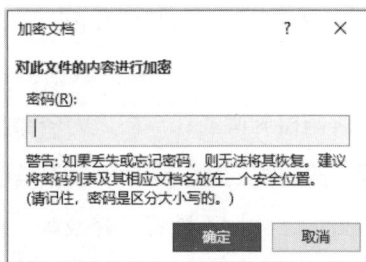

需要注意的是，设置的密码不应过于简单。很多人习惯将密码设置为"12345678"，这样的密码极易被他人猜中或被一些破解工具打开。对于重要的文档，在进行密码设置时，应当考虑使用数字、符号或大小写字母等设置一定长度的无规律密码，因为密码过短也会削弱其保护效果。另外，在设置密码时要注意区分字母的大小写。

设置完成后，对该文件进行保存即可。对于设置过密码的文件，在打开文档时会出现如图11-3所示的对话框，提示该文件有密码保护。

图11-3 打开文档时的对话框

只有在对话框中录入正确的密码，才能将该文件打开。

对于设置过打开密码的文档，想要修改打开密码或取消打开密码，设置方式和前面讲到的添加打开密码的路径相同。首先录入正确的密码打开文档，然后按设置密码的路径找到【加密文档】对话框，将其中的密码删除或修改即可。设置完成后，对文档进行保存，新密码即可生效。

2. 对工作簿进行保护设置：防止文档编辑过程中发生数据丢失

对于文档使用中的保护，不仅仅要防止他人未经允许打开文档，还要注意在编辑文档过程中避免出现数据丢失。相信会有不少人遇到过花几小时编辑的文档，由于没有做好文档的保存，意外断电或死机导致数据丢失的情况。

要避免文档编辑过程中的数据丢失，需要注意Excel中的自动保存功能是否开启。选择【文件】→【选项】命令，弹出【Excel选项】对话框，切换到【保存】选项卡，如图11-4所示。

图11-4　【Excel选项】对话框中的【保存】选项卡

在该对话框中选中【保存自动恢复信息时间间隔】复选框，并设置合适的时长，建议将该时长设置为3～10分钟即可。同时选中【如果我没保存就关闭，请保留上次自动恢复的版本】复选框。

另外，在该对话框中还提供了【自动恢复文件位置】的设置。当文档发生意外关闭时，可以尝试通过指定的文档路径找到自动恢复的文件。另外，在重新打开Excel时，也会提示有上次自动恢复的文档备份，选择相应文件，即可找到意外关闭前的绝大多数数据。

除了设置自动保存功能以外，在文档编辑过程中还应当经常做好文档的手动保存，以确保编辑的数据及时存盘，避免丢失。

3. 对工作簿进行保护设置：保护工作簿的结构

在交流中，小邱提出这样一个问题："在使用Excel文件时，有时候会有一些工作表需要隐藏起来，不想被别人看到。但是我隐藏了文件，当别人拿到这个文件的时候同样可以取消隐藏，这样我隐藏的表格就暴露无遗了。有没有办法把这些隐藏的表格保护起来，不让别人看到呢？"

表姐Lisa想了想，说道："这个不难，只需要对这个工作簿进行保护就可以了。"

打开一个Excel文件，单击【审阅】菜单中的【保护工作簿】按钮，如图11-5所示。

在弹出的【保护结构和窗口】对话框中，选中【结构】复选框。在Excel 2013及以上版本中，只能选中保护工作簿的【结构】选项，【窗口】选项是灰色的，不能使用，如图11-6所示。

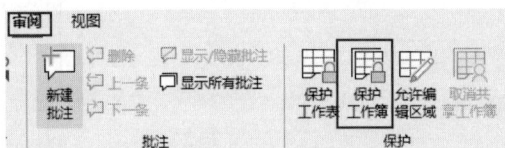

图11-5　单击【保护工作簿】按钮

图11-6　【保护结构和窗口】对话框

在该对话框中输入密码，单击【确定】按钮即可完成保护操作。当工作簿结构被锁定后，在工作表标签上右击，会发现快捷菜单中出现的相关选项为灰色，处于不可用状态，如图11-7所示。此时，将无法对工作表进行插入、删除、隐藏、取消隐藏等操作。

不仅如此，对工作簿中的现有工作表也不能进行位置的移动，不能进行工作表复制、修改工作表标签颜色等操作。通过这个操作就能很好地解决了小邱提出的关于保护隐藏工作表的问题。

需要注意的是，通过【审阅】菜单中的【保护

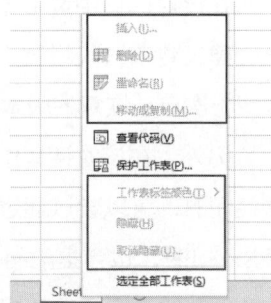

图11-7　被保护的工作簿

工作簿】功能,保护的只是工作簿的结构,仍然可以打开工作簿,编辑修改工作表中现有的数据。

如果需要取消工作簿保护,则再次单击【审阅】菜单中的【保护工作簿】按钮,在弹出的【撤销工作簿保护】对话框中输入正确的密码,单击【确定】按钮即可。

4. 对工作簿进行保护设置: 将工作簿设置为"只读"模式, 避免意外修改

人力资源部经理小严提出一个问题: "在每个月的工资表编辑完成后, 能不能将这个文件保存为只能查看而不能修改呢? 平时我们编制的工资表、调薪方案等类似文件, 一旦定稿后就保存起来, 以备日后查看。但是这些文件都是底稿, 不希望在查看过程中被意外修改。"

对于这个问题, 表姐Lisa建议将定稿后的文件设置为只读方式打开, 可以有效避免由于误操作导致文件中的内容被修改的情况。

打开小严所说的需要进行只读设置的Excel工作表, 选择【文件】→【信息】命令, 单击界面右侧显示的【保护工作簿】下拉按钮, 在弹出的下拉列表中选择【始终以只读方式打开】选项, 如图11-8所示。

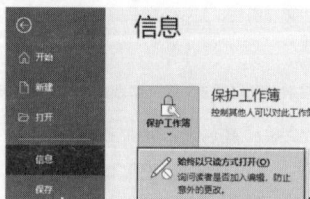

图11-8 选择【始终以只读方式打开】选项

在设置工作簿以只读方式打开后, 在【信息】界面中能够看到相关的提示, 显示该文档为受保护的工作簿, 如图11-9所示。

图11-9 保护工作簿为只读方式

　　每次打开工作簿时，都会通过如图11-10所示的提示框询问用户是否编辑文档。由于该功能并非强制性的保护功能，如果需要编辑文档，则可以单击【否】按钮进入编辑状态。如果单击【是】按钮，则以只读方式打开文档。

图11-10　打开只读文件的提示框

　　以只读方式打开文档后，在该文件标题栏中的文件名信息旁会出现"只读"的状态标识，如图11-11所示。

图11-11　文件标题栏中的"只读"状态标识

　　对处于"只读"状态的文件，如果进行内容修改和编辑，则将无法对当前文档进行保存。在单击【保存】按钮时，会出现如图11-12所示的提示框。

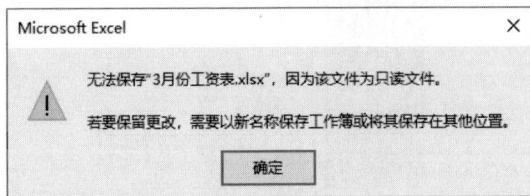

图11-12　只读文件的保存提示框

　　通过"只读"方式打开文件，可以防止意外操作对原文件的更改。如果需要对"只读"文件修改的内容进行保存，则可以选择【文件】→【另存为】命令，将文件命名为其他名称进行保存。

　　如果想要取消对文档"只读"状态的标记，则需要在打开文档时出现的提示框中单击【否】按钮，以非"只读"方式打开文档。再次选择【文件】→【信息】命令，从界面右侧的【保护工作簿】下拉列表中再次选择【始终以只读方式打开】选项即可。

5. 对工作簿进行保护设置：将工作簿标记为"最终"版本，避免意外修改

要防止工作簿被意外修改，除了使用前面分享的方法将文档设置为"只读"模式以外，还有另一种方法在人力资源工作中也经常使用。

以进行调薪或人力成本的预算为例。由于在调薪与人力成本预算过程中，需要反复对文档中的内容进行修改，这时往往会形成一个文档的多个版本。当经过多次修改与沟通，确定了最终版本后，希望将该版本保存下来，不希望后续因为意外操作而改变文档中的内容，并且希望准确地知道哪个版本为最终版本。这时就可以使用将工作簿标记为"最终"版本这个功能。

打开最终版本的Excel文件，选择【文件】→【信息】命令，在界面右侧单击【保护工作簿】下拉按钮，在弹出的下拉列表中选择【标记为最终】选项，如图11-13所示。

在选择【标记为最终】选项后，会弹出如图11-14所示的提示框。

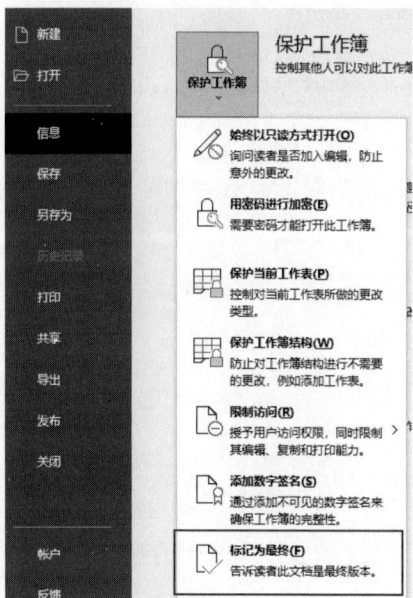

图11-13　选择【标记为最终】选项　　　　图11-14　标记为最终的提示框

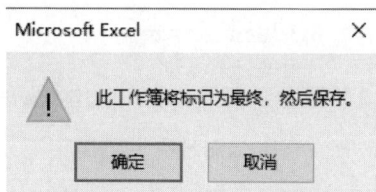

单击【确定】按钮，并保存当前文档。为了帮用户准确地理解该功能，系统会出现提示框，进行较为详细的说明，具体内容如图11-15所示。

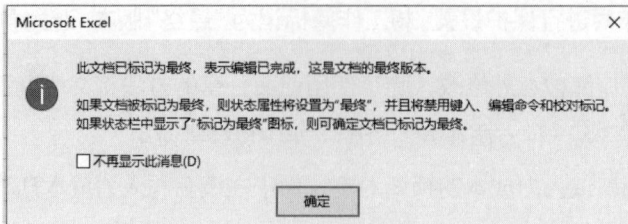

图11-15　提示框的具体内容

从图11-15中可以看出，当文档被标记为"最终"后，将无法进行内容的录入、编辑等操作。在Excel界面的上方也会出现较为醒目的提示，如图11-16所示。

图11-16　打开文档后的提示

此时，尝试进行文档中单元格内容的修改，会发现是无法实现的。在最终状态下，菜单栏及各功能区中的命令大部分处于不可用状态。

如果确实需要对该文件进行修改，则可以单击以上提示栏中的【仍然编辑】按钮。

值得注意的是，该功能和"只读"功能标记一样，并非强制将文档设置为完全不能修改。这两个功能的目的都是防止意外操作之下的误修改或误操作情况。

6. 保护整张工作表

前面介绍的几个保护功能都是针对一个Excel文档来实施的。在实际工作中，有没有办法对Excel文档中的某张工作表进行数据的保护操作呢？答案是肯定的。

对于工作表的保护，小严提出："在平时的工作中，有时候会编制一些带公式的表格。在将这些带公式的表格发给其他人来进行填写时，总有人会删除或修改原有的公式。这样一来，当填制的表格返回以后，我还需要进行检查。能不能把表格中的公式保护起来，让其他填表的人不能修改表格中原有的公式呢？"

表姐Lisa说道："小严说的这种情况非常常见。特别是在分发给多人填写表格时，很多人想要保护表格中的公式，或者保护表格中原有的一些数据。在这种情况下，就需要用到对工作表的保护功能。"

如果想保护整张工作表的内容，则可以在打开Excel文档后，单击【审阅】菜单中的【保护工作表】按钮，打开如图11-17所示的对话框。

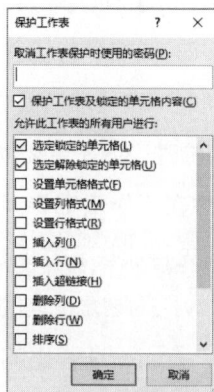

图11-17 【保护工作表】对话框

在该对话框中输入工作表的保护密码，并且在下方的内容中指定允许用户操作的项目。设置完成后单击【确定】按钮即可。

在被保护的工作表中，如果试图进行不被允许的修改，则会出现如图11-18所示的提示框。

图11-18 被保护工作表修改时的提示框

提示框将告知操作人员，如果想要修改其中的内容，则需要通过密码取消工作表保护。

7. 保护工作表中的部分区域或部分单元格

小严看到的工作表保护功能，提出了一个疑惑："前面讲到的这个工作表保护功能是把所有单元格全部保护了对吗？但在平时的工作中，经常会有一些表格，只需要保护其中的某些区域，比如带公式的区域，或者有数据的区域，还需要给别人留出允许填写数据的空间。"

表姐Lisa说道："小严说的没错，其实小严说的要求也是可以实现的。在进行操作之前，我们需要先知道工作表中的每个单元格都有独立的'锁定'和'隐藏'属性。也就是说，对每个单元格都可以单独设置是否'锁定'或'隐藏'。那为什么刚才我们在进行工作表保护的时候，所有单元格全部被保护了呢？因为在默认情况下每个单元格的'锁定'属性都是被选中的。尽管'锁定'属性默认被选中，但只有在进行工作表保护时，它才会被激活并发挥作用。"

表姐Lisa继续说道："要想在工作表中将某些单元格设置为锁定，将另一些单元格设置为不锁定，就需要先将那些不需要被保护的单元格取消'锁定'属性。这个思路和很多人想的不同，因为它是反向的。"

选中不想被保护的单元格，右击，在弹出的快捷菜单中选择【设置单元格格式】命令，在弹出的对话框中切换到【保护】选项卡，如图11-19所示。

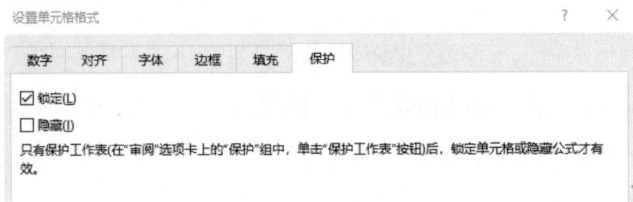

图11-19　【设置单元格格式】对话框中的【保护】选项卡

从该对话框中可以看出，【锁定】复选框默认处于选中状态，单击将其取消。

接下来，再按前面讲过的步骤，进行工作表保护设置即可，所有未选中【锁定】属性的单元格将不会受到工作表保护的影响。

如果希望对带公式的单元格进行保护，同时隐藏这些公式，则也可以参照以上方式。将需要隐藏公式的单元格选中，进入【设置单元格格式】对话框中的【保护】选项卡，将【锁定】和【隐藏】复选框全部选中，再进行工作表的保护操作。在这些单元格的【锁定】和【隐藏】属性都被选中的情况下，当工作表被保护后，这些单元格中的内容会显示在单元格中，但是，当选中这个单元格时，在公式编辑栏中将不会出现任何内容。这就实现了可以查看公式结果，但是不能通过双击进入带公式的单元格，也不能通过公式编辑栏查看该公式的效果。

小严觉得这个功能非常好地解决了她的困惑，但是她还有一个疑问："有时候工作表中的公式不是放在一起的，而是零散地分布在各行各列中的，如果需要找到每个公式，手动进行单元格格式中的'隐藏'设置，感觉还是有一点儿烦琐。有没有更便捷的操作，能够快速选中表格中所有带公式的单元格呢？"

表姐Lisa非常喜欢小严这样善于举一反三、深入思考的性格，赞赏地说道："小严的悟性还是很高的，她能够针对学到的功能马上思考在工作场景下的实际使用，并提出具体的问题。接下来，我们来分享一种可以快速选中表格中所有带公式的单元格的方法。"

选中表格中的所有内容，按【Ctrl+G】组合键，选择【定位条件】；也可以选择【开始】→【查找和选择】→【定位条件】命令，如图11-20所示。

弹出【定位条件】对话框，从中选中【公式】单选按钮，如图11-21所示。

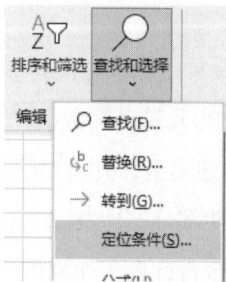

图11-20　选择【定位条件】命令

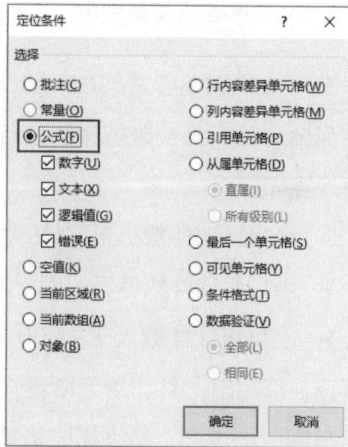

图11-21　【定位条件】对话框

单击【确定】按钮后，所选区域中所有带公式的单元格将被全部选中。此时，可以按前面介绍的步骤，为选中的单元格一次性地设置单元格格式中的【隐藏】选项。

如果想要取消工作表保护，则只需单击【审阅】菜单中的【撤销保护工作表】按钮，录入保护密码即可。

以上介绍了7种常用的工作簿和工作表的保护功能，只需要根据使用场景灵活运用即可。

二、快速进行各种不同情况下的奖金与提成计算

在Excel沙龙的交流过程中，很多人力资源的小伙伴都提出来在进行奖金或提成计算时，不知道如何实现快捷的数据计算。由于不同公司采用的奖金和提成方法不同，所以计算的方式、方法也不相同。有很多人想要通过公式实现快捷计算，但是又不知道公式应该怎样设置，在网络上搜索又很难找到一模一样的案例和公式进行参考。

在本次Excel沙龙的交流过程中，表姐Lisa专门与大家分享了一些不同情况下的奖金或提成的计算案例。

1. 计件奖金的计算案例

有一位在制造行业的HR小伙伴小祁提出的问题是：如何对某些生产操作岗位的奖金进行计算？这些岗位以当月累计的计件数量作为奖金核发的依据，具体计算规则如下：

➢ 当月累计件数小于3 500件时，不予发放奖金；

➢ 当月累计件数等于或大于3 500件时，给予300元基础奖金；

➢ 当月累计件数大于3 500件时，不仅给予基础奖金，并且对于超出3 500件部分，每超出50件，给予增量奖金75元，不足50件部分不计发。

根据以上规则，最终需要将基础奖金与增量奖金合计后，作为该员工当月的应发奖金。

表姐Lisa想先带大家梳理一下公式的编写思路，只要清楚了公式的编写思路，转换成公式就简单多了。

表姐Lisa说道：“从奖金计发规则中可以看出，首先要把公式分为两种情况，第一种是当月累计件数小于3 500件时的情况，第二种是当月累计件数大于或等于3 500件时的情况。要实现两个分支的判断，我们需要使用什么函数呢？”

小祁是有一点儿Excel函数基础的，抢先说道："可以使用IF函数进行判断，判断条件为当月累计件数是否小于3 500件，当条件成立时显示一种结果，当条件不成立时显示另一种结果。"

小祁说的没错，明确了两种分支，就可以在大于或等于3 500件的分支中加入奖金的计算公式。将超出3 500件的件数除以50，看看超额数量是50件的多少倍。这个倍数计算出来以后取整数，舍弃小数部分。用这个倍数乘以75元，就可以计算出增量奖金。在此基础上，再加上超额的300元基础奖金，就得到了最终的计算结果。计件奖金计算公式如图11-22所示。

部门	员工	当月累计件数	奖金
一车间	周全	3888	825
一车间	黄杨杨	4212	1350
一车间	林辉	2984	0
一车间	李超	3025	0
一车间	王军义	4596	1875
一车间	司明明	4659	2025
一车间	余东庆	3461	0
一车间	何小君	4196	1275
一车间	李玉林	3287	0
一车间	章远方	3635	450
一车间	王立	4652	2025
一车间	刘松岩	2936	0

图11-22　计件奖金计算公式

图11-22中的公式内容如下：

$$=IF(D3<3500,0,INT((D3-3500)/50)*75+300)$$

【公式释义】通过IF函数进行逻辑判断，条件为D3<3500。当条件成立时，显示为0；当条件不成立时，表示件数大于3 500件，计算奖金INT((D3-3500) / 50)*75+300。

公式中的INT函数用于将数字向下舍入到最接近的整数。以2.5为例，经INT函数舍入后得到数字2，刚好契合本例中奖金计算的相应要求，即增量中不足50件的部分不计发奖金。

2. 分档奖金的计算案例

小祁所在的公司对于销售岗位的奖金是按照业绩达成的总金额来对应不同区

间的提成比例的。这种分档的奖金计发方式应用非常广泛。小祁简要描述其提成计算规则如图11-23所示。

业绩区间	奖金比例
0~99 999	0.5%
100 000~249 999	1.0%
250 000~499 999	1.2%
500 000及以上	1.5%

图11-23　提成计算规则

除以上提成外，对于当月业绩最高的销售冠军，公司还将给予1 000元销售冠军奖。

为了便于理解，在设计公式时，先进行多区间奖金的计算，再考虑销售冠军奖的计算。在进行多区间奖金的计算时，只需要将某个员工的奖金按不同区间检索，对应到符合的区间中，提取出相应的奖金比例，再乘以该员工的销售额即可。分档奖金计算公式如图11-24所示。

	部门	员工	销售额	奖金		区间	区间点	奖金比例
2								
3	销售部	李磊磊	334743	4016.916		0-99999	0	0.5%
4	销售部	石强	466463	5597.556		100000-249999	100000	1.0%
5	销售部	宋惠惠	310845	3730.14		250000-499999	250000	1.2%
6	销售部	张霞	81494	407.47		500000及以上	500000	1.5%
7	销售部	周欣欣	375198	4502.376				
8	销售部	李悦	309055	3708.66				
9	销售部	钱乐乐	441593	5299.116				
10	销售部	孙美芳	410435	4925.22				
11	销售部	周玲	495928	5951.136				
12	销售部	王东利	146949	1469.49				
13	销售部	张华	365512	4386.144				
14	销售部	张远思	201780	2017.8				

图11-24　分档奖金计算公式

图11-24中的公式内容如下：

$$=VLOOKUP(D3,\$H\$2:\$I\$6,2,1)*D3$$

【公式释义】这里使用了VLOOKUP函数中的"近似匹配"功能，在不同的区间中进行对应奖金比例的提取。

【VLOOKUP函数介绍】根据指定的关键词，在数据区域的首列进行查找；

找到数据后，在数据区域指定的列中提取数据。

【VLOOKUP函数用法】=VLOOKUP(参数1,参数2,参数3,参数4)

➤ 参数1：查什么，是指要查询的关键词。在本例中，查询的内容为每个员工的销售额。

➤ 参数2：去哪里查，也就是用于查找取数的区域。要确保参数1中指定的查找关键词位于查找区域的第一列。VLOOKUP函数只从该区域的第一列中搜索关键词是否存在。在本例中，查找区域为图11-24中的"区间点"和"奖金比例"这两列。其中，参数1指定的销售数据会从"区间点"列中进行数据查询。

➤ 参数3：查询到数据后提取第几列数据。这个参数是指在查找区域的第几列中提取数据。在本例中，在查询到数据后，将取出参数2中的第二列，因此该参数设置为"2"。

➤ 参数4：精确匹配或近似匹配。其中，"0"代表精确匹配；"1"或省略该参数代表近似匹配。本例中的公式使用的是近似匹配，所以最后一个参数设置为"1"。

VLOOKUP函数在使用"近似匹配"模式时，注意事项如下：

➤ VLOOKUP函数中的第二个参数，也就是查找区域的第一列，一定要升序排列。如果没有进行升序排列，那么得到的结果是错误的；

➤ 在公式中使用了右侧的辅助表，在辅助表的"区间点"这一列中要取每个业绩区间的下限，也就是最小值；

➤ 近似匹配的查找原理是用查找关键词在参数2的第一列中进行查找。如果能够找到完全相同的数据，则直接取出参数2中第二列的奖金比例。如果找不到完全相同的数据，则会查找小于当前关键词的最大值所在的这一行，对应取得相应的奖金比例。

在Excel中，能够提供"近似匹配"功能的函数除了VLOOKUP函数外，还有XLOOKUP函数。XLOOKUP函数是在Excel的2021和365版本，以及WPS的新版本中提供的一个新的查询函数。可以认为在新版本软件中，XLOOKUP函数是VLOOKUP函数的升级版。在前面的章节中也详细地讲解过XLOOKUP函数的用法。在版本能够支持的前提下，建议优先使用新版本函数。

在本例中，使用XLOOKUP函数编写的公式如图11-25所示。

E3 =XLOOKUP(D3,$H$3:$H$6,$I$3:$I$6,,-1)*D3

部门	员工	销售额	奖金
销售部	李磊磊	334743	4016.916
销售部	石强	466463	5597.556
销售部	宋惠惠	310845	3730.14
销售部	张霞	81494	407.47
销售部	周欣欣	375198	4502.376
销售部	李悦	309055	3708.66

区间	区间点	奖金比例
0-99999	0	0.5%
100000-249999	100000	1.0%
250000-499999	250000	1.2%
500000及以上	500000	1.5%

图11-25　使用XLOOKUP函数编写的公式

公式内容如下：

=XLOOKUP(D3,$H$3:$H$6,$I$3:$I$6,,-1)*D3

【公式释义】XLOOKUP 函数的参数具体为：XLOOKUP(查找关键词,查询数据的区域,提取数据的区域,[找不到查找值时返回的结果],[匹配类型],[搜索模式])。在本例中，各个参数设置如下：

➢ 参数1：查找关键词，内容为当前某个员工的销售额。

➢ 参数2：查询数据的区域，内容为图11-25中的“区间点”列。

➢ 参数3：提取数据的区域，内容为图11-25中的“奖金比例”列。

➢ 参数4（可选参数）：找不到查找值时返回的结果。在本例中省略了该参数，即未进行指定。

➢ 参数5（可选参数）：匹配类型。在本例中使用的是“-1”，代表“完全匹配，如果没有找到，则返回下一个较小的项”。该选项和VLOOKUP函数的“近似匹配”模式的计算规则相同。

➢ 参数6（可选参数）：搜索模式。在本例中省略了该参数。

公式通过当前销售额，对应查询出相应的奖金比例后，乘以销售额，即可得到奖金额度。得到的奖金额度带有较多的小数位数，为了方便奖金计发，可以将公式得到的结果进行四舍五入。以使用XLOOKUP函数的公式为例，进行四舍五入，具体设置及结果如图11-26所示。

E3 =ROUND(XLOOKUP(D3,$H$3:$H$6,$I$3:$I$6,,-1)*D3,0)

部门	员工	销售额	奖金
销售部	李磊磊	334743	4017
销售部	石强	466463	5598
销售部	宋惠惠	310845	3730

图11-26　在公式中增加四舍五入函数

公式内容如下：

=ROUND(XLOOKUP(D3,$H$3:$H$6,$I$3:$I$6,,−1)*D3,0)

【公式释义】在原有公式外嵌套ROUND函数，将原有公式作为要舍入的对象。公式中的“0”指的是四舍五入到整数位。

在完成奖金的计算后，接下来需要在此基础上增加对于销售冠军奖金的计算。

要计算销售冠军奖金，需要找到最高的销售额，并判断当前员工的销售额是否是最高销售额。找到最高销售额对应的员工，增加1 000元奖金即可。公式设置及结果如图11−27所示。

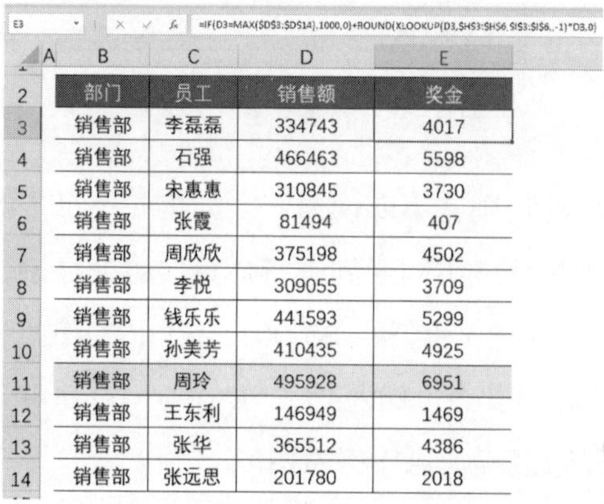

部门	员工	销售额	奖金
销售部	李磊磊	334743	4017
销售部	石强	466463	5598
销售部	宋惠惠	310845	3730
销售部	张霞	81494	407
销售部	周欣欣	375198	4502
销售部	李悦	309055	3709
销售部	钱乐乐	441593	5299
销售部	孙美芳	410435	4925
销售部	周玲	495928	6951
销售部	王东利	146949	1469
销售部	张华	365512	4386
销售部	张远思	201780	2018

图11−27　增加销售冠军奖金计算的公式

公式内容如下：

=IF(<u>D3=MAX($D$3:$D$14)</u>,1000,0)+ROUND(XLOOKUP(D3,$H$3:$H$6,$I$3:$I$6,,−1)*D3,0)

【公式释义】在这个公式中，加下画线的IF函数就是对销售冠军奖金进行的判断。通过使用MAX函数从$D$3:$D$14单元格区域中找到销售额中的最大值，并与每个员工的销售额进行比较，当两者相等时说明当前员工就是销售冠军，给予1 000元奖金即可；否则给予奖金为0元。

3. 超额累进式的奖金计算案例

前面讲到的多区间奖金计算规则是相对比较简单的奖金计算规则。

小邱所在的公司使用的是超额累进式的奖金计算规则，这种计算规则相对比较复杂，如果手动计算将会带来更大的工作量，也容易出错。当员工数量很多时，要进行精确计算，最理想的方式就是使用Excel来编写公式，得到相应的计算结果。

先来了解一下小邱所在公司销售奖金的计算规则，如图11-28所示。

区间	区间内的提成比
0~30 000	7.0%
30 001~50 000	8.0%
50 001~70 000	9.0%
70 001~90 000	10.5%
90 001及以上	13.0%

图11-28　销售奖金计算规则

为了能够讲清计算规则，小邱说道："如果一个员工的销售额是95 000元，那么其奖金会被拆分成不同区间进行计算。也就是说，95 000元的销售额，其中30 000元的奖金比例为7%，30 001～50 000元的部分奖金比例为8%，50 001～70 000元的部分奖金比例为9%，70 001～90 000元的部分奖金比例为10.5%，90 001元及以上部分奖金比例为13%。"

小邱介绍完计算规则，小严觉得这种算法有点儿似曾相识，说道："这种算法和前面讲的多区间的奖金计算规则有点相似。而且超额累进的方式有点儿像个人所得税的计算规则。"确实如此。

既然小严提到了个人所得税的计算规则，那么这个问题完全可以参考个人所得税的计算方式来实现简化的数据计算。既然要参考个人所得税的计算方式，我们就先来了解在计算个人所得税时经常用到的"速算扣除数"，这是简化计算的关键。

对于人力资源岗位，特别是与薪酬相关岗位的小伙伴来说，对速算扣除数一定不会陌生。它是指为简化超额累进税率分级计算过程，预先计算出来的一个数据。有了速算扣除数，就可以先将全部应税金额按其适用的最高税率计税，再减去速算扣除数，得到的结果就是按超额累进税率计算的税额。那么，个人所得税计算中的速算扣除数又是怎么计算出来的呢？

速算扣除数的计算公式如下：

本级速算扣除额=上一级最高应纳税所得额×(本级税率-上一级税率)+上一级速算扣除数

按照与计算个人所得税相同的思路，以及速算扣除数的计算方法，在小邱提供的奖金计算规则基础上，同样设置相应的“速算扣除数”，以便于简化计算。速算扣除数的计算公式如图11-29所示。

K4　=I3*(J4-J3)+K3

区间	区间下限	区间上限	区间内的奖金比例	速算扣除数
0-30000	0	30000	7.0%	0
30001-50000	30001	50000	8.0%	300
50001-70000	50001	70000	9.2%	900
70001-90000	70001	90000	10.6%	1880
90001及以上	90001	1000000	13.5%	4490

图11-29　速算扣除数的计算公式

公式内容如下：

=I3*(J4-J3)+K3

【公式释义】该公式参照个人所得税的计算规则进行设置，即“本级速算扣除数=上一级区间上限×(本级奖金比例-上一级奖金比例)+上一级速算扣除数”。

建立了速算扣除数，计算公式就可以参考前面案例中讲到的XLOOKUP函数的计算方法来实现了。公式设置如图11-30所示。

E3　=D3*XLOOKUP(D3,$I$2:$I$7,$J$2:$J$7,,1)-XLOOKUP(D3,$I$2:$I$7,$K$2:$K$7,,1)

部门	员工	销售额	奖金
营销部	李然	95000	8335
营销部	秦小峰	52800	3957.6
营销部	高小莉	74600	6027.6
营销部	张伟	91000	7795
营销部	刘彬	85900	7225.4
营销部	钱东源	54600	4123.2

区间	区间下限	区间上限	区间内的奖金比例	速算扣除数
0-30000	0	30000	7.0%	0
30001-50000	30001	50000	8.0%	300
50001-70000	50001	70000	9.2%	900
70001-90000	70001	90000	10.6%	1880
90001及以上	90001	1000000	13.5%	4490

图11-30　加入速算扣除数的奖金计算公式

公式内容如下：

=D3*XLOOKUP(D3,$I$2:$I$7,$J$2:$J$7,,1)-XLOOKUP(D3,$I$2:$I$7,$K$2:$K$7,,1)

【公式释义】公式中的第一个XLOOKUP函数用于提取销售额对应档位的奖金比例，第二个XLOOKUP函数用于取得速算扣除数。将销售额乘以奖金比例，再减去对应的速算扣除数，就可以方便地完成计算了。

从图11-30中可以看出，该公式中使用的两个XLOOKUP函数与前面案例的用法有所不同。该公式中XLOOKUP函数的第五个参数设置为"1"。"1"代表"完全匹配，如果没有找到，则返回下一个较大的项"。也就是说，会将查找值近似到与其最接近的下一个较大的值。之所以这么做，是因为XLOOKUP函数中使用的第二个参数是每个区间的上限，而非下限。

4. 年终奖的计算案例

在Excel沙龙的交流过程中，还有小伙伴提出了一个关于年终奖计算的问题。该公司年终奖的计算需要满足以下两个条件：

➢ 当年在职月数大于6个月；

➢ 季度绩效考核结果不能有"不合格"评级。

在满足这两个条件后，对于符合条件的员工，给予员工基本工资的2倍作为年终奖。

为了便于计算，先将员工的在职月数计算出来，计算要求为截至2021年12月31日员工的在职月数。公式设置如图11-31所示。

部门	员工	入职日期	在职月数	不合格评级次数	基本工资	年终奖金额
研发部	张晴山	2020/3/17	21		6485	
研发部	孙眉	2021/7/6	5		12666	
研发部	肖媛媛	2020/9/4	15		7032	
市场部	宋致远	2020/4/25	20		7210	

图11-31　在职月数计算公式

公式内容如下：

$$=DATEDIF(D3,"2021-12-31","M")$$

【公式释义】通过DATEDIF函数，计算员工从入职日期至2021年12月31日的在职月数。其中D3单元格中的内容为员工入职日期，也是DATEDIF函数计算的起始日期。函数中的第二个参数"2021-12-31"为计算截止日期。最后一个参数"M"指的是从起始日期到截止日期间隔的整月数。在公式计算完成后，向下拖动复制公式，完成对所有员工在职月数的计算。

【DATEDIF函数介绍】DATEDIF函数是Excel中的隐藏函数，用于返回两个日期之间的时间差。时间差可以以"天"为单位衡量，也可以以"月"和"年"为单位衡量。

【DATEDIF函数用法】=DATEDIF（起始日期，截止日期，时间差的表示单位）

其中"时间差的表示单位"可以用以下固定的代码分别来表示：

➤ "Y"表示时间段中的整年数。

➤ "M"表示时间段中的整月数。

➤ "D"表示时间段中的天数。

➤ "MD"表示起始日期与截止日期的同月间隔天数，忽略日期中的月份和年份。

➤ "YD"表示起始日期与截止日期的同年间隔天数，忽略日期中的年份。

➤ "YM"表示起始日期与截止日期的同年间隔月数，忽略日期中的年份。

需要注意的是，以上代码在录入DATEDIF函数中使用时，应当包括其外面的一对英文状态下的双引号。

在完成员工在职月数的统计后，接下来统计员工全年绩效的"不合格"评级次数。在计算时，需要获得员工4个季度的绩效评级结果，如图11-32所示。

部门	员工	入职日期	在职月数	不合格评级次数	基本工资	年终奖金额	部门	员工	第1季度	第2季度	第3季度	第4季度
研发部	张晴山	2020/3/17	21		6485		研发部	张晴山	A	C	S	A
研发部	孙眉	2021/7/6	5		12666		市场部	宋致远	不合格	C	不合格	C
研发部	肖媛媛	2020/9/4	15		7032		客服部	徐清	B	A	A	S
市场部	宋致远	2020/4/25	20		7210		客服部	刘泉	B	不合格	A	A
市场部	李笑笑	2021/2/10	10		9516		客服部	王永源	S	C	B	A
市场部	丁森	2020/5/11	19		5122		市场部	李笑笑		A	B	A
客服部	王海洋	2021/10/30	2		13109		市场部	丁森	A	S	A	A
客服部	刘志华	2020/4/29	20		9532		客服部	刘志华	C	B	A	S
客服部	何丰	2020/6/18	18		11989		客服部	何丰	C	B	A	S
客服部	徐清	2020/12/20	12		11254		研发部	孙眉			S	B
客服部	刘泉	2020/8/16	16		14081		研发部	肖媛媛	B	A	B	C
客服部	王永源	2020/5/30	19		6735							

图11-32　员工绩效评级数据

图11-32右侧的绩效结果记录表中的数据顺序与左侧的年终奖计算表中的数据顺序是不同的。在这种情况下，要将左侧表格中每个员工的不合格评级资料统

计出来，就需要先在右表中定位到指定员工所在的那一行数据，并对数据中内容为"不合格"的评级进行计数。公式设置如图11-33所示。

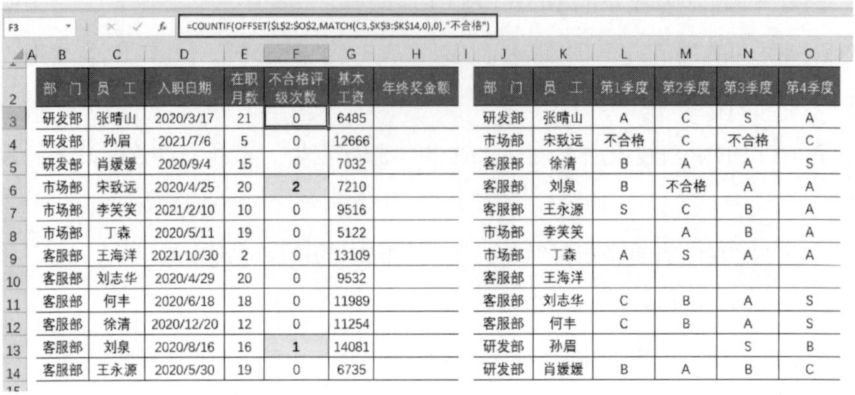

图11-33 "不合格"评级次数计算公式

图11-33中的公式内容如下：

=COUNTIF(OFFSET($L$2:$O$2,MATCH(C3,$K$3:$K$14,0),0),"不合格")

【公式释义】在这个公式中使用了三个函数的嵌套。函数的嵌套是在公式应用中不可避免的。只需要理解公式中每一部分的内容，对嵌套的公式也不难理解。该公式最里层的函数是MATCH函数，其作用是查找C3单元格中的姓名在$K$3:$K$14单元格区域中的位置，即在单元格区域中是第几个数据。OFFSET函数将根据指定起始点，通过偏移取得一个单元格或一个区域的函数。在该公式中它的作用是以$L$2:$O$2为起始点向下偏移（行方向的偏移），列偏移量为0表明列不做偏移。行方向的偏移量使用的是MATCH函数取得的位置数据。通过OFFSET函数与MATCH函数的组合，可以先找到姓名在右表中的位置，再通过偏移找到该姓名对应的4个季度的评级数据。最终，通过COUNTIF函数对前面取得的单元格区域中内容为"不合格"的单元格数量进行计数。

OFFSET函数与MATCH函数是常用的查找取数函数。深入理解并学习这两个函数，有助于灵活地处理工作中表格数据的查询问题。

【MATCH函数介绍】在指定范围内搜索查找关键词，返回查找关键词在搜索范围内的相对位置。

【MATCH函数用法】=MATCH(查找关键词,要搜索的单元格区域,精确查

找或近似查找)

在最后一个参数中录入"0"，代表以精确查找的方式进行搜索。

【OFFSET函数介绍】根据指定的起始位置，以及行和列方向的偏移量，通过偏移取得新的数据区域。在偏移时，还可以同时指定新数据区域的宽度和高度。

【OFFSET函数用法】=OFFSET(起始位置,上下方向的偏移行数,左右方向的偏移列数,[偏移后数据区域的行数],[偏移后数据区域的列数])

OFFSET函数的最后两个参数是可以省略的，在前面的公式中就省略了这两个参数。当省略这两个参数时，偏移后的数据区域大小与指定的起始位置相同。

表姐Lisa考虑到大家对这个函数的了解不多，说道："这个函数非常强大，在实际工作中也能够帮大家解决很多问题。这样吧，我录制一个全面的讲解视频，大家可以反复观看，边看边操作，学会这个函数一定会受益匪浅。"

三、制作灵活、规范的工资表模板

工资表是每家企业都会用到的薪酬数据表格。使用Excel制作工资表，是人力资源或财务等相关岗位人员每个月的常规工作。建立一张基础的工资表并不难，只要对Excel有基础了解，就可以做到。但由于很多人对Excel不太熟悉，总会用到很多重复的手动操作，所以每个月编制工资表都会花费大量的时间和精力，稍有不慎还会出错。由于工资表中的内容关系到每个员工的直接利益，所以工资数据出错也会引起员工的不满情绪，更有甚者会引起一些不必要的麻烦。

要使工资表真正"好用"，就需要在设计表格的过程中考虑后续数据统计时的易用性，以及表格使用过程中的便捷性等问题。

1. 在工资表中不建议设置合并单元格

在一般情况下，工资表的表格设计应当满足两个方面的使用需求：一是为了准确、快速地计算当月工资数据，以便进行工资发放；二是每个月的工资表作为基础数据，要便于进行年度薪酬数据的汇总与统计。因此，在对工资表的表格结构进行设计时，要充分考虑这两点需求，以避免后续操作中不必要的工作量。

如图11-34所示，这张工资表是某位小伙伴提供的工资表模板。

XXX公司2022年X月份工资表

序号	姓名	部门	岗位	出勤天数	加项部分						扣款部分				统计部分			
					基本工资	加班费	全勤	餐补	奖金		请假扣款	社保扣款	公积金扣款	其它扣款	应发部分	应扣部分	个税	实发工资

图11-34　工资表模板

从这张工资表中可以看出，表格中的表头部分是存在合并单元格的。比如"序号""姓名"是对上下两行单元格进行的合并，而"加项部分""扣款部分"和"统计部分"是对多列单元格进行的合并。

除了这种情况，有的工资表还会在下方的数据区域中进行单元格的合并。举例如图11-35所示。

序号	部门	姓名	岗位	出勤天数	加项部分				
					基本工资	加班费	全勤	餐补	奖金
1	市场部	姓名1		21					
2		姓名2		15					
3		姓名3		18					
4		姓名4		20					
5	销售部	姓名5		22					
6		姓名6		22					
7		姓名7		22					
8		姓名8		22					

图11-35　数据区域中的合并单元格

通过设置合并单元格，会让表格看上去更美观一些，但是非常不便于后续的数据汇总。与表头中的合并单元格相比，数据区域中的合并单元格是更不可取的。

通常，工资表需要每个月编制一张表格。在进行全年薪酬数据统计时，往往需要将全年12个月的工资表进行数据合并，但是带有合并单元格的表头或数据区域不利于数据合并。因此，在实际工作中，应当尽量避免在工资表中设置合并单元格。

2. 工资表中的字段设置与注意事项

工资表中的字段主要根据公司的工资结构来进行设置。比如，在很多公司的工资表中会设置如下内容：

> ➤ 员工的基础信息，如序号、部门、姓名、岗位等；

> ➤ 与工资计算密切相关的员工出勤等信息，如当月应出勤天数、当月实际出勤天数等；

> ➤ 工资的基础信息，如基本工资、绩效工资、提成、奖金、各类补贴等；

> ➤ 公司代扣代缴的相关费用，如社保与公积金的代扣数据、个人所得税的代扣数据等；

> ➤ 工资的应发与实发数据等；

> ➤ 备注栏，用于进行必要情况下的特殊说明。

以上信息基本上是根据某公司实际的薪资结构设置的固定字段。在设置表格字段的时候，还要考虑一些临时或机动的情况。在表格中，可以设置一两列用于填写临时性奖金、补贴或临时性扣款、罚款的数据。机动的数据列可以通过备注栏进行特别说明。这样做既能兼顾表格的灵活性，又能使表格比较规范，避免频繁的表结构变动。

比如，各地在夏季的几个月份里会为员工发放高温补贴。由于高温补贴不是常设的补贴项目，在工资表中没有这一列的情况下，很多人就会选择手动增加一列，用于放置高温补贴。

之所以不建议在工资表中增加临时列，是因为增加临时列后就改变了表结构。在进行所有月份批量数据汇总的时候，原本可以通过几秒钟就批量完成的操作，因为表结构的改动而不得不通过长时间的手动操作来完成。

此外，为了便于后续汇总各月份工资表时进行区分，在工资表中应当添加一个固定的列，用于填写年份与月份的数据。在这一列中可以填入当前月份1日的数据，并通过单元格格式设置将数据显示为"2022-5"这样的年份与月份信息。

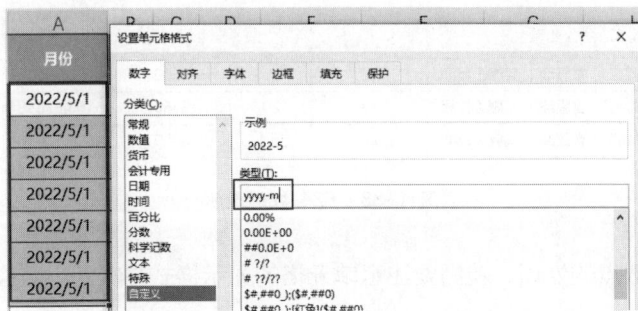

图11-36　【单元格格式设置】对话框

具体设置方法为：选中这一列，右击，在弹出的快捷菜单中选择【设置单元格格式】命令，弹出如图11-36所示的对话框，从中选择【自定义】，并将【类型】设置为"yyyy-m"这样的效果。

"yyyy-m"中的"yyyy"代表的是四位数的年份，"m"代表的是月份。设置完成后单击【确定】按钮，即可看到如图11-37所示的效果。

月份	序号	姓名	部门	岗位
2022-5	1	姓名1	客服部	实施工程师
2022-5	2	姓名2	客服部	实施工程师
2022-5	3	姓名3	客服部	实施工程师
2022-5	4	姓名4	行政部	行政专员
2022-5	5	姓名5	市场部	市场总监

图11-37　"月份"列设置效果

通过以上设置，既能使工资表的结构保持相对稳定和规范，又能兼顾个性化的数据录入要求。

3. 工资表中小数点的处理

在Excel沙龙活动中，有一位小伙伴提出这样的问题："在我编制的工资表中，计算绩效工资的时候小数点后面有很多位。另外，在计算基本工资的时候，由于员工未满勤，计算出来的基本工资也容易有小数点。制作出来的工资表中累计起来的数字总有几分钱的差额，该怎么处理呢？"

以工资表中的基本工资计算为例。由于员工未满勤，所以基本工资出现了带小数的情况。示例如图11-38所示。

姓名	部门	岗位	当月应出勤天数	实际出勤	基本工资标准	基本工资
姓名1	客服部	实施工程师	22	18.5	6500	5465.909091
姓名2	客服部	实施工程师	22	20	5680	5163.636364
姓名3	客服部	实施工程师	22	15.5	6850	4826.136364

图11-38　带小数的数据

涉及小数点的处理，就需要注意单元格的显示格式与实际小数位数的差异。有些人为了操作方便，会选中"基本工资"列，右击，在弹出的快捷菜单中选择

【设置单元格格式】命令，通过单元格的格式设置进行修改。比如，想将其修改为两位小数，会将【数值】中的【小数位数】设置为"2"，如图11-39所示。

图11-39 设置小数位数

殊不知，这样的设置其实只改变了单元格的显示效果，并不能改变单元格中的原始数据。由于原始数据和显示效果不同，因此出现了按显示效果计算出来的金额与通过公式汇总计算出来的金额不相等的情况。

在编制工资表的过程中遇到同类问题，不应当通过修改单元格的显示效果来设置小数位数，而应通过嵌套公式将单元格的结果进行四舍五入等调整，如图11-40所示。

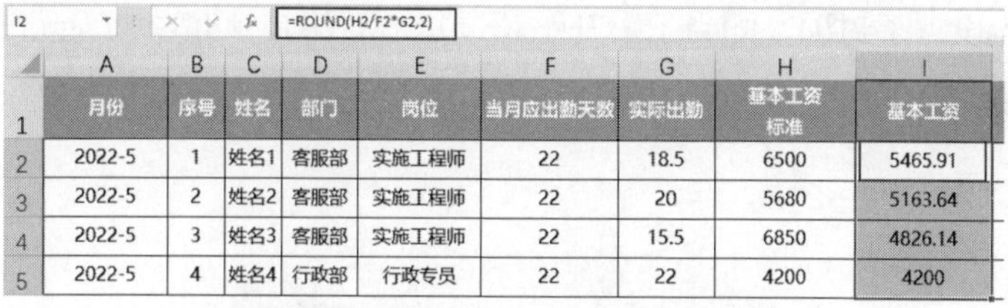

图11-40 通过函数调整小数位数

在图11-40中，在基本工资计算公式的外面嵌套了四舍五入函数。以I2单元格中的公式为例，公式内容如下：

$$=ROUND(H2/F2*G2,2)$$

【公式释义】公式中使用的ROUND函数是用于四舍五入的函数。ROUND函数中的第一个参数为计算出来的基本工资原数据，也就是要四舍五入的数据；第二个参数为"2"，指的是舍入到的小数位数，即舍入到小数点后两位。

通过四舍五入函数进行数据处理后，就不会出现前面提到的显示数据与公式计算结果不匹配的尴尬问题了。

四、员工福利的计算与发放

各家企业的员工福利往往非常灵活多样，以满足不同员工对福利的期望。在员工福利的管理中，Excel表也是不可或缺的工具。

1. 员工工龄补贴的计算

在交流中，一位负责薪酬管理的人力资源小伙伴提出一个问题："在我们公司里，在计算工龄补贴的时候有一些要求，我想知道能不能快速地计算出每个员工的工龄补贴。我们公司的制度规定，员工入职后即享受工龄补贴。员工工龄为一年及一年以内，其工龄补贴均为每月50元。员工工龄超过一年，每增加一年，工龄补贴每月增加100元。由于员工工龄是动态变化的，所以每个月计算工龄也会耗费不少时间。有没有办法快速地实现计算呢？"

表姐Lisa听完这位小伙伴的描述，问道："很多公司的工龄补贴是会进行封顶的。请问您所在的公司是否存在这样的情况呢？"经过沟通得知，该公司的工龄补贴同样设置了封顶，即当工龄补贴超过1 000元时，均按1 000元进行发放。

为了便于计算与验证，表姐Lisa列出了一张工龄补贴计算示例表，如图11-41所示。

员工姓名	工龄（年）	工龄补贴
姓名1	0	50
姓名2	1	50
姓名3	2	150
姓名4	3	250
姓名5	4	350
姓名6	5	450
姓名7	6	550
姓名8	7	650
姓名9	8	750
姓名10	9	850
姓名11	10	950
姓名12	11	1000
姓名13	12	1000
姓名14	13	1000
姓名15	14	1000

图11-41　工龄补贴计算示例表

从图11-41中可以看出，在D3单元格中设置了工龄补贴的计算公式，具体内容如下：

$$=MIN(IF(C3<=1,50,50+(C3-1)*100),1000)$$

【公式释义】在前面的章节中多次讲到了IF函数与MIN函数的用法。公式中"IF(C3<=1,50,50+(C3-1)*100)"部分的意思是：当C3单元格中的数据（当前员工的工龄）小于或等于1的时候，工龄补贴对应50元；当超出一年后，在50元的基础上每超出一年增加100元的工龄补贴。但是，仅用IF函数计算出来的工龄补贴是没有设置封顶的。要设置封顶，就可以采用前面分享过的MIN函数。具体用法为"MIN(封顶前的工龄补贴,1000)"，指的是在工龄补贴与1 000之间取最小值。当工龄补贴不足1 000元时，就得到计算出来的工龄补贴；当工龄补贴大于1 000元时，取最小值1 000元作为工龄补贴。

在这个案例中，使用的均是前面章节中分享过的函数。其实，只需要将一些常用函数进行灵活的组合和应用，往往就能解决很多实际问题。

2. 妇女节福利的计算

在交流中，人力资源部经理小严提出了一个关于节日福利的问题。想要在妇女节的时候给女员工发放过节福利，并且为已婚与未婚女员工设置不同的福利套餐。其中，给未婚女员工发放"女神节福利套餐1"，给已婚女员工发放"女神节福利套餐2"。除此之外，男性员工是不享受该福利的。

根据小严提出的要求，公式编写及结果如图11-42所示。

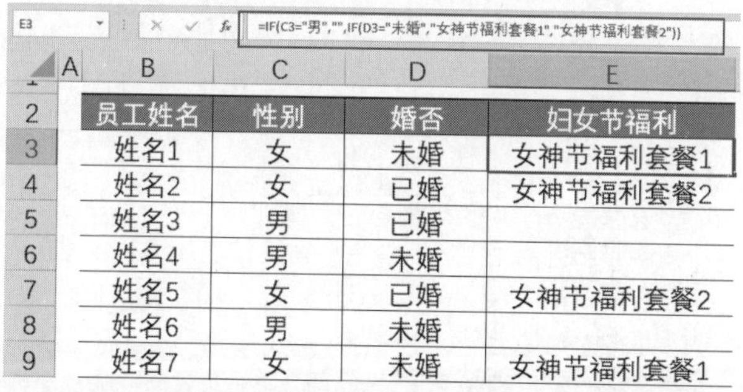

员工姓名	性别	婚否	妇女节福利
姓名1	女	未婚	女神节福利套餐1
姓名2	女	已婚	女神节福利套餐2
姓名3	男	已婚	
姓名4	男	未婚	
姓名5	女	已婚	女神节福利套餐2
姓名6	男	未婚	
姓名7	女	未婚	女神节福利套餐1

fx =IF(C3="男","",IF(D3="未婚","女神节福利套餐1","女神节福利套餐2"))

图11-42　妇女节福利判断公式

以E3单元格为例，公式内容如下：

=IF(C3="男","",IF(D3="未婚","女神节福利套餐1","女神节福利套餐2"))

【公式释义】首先通过第一个IF函数判断性别是否等于“男”，当性别等于“男”时，返回结果为空（“空”在公式中的表示方法为一对英文状态下的双引号）；当性别不等于“男”时，说明是女性员工。接下来，在第一个IF函数的第三个参数（是否分支）中对女性员工进行是否为“未婚”的判断，当条件成立时，返回“女神节福利套餐1”；当条件不成立时，说明该员工是已婚女性员工，返回“女神节福利套餐2”。

3. 学历津贴的计算

有些公司会为不同学历的员工设置学历津贴。如何快速地进行学历津贴的计算呢?

表姐Lisa说道：“学历津贴的设置其实就是一个多条件的判断，不同学历对应的津贴金额不同。要实现这样的设置，只需建立一张小的辅助表格，把不同学历和对应的津贴金额列出来，通过VLOOKUP或XLOOKUP函数进行简单的数据查询即可。或者通过多条件判断函数IFS也可以很方便地实现。如果你使用的软件版本中没有IFS函数，则使用IF函数也可以实现。”

接下来分别分享以上提及的几种方法。使用VLOOKUP函数，公式设置如图11-43所示。

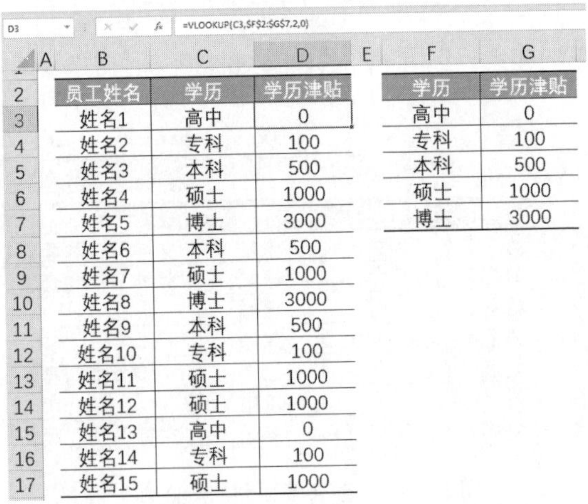
D3 =VLOOKUP(C3,$F$2:$G$7,2,0)

员工姓名	学历	学历津贴
姓名1	高中	0
姓名2	专科	100
姓名3	本科	500
姓名4	硕士	1000
姓名5	博士	3000
姓名6	本科	500
姓名7	硕士	1000
姓名8	博士	3000
姓名9	本科	500
姓名10	专科	100
姓名11	硕士	1000
姓名12	硕士	1000
姓名13	高中	0
姓名14	专科	100
姓名15	硕士	1000

学历	学历津贴
高中	0
专科	100
本科	500
硕士	1000
博士	3000

图11-43　使用VLOOKUP函数计算学历津贴

D3单元格中的公式内容如下：

=VLOOKUP(C3,$F$2:$G$7,2,0)

如果在D3单元格中使用XLOOKUP函数，则公式内容可以设置为：

=XLOOKUP(C3:C17,F2:F7,G2:G7)

在该公式中使用了数组的用法。因此，只需要在D3单元格中录入以上公式内容，在不进行公式单元格拖动的情况下，即可借助Excel提供的数据动态溢出功能，实现对所有学历津贴的计算。但是，这种用法在WPS中是不适用的。在WPS中进行操作前，需要选中所有要得到公式结果的区域，在录入以上公式内容后，按【Ctrl+Shift+Enter】组合键以数组方式编写并确认公式。

有些人仍然习惯采用鼠标拖动的方式进行公式复制，也可以将XLOOKUP函数设置为：

=XLOOKUP(C3,$F$2:$F$7,$G$2:$G$7)

如果想使用IF函数，那么D3单元格中的公式设置为：

=IF(C3="","",IF(C3="高中",0,IF(C3="专科",100,IF(C3="本科",500,IF(C3="硕士",1000,3000)))))

如果想使用多条件判断函数IFS，那么D3单元格中的公式设置为：

=IFS(C3="高中",0,C3="专科",100,C3="本科",500,C3="硕士",1000,C3="博士",3000,TRUE,"")

以上用到的VLOOKUP函数、XLOOKUP函数、IF函数和IFS函数已做过多次分享，关于函数的具体用法此处不再赘述。

在企业中，员工福利的设计与发放是非常灵活多变的。在对一些常用函数有了基础了解的情况下，要使用Excel辅助做好相关的统计与计算工作，只需要进行函数用法的举一反三、灵活应用即可。

五、全年工资表的快速合并

小严和小邱作为人力资源部经理或者公司的薪酬主管，都提到一个大家普遍关注的问题，那就是薪酬管理中人工成本的统计问题。

小邱说道："我们公司和小严所在的公司一样，每个月的工资表都是一张单独的表格。要进行人工成本的汇总统计，就需要将这些月份的表格合并到一起，否则统计起来会有点儿复杂。我们现在的做法是每个月都要进行复制粘贴，把做好的当月工资表复制到汇总表中。有没有更方便的办法可以快速实现多张工资表的合并呢？"

小严补充道："如果合并后的表格能够自动根据每个月新增加的工资表来更新内容，那就更好了。能够实现这样的效果，就可以在汇总表中通过公式实现自动的人工成本的统计与汇总了。"

表姐Lisa针对这个问题回复说："其实在Excel中提供了多张表格的合并功能。把所有的工资表存放在一个文件夹中，就可以实现快捷的表格合并。不仅如此，如果存放工资表的文件夹中增加了后续月份的工资表，则可以在合并表中进行刷新，自动将后续月份的数据更新到合并表中。如果你使用的是WPS，那么表格的合并更加简单。"

在Excel中，要使用在文件夹中进行表格合并的功能，对表格有一些基础要求，具体如下：

➢ 每个月的工资表结构要完全一样，在表头和数据区域中都不能有合并单元格。

➢ 在每个月的工资表中，第一行应该是表格的表头。如果表格中的第一行是这张表格的标题，则需要去除。

➢ 建立一个文件夹，将要合并的表格存放在这个文件夹中。

之所以有这样的要求，是因为在合并时会自动将表格中的第一行当作表头来处理。为了减少后续的工作量，就需要确保工资表的表头位于第一行中。

在满足以上基础要求后，就可以按文件夹进行表格的合并了。新建一个空的Excel文件，用于存放合并后的工资表数据。打开该文件，选择【数据】→【获取数据】→【来自文件】→【从文件夹】命令，如图11-44所示。

在弹出的【浏览】对话框中，找到存放合并文件的文件夹，如图11-45所示。

单击【打开】按钮，弹出如图11-46所示的对话框，选择【组合】下拉列表中的【合并并转换数据】选项。

弹出【合并文件】对话框，如图11-47所示。

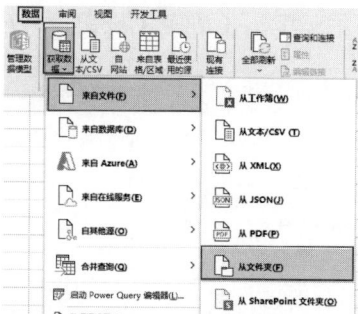

图11-44　从文件夹中获取数据

图11-45　找到存放合并文件的文件夹

图11-46　合并并转换数据

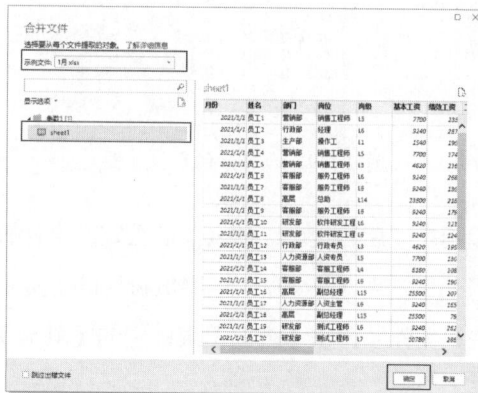

图11-47　【合并文件】对话框

从【示例文件】下拉列表中选择第一个月的工资表，并单击下方【显示选项】

中要进行合并的工作表名称。在完成以上设置后，单击【确定】按钮，弹出
Power Query编辑器，如图11-48所示。

图11-48　Power Query 编辑器

在这个界面中不需要进行额外操作，只需要单击左上角的【关闭并上载】按
钮，将会返回Excel表格中，即可完成数据合并。合并后的数据截图如图11-49
所示。

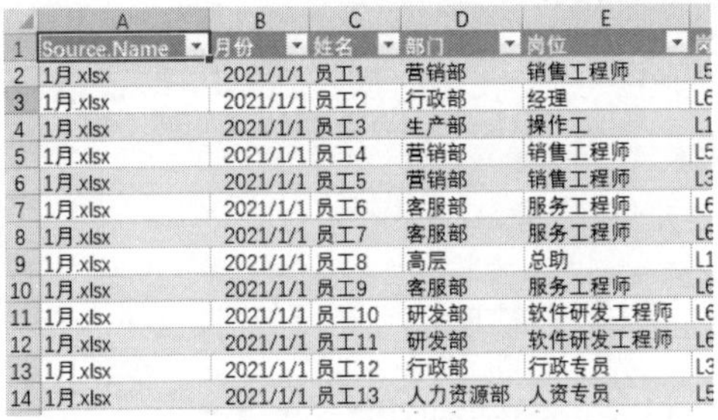

图11-49　合并后的数据截图

当新的工资表编制完成后，也可以放入前面指定的文件夹中。比如，在文件
夹中原有1月份至3月份的三张工资表，当新增的4月份工资表文件被放入文件夹
后，打开合并的工资表文件，单击【查询】菜单中的【刷新】按钮，如图11-50
所示。

图11-50　单击【刷新】按钮

当刷新数据后，4月份工资表中的数据也将自动被提取进来，如图11-51所示。

	Source Name	月份	姓名	部门	岗位	岗级
578	4月.xlsx	2021/4/1	员工24	客服部	客服工程师	L5
579	4月.xlsx	2021/4/1	员工23	研发部	测试工程师	L6
580	4月.xlsx	2021/4/1	员工22	研发部	测试工程师	L6
581	4月.xlsx	2021/4/1	员工21	客服部	经理	L8
582	4月.xlsx	2021/4/1	员工20	研发部	测试工程师	L7
583	4月.xlsx	2021/4/1	员工19	研发部	测试工程师	L6
584	4月.xlsx	2021/4/1	员工18	高层	副总经理	L15
585	4月.xlsx	2021/4/1	员工17	人力资源部	人资主管	L6
586	4月.xlsx	2021/4/1	员工16	高层	副总经理	L15
587	4月.xlsx	2021/4/1	员工15	客服部	客服工程师	L6
588	4月.xlsx	2021/4/1	员工14	客服部	客服工程师	L4
589	4月.xlsx	2021/4/1	员工13	人力资源部	人资专员	L5
590	4月.xlsx	2021/4/1	员工12	行政部	行政专员	L3
591	4月.xlsx	2021/4/1	员工11	研发部	软件研发工程师	L6
592	4月.xlsx	2021/4/1	员工10	研发部	软件研发工程师	L6
593	4月.xlsx	2021/4/1	员工9	客服部	服务工程师	L6
594	4月.xlsx	2021/4/1	员工8	高层	总助	L14
595	4月.xlsx	2021/4/1	员工7	客服部	服务工程师	L6
596	4月.xlsx	2021/4/1	员工6	客服部	服务工程师	L6
597	4月.xlsx	2021/4/1	员工5	营销部	销售工程师	L3
598	4月.xlsx	2021/4/1	员工4	营销部	销售工程师	L5
599	4月.xlsx	2021/4/1	员工3	生产部	操作工	L1
600	4月.xlsx	2021/4/1	员工2	行政部	经理	L6
601	4月.xlsx	2021/4/1	员工1	营销部	销售工程师	L5

图11-51　刷新后的数据

通过这样的方式，既可以实现多张表格的快速合并，也可以实现后续表格增加后的自动更新功能。

需要注意的是，在WPS中无法按以上步骤进行表格合并，因为在WPS中提供了直接进行表格合并的功能。单击【数据】菜单，从中选择【合并表格】→【整合成一个工作簿】命令，如图11-52所示。

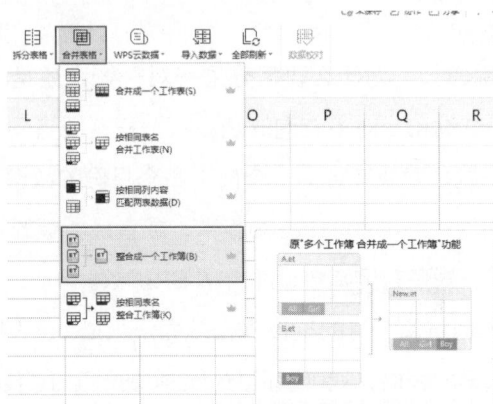

图11-52　WPS中的合并表格功能

但是，该功能需要加入WPS会员后才能使用。

当对多张工资表进行合并后，如需对全年工资数据进行汇总与统计，既可以使用常用的统计函数来完成，也可以使用数据透视表来完成。在后续章节中将会具体分享其操作方法。

六、制作员工工资的查询器

人力资源部经理小严提出一个关于员工工资查询的问题。她说："员工有时候会来人力资源部的办公室，想查询一下自己某几个月的工资信息。这时候我就得打开每个月的工资表进行查找。我想制作一个员工工资表的查询器，在录入员工姓名后，能够自动把这一年中这位员工所有月份的工资数据查询出来。在Excel中可以做到吗？"

表姐Lisa觉得小严提出的问题也是人力资源岗位小伙伴经常遇到的一类问题的代表——查询问题。

表姐Lisa解释说："小严说的这个问题是Excel中典型的查询问题。数据的查询是工作中经常用到的操作。在一般情况下，使用函数进行数据查询，就要区分是一对一查询还是一对多查询。一对一查询指的是根据一个或一组条件，查询出一条数据。比如，根据员工姓名，从某个月的工资表中找到该员工的一条工资数据，这就是典型的一对一查询。一对多查询指的是根据一个或一组条件，有可能会查询出多条数据。"

表姐Lisa接着说道："为什么要区分是一对一查询还是一对多查询呢？因为在Excel中一对一查询和一对多查询的函数不一样，或者同一种函数的用法不同。刚才小严说的问题是要快速查询一个员工多个月份的数据，这显然是一对多查询。如果大家使用的Excel 2021或365版本，或者最新版的WPS表格，则可以使用一个非常方便的一对多查询函数，即FILTER函数。"

在前面分享过如何将每个月的工资表合并为一张Excel表格。有了这张合并全年各个月份工资数据的表格，就可以很方便地实现员工工资表的查询了。

首先，在存放全年工资表数据的表格中创建一张新的工作表。在这张工作表中设置用于存放查询结构的表格区域，并进行适当美化，如图11-53所示。

员工工资查询表

员工姓名：

月份	姓名	部门	岗位	岗级	基本工资	绩效工资	工龄补贴	全勤奖	餐补	差旅补贴	应发合计	社保代扣	公积金代扣	个税代扣	实发工资

图11-53　员工工资查询表

在Excel中，通过运用FILTER函数编写公式，完成查询，如图11-54所示。

=FILTER('2022年月工资表'!B:Q,'2022年月工资表'!C:C=D2)

员工工资查询表

员工姓名：员工7

月份	姓名	部门	岗位	岗级	基本工资	绩效工资	工龄补贴	全勤奖	餐补	差旅补贴	应发合计	社保代扣	公积金代扣	个税代扣	实发工资
2021/1/1	员工7	客服部	服务工程师	L6	9240	1300	300	200	300	1000	12340	2125.2	924	1240.8	8050
2021/2/1	员工7	客服部	服务工程师	L6	9240	1930	300	0	300	680	12450	2125.2	924	1240.8	8160
2021/3/1	员工7	客服部	服务工程师	L6	9240	1170	350	0	300	190	11250	2125.2	924	1240.8	6960
2021/4/1	员工7	客服部	服务工程师	L6	9240	1170	350	0	300	190	11250	2125.2	924	1240.8	6960

图11-54　FILTER函数查询公式

B5单元格中的公式内容如下：

=FILTER('2022年月工资表'!B:Q,'2022年月工资表'!C:C=D2)

【公式释义】这个公式通过一对多查询函数FILTER查找并提取数据。要提取数据的区域是“2022年月工资表”中的B列至Q列，查询条件是“2022年月工资表”C列（“姓名”列）中的数据等于D2单元格中的员工姓名。所有符合条件的数据将会被全部提取出来。

【FILTER函数介绍】根据指定条件进行数据查询，并将查询到的一条或多条数据作为函数的结果返回。

【FILTER函数用法】=FILTER（要提取数据的列或区域，查询条件，当查询不到结果时返回的结果）

在Excel 2021和365版本中有公式结果的溢出功能，只需要在B5单元格中录入公式，公式结果会自动向下方和右侧进行溢出，填充到查询的数据表格中。

小严和小邱看到这么简短的一个公式就实现了数据的查询，惊叹不已。看到大家这么惊喜，表姐Lisa不得不给大家泼点冷水。因为这么简单的操作只能在

Excel中实现，如果使用WPS表格，则需要稍多一点的步骤。

在WPS表格中，在录入公式以前，首先需要选中存放结果的12行数据区域。然后录入与前面同样的公式。在公式录入完成后，按【Ctrl+Shift+Enter】组合键确认公式即可。公式结果如图11-55所示。

图11-55　在WPS中编写查询公式的结果

从图11-55中可以看出，根据员工姓名同样完成了对所有数据的查询。但是，由于在编写公式时选中了12行数据，而查询出来的只有4个月的数据，所以下方未找到数据的区域被公式显示为"#N/A"这个报错结果。这些报错值是不影响数据查询和查看的。随着后续月份数据的加入，在下方的区域中将会逐渐显示后续月份的信息。

如果想要屏蔽这些报错值，使公式在查不到数据时不显示任何内容，就需要做更多的函数嵌套和修改了。

选中查询表格中第一行的第一个格式，也就是图11-55中的B5单元格，公式设置如图11-56所示。

图11-56　通过函数嵌套实现报错值屏蔽

B5单元格中的公式内容如下：

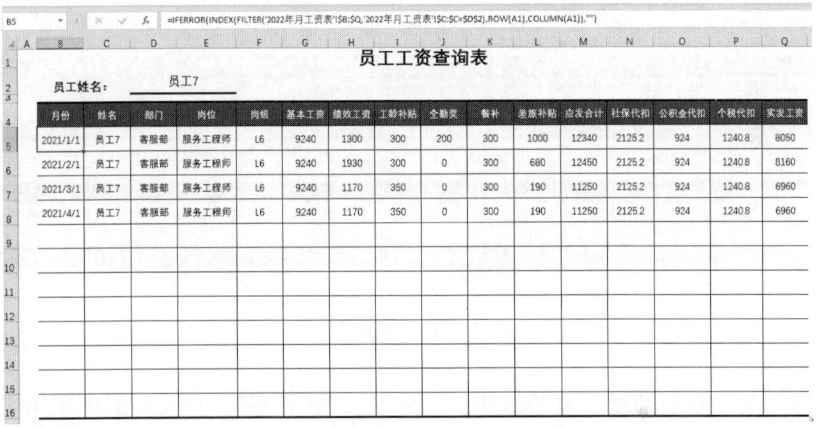

=IFERROR(INDEX(FILTER('2022年月工资表'!$B:$Q,'2022年月工资表'!$
C:$C=$D$2),ROW(A1),COLUMN(A1)),"")

【公式释义】这个公式的目的是屏蔽前面公式中生成的"#N/A"报错值。
公式思路是在原本一个整体的公式基础上,通过INDEX函数打散成一个一个单元
格,然后将数据提取出来。在每个单元格依次提取出数据后,通过IFERROR函
数判断是否是报错值,并将报错值转换为空。

在公式设置完成后,将该公式分别向右和向下拖动复制到整个查询区域中即
可。查询结果如图11-57所示。

图11-57 查询结果

从上面的操作中可以看出,在WPS中处理同类问题要复杂得多。为了使大家
更深入地理解这个公式的具体用法和含义,表姐Lisa为大家录制了更详尽的讲解
视频。

学会了一对多的数据查询方法,在很多同类场景下就可以灵活应用了。

七、根据工资数据,快速制作工资条

计算工资是人力资源部每个月的保留项目,很多人力资源岗位的小伙伴一到
计算工资的时候就难免加班。工资计算完成,好不容易从林林总总的考勤数据和
工资计算数据中走出来,还需要再考虑制作工资条的问题。

如图11-58所示是某公司2022年4月工资明细表中的一部分数据。

月份	姓名	部门	岗位	岗级	基本工资	绩效工资	工龄补贴	全勤奖	餐补	差旅补贴	应发合计	社保代扣	公积金代扣	个税代扣	实发工资
2021/4/1	员工150	研发部	软件研发工程师	L5	7700	1610	300	0	300	1390	11300	1771	770	299.7	8459.3
2021/4/1	员工149	采购部	采购岗	L3	4620	2530	100	0	300	1230	8780	1062.6	462	184.32	7071.08
2021/4/1	员工148	生产部	操作工	L4	6160	2610	0	0	300	1150	10220	1416.8	616	236.76	7950.44
2021/4/1	员工147	营销部	销售工程师	L6	9240	240	500	0	300	180	10460	2125.2	924	1242.8	6168
2021/4/1	员工146	采购部	采购岗	L3	4620	2110	250	0	300	650	7930	1062.6	462	187.32	6218.08
2021/4/1	员工145	生产部	操作工	L4	6160	400	300	0	300	1200	8360	1416.8	616	244.26	6082.94
2021/4/1	员工144	生产部	操作工	L4	6160	2490	250	0	300	550	9750	1416.8	616	244.26	7472.94
2021/4/1	员工143	生产部	操作工	L3	4620	2480	500	0	300	500	8400	1062.6	462	194.82	6680.58

图11-58　部分工资数据

现在需要为每个员工制作工资条。每个员工的工资条都要有表头以及该员工的工资数据，如图11-59所示。

月份	姓名	部门	岗位	岗级	基本工资	绩效工资	工龄补贴	全勤奖	餐补	差旅补贴	应发合计	社保代扣	公积金代扣	个税代扣	实发工资
2021/4/1	员工150	研发部	软件研发工程师	L5	7700	1610	300	0	300	1390	11300	1771	770	299.7	8459.3

月份	姓名	部门	岗位	岗级	基本工资	绩效工资	工龄补贴	全勤奖	餐补	差旅补贴	应发合计	社保代扣	公积金代扣	个税代扣	实发工资
2021/4/1	员工149	采购部	采购岗	L3	4620	2530	100	0	300	1230	8780	1062.6	462	184.32	7071.08

月份	姓名	部门	岗位	岗级	基本工资	绩效工资	工龄补贴	全勤奖	餐补	差旅补贴	应发合计	社保代扣	公积金代扣	个税代扣	实发工资
2021/4/1	员工148	生产部	操作工	L4	6160	2610	0	0	300	1150	10220	1416.8	616	236.76	7950.44

月份	姓名	部门	岗位	岗级	基本工资	绩效工资	工龄补贴	全勤奖	餐补	差旅补贴	应发合计	社保代扣	公积金代扣	个税代扣	实发工资
2021/4/1	员工147	营销部	销售工程师	L6	9240	240	500	0	300	180	10460	2125.2	924	1242.8	6168

图11-59　工资条效果

这个要求看似简单，又不简单。之所以说看似简单，是因为如果采用手动复制的方法，只需要每次将表头以及员工的工资数据复制粘贴在一起就可以了。之所以说不简单，是因为员工数量多，对每个员工的工资条如果全部采用手动复制的方式制作，工作量会非常大。

要实现更方便的工资条制作，方法有很多。在前面的章节中讲到了Word中的“邮件合并”功能，通过该功能是可以方便地制作工资条。除此之外，在Excel中通过一些简单的设置也可以分分钟完成几百名员工的工资条制作。

接下来，以在Excel中的设置为例进行讲解。为了便于演示，选取一部分工资数据进行操作。

首先，从工资表表头下方的第一行数据开始，以整行选取的方式选中下方员工的工资数据。在选取时只需要选到最后一位员工工资数据的上方，如图11-60所示。选中数据后，右击选中的数据区域，在弹出的快捷菜单中选择【插入】命令。

图11-60　选中数据并插入行

此时，会在所选区域的上方插入一些空行，空行的数量和选中的行数是相同的，如图11-61所示。

图11-61　插入的空行

插入的这些空行将用来制作每个员工的工资条表头。接下来，将工资表的表头进行复制，选中新插入的空行，将表头粘贴到新插入的空行中，如图11-62所示。

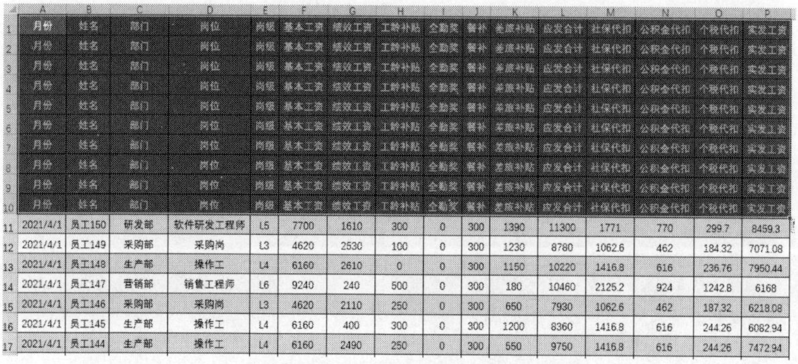

图11-62　复制粘贴表头

在表头右侧找到一个没有数据的空白列，为所有重复的表头录入"1、2、3、……"这样的顺序编号。为了便于编号的快速录入，可以在录入第一个和第二个单元格后，选中这两个单元格，向下拖动，生成连续的数字编号，如图11-63所示。

选中表头右侧生成的连续数字编号，复制这些编号，在这一列的下方工资数据右侧进行粘贴。接下来，在工资数据的下方再次进行粘贴。这样就形成了三组同样内容的数字编号，如图11-64所示。

图11-63　设置编号

图11-64　三组编号

将光标定位到新建立的编号这一列中，对这一列进行排序。单击【数据】菜单中的【升序】按钮，如图11-65所示。

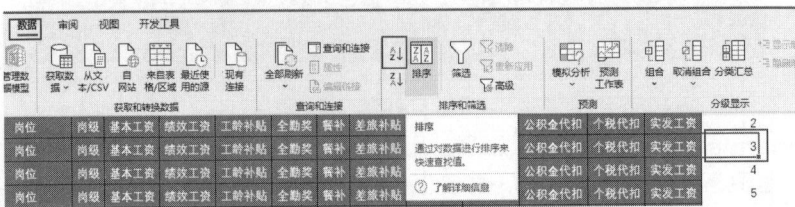

图11-65　升序排序

由于在编号列与工资数据列中间是没有空列的，所以Excel会将工资表和编号列视为同一个数据区域。通过排序操作，会将工资表的表头、数据以及一个空行混合排列在一起。在每一条表头下方都会带有一位员工的工资数据，在每组数据之间还会有一个空行分隔，这就形成了工资条的雏形，如图11-66所示。

	A	B	C	D	E	F	G	H	I	J	K	L	M	N	O	P	Q
1	月份	姓名	部门	岗位	岗级	基本工资	绩效工资	工龄补贴	全勤奖	餐补	差旅补贴	应发合计	社保代扣	公积金代扣	个税代扣	实发工资	1
2	2021/4/1	员工150	研发部	软件研发工程师	L5	7700	1610	300	0	300	1390	11300	1771	770	299.7	8459.3	1
3																	1
4	月份	姓名	部门	岗位	岗级	基本工资	绩效工资	工龄补贴	全勤奖	餐补	差旅补贴	应发合计	社保代扣	公积金代扣	个税代扣	实发工资	2
5	2021/4/1	员工149	采购部	采购岗	L3	4620	2530	100	0	300	1230	8780	1062.6	462	184.32	7071.08	2
6																	2
7	月份	姓名	部门	岗位	岗级	基本工资	绩效工资	工龄补贴	全勤奖	餐补	差旅补贴	应发合计	社保代扣	公积金代扣	个税代扣	实发工资	3
8	2021/4/1	员工148	生产部	操作工	L4	6160	2610	0	0	300	1150	10220	1416.8	616	236.76	7950.44	3
9																	3
10	月份	姓名	部门	岗位	岗级	基本工资	绩效工资	工龄补贴	全勤奖	餐补	差旅补贴	应发合计	社保代扣	公积金代扣	个税代扣	实发工资	4
11	2021/4/1	员工147	营销部	销售工程师	L6	9240	240	500	0	300	180	10460	2125.2	924	1242.8	6168	4

图11-66 初步形成的工资条效果

为了得到较好的打印效果，可以对工资条进行格式调整。比如，每一组工资条都应当有边框线，而空行则不需要边框线。先选中所有的工资条区域，为所有单元格设置边框线，再单独取消空行的单元格边框线即可。

选中所有的工资条区域，选择【开始】→【查找和选择】→【定位条件】命令，弹出如图11-67所示的【定位条件】对话框。

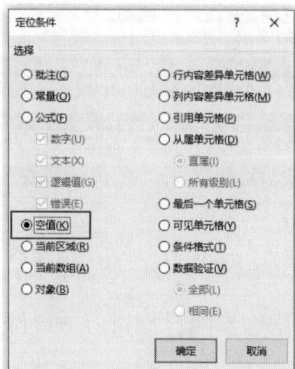

图11-67 【定位条件】对话框

选中【空值】单选按钮，单击【确定】按钮，会发现区域中的所有空行都被选中了，此时可以对所有空行进行单元格格式设置。在选中的空行上右击，在弹出的快捷菜单中选择【设置单元格格式】命令，弹出【设置单元格格式】对话框，切换到【边框】选项卡，如图11-68所示。

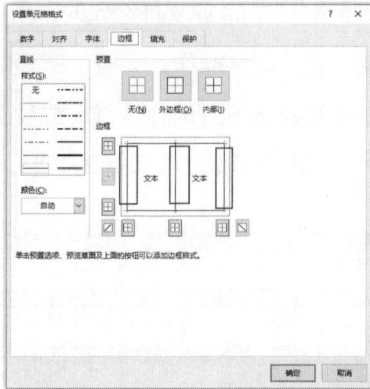

图11-68 【设置单元格格式】对话框中的【边框】选项卡

单击图11-68中标识的三条竖向边框线，将其取消。设置完成后单击【确定】按钮即可。

此时，工资条就制作完成了。在前面的步骤中，在表格右侧新建的编号列已经使用完毕，选中这一列，将其删除即可。设置完成的工资条效果如图11-69所示。

月份	姓名	部门	岗位	岗级	基本工资	绩效工资	工龄补贴	全勤奖	餐补	差旅补贴	应发合计	社保代扣	公积金代扣	个税代扣	实发工资
2021/4/1	员工150	研发部	软件研发工程师	L5	7700	1610	300	0	300	1390	11300	1771	770	299.7	8459.3

月份	姓名	部门	岗位	岗级	基本工资	绩效工资	工龄补贴	全勤奖	餐补	差旅补贴	应发合计	社保代扣	公积金代扣	个税代扣	实发工资
2021/4/1	员工149	采购部	采购岗	L3	4620	2530	100	0	300	1230	6780	1062.6	462	184.32	7071.08

月份	姓名	部门	岗位	岗级	基本工资	绩效工资	工龄补贴	全勤奖	餐补	差旅补贴	应发合计	社保代扣	公积金代扣	个税代扣	实发工资
2021/4/1	员工148	生产部	辅作工	L4	6160	2610			300	1150	10220	1416.8	616	236.76	7950.44

月份	姓名	部门	岗位	岗级	基本工资	绩效工资	工龄补贴	全勤奖	餐补	差旅补贴	应发合计	社保代扣	公积金代扣	个税代扣	实发工资
2021/4/1	员工147	营销部	销售工程师	L6	9240	240	500		300	180	10460	2125.2	924	1242.8	6168

月份	姓名	部门	岗位	岗级	基本工资	绩效工资	工龄补贴	全勤奖	餐补	差旅补贴	应发合计	社保代扣	公积金代扣	个税代扣	实发工资
2021/4/1	员工146	采购部	采购岗	L3	4620	2110	250	0	300	650	7930	1062.6	462	187.32	6218.08

图11-69 设置完成的工资条效果

当面对几百位员工的工资数据时，通过以上简简单单的几个步骤就可以批量地生成工资条。在实际工作中，越是数据量大并且手动操作比较多的情况，越要想办法通过更便捷的操作来完成。

八、快速进行薪酬数据调整

在薪酬管理中，调薪也是比较常见的操作。围绕不同的目的与需求，调薪也分为不同的情况和不同的类型，比如定期的薪酬调整、个别的薪酬调整、薪酬变革等情况下的薪酬调整。

定期调薪往往是根据企业薪酬管理制度所实施的周期性薪酬调整机制。通常以半年、一年或两年为周期，对符合调薪条件的员工进行薪酬调整。定期调薪往往与员工阶段性的绩效表现等进行关联。另外，定期调薪也是为了适应外部薪酬水平的变化，保持企业的薪酬竞争力。个别调薪是适用于员工的晋升、降级、岗位变动以及员工特殊业绩表现而进行的薪酬调整。薪酬变革多是为了解决或优化当前薪酬体系存在的突出问题，或根据业务变化改变激励模式与激励重点。

接下来介绍在薪酬调整中如何通过Excel提高工作效率。

1. 根据绩效等级，快速进行薪酬的批量调整

在某公司的年度调薪政策中规定，需根据员工的年度绩效等级，设置不同的调薪比例。此外，年度在职月数不足6个月的，不参与本次调薪。

以该公司客服部的员工调薪表为例，如图11-70所示。

员工姓名	部门	年度在职月数	岗位工资	绩效等级	调薪幅度	调后岗位工资		绩效等级	调薪比例
员工1	客服部	12	7800	S				S	12.0%
员工2	客服部	8	5300	B				A	9.0%
员工3	客服部	4	5900	A				B	6.0%
员工4	客服部	10	4900	B				C	4.0%
员工5	客服部	6	7300	B				D	0.0%
员工6	客服部	12	5400	S					
员工7	客服部	8	5100	A					
员工8	客服部	12	7100	B					

图11-70　客服部的员工调薪表

首先根据每位员工的绩效等级和年度在职月数，从右侧的调薪比例表格中取出对应的调薪幅度。对于调薪幅度的提取，计算公式如图11-71所示。

G3				fx	=IF(D3<6,0,VLOOKUP(F3,$I$2:$K$7,2,0))					
A	B	C	D	E	F	G	H	I	J	K
	员工姓名	部门	年度在职月数	岗位工资	绩效等级	调薪幅度	调后岗位工资		绩效等级	调薪比例
	员工1	客服部	12	7800	S	0.12			S	12.0%
	员工2	客服部	8	5300	B	0.06			A	9.0%
	员工3	客服部	4	5900	A	0			B	6.0%
	员工4	客服部	10	4900	B	0.06			C	4.0%
	员工5	客服部	6	7300	B	0.06			D	0.0%

图11-71　调薪幅度计算公式

G3单元格中的公式内容如下：

$$=IF(D3<6,0,VLOOKUP(F3,\$J\$2:\$K\$7,2,0))$$

【公式释义】该公式首先使用IF函数，对D3单元格中的年度在职月数进行判断。如果年度在职月数小于6个月，则本次调薪幅度为0；在年度在职月数大于或等于6个月的情况下，使用VLOOKUP函数，根据F3单元格中的绩效等级，在右侧的$J\$2:\$K\$7单元格区域中进行数据查询，并取其中第二列数据。VLOOKUP函数的最后一个参数为0，代表查询采用的是精确查找模式。

当公式设置完成后，向下拖动即可取得所有员工的调薪幅度。由于公式结果得到的是小数表示的调薪幅度，如果希望显示为百分比方式，则可以选中公式所在的单元格，右击，在弹出的快捷菜单中选择【设置单元格格式】命令，弹出【设置单元格格式】对话框，如图11-72所示。

图11-72　【设置单元格格式】对话框

在【数字】选项卡中选择【百分比】，单击【确定】按钮即可将单元格格式设置为百分比显示效果。对于小数来说，无论是否改变单元格格式，并不影响该单元格的原值，不影响公式对该单元格的引用与计算。

在取得每位员工的调薪幅度后，对表格中的"调后岗位工资"只需简单计算即可完成，如图11-73所示。

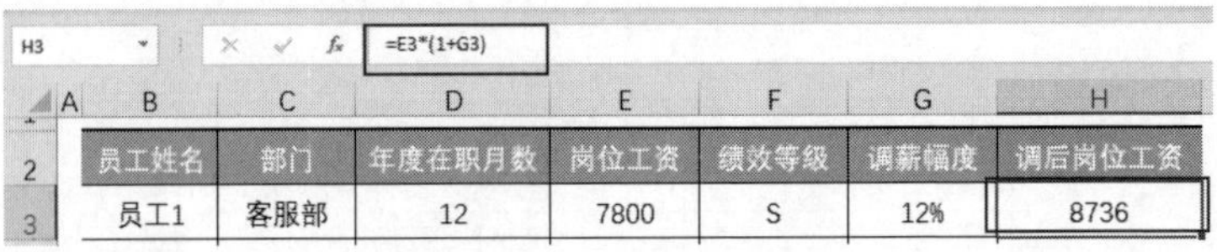

图11-73　调后岗位工资计算

图11-73中的公式内容如下：

$$=E3*(1+G3)$$

在公式编写完成后，向下拖动复制，即可完成对所有员工“调后岗位工资”的计算。

2. 根据薪酬矩阵表快速实现员工薪酬套档

小邱所在的公司正在进行整体的薪酬政策调整，并重新制订了岗位与薪酬矩阵表。整体的薪酬政策调整存在大量的测算工作。在薪酬套改中，如何对每位员工根据其职级从薪酬矩阵表中匹配对应的薪档，并取出其对应的岗位工资呢？

以某公司为例，在图11-74中右侧的表格为新的薪酬矩阵表。

员工姓名	部门	薪级	薪档	岗位工资
员工1	客服部	2	2级	
员工2	客服部	3	4级	
员工3	客服部	4	4级	
员工4	客服部	4	2级	
员工5	客服部	6	4级	
员工6	客服部	2	6级	
员工7	客服部	5	3级	
员工8	客服部	5	5级	
员工9	客服部	2	2级	
员工10	客服部	3	1级	
员工11	客服部	3	3级	
员工12	客服部	3	5级	
员工13	客服部	5	4级	
员工14	客服部	4	6级	
员工15	客服部	4	5级	

薪级	1级	2级	3级	4级	5级	6级	7级	8级	9级	10级
20	33150	33750	33950	34150	34350	34550	34750	34950	35150	35350
19	31350	31950	32150	32350	32550	32750	32950	33150	33350	33550
18	29550	30150	30350	30550	30750	30950	31150	31350	31550	31750
17	27850	28350	28550	28750	28950	29150	29350	29550	29750	29950
16	26150	26650	26850	27050	27250	27450	27650	27850	28050	28250
15	24550	24950	25150	25350	25550	25750	25950	26150	26350	26550
14	22950	23350	23550	23750	23950	24150	24350	24550	24750	24950
13	20150	20550	20950	21350	21750	22150	22550	22950	23350	23750
12	18600	18950	19150	19350	19550	19750	19950	20150	20350	20550
11	17050	17400	17600	17800	18000	18200	18400	18600	18800	19000
10	15500	15850	16050	16250	16450	16650	16850	17050	17250	17450
9	14000	14300	14500	14700	14900	15100	15300	15500	15700	15900
8	12500	12800	13000	13200	13400	13600	13800	14000	14200	14400
7	11000	11300	11500	11700	11900	12100	12300	12500	12700	12900
6	9550	9800	10000	10200	10400	10600	10800	11000	11200	11400
5	8100	8350	8550	8750	8950	9150	9350	9550	9750	9950
4	6650	6900	7100	7300	7500	7700	7900	8100	8300	8500
3	5250	5450	5650	5850	6050	6250	6450	6650	6850	7050
2	3850	4050	4250	4450	4650	4850	5050	5250	5450	5650
1	2800	2950	3100	3250	3400	3550	3700	3850	4000	4150

图11-74　薪酬矩阵表

在图11-74中，左侧表格为某部门员工在此次调薪方案中拟套用的薪级与薪档。我们希望快速从右侧的薪酬矩阵表中取得员工拟套用的岗位工资。岗位工资公式设置如图11-75所示。

F3 =XLOOKUP(D3,$H$3:$H$22,XLOOKUP(E3,$I$2:$R$2,$I$3:$R$22))

员工姓名	部门	薪级	薪档	岗位工资
员工1	客服部	2	2级	4050
员工2	客服部	3	4级	5850
员工3	客服部	4	4级	7300
员工4	客服部	4	2级	6900
员工5	客服部	6	4级	10200
员工6	客服部	2	6级	4850
员工7	客服部	5	3级	8550
员工8	客服部	5	5级	8950
员工9	客服部	2	2级	4050
员工10	客服部	3	1级	5250
员工11	客服部	3	3级	5650
员工12	客服部	3	5级	6050
员工13	客服部	5	4级	8750
员工14	客服部	4	6级	7700
员工15	客服部	4	5级	7500

薪级	1级	2级	3级	4级	5级	6级	7级	8级	9级	10级
20	33150	33750	33950	34150	34350	34550	34750	34950	35150	35350
19	31350	31950	32150	32350	32550	32750	32950	33150	33350	33550
18	29550	30150	30350	30550	30750	30950	31150	31350	31550	31750
17	27850	28350	28550	28750	28950	29150	29350	29550	29750	29950
16	26150	26650	26850	27050	27250	27450	27650	27850	28050	28250
15	24550	24950	25150	25350	25550	25750	25950	26150	26350	26550
14	22950	23350	23550	23750	23950	24150	24350	24550	24750	24950
13	20150	20550	20950	21350	21750	22150	22550	22950	23350	23750
12	18600	18950	19150	19350	19550	19750	19950	20150	20350	20550
11	17050	17400	17600	17800	18000	18200	18400	18600	18800	19000
10	15500	15850	16050	16250	16450	16650	16850	17050	17250	17450
9	14000	14300	14500	14700	14900	15100	15300	15500	15700	15900
8	12500	12800	13000	13200	13400	13600	13800	14000	14200	14400
7	11000	11300	11500	11700	11900	12100	12300	12500	12700	12900
6	9550	9800	10000	10200	10400	10600	10800	11000	11200	11400
5	8100	8350	8550	8750	8950	9150	9350	9550	9750	9950
4	6650	6900	7100	7300	7500	7700	7900	8100	8300	8500
3	5250	5450	5650	5850	6050	6250	6450	6650	6850	7050
2	3850	4050	4250	4450	4650	4850	5050	5250	5450	5650
1	2800	2950	3100	3250	3400	3550	3700	3850	4000	4150

图11-75　岗位工资设置公式

F3单元格中的公式内容如下：

=XLOOKUP(D3,$H$3:$H$22,XLOOKUP(E3,$I$2:$R$2,$I$3:$R$22))

【公式释义】在前面的章节中多次介绍了XLOOKUP函数的用法。此处的公式采用了两个XLOOKUP函数的嵌套应用，实现了根据员工薪级与薪档对员工岗位工资的套用效果。

公式最外层的XLOOKUP函数用于根据D3单元格中的内容，也就是员工的薪级，在右侧薪酬矩阵表的$H$3:$H$22单元格区域中进行查找。找到了对应的薪级，就相当于锁定了薪酬矩阵表中薪级对应的这一行。

从这一行中要取得哪一个数据，由薪档决定。因此，在公式中用到了第二个XLOOKUP函数。第二个XLOOKUP函数的作用是根据E3单元格中的薪档，在薪酬矩阵表的表头$I$2:$R$2单元格区域中进行查找，查找到数据后取得$I$3:$R$22单元格区域对应的列。第二个XLOOKUP函数取得薪档对应的列，作为第一个XLOOKUP函数的取数区域。两个XLOOKUP函数的完美配合实现了最终的计算要求。

为了兼顾使用其他版本的小伙伴，对图11-75中F3单元格中的公式内容也可以进行如下设置：

=VLOOKUP(D3,$H$2:$R$22,MATCH(E3,$H$2:$R$2,0),0)

【公式释义】这个公式由两个函数嵌套组合而成。其中，MATCH函数用于查找E3单元格中的薪档在右侧薪酬矩阵表的$H$2:$R$2单元格区域中是第几列。MATCH函数取到的数据将作为VLOOKUP函数的第三个参数使用。公式外侧的VLOOKUP函数用于查找D3单元格（员工薪级）在薪酬矩阵表的$H$2:$R$22单元格区域中的相应薪级的岗位工资。VLOOKUP函数与MATCH函数是使用比较多的搭配组合。

通过以上方式，实现了对员工岗位工资的自动套用。当员工数量很多时，使用公式将会比手动套级的效率和准确率高得多。

3. 调薪时将不足50元的部分向上舍入或向下舍入到50的倍数

某公司在调薪时提出要求，希望将根据调薪比例计算出来的调后基本工资进行修正，将不足50元的部分向上舍入到50的倍数。

如图11-76所示是根据员工调前基本工资和调薪比例计算的调后基本工资。

图11-76　调后基本工资

想要将调后基本工资向50的倍数进行舍入，如将9 111.31元调整为9 150元，将8 387.78元调整为8 400元，以此类推。这样的调整如果手动操作，就需要对每个员工的工资数据逐个进行修改，既烦琐又容易出错。

要实现以上要求，可以使用一个名为CEILING的函数。公式设置如图11-77所示。

图11-77　使用CEILING函数进行调后基本工资修正

F3单元格中的公式内容如下：

$$=CEILING(D3*(1+E3),50)$$

【公式释义】公式的意思是通过CEILING函数，将根据调前基本工资和调薪比例计算得出的调后基本工资向50的倍数进行向上舍入。当公式设置完成后，向下拖动即可得到所有员工的调后基本工资。

【CEILING函数介绍】将指定数据向上舍入到最接近的指定基数的倍数。

【CEILING函数用法】= CEILING（要舍入的数值，要舍入到的倍数）

比如CEILING(102.5,50)的意思是将102.5向上舍入到50的倍数，也就是舍入到150。

与CEILING函数向上舍入到指定倍数的功能相近的还有一个名为FLOOR的函数。FLOOR函数实现的是向下舍入到最接近的倍数。

在上面的案例中，如果希望将调薪时不足50元的部分舍去，就可以使用FLOOR函数，如图11-78所示。

	A	B	C	D	E	F	G	H
2		员工姓名	部门	调前基本工资	调薪比例	调后基本工资 未舍入	调后基本工资 向上舍入	调后基本工资 向下舍入
3		员工1	销售部	8359	9.0%	9111.31	9150	9100
4		员工2	销售部	8463	6.0%	8970.78	9000	8950
5		员工3	销售部	7913	6.0%	8387.78	8400	8350
6		员工4	销售部	5412	12.0%	6061.44	6100	6050
7		员工5	销售部	8733	15.0%	10042.95	10050	10000
8		员工6	销售部	5734	11.0%	6364.74	6400	6350
9		员工7	销售部	8214	14.0%	9363.96	9400	9350
10		员工8	销售部	7101	17.0%	8308.17	8350	8300

图11-78　使用FLOOR函数进行调后基本工资修正

通过图11-78中未舍入时的调后基本工资、CEILING函数向上舍入后的调后基本工资、FLOOR函数向下舍入后的调后基本工资的对比，能够很容易地看出三者之间的差异。

H3单元格中的公式内容如下：

$$=FLOOR(D3*(1+E3),50)$$

【公式释义】借助FLOOR函数，将根据调前基本工资和调薪比例计算得出的调后基本工资向50的倍数进行向下舍入，将不足50的倍数的部分舍去。当公式设置完成后，向下拖动即可得到所有员工的调后基本工资。

【FLOOR函数介绍】将指定数据向下舍入到最接近的指定基数的倍数。

【FLOOR函数用法】=FLOOR（要舍入的数值，要舍入到的倍数）

比如，FLOOR (145.5,50)的意思是将145.5向下舍入到50的倍数，也就是舍入到100。

通过FLOOR函数与CEILING函数的灵活应用，可以快速将数据向下或向上舍入到指定倍数。这也是在调薪时使用比较多的两个函数。

九、薪酬数据的汇总与统计

在很多行业与企业中，人工成本是企业成本中非常重要的一项。随着人工成本的不断上升，企业的经营压力也会随之增加。为了加强对人工成本的管控，很多企业都希望实现更精细化的人工成本管理。很多企业会在每年年末制订下一年度的人工成本预算。其中，薪酬预算在人工成本预算中的占比很高，非常值得关注。在新的年度中，需要对薪酬数据进行汇总，清楚地掌握薪酬预算的执行情况，并从中发现问题，及时解决。

如果需要按月、按部门或按其他维度进行工资数据的汇总与统计，通常需要进行"条件求和"的数据计算。要实现条件求和，可以使用SUMIFS函数或SUMPRODUCT函数，也可以使用数据透视表。接下来分享使用数据透视表如何快速实现工资数据的统计。

为了便于进行多个月份工资数据的统计，可以先按前面章节中介绍的方法，将所有月份的工资数据合并到同一张表中，再对合并后的数据使用数据透视表进行统计。

将光标定位到合并后的各月份工资数据中，单击【插入】菜单中的【数据透视表】按钮，如图11-79所示。

图11-79 插入数据透视表

弹出【来自表格或区域的数据透视表】对话框，如图11-80所示。

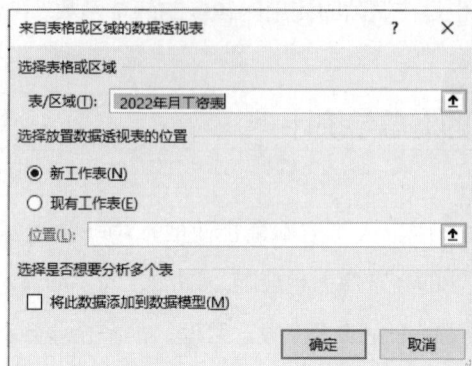

图11-80　【来自表格或区域的数据透视表】对话框

从中选择放置数据透视表的位置为【新工作表】，用于在新工作表中创建数据透视表。单击【确定】按钮后打开一张空的数据透视表，如图11-81所示。

图11-81　空的数据透视表

接下来需要根据汇总与统计的要求，将图11-81中右侧窗格中的字段拖动到下方的【行】区域、【列】区域、【值】区域中。

拖动"月份"字段到【行】区域中。由于"月份"字段的内容是日期型数据，所以，当这个字段被拖动到【行】区域中后，会被自动进行组合并生成两个字段名，即如图11-82所示的【行】区域中的"月"和"月份"。

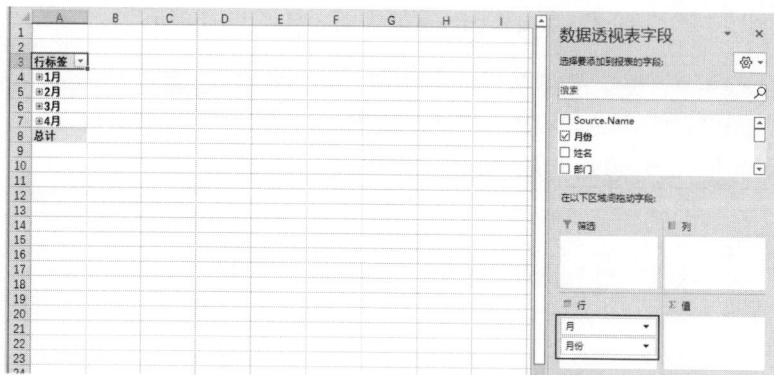

图11-82 拖动"月份"字段到【行】区域中

其中，"月份"字段对应原始的日期型数据；"月"字段为数据透视表自动组合的日期字段，用于显示月份。将图11-82中的"月份"字段拖出【行】区域，将其暂时移除，只保留"月"字段，即可实现按月对数据进行统计。

对其他字段根据需要依次进行拖动即可。比如，希望按月份和部门进行工资明细项目的统计，则需要将各项工资构成的字段依次拖动到【值】区域中，并将"部门"字段拖动到【行】区域中。制作完成的数据透视表如图11-83所示。

图11-83 按月份和部门进行统计的数据透视表

使用数据透视表功能，通过简单的鼠标拖动，即可快速完成各月份、各部门的工资数据统计。如果希望仅汇总各个月份的工资数据，则只需要将图11-83中

【行】区域中的“部门”字段移出该区域即可，如图11-84所示。

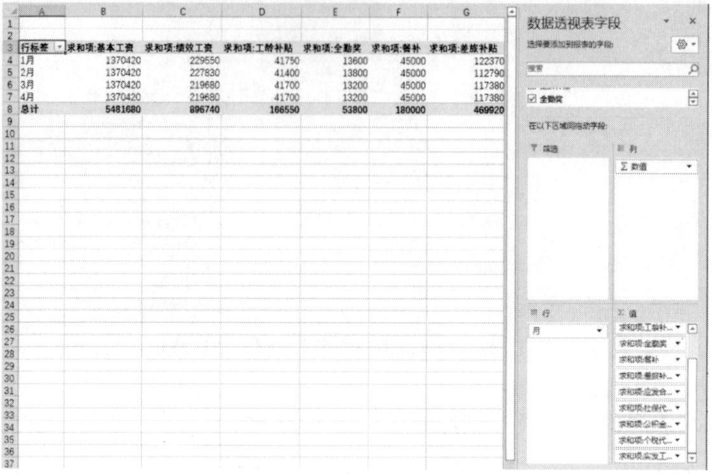

行标签	求和项:基本工资	求和项:绩效工资	求和项:工龄补贴	求和项:全勤奖	求和项:餐补	求和项:差旅补贴
1月	1370420	229550	41750	13600	45000	122370
2月	1370420	227830	41400	13800	45000	112790
3月	1370420	219680	41700	13200	45000	117380
4月	1370420	219680	41700	13200	45000	117380
总计	5481680	896740	166550	53800	180000	469920

图11-84　按月汇总的数据透视表

如果希望查看各工资明细项目截至目前的累计数据，则可以将图11-84中【行】区域中的“月”字段移除。由于移除后该数据透视表的【行】区域是空的，因而实现的就是对所有工资明细项目的总体汇总与统计，如图11-85所示。

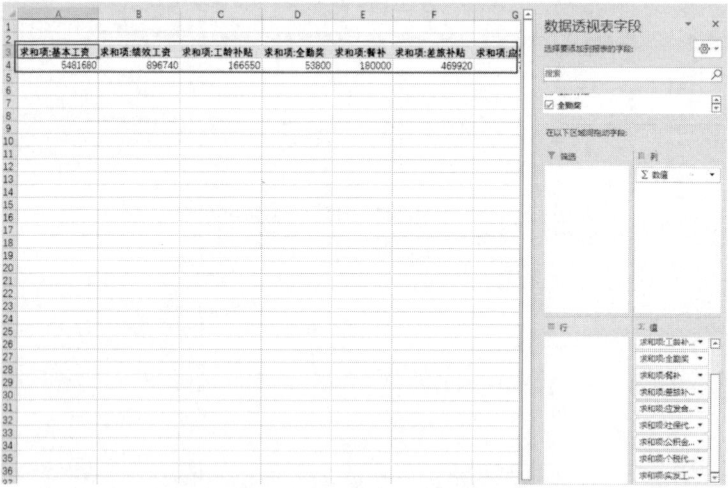

求和项:基本工资	求和项:绩效工资	求和项:工龄补贴	求和项:全勤奖	求和项:餐补	求和项:差旅补贴
5481680	896740	166550	53800	180000	469920

图11-85　按工资结构汇总的数据透视表

数据透视表作为数据统计的利器，在工资表的数据统计中发挥着重要作用。只需要灵活地对数据透视表的布局和选项进行设置，即可快速实现统计。

十、外部薪酬数据调查与分析

企业之间的竞争在某种程度上也可以说是人才的竞争，尤其是同行业企业之间对关键岗位或核心人才的竞争。薪酬是吸引和保留人才的关键因素之一，企业高层管理者与人力资源管理者都比较关注企业当前的薪酬水平在当地或同行业内是否具有足够的竞争力。为了做好关键岗位或核心人才的吸引与保留，企业往往会为这一部分人群制订更有竞争力的薪酬策略。

要想更加准确地判断企业某些关键岗位或核心人才的薪酬竞争力，往往需要跳出企业，基于企业外部一定的地区范围内或同行业内的薪酬水平进行判断。要了解同地区或同行业内某些岗位的薪酬水平情况，有些企业会选择向薪酬调研公司购买薪酬报告。但是，外部薪酬报告往往与企业自身的关注重点存在差异。比如，某调研公司能够提供全国一线城市的薪酬数据，但未必能提供企业所在地、某个行业内的薪酬数据。当企业的要求比较具体、细化的时候，各调研公司可能无法提供通用的报告数据。要进行定制性的数据调研，将会带来更大的支出，而这些费用也是很多企业所不愿意支付的。另外，由于无法准确获得调研公司数据的样本情况，有些公司对于调研数据的准确性也存在着疑问。

因此，有些企业希望能够结合实际需求，自行进行薪酬数据调研，以获得更有针对性、更高可信度的数据。

通常，在进行薪酬数据调研时，需要首先确定调研的目的与范围，然后围绕既定目的收集数据。薪酬数据对于各家企业来说往往都是具有保密性的数据，要想准确获得各家企业的薪酬数据是有难度的。即使能够通过一些渠道拿到某些薪酬数据，这些数据的准确性也有待考证。为了使数据的准确性更高，可以通过多种渠道获得薪酬数据，通过不同渠道获得的薪酬数据可以进行互证。

通常，获得外部薪酬数据的方式包括：

➢ 企业在招聘过程中了解到的薪酬数据。这类数据的准确性相对较高，并且除了能够了解某家企业的薪资水平外，还能够通过候选人的表述比较全面地知道对方公司的薪资结构等。

➢ 企业通过灵活的渠道获得同行业公司的零星薪酬数据。这类数据的来源不确定，数据量往往不大，一般是一些零散的点对点的数据。

➤ 从招聘网站等公开渠道抓取的数据。这类数据量是最大的，通过分析可以看到比较明晰的薪酬水平的分布情况。这类数据可以与通过前面两个渠道获得的微观数据进行对比互证，以取得公司所需要的数据结果。

在收集数据时，还应当关注相同的岗位名称在不同公司中其职责可能存在较大差异。应当选择在岗位职责上有可比性的数据样本。另外，不管从以上何种渠道获得的薪酬数据，都需要对其进行分析。满足条件的数据样本量越大，数据的可靠性越高。但是，当数据量比较大的时候，想要快速处理数据就需要用到Excel。

小林是一家公司的薪酬经理，她想要调研当地"高级软件开发工程师"的薪酬水平情况。于是，她通过多种渠道，收集了企业所在城市的200余条与该岗位相关的薪酬数据。部分薪酬数据如图11-86所示。

公司	公司人数规模	所在区域	工作年限要求	薪酬区间	岗位职责
公司1	100-200人	槐荫区	8	8000元-26000元	略
公司2	200-300人	历下区	7	13000元-35000元	略
公司3	200-300人	市中区	7	8000元-33000元	略
公司4	50-100人	高新区	7	11000元-30000元	略
公司5	200-300人	高新区	10	12000元-17000元	略
公司6	100-200人	历下区	10	9000元-17000元	略
公司7	200-300人	天桥区	5	13000元-15000元	略
公司8	0-50人	市中区	10	14000元-29000元	略
公司9	50-100人	历下区	8	7000元-35000元	略
公司10	50-100人	市中区	9	8000元-26000元	略

图11-86 部分薪酬数据

从图11-86中可以看到，小林收集到的数据中对于薪酬水平的描述是一个区间，从这样五花八门的数据区间中很难直接看到规律。要想从中找到更具体的信息，可以先对"薪酬区间"数据进行拆分后再进行分析。

小林希望将薪酬区间先拆分为薪酬区间的低点和高点。要进行数据的拆分，通常可以使用函数完成。对于比较有规律的数据，也可以采用"分列"功能。相比较而言，"分列"功能更加简单。

首先，在"薪酬区间"列的右侧插入两个空列，用于存放拆分后的薪酬低点和高点。选中"薪酬区间"列，单击【数据】菜单中的【分列】按钮，弹出对话框后不进行任何操作，单击【下一步】按钮，进入分列向导的第2步，如图11-87所示。

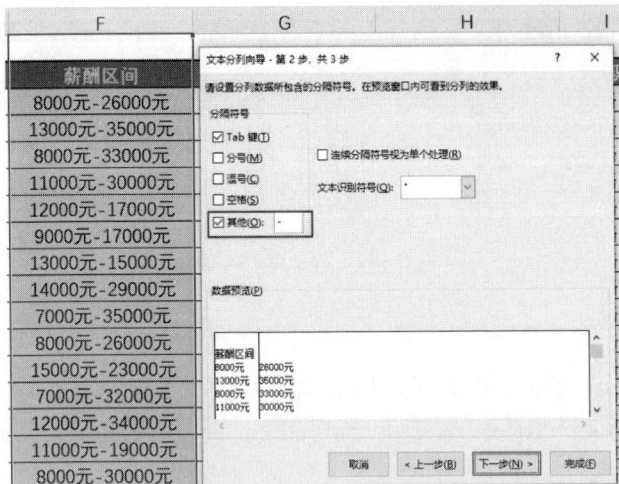

图11-87　分列向导的第2步

从中选中【分隔符号】选项组中的【其他】复选框，并在右侧录入"薪酬区间"中的连接符"－"。单击【下一步】按钮，进入分列向导的第3步，如图11-88所示。

图11-88　分列向导的第3步

在【目标区域】编辑栏中，单击指定"薪酬区间"右侧空列的第一个单元格。当前指定的是分列后数据存放区域的第一个单元格。设置完成后，单击【完成】按钮，即可将"薪酬区间"数据分为两列。修改一下拆分得到的两列数据的表头后，得到如图11-89所示的数据内容。

公司	公司人数规模	所在区域	工作年限要求	薪酬区间	薪酬下限	薪酬上限	岗位职责
公司1	100-200人	槐荫区	8	8000元-26000元	8000元	26000元	略
公司2	200-300人	历下区	7	13000元-35000元	13000元	35000元	略
公司3	200-300人	市中区	7	8000元-33000元	8000元	33000元	略
公司4	50-100人	高新区	7	11000元-30000元	11000元	30000元	略
公司5	200-300人	高新区	10	12000元-17000元	12000元	17000元	略
公司6	100-200人	历下区	10	9000元-17000元	9000元	17000元	略
公司7	200-300人	天桥区	5	13000元-15000元	13000元	15000元	略
公司8	0-50人	市中区	10	14000元-29000元	14000元	29000元	略
公司9	50-100人	历下区	8	7000元-35000元	7000元	35000元	略

图11-89　拆分后的数据

图11-89中的"薪酬上限"和"薪酬下限"即拆分后的两列数据。由于这两列数据中有"元"字，使得数据变为文本型，无法进行更进一步的统计与分析。想要将"薪酬上限"和"薪酬下限"两列中的数据转换为数值型，需要将这两列中的"元"字替换掉。

选中"薪酬上限"和"薪酬下限"两列，选择【开始】→【查找和选择】→【替换】命令，弹出如图11-90所示的【查找和替换】对话框。

图11-90　【查找和替换】对话框

【查找内容】选择"元"，在【替换为】文本框中不进行录入，使其为空。单击【全部替换】按钮后，会将所选区域中的"元"字全部替换掉。查找替换后的提示如图11-91所示。

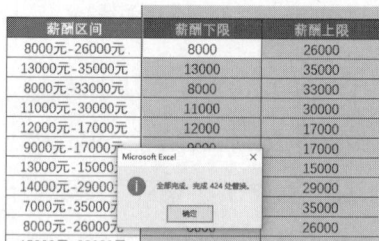

图11-91　查找替换后的提示

单击【确定】按钮，然后单击【关闭】按钮，退出【查找和替换】对话框，即可将"薪酬上限"和"薪酬下限"两列中的"元"字替换掉，使其只保留数值。

为了便于观察数据，将"薪酬上限"和"薪酬下限"两列取平均值。在表格中插入一个空列，命名为"薪酬中间点"，并添加公式，如图11-92所示。

图11-92　平均值计算公式

I3单元格中的公式内容如下：

$$=AVERAGE(G3:H3)$$

【公式释义】AVERAGE函数是求平均值的函数，这个公式的意思是求取G3:H3区域中两个单元格数据的平均值。

将"薪酬区间"数据拆分为"薪酬下限""薪酬上限"和"薪酬中间点"三列后，就可以对这三列数据的分布趋势进行统计了。

在表格右侧建立一个用于统计的表格区域，列出要统计的区间、分隔点、薪酬下限在各区间的分布情况、薪酬上限在各区间的分布情况，以及薪酬中间点在各区间的分布情况。在表格的右侧三列中分别设置公式，统计对应数据在左侧区间中的分布情况，如图11-93所示。

图11-93　统计薪酬数据的分布频率

图11-93中N列数据统计公式的设置方法为：选中图11-93所示放置结果的区域，录入公式"=FREQUENCY(G3:G214,$M$3:$M$17)"，按【Ctrl+Shift+Enter】组合键，将公式填充至选择的区域中。

【公式释义】在前面的章节中分享过FREQUENCY函数，它可以统计所有数据在指定区间中的分布频率。该公式的意思是统计G3:G214单元格区域中的所有数据在右侧数据区间中出现的频率。

【FREQUENCY函数介绍】计算值在数值范围内出现的频率。

【FREQUENCY函数用法】=FREQUENCY(数据区域，数据间隔所在的单元格区域）

在Excel 2021和365版本中，只需在输出区域的左上角单元格中输入公式，然后按回车键即可。如果你使用的是其他版本的Excel或者WPS表格，在书写公式前必须选择放置结果的区域，录入公式后按【Ctrl+Shift+Enter】组合键结束公式录入。

关于"参数2"对应的区间分隔点的区域设置：每个区间分隔点使用该区间的最大值，最后一个可省略。

关于"参数2"区域的选取：公式结果中的元素比"参数2"中的元素要多选一个。公式结果中多出来的单元格将生成大于最高间隔的数值的数量。

在图11-93中，O列中的设置方法与N列中的设置方法完全相同，其公式内容如下：

=FREQUENCY(H3:H214,$M$3:$M$17)

P列中的公式内容如下：

=FREQUENCY(I3:I214,$M$3:$M$17)

以上两个公式的意义同前，这里不再赘述。

通过前面的设置得到统计结果，就可以比较清晰地看出所有数据样本在不同区间的分布情况。比如，从如图11-94所示的薪酬数据分布中能够看到薪酬下限在10 000～12 000元区间的是最多的，薪酬上限在16 000～18 000元区间的是最多的。

区间	分隔点	薪酬下限	薪酬上限	薪酬中间点
7000~8000	8000	20	0	0
8000~10000	10000	64	0	1
10000~12000	12000	77	7	26
12000~14000	14000	35	22	84
14000~16000	16000	16	48	59
16000~18000	18000	0	69	24
18000~20000	20000	0	25	12
20000~22000	22000	0	11	3
22000~24000	24000	0	12	3
24000~26000	26000	0	7	0
26000~28000	28000	0	6	0
28000~30000	30000	0	0	0
30000~32000	32000	0	0	0
32000~34000	34000	0	0	0
34000以上		0	5	0

图11-94　薪酬数据分布

通过对以上数据的分析，就可以比较清晰地看到市场上对于该岗位薪酬上限与下限的普遍情况。为了更清晰地展示数据，还可以统计不同区间数据所占的百分比，如图11-95所示。

图11-95　数据占比

表中右侧的数据为统计"薪酬下限""薪酬上限"及"薪酬中间点"三列在不同区间中所占的百分比。R3单元格中的公式内容如下：

$$=N3/SUM(N\$3:N\$17)$$

当公式设置完成后，向下和向右侧两列进行拖动，得到所有统计的数据结果。由于得到的数据结果是小数，如果希望显示为百分比，则可以在单元格格式中进行设置。选中数据区域，右击，在弹出的快捷菜单中选择【设置单元格格式】命令，弹出【设置单元格格式】对话框，如图11-96所示。

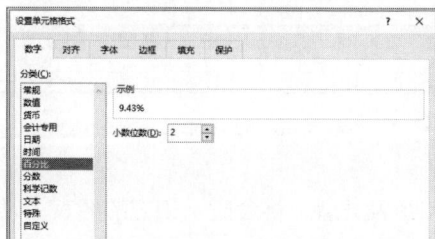

图11-96　【设置单元格格式】对话框

从对话框中选择【百分比】类型，并在右侧设置要显示的小数位数，得到的效果如图11-97所示。

薪酬下限	薪酬上限	薪酬中间点
9.43%	0.00%	0.00%
30.19%	0.00%	0.47%
36.32%	3.30%	12.26%
16.51%	10.38%	39.62%
7.55%	22.64%	27.83%
0.00%	32.55%	11.32%

图11-97　更改为百分比后的显示效果

为了使数据得到更直观的展示，可以将数据转换为图表的方式进行显示。选中要创建图表的数据，比如选中如图11-98所示的数据。

区　间	分隔点	薪酬下限	薪酬上限	薪酬中间点	薪酬下限	薪酬上限	薪酬中间点
7000-8000	8000	20	0	0	9.43%	0.00%	0.00%
8000-10000	10000	64	0	1	30.19%	0.00%	0.47%
10000-12000	12000	77	7	26	36.32%	3.30%	12.26%
12000-14000	14000	35	22	84	16.51%	10.38%	39.62%
14000-16000	16000	16	48	59	7.55%	22.64%	27.83%
16000-18000	18000	0	69	24	0.00%	32.55%	11.32%
18000-20000	20000	0	25	12	0.00%	11.79%	5.66%
20000-22000	22000	0	11	3	0.00%	5.19%	1.42%
22000-24000	24000	0	12	3	0.00%	5.66%	1.42%
24000-26000	26000	0	7	0	0.00%	3.30%	0.00%
26000-28000	28000	0	6	0	0.00%	2.83%	0.00%
28000-30000	30000	0	0	0	0.00%	0.00%	0.00%
30000-32000	32000	0	0	0	0.00%	0.00%	0.00%
32000-34000	34000	0	0	0	0.00%	0.00%	0.00%
34000以上		0	5	0	0.00%	2.36%	0.00%

图11-98　选中数据

单击【插入】菜单，从中找到折线图，选择一种适合当前数据的折线图类型，比如【带数据标记的折线图】，如图11-99所示。

图11-99　选择折线图类型

根据所选的数据和图表类型，将会显示相应的图表。以每个数据区间为横向坐标轴，以百分比数据为纵向坐标轴绘制折线图，如图11-100所示。

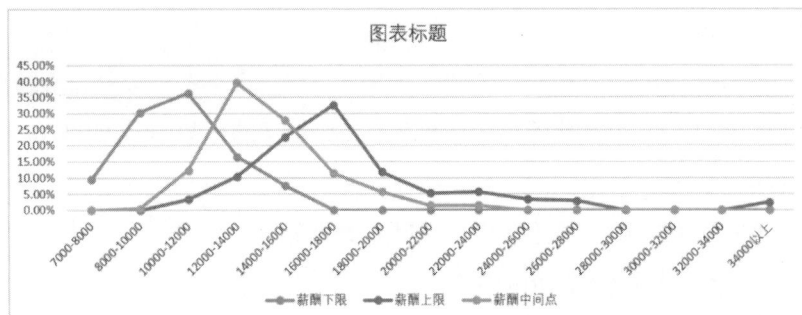

图11-100　绘制的折线图

为了使图表更加美观，可以对图表进行适当的美化设置。在美化图表时，只需要先选中图表，然后通过【图表设计】和【格式】菜单中的各个选项进行个性化设置即可，此处不再赘述。美化后的图表如图11-101所示。

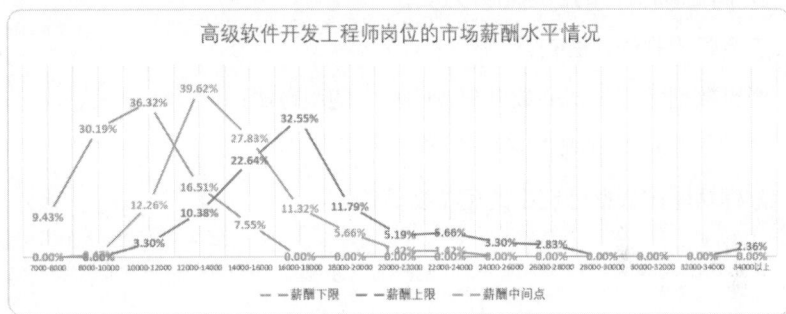

图11-101　美化后的图表

图表的美化是比较个性化的操作，每个人根据自己的喜好和数据的特点，灵活设置即可。

通过以上对外部薪酬数据的统计，对某地区该岗位的薪酬水平有了比较宏观的了解。在对外部薪酬水平有所了解的基础上，只需要结合本企业对该岗位的薪酬定位来确定相应的薪酬区间即可。比如，对于一些以技术或产品开发为主的企业来说，希望保持技术的先进性，就需要不断吸引该岗位优秀或顶尖人才的加入。围绕这样的定位，可以将薪酬水平设置为高于市场一般水平，使薪酬具有更强的外部竞争力，以吸引到更加优秀的人才加入。

本章复盘

表姐Lisa带着几个小伙伴复盘了本次交流中涉及的一些Excel知识点，包括如下内容：

➢ 通过各种方式对工作簿和工作表进行数据保护；

➢ IF函数、INT函数的用法实例；

➢ VLOOKUP函数、XLOOKUP函数的用法实例；

➢ MIN函数在实现数据封顶中的用法实例；

➢ FILTER函数在一对多数据查询中的用法实例，以及在WPS中的应用技巧；

➢ 公式计算中小数点的处理方法；

➢ 多个Excel文件的快速合并方法；

➢ 工资条的制作方法；

➢ 通过数据透视表实现数据统计的基本使用方法；

➢ FREQUENCY函数的用法实例；

➢ 分列功能在数据处理中的用法实例等。

第十二章

梳理优化人力资源管理工作流程，提升工作效率

在人力资源工作中，绘制组织结构图和流程图也是一项必备技能。本章将会重点分享如何使用Excel中的相关功能，快速实现组织结构图和流程图的绘制。

在表姐Lisa组织的人力资源小伙伴的Excel沙龙中，有人提出了一些关于图形绘制的问题。比如，如何快速地绘制公司的组织结构图，如何绘制比较规范的流程图等。图形绘制虽然是比较简单的Excel应用，但是仍有很多人力资源小伙伴由于没有掌握操作技巧，把这项原本可以快速操作完成的工作变得烦琐。本次的沙龙将会重点围绕与绘图相关的技巧展开。

一、快速绘制人力资源各项工作流程图

作为绩效主管的小梁，在组织优化调整绩效管理体系的过程中，需要重新编制公司的绩效管理制度。为了能够更清晰地展示绩效管理的流程，她想要绘制一份绩效管理流程图。

说到绘制流程图，就要说到另一款软件。Office Visio是Office软件系列中用于绘制流程图与其他各类图形的软件。如果经常需要进行流程图及其他图表的绘制，则可以考虑安装并学习使用Visio，以便更高效地完成工作。如果像小梁这样，只是偶尔进行流程图的绘制，那么使用Excel也可以满足基本的流程图绘制需要。

1. 绘制流程图的一些基础知识

不管使用何种工具来绘制流程图，哪怕采用纸笔手工绘制流程图，都需要先了解一下绘制流程图的基础知识。

在绘制流程图时有一些基本要求，比如：

➢ 流程图表示"开始"的符号通常只能出现一次，但是表示"结束"的符号可能根据流程分支在不同情况下出现多次；

➢ 在同一张流程图中，符号的大小要尽量保持尺寸一致或协调；

➢ 如果需要绘制的是一张较为复杂的流程图，则可以将其分为主流程图和子流程图，分别进行绘制。在主流程图中，重点表明与各个子流程图的关系，而子流程就可以详细展开、具体描述；

➢ 流程图中的各个符号在布局时应当尽量遵循从上到下、从左到右的顺序；

➢ 流程描述应当清晰、具体，不应有死循环；

➢ 在某个流程中如果需要涉及其他流程，则可以指示引用已定义的流程，而不是重复进行绘制。

流程图是使用图形化的方式来展示信息的。为了易于理解，要使流程图中的图形尽量符合惯用的表示习惯或规范。图形在流程图中的含义通常如图12-1所示。

图12-1 图形在流程图中的含义

在绘制流程图的过程中尽量使用规范的形状，能够让流程图的可读性更好，并且能够更加清晰、准确地传递相应的信息。

2. 在Excel中绘制流程图时用到的工具

在Excel中提供了一组形状的绘制工具，其中包含绘制流程图需要的各种形状。另外，在Excel中还提供了形状的编辑菜单，其中包含对形状进行灵活格式设置的丰富功能。这些功能的组合使用可以完成日常工作中大多数流程图的绘制。

1）插入流程图中的形状与线条

单击【插入】菜单中的【形状】按钮，会看到各种形状，如图12-2所示。

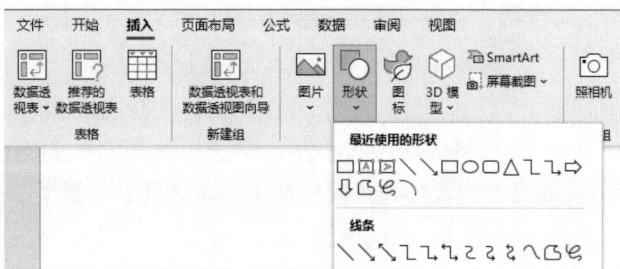

图12-2 插入形状

在【形状】下拉列表中，绘制流程图常用的形状有两组，即"流程图"和"线条"，如图12-3所示。

图12-3 绘制流程图常用的形状

在这些图形中单击想要绘制的形状，在表中拖动即可绘制相应的形状。但这种方式仅适合绘制单个形状。

由于流程图中会有很多同类型的形状或线条，所以，如果想要连续绘制多个相同的形状，采用前面讲的"单击"方式，需要使用多次，这样的操作多少有些不便。在要绘制的形状上右击，在弹出的快捷菜单中选择【锁定绘图模式】命令，再进行绘制，可以连续绘制多个相同的形状。在当前形状绘制完成后，按【Esc】键退出绘制状态。也可以在绘制完一个形状后，选中该形状，按住【Ctrl】键进行拖动复制，形成多个形状。

2）形状与线条的格式设置

选中已经绘制好的某个形状，在菜单栏中会出现【形状格式】菜单，如图12-4所示。

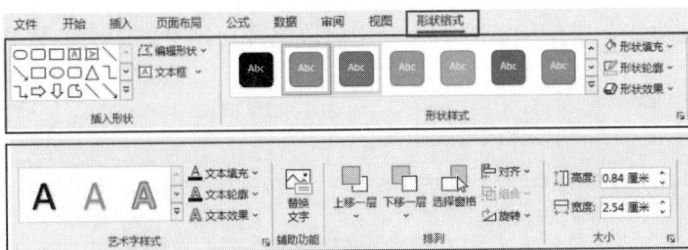

图12-4 【形状格式】菜单

【形状格式】菜单中的【形状填充】功能用于设置形状的填充色；【形状轮廓】功能用于设置形状或线条的轮廓线效果；在【形状样式】中提供了一系列颜色的预设效果，可以根据需要灵活选择使用。

除了使用【形状格式】菜单中的选项，也可以在形状上右击，在弹出的快捷菜单中选择【设置形状格式】命令，在窗口右侧打开浮动窗格，里面提供了更加详细的格式设置功能，如图12-5所示。

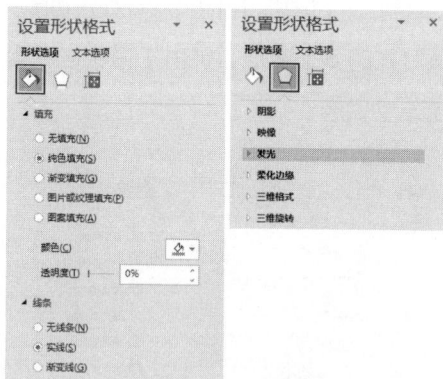

图12-5 【设置形状格式】窗格

在实际工作中，根据需要在以上功能中灵活选用即可。

3）使形状与线条不随着单元格的尺寸变化而变化

在使用【形状】绘制流程图的过程中，很多人会遇到一个困扰。在绘制图形后，如果拖动改变表格的行高或列宽，发现图形会随着单元格行高或列宽的变化而变化。这样就会破坏先前设置的图形尺寸和位置，使图形变得混乱。

为了避免在行高或列宽变化时影响图形尺寸或位置，需要对形状的属性进行设置。

选中该图形，右击，在弹出的快捷菜单中选择【设置形状格式】命令，在弹出的【设置形状格式】窗格中单击【形状选项】，按图12-6所示，找到【属性】设置选项。

形状默认的设置是【随单元格改变位置和大小】，这就是在调整行高或列宽时会影响到形状的原因。选中图12-6中的【不随单元格改变位置和大小】单选按钮，即可使形状的位置和大小不受行高或列宽调整的影响。

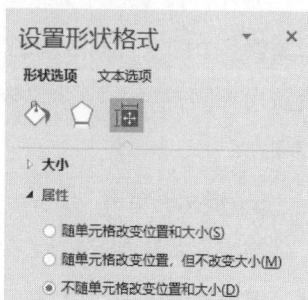

图12-6 【属性】设置选项

4）形状与线条的排列和对齐

小梁提出一个问题："流程图本身就是由多个形状组合而成的，在绘制流程图的过程中，如何快速进行图形的排列与对齐呢？"这是一个好问题。

流程图中的各个图形需要用箭头进行连接。如果图形没有对齐，那么在进行箭头线条连接时就会出现线条歪歪扭扭的情况。手动进行图形的对齐既不方便，又不精确。这时就需要用到Excel中提供的排列和对齐功能。

选中要进行排列或对齐的多个图形，单击【形状格式】菜单中的【对齐】按钮，会看到如图12-7所示的内容。

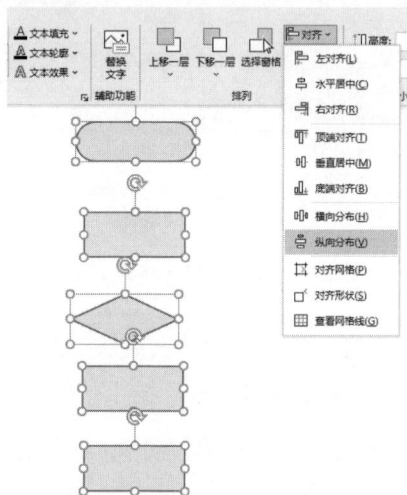

图12-7　【对齐】菜单

在【对齐】菜单中提供了左对齐、水平居中、右对齐，以及顶端对齐、垂直居中、底端对齐等功能，用于对所选图形进行不同需求的对齐操作。

另外，在【对齐】菜单中还提供了横向分布和纵向分布功能。分布功能用于调整多个图形之间的间距。当选择横向分布时，会将所选图形之间的水平间距设置为相同；当选择纵向分布时，则会将所选图形之间的垂直方向间距设置为相同。

5）形状的组合

当流程图绘制完成后，可以将整个流程图中的所有图形及线条组合为一个整体。组合后的图形可以进行更方便的整体移动，也能够避免由于误操作导致图形移位等。

选中所有要组合的形状，右击，在弹出的快捷菜单中选择【组合】命令即可。在右键快捷菜单中还提供了【取消组合】命令，可以随时将组合的图形解除组合。

3. 通过Excel绘制流程图

在熟悉了绘图的相关功能后，小梁开始着手在Excel中绘制流程图。以小梁所在公司的《部门月度绩效考核流程》为例。

1）构建流程图的绘图区域

在绘制流程图之前，可以先绘制一个用于放置图形的绘图区域，如图12-8所示。在Excel中绘图，就可以很好地利用单元格格式设置功能建立绘图区域。

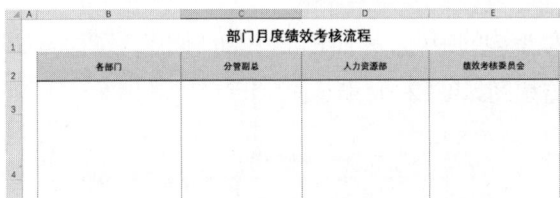

图12-8　绘图区域

为了便于查看，可以将表格默认的灰色网格隐藏，只需单击【视图】菜单，取消选中【网格线】复选框即可，如图12-9所示。

接下来，在表格中录入标题"部门月度绩效考核流程"，并通过单元格底色、边框线等基础的单元格格式设置功能，完成绘图区域的基本设置。

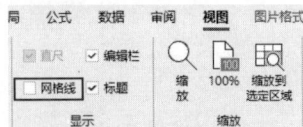

图12-9　隐藏网格线

2）绘制流程图中的基本形状，并进行排列组合

应用前面介绍的方法，在绘图区域中的相应位置绘制各流程节点上的形状。在绘制形状时注意不同形状的不同用法，尽量使所有图形的尺寸一致或协调，避免大小不一、尺寸差距过大。

在插入形状后，设置所有形状属性为【不随单元格改变位置和大小】。流程图中的基本形状如图12-10所示。

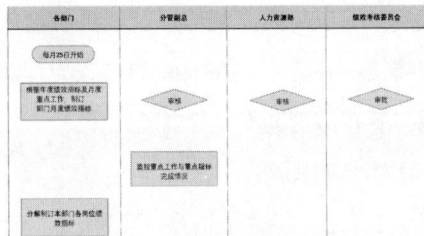

图12-10　流程图中的基本形状

对所有形状进行排列、对齐，使其整齐、均匀排列。根据需要对形状设置格式效果，如填充色、边框线等。

3）通过箭头连接流程图形状，并进行微调，完成流程图

当流程图中的形状绘制完成，并进行适当的排列组合后，可以通过插入箭头对各流程节点进行连接。由于需要多次绘制箭头形状，可以使用前面介绍的创建连续图形的方法。

在插入箭头时，鼠标指针接近某个形状，会自动捕捉到该形状上一些特殊的点，比如矩形每条边的中点。单击图形中的捕捉点，即可方便地将图形连接起来。绘制完成的流程图如图12-11所示。

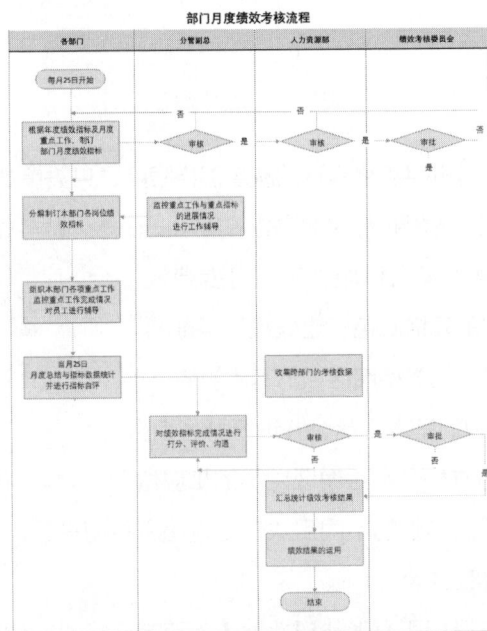

图12-11　绘制完成的流程图

当流程图绘制完成后，可以将全部图形以及箭头组合起来。要对图形进行组合，需要将所有图形和箭头一并选中。在上面的这张流程图中，由于图形和箭头数量很多，如何快速地将所有图形与箭头全部选中呢？只需要在选中其中任意一个图形后，按【Ctrl+A】组合键即可

在选中的图形与箭头上右击，在弹出的快捷菜单中选择【组合】命令，即可组合所选图形，如图12-12所示。

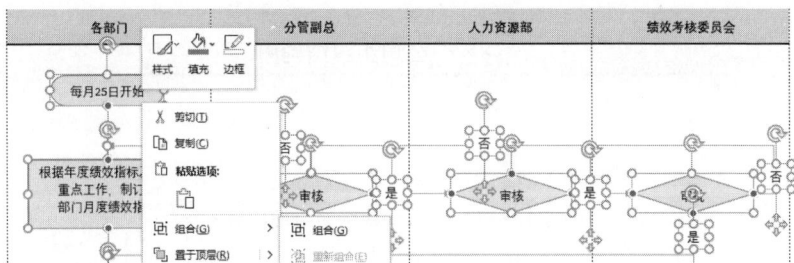

图12-12　组合图形

通过【组合】功能将流程图中的所有内容组成一个整体，以便于进行统一的格式设置或整体的位置移动。

虽然Excel不是专业的流程图绘制工具，但是只需要掌握基本的形状插入、格式设置、排列对齐和组合等常用功能，也能够快速地进行流程图的绘制。

二、绘制组织结构图

组织结构图是人力资源管理中经常使用的一类图形。公司内部的职能构成、隶属关系与职权等可以通过组织结构图进行清晰展示。组织结构图的特点是能够简洁清晰地显示职责划分，能够明确岗位或职能之间的隶属关系、汇总对象等。

用于绘制组织结构图的工具有很多，对于绘图量不大的人力资源管理者来说，使用Excel也是不错的选择。毕竟Excel是已经被大家广泛接受的工具，只需要应用其中的一些基础绘图功能，不需要额外安装软件，也不需要额外学习，就可以用几分钟时间完成组织结构图的绘制。

1. 准备绘图区域

新建一个Excel文件，单击【视图】菜单，取消选中【网格线】复选框，这样就可以使表格中的灰色网格线不显示出来。

另外，在表格上方建立一个合并单元格，在其中录入组织结构图的标题，如"××××公司组织结构图"。将标题下方的一行选中，设置其下框线为较粗的样式，得到基础的绘图区域，如图12-13所示。

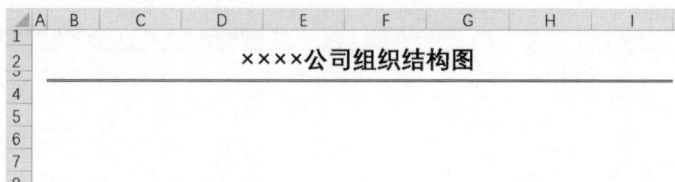

图12-13　组织结构图的绘图区域

组织结构图主要是由图形与连接线组成的。要绘制组织结构图，通常有两种方法。

2. 使用形状功能绘制组织结构图

通过单击【插入】菜单中的【形状】功能绘制组织结构图中的图形与连接线。通常在组织结构图中使用矩形比较多，单击【矩形】按钮进行绘制即可，如图12-14所示。

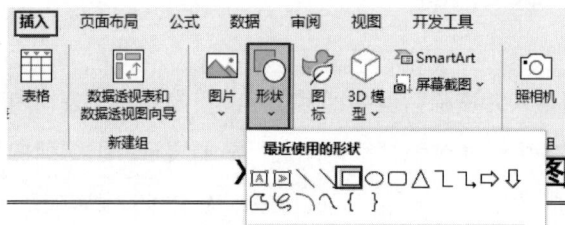

图12-14　插入矩形

绘制完组织结构图中的矩形，还可以通过【形状】中的连接线，对各个图形进行连接。在操作过程中，可以使用绘制流程图中的排列对齐、组合以及格式化设置技巧。通过这种方式绘制组织结构图的好处是可以灵活进行图形位置的摆放，便于进行个性化的设置。

由于绘制方法与绘制流程图的过程基本相同，此处不再赘述。

3. 使用Excel自带的组织结构图绘制功能进行绘制

在Excel中带有一些预设的图形可供直接选择和调用，这个功能叫作【SmartArt】功能，这是绘制组织结构图的第二种方法。单击【插入】菜单中的【SmartArt】按钮，插入SmartArt图形，如图12-15所示。

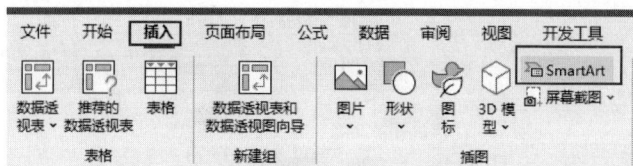

图12-15　插入SmartArt图形

弹出如图12-16所示的【选择SmartArt图形】对话框，里面内置了数十种图形样式。

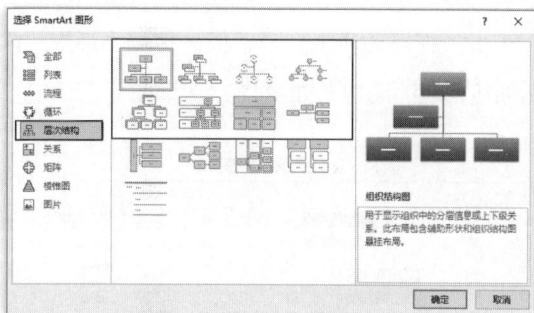

图12-16　【选择SmartArt图形】对话框

选择【层次结构】选项，可以在右侧看到十余种可用于绘制组织结构图的预设样式。单击某种样式，可以在右侧查看其预览效果。选择第一个图形样式，单击【确定】按钮，插入该样式的组织结构图框架，如图12-17所示。

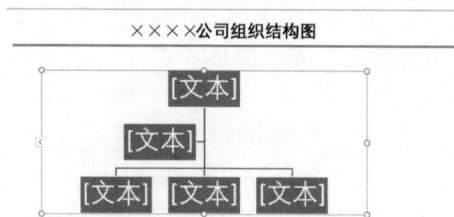

图12-17　插入某样式的组织结构图框架

在Excel提供的组织框架的基础上，只需要进行少量修改，就可以得到想要的组织结构图效果。

想要在图形中添加图块，只需单击组织结构图左边线中间的展开按钮，打开文本的键入窗格，如图12-18所示。

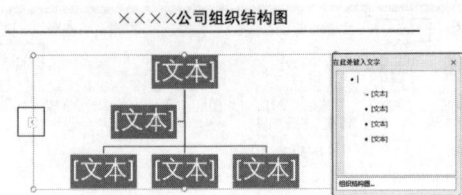

图12-18　文本的键入窗格

通过文本的键入窗格，可以方便地进行组织结构图内容的创建。要建立一级部门的名称，只需要在其中录入内容即可。如果一级部门比较多，则可以在每录入一个部门后按回车键，将自动产生一个新行。每一个添加的内容项都将在左侧的图形区域中自动创建相应的图块，如图12-19所示。

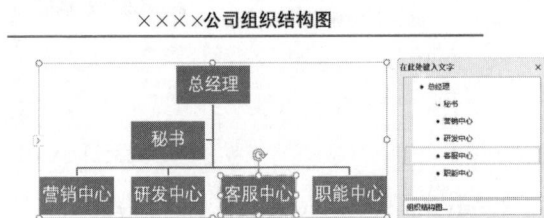

图12-19　通过文本的键入窗格添加图块

接下来添加一级部门下的二级部门。比如，想在"营销中心"下添加二级部门，就在文本的键入窗格中将光标定位在"营销中心"这一行，按回车键产生一个新行。对于新生成的行，按【Tab】键进行降级。降级后添加的内容将出现在"营销中心"的下方，如图12-20所示。

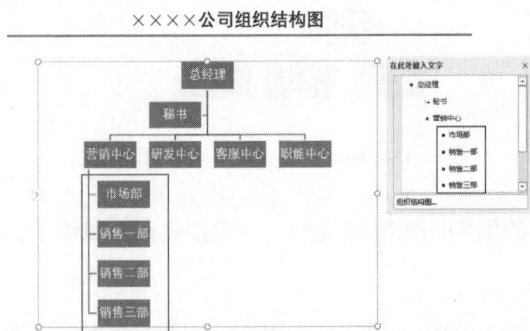

图12-20　添加二级部门

"营销中心"下设的部门在文本的键入窗格中添加完成后，会发现在左侧的组织结构图中自动生成了相应的图块，并且用适当的连接线将二级部门与上方的一级部门进行连接。

使用同样的方法，对其他部门进行设置即可得到完整的组织结构图，如图12-21所示。

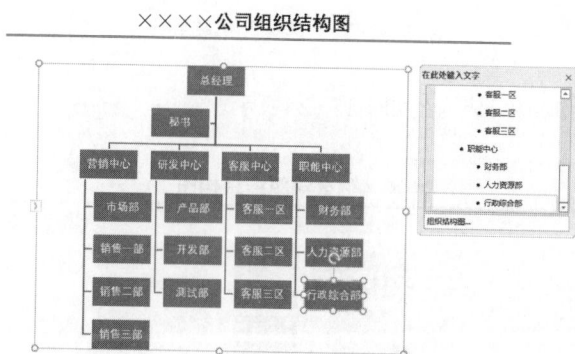

图12-21 创建完成的组织结构图

当部门设置完成后，可以对组织结构图进行适当美化。选中该组织结构图，单击【SmartArt设计】菜单中的【更改颜色】按钮或右侧的预设效果，可以调用系统内置的效果，如图12-22所示。在此基础上，还可以单击【格式】菜单，进行格式效果的个性化设置。

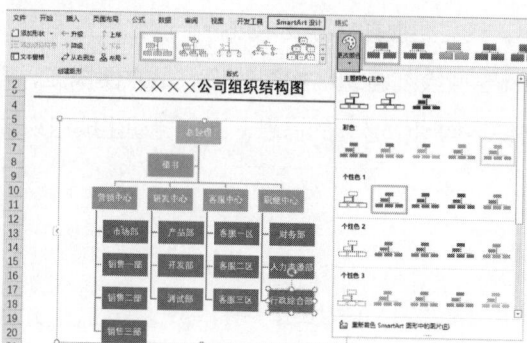

图12-22 对组织结构图进行个性化设置

如果想要改变组织结构图的显示方式，则可以在【SmartArt设计】菜单的【版式】选项区域中选择其他版式，如图12-23所示。

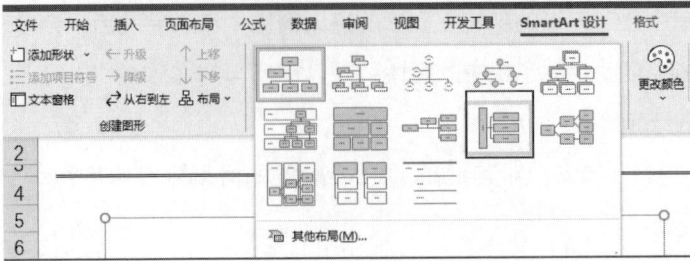

图12-23　选择其他版式

更换版式后的组织结构图如图12-24所示。

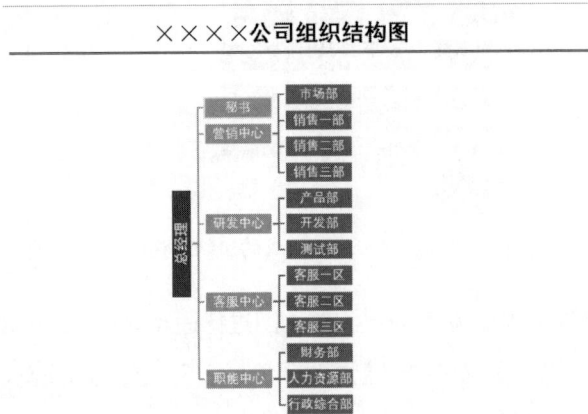

图12-24　更换版式后的组织结构图

在使用过程中，只需要根据实际要求进行个性化设置即可。

使用SmartArt图形绘制组织结构图的优点是方便快捷，几乎不需要太多操作，只需要录入组织结构图中必要的信息，即可自动生成组织结构图。

本章复盘

表姐Lisa带着几个小伙伴复盘了本次交流中涉及的一些Excel知识点，包括如下内容：

> ➢ 绘制流程图的基础知识；
> ➢ 使用形状功能进行组织结构图绘制的做法；
> ➢ 使用SmartArt图形进行组织结构图绘制的做法。

第三部分

数据能力修炼之"统筹应用篇"
——总监及高管的 Excel 数据能力提升

第十三章

全面盘点企业人力资源数据，Excel帮助透过数据看本质

在企业的经营与发展过程中，人才是不可或缺的重要因素，甚至是决定性因素之一。很多企业老板或高层管理者常常深感人才瓶颈制约企业发展。作为人力资源管理方面的高层管理者，也往往非常关注如何做好企业的人力资源规划，不断满足企业发展过程中对于人才的需求。

人力资源规划是以企业未来发展和业务诉求为基点的，但也应从现状出发。通常人力资源规划的前提有两点：一是要对企业业务有深入的理解，并对企业未来的发展战略有清晰的认识；二是要对企业的人力资源现状有深入的认识，明确当前存在的优势及不足，明确公司未来人力资源发展的目标与方向。只有清楚地知道现状与不足，知道未来的方向与人才的要求，才能够制订真正具有指导意义和现实意义的人力资源规划。

要深入了解企业人才现状，就需要结合现有人才盘点。只有通过全面的人才盘点，从数据角度出发，透过现象看本质，才有可能针对未来发展提出人员需求预测。

人才盘点主要盘点什么呢？包括企业当前的员工基本信息，如人才数量分布、人才结构、人员流动保持与流动情况、人员的敬业度、员工能力现状、员工发展潜力；企业的人力成本相关信息；企业人力资源效率维度的相关信息等。

人才盘点不应仅进行基于公司整体层面的盘点，还应进行针对不同业务板块的细分盘点，从基本与局部层面深入了解人才现状。人才盘点也不应只着眼于企业内部，还应了解企业所处的外部人才竞争环境之下的人才供给情况，以及对标企业的人才现状等。

一、人员情况的综合盘点与分析

要做好人力资源盘点，就需要收集并分析各相关维度的数据。数据分析离不开数据分析工具，而Excel完全可以满足数据分析的需求，帮助洞悉企业的人才现状。

1. Excel中可用于人才基本信息盘点的工具

在前面的章节中，对于数据的统计与分析工具已经多有涉及。在人员基本信息的盘点中使用比较多的Excel中的功能如下：

➢ 求和及条件求和函数，如SUM函数、SUMIF函数、SUMIFS函数、SUMPRODUCT函数等；

➢ 计数及条件计数函数，如COUNT函数、COUNTA函数、COUNTIF 函数、COUNTIFS函数等；

➢ 在进行频率统计时用到的函数，如FREQUENCY函数、VLOOKUP函数、XLOOKUP函数等；

➢ 极值的计算函数，如最大值MAX函数、最小值MIN函数，以及根据条件计算最大值的MAXIFS函数，根据条件计算最小值的MINIFS函数等；

➢ 平均值的计算函数，如计算算术平均数的AVERAGE函数、计算修剪平均值的TRIMMEAN函数、根据条件计算平均值的AVERAGEIFS函数等；

➢ 相关统计工具，如数据透视表、排序、筛选、分类汇总等。

掌握常用数据统计的函数或功能，将其灵活应用于人才盘点过程中即可。

2. 盘点员工的基础信息

在前面的章节中介绍了通过数据透视表进行在职与员工离职信息的统计与分析。在进行人才盘点时，可以使用数据透视表快速完成某些数据统计。与数据透视表的简单便捷相比，函数可以实现更加灵活的统计要求。特别是要进行综合数据分析，而数据来源分布于不同的表格中，函数便可以更加方便地进行数据抓取与统计。

以如图13-1所示的员工基础信息表为例。

编号	姓名	性别	出生日期	年龄	学历	部门	岗级	工龄
1	姓名1	男	1991/7/5	30	硕士	研发部	L4	2
2	姓名2	男	1998/6/22	23	高中	营销部	L10	3
3	姓名3	女	1978/7/29	43	本科	客服部	L6	10
4	姓名4	男	1988/7/26	33	本科	客服部	L7	3
5	姓名5	男	1986/3/22	36	本科	客服部	L5	6
6	姓名6	女	1989/12/28	32	高中	生产部	L8	3
7	姓名7	女	1982/5/12	40	硕士	研发部	L7	4
8	姓名8	男	1999/4/29	23	硕士	研发部	L4	3
9	姓名9	男	1985/4/25	37	本科	生产部	L4	3

图13-1　员工基础信息表示例

1）统计员工总人数

统计员工总人数，可以使用计数函数COUNTA。公式及统计结果如图13-2所示。

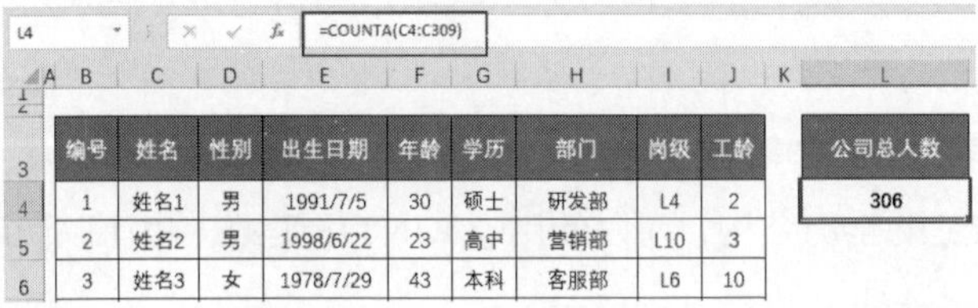

图13-2　统计员工总人数

L4单元格中的公式内容如下：

$$=COUNTA(C4:C309)$$

【公式释义】COUNTA函数用于对所选区域内非空单元格的数量进行统计。在进行计算时选中了员工"姓名"列中所有的数据，即对员工姓名所在单元格区域C4:C309中所有非空单元格进行计数。

2）统计员工的性别结构

对于员工性别结构的统计，需要用到带条件的计数函数。此处进行的是单个条件下的计数，可以使用COUNTIF函数。公式及统计结果如图13-3所示。

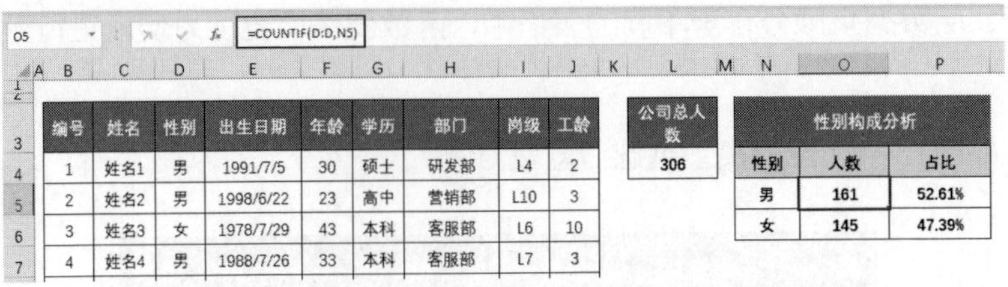

图13-3　统计员工的性别结构

O5单元格中的公式内容如下：

$$=COUNTIF(D:D,N5)$$

【公式释义】COUNTIF函数用于对数据进行单条件计数，它的第一个参数是进行计数的区域，第二个参数为条件。该公式的意思是对D列中所有等于N5单元格内容（性别为"男"）的员工进行计数。

P5单元格中的公式内容如下：

$$=O5/COUNTA(\$C\$4:\$C\$309)$$

【公式释义】用O5单元格中统计出来的男性员工人数，除以通过COUNTA函数统计得出的员工总人数，得到男性员工在全体员工中所占的比例。

当公式设置完成后，向下拖动复制公式，完成对女性员工的人数及占比的统计。

3）统计员工的学历结构

要统计员工的学历结构，可以使用COUNTIF函数，也可以使用COUNTIFS函数。公式及统计结果如图13-4所示。

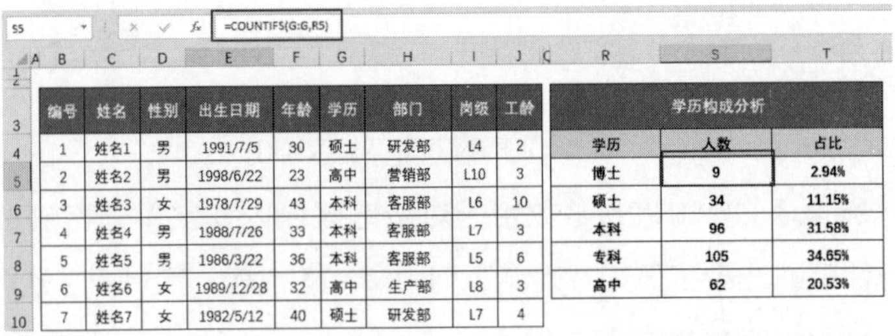

图13-4　统计员工的学历结构

S5单元格中的公式内容如下：

$$=COUNTIFS(G:G,R5)$$

【公式释义】COUNTIFS函数是一个多条件计数函数。它与COUNTIF函数最大的区别在于，COUNTIF函数只能进行单个条件下的计数，而COUNTIFS函数可以录入一个或多个条件，并对满足条件的数据进行计数。COUNTIFS函数中的参数每两个为一个条件对，分别为条件判断的区域和条件，当使用多个条件时依次类推。

学历占比的计算公式同前，此处不再赘述。

4）统计各部门的人员数量

用于进行条件计数的函数，除了前面使用的COUNTIF函数和COUNTIFS函数，还可以使用SUMPRODUCT函数。对各部门人员数量的统计公式及统计结果如图13-5所示。

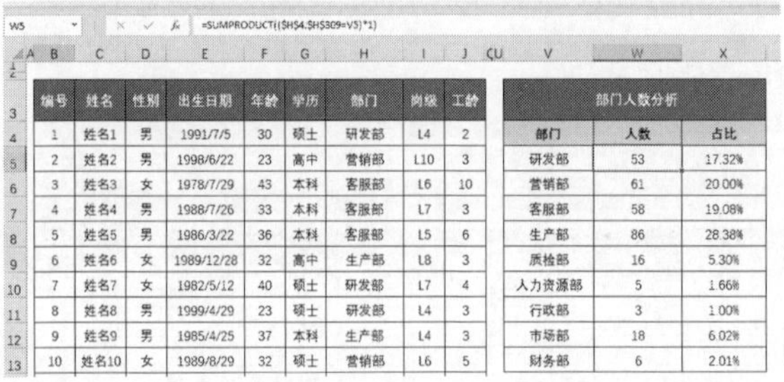

W5 =SUMPRODUCT(($H$4:$H$309=V5)*1)

编号	姓名	性别	出生日期	年龄	学历	部门	岗级	工龄
1	姓名1	男	1991/7/5	30	硕士	研发部	L4	2
2	姓名2	男	1998/6/22	23	高中	营销部	L10	3
3	姓名3	女	1978/7/29	43	本科	客服部	L6	10
4	姓名4	男	1988/7/26	33	本科	客服部	L7	3
5	姓名5	男	1986/3/22	36	本科	客服部	L5	6
6	姓名6	女	1989/12/28	32	高中	生产部	L8	3
7	姓名7	女	1982/5/12	40	硕士	研发部	L7	4
8	姓名8	男	1999/4/29	23	硕士	研发部	L4	3
9	姓名9	男	1985/4/25	37	本科	生产部	L4	3
10	姓名10	女	1989/8/29	32	硕士	营销部	L6	5

部门人数分析		
部门	人数	占比
研发部	53	17.32%
营销部	61	20.00%
客服部	58	19.08%
生产部	86	28.38%
质检部	16	5.30%
人力资源部	5	1.66%
行政部	3	1.00%
市场部	18	6.02%
财务部	6	2.01%

图13-5　统计各部门的人员数量

W5单元格中的公式内容如下：

=SUMPRODUCT(($H$4:$H$309=V5)*1)

【公式释义】SUMPRODUCT函数可以进行条件计数。公式中“$H$4:$H$309=V5”部分是将$H$4:$H$309单元格区域中的数据依次与V5单元格中的数据进行比较，比较的结果是一组逻辑值，如图13-6所示。

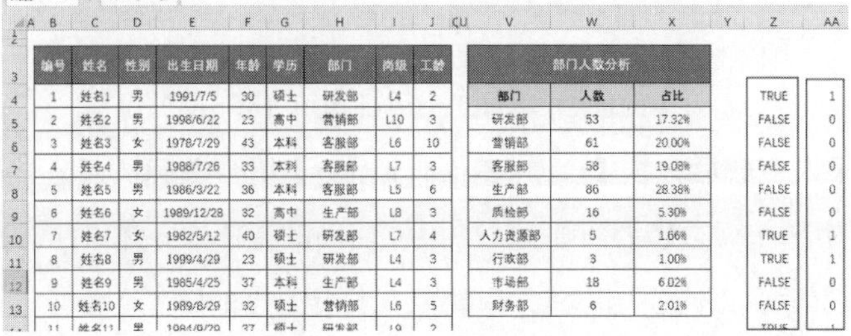

编号	姓名	性别	出生日期	年龄	学历	部门	岗级	工龄
1	姓名1	男	1991/7/5	30	硕士	研发部	L4	2
2	姓名2	男	1998/6/22	23	高中	营销部	L10	3
3	姓名3	女	1978/7/29	43	本科	客服部	L6	10
4	姓名4	男	1988/7/26	33	本科	客服部	L7	3
5	姓名5	男	1986/3/22	36	本科	客服部	L5	6
6	姓名6	女	1989/12/28	32	高中	生产部	L8	3
7	姓名7	女	1982/5/12	40	硕士	研发部	L7	4
8	姓名8	男	1999/4/29	23	硕士	研发部	L4	3
9	姓名9	男	1985/4/25	37	本科	生产部	L4	3
10	姓名10	女	1989/8/29	32	硕士	营销部	L6	5

部门人数分析				
部门	人数	占比	TRUE	1
研发部	53	17.32%	FALSE	0
营销部	61	20.00%	FALSE	0
客服部	58	19.08%	FALSE	0
生产部	86	28.38%	FALSE	0
质检部	16	5.30%	FALSE	0
人力资源部	5	1.66%	TRUE	1
行政部	3	1.00%	TRUE	1
市场部	18	6.02%	FALSE	0
财务部	6	2.01%	FALSE	0

图13-6　逻辑值结果

SUMPRODUCT函数在计算时会将非数值型数据作为0值处理。

由于公式中“$H$4:$H$309=V5”部分得到的结果为一组逻辑值，SUMPRODUCT函数在计算时会将其作为0值处理，因此在公式中添加了“*1”。这里的“*”是乘号，相当于一个能够对逻辑值进行翻译的中间人，负责将逻辑值转换为由“1”和“0”组成的一组数据。在转换时，代表条件判断成立的“TURE”会被转换为“1”，代表条件判断不成立的“FALSE”会被转换为“0”。因此，公式中“($H$4:$H$309=V5)*1”部分就得到一组由1和0构成的数值。这组数值可被SUMPRODUCT函数所计算，得到最终的计数结果。

5）统计员工的年龄段结构

要统计员工的年龄段结构，可以使用FREQUENCY函数。在使用FREQUENCY函数进行统计之前，需要在数据区域中构建一列放置年龄段分隔点的区域。公式及统计结果如图13-7所示。

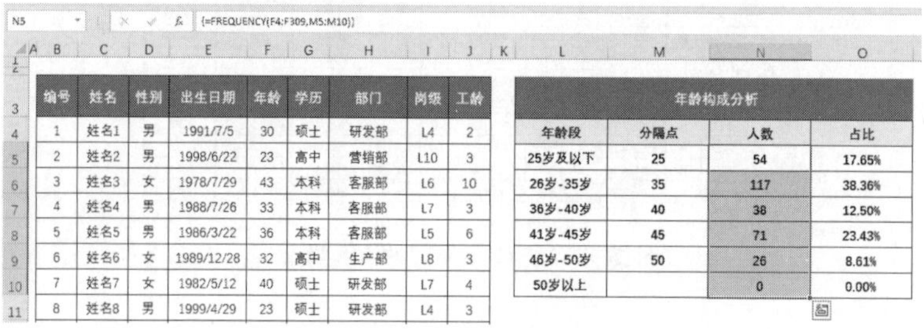
N5
{=FREQUENCY(F4:F309,M5:M10)}

编号	姓名	性别	出生日期	年龄	学历	部门	岗级	工龄
1	姓名1	男	1991/7/5	30	硕士	研发部	L4	2
2	姓名2	男	1998/6/22	23	高中	营销部	L10	3
3	姓名3	女	1978/7/29	43	本科	客服部	L6	10
4	姓名4	男	1988/7/26	33	本科	客服部	L7	3
5	姓名5	男	1986/3/22	36	本科	客服部	L5	6
6	姓名6	女	1989/12/28	32	高中	生产部	L8	3
7	姓名7	女	1982/5/12	40	硕士	研发部	L7	4
8	姓名8	男	1999/4/29	23	硕士	研发部	L4	3

年龄构成分析			
年龄段	分隔点	人数	占比
25岁及以下	25	54	17.65%
26岁-35岁	35	117	38.36%
36岁-40岁	40	38	12.50%
41岁-45岁	45	71	23.43%
46岁-50岁	50	26	8.61%
50岁以上		0	0.00%

图13-7　统计员工的年龄段结构

在图13-7中可以看出，“分隔点”这一列数据中放置的是每个年龄段中的上限值；分隔点中的最后一个单元格，即“50岁以上”这个年龄段对应的分隔点是留空的。

在编写“人数”的统计公式时，需要选中N5:N10单元格区域中的所有单元格，录入以下公式：

=FREQUENCY(F4:F309,M5:M10)

当公式录入完成后，按【Ctrl+Shift+Enter】组合键确认该公式的录入，即可得到想要的结果。需要注意的是，如果你使用的是Excel 2021或365版本，那么在录入公式前可以不选中区域，只要将光标定位到N5单元格中，录入以上公式，按回车键即可。

【公式释义】FREQUENCY函数用于统计F4:F309单元格区域内所有年龄数据在M5:M10单元格区域中出现的频率。

【FREQUENCY函数介绍】计算值在数值范围内出现的频率。

【FREQUENCY函数用法】=FREQUENCY(数据区域，数据间隔所在的单元格区域)

关于“参数2”对应的区间分隔点区域设置：每个区间分隔点要使用这个区间的最大值，最后一个可省略。

关于“参数2”区域的选取：公式结果中的元素比“参数2”中的元素要多选一个。公式结果中多出来的单元格将生成大于最高间隔的数值的数量。

6）统计员工工龄的分布结构

要统计员工工龄的分布结构，同样可以使用FREQUENCY函数。公式及统计结果如图13-8所示。

S5　{=FREQUENCY(J4:J309,R5:R9)}

编号	姓名	性别	出生日期	年龄	学历	部门	岗级	工龄
1	姓名1	男	1991/7/5	30	硕士	研发部	L4	2
2	姓名2	男	1998/6/22	23	高中	营销部	L10	3
3	姓名3	女	1978/7/29	43	本科	客服部	L6	10
4	姓名4	男	1988/7/26	33	本科	客服部	L7	3
5	姓名5	男	1986/3/22	36	本科	客服部	L5	6
6	姓名6	女	1989/12/28	32	高中	生产部	L8	3

工龄构成分析			
年龄段	分隔点	人数	占比
0-2年	2	76	24.84%
3-4年	4	82	26.89%
5-6年	6	73	24.01%
7-8年	8	33	10.89%
8年以上		42	13.91%

图13-8　统计员工工龄的分布结构

选中公式结果S5:S9单元格区域，录入如下公式：

=FREQUENCY(J4:J309,R5:R9)

需要注意，图13-8中公式外侧的大括号“{ }”并非手动添加的，它是在编写完公式后，按【Ctrl+Shift+Enter】组合键确认公式录入后自动生成的，表明这是一个数组公式。

3. 采用人才九宫格进行人才盘点

人才九宫格是人才盘点中使用非常多的工具。在进行人才盘点时，根据人才的绩效和潜力或能力维度，分别作为纵坐标和横坐标。将人才盘点的结果划分为九个象限，也将人才分为九个类别。通过对人才的分类划分，便于根据不同类型采取不同的人才管理策略。

根据人才九宫格，通常将人才划分为九大类别。在人才九宫格中，对于绩效维度的描述分为三个等级。

➢ 低绩效：不符合工作要求，且未达到个人目标。

➢ 中等绩效：部分符合工作要求和个人目标。

➢ 高绩效：完全符合工作要求和个人目标。

在人才九宫格中，对于潜力维度的描述同样分为三个等级。

➢ 低潜力：员工全力以赴地工作，已经发挥了绝大多数的潜能。

➢ 中等潜力：员工尚且存在一定的潜力。

➢ 高潜力：员工还存在较大的发展潜力。

以上信息通过九宫格的方式划分如图13-9所示。

在进行人才盘点的过程中，也可以根据企业实际灵活地调整评估维度。除了绩效和潜力维度外，还可以选择敬业度或满意度等能够明显影响员工总体产出的维度。

要进行人才九宫格的绘制，需要通过测评或绩效结果评价等措施，获得员工在业绩与潜力方面的数据。以某部门的数据为例，如图13-10所示。

编号	姓名	能力维度	绩效维度
1	姓名1	1.5	3.7
2	姓名2	7.9	9.7
3	姓名3	3.6	5.4
4	姓名4	7.2	6.9
5	姓名5	1.3	7.7
6	姓名6	1.1	2.7
7	姓名7	4.7	7.7
8	姓名8	1	8.6
9	姓名9	8.2	8.8
10	姓名10	5	8.1
11	姓名11	8.2	5.6
12	姓名12	2.5	8.5
13	姓名13	5.7	1.2
14	姓名14	9.1	8.2
15	姓名15	3.3	4.3
16	姓名16	1.5	1

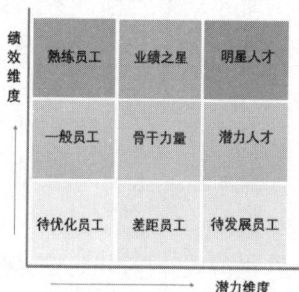

图13-9　人才九宫格

图13-10　数据示例

在以上数据中，以10分制对部门内部16名员工从能力维度和绩效维度进行了测评。

接下来，根据以上数据创建人才九宫格。在创建人才九宫格时，使用的图表类型叫作"散点图"，希望创建的图表效果如图13-11所示。

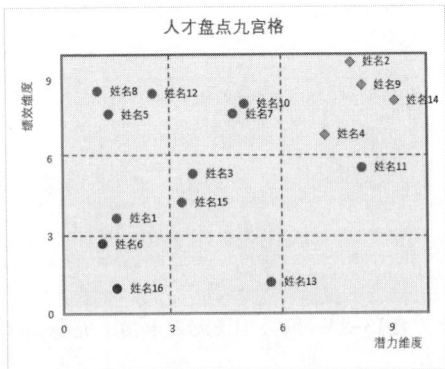

图13-11　散点图效果

选中原始数据表中的"能力维度"和"绩效维度"两列数据。单击【插入】菜单，从中选择散点图类型的图表，在展开的下拉菜单中选择一种散点图类型，如图13-12所示。

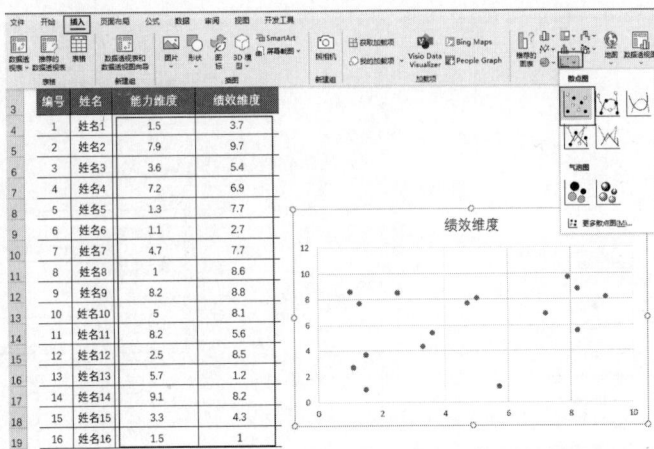

图13-12　插入散点图

当图表创建完成后，修改图表标题，拖动图表的大小为正方形效果，如

图13-13所示。

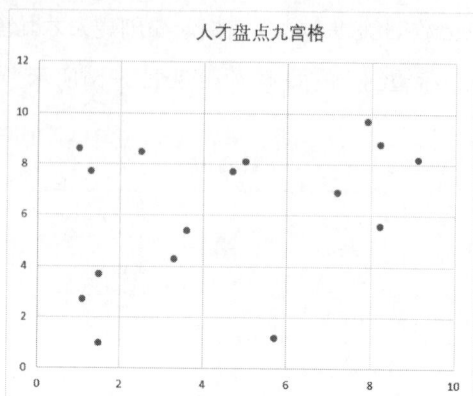

图13-13　修改图表标题和图表大小

为了便于进行不同分值的区分，对图表中的横向坐标轴和纵向坐标轴的相关内容进行修改。选中图表中的横向坐标轴，右击，在弹出的快捷菜单中选择【设置坐标轴格式】命令，如图13-14所示。

弹出【设置】坐标轴格式窗格，将【单位】中的【大】设置为3.0，将【边界】中的最大值设置为10.0，最小值设置为0.0，如图13-15所示。

图13-14　设置坐标轴格式

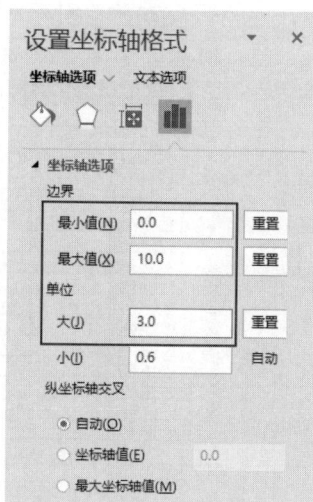

图13-15　【设置坐标轴格式】窗格

对纵向坐标轴也可以按同样的方式进行设置。设置完成后，图表效果如图13-16所示。

选中图形中的横向和纵向网格线，按删除键将其删除，如图13-17所示。

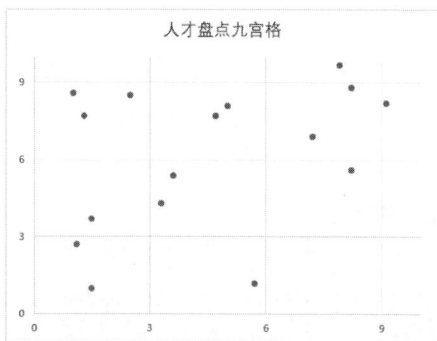

图13-16　修改坐标轴后的图表效果

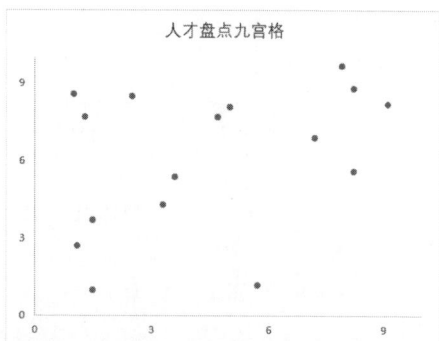

图13-17　删除网格线

选中图形中的绘图区域，右击，在弹出的快捷菜单中选择【设置绘图区格式】命令，弹出【设置绘图区格式】窗格，将绘图区的边框宽度设置为2磅，如图13-18所示。

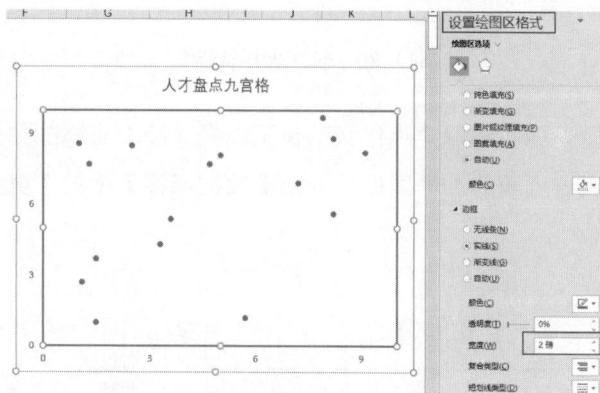

图13-18　边框宽度设置

为了便于识图，对图形中的横向坐标轴与纵向坐标轴添加标题。选中图表，单击图表右上角的加号图标，从中选择坐标轴标题，如图13-19所示。

这时，在图表中会出现"坐标轴标题"字样。根据横向坐标轴与纵向坐标轴显示的数据维度，手动修改坐标轴标题即可，如图13-20所示。

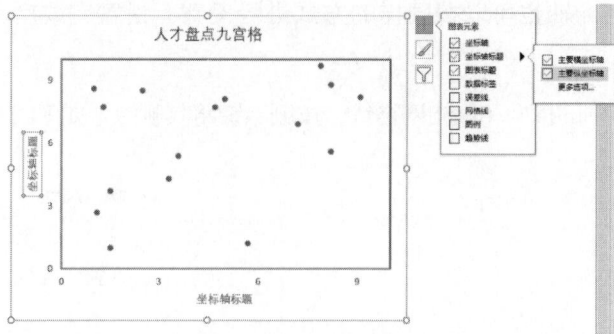

图13-19　添加坐标轴标题

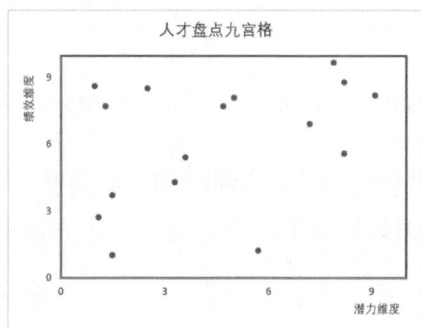

图13-20　修改坐标轴标题

　　为了能够清晰地看到每个点代表的员工姓名，接下来添加数据标签。选中图表，单击图表右上角的加号图标，选择【数据标签】中的【更多选项】，如图13-21所示。

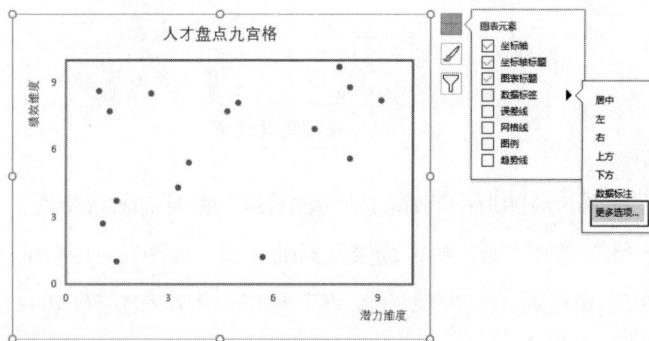

图13-21　数据标签的更多选项

如图13-22所示，在弹出的【设置数据标签格式】窗格中找到【标签选项】，从中找到【单元格中的值】。

选中【单元格中的值】复选框，通过弹出的对话框选择原始数据表中的员工姓名区域，如图13-23所示。

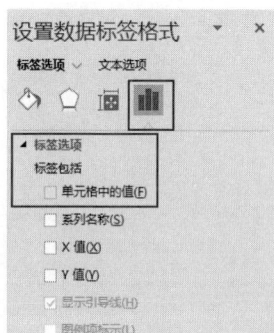

图13-22 【设置数据标签格式】窗格

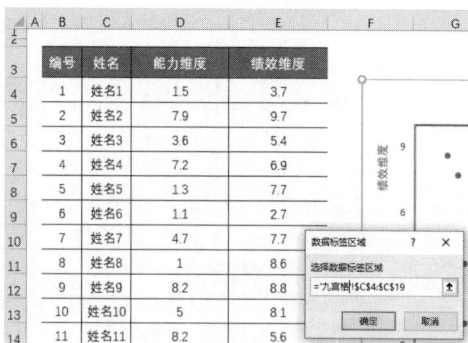

图13-23 选择数据标签区域

当设置完成后，图形中的每个数据点都会产生员工姓名的数据标签，如图13-24所示。

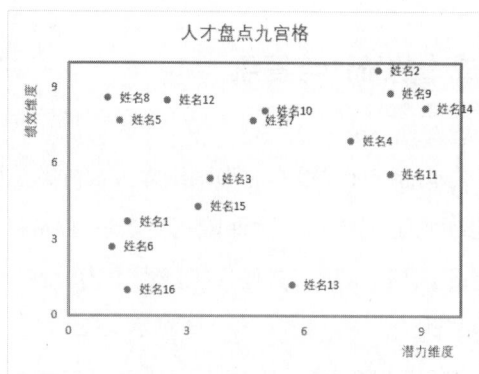

图13-24 在图表中添加姓名标签

接下来，在图表上添加九宫格的分隔线。

分隔线的添加方式有多种，可以通过在图表中添加"误差线"的方式插入，也可以手动插入直线线条。此处采用较为简单的插入直线线条的方式创建分隔线。

单击【插入】菜单中的【图形】按钮，从中找到"直线"。在图形中拖动并插入纵向和横向的九宫格分隔线，并将线条设置为如图13-25所示的虚线线型。

对于图表，还可以根据需要进行其他格式化设置，得到的最终效果如图13-26所示。

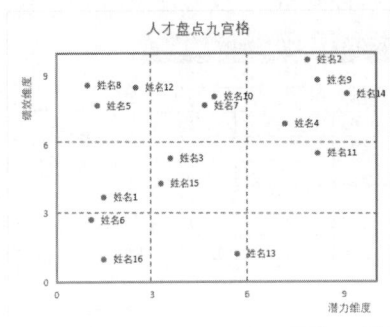

图13-25　设置分隔线线型

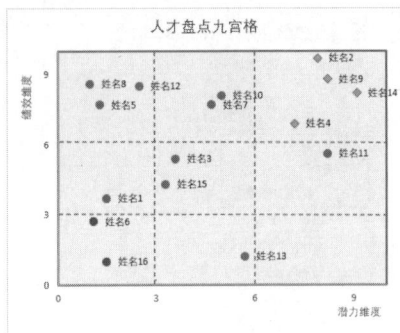

图13-26　人才九宫格最终效果

在每年度的人才盘点工作结束之后，将现有人才划分到人才九宫格中，并且分别实施不同的培养方案和激励策略，进行人才的差异化培养与激励。

二、年度人工成本的统计与复盘

要进行年度人工成本的统计，首先应当明确人工成本的主要构成结构。

人工成本主要包括职工工资、社会保险费用、职工福利费用、职工教育经费、劳动保护费用、职工住房费用和其他人工成本支出。在这些构成项目中，职工工资是最主要的构成项目。

职工工资指的是在一定时期内，以货币形式直接支付给职工的劳动报酬总额，包括计时工资、计件工资、奖金、津贴和补贴、加班工资以及特殊情况下支付的工资等。

社会保险费用只计算用人单位缴纳的部分，不含个人缴纳的部分。

职工福利费用是在工资以外按照国家规定支付的职工福利费用，主要包括职工的医疗卫生费、职工因工负伤赴外地就医路费、职工生活困难补助、文体宣传费、集体福利事业补贴、物业管理费、上下班交通补贴等。

职工教育费指企业为职工学习职业技能而支付的费用，主要包括就业前培训、在职培训、转岗培训、外派培训等方面的培训费用。

劳动保护费用指企业购买职工实际使用的劳动保护用品的费用，如购买工作服、保健用品、清凉用品等的费用。

职工住房费用指企业为改善职工居住条件而支付的费用，包括职工宿舍的折旧费（或为职工租用房屋的租金）、企业缴纳的住房公积金、实际支付给职工的住房补贴和住房困难补助，以及企业住房的维修费和管理费等。

其他人工成本支出包括工会经费、企业因招聘职工而实际花费的职工招聘费、咨询费、外聘人员劳务费、对职工的特殊奖励、解除劳动合同或终止劳动合同的补偿费用等。

根据人工成本的主要构成内容，应当首先结合本企业实际，明确本企业内的具体构成，然后围绕各个项目收集相关数据进行统计。

1. 快速完成人工成本数据的汇总统计

以如图13-27所示的2021年人工成本汇总统计表为例。

2021年人工成本汇总统计表

部门	项目	1月	2月	3月	4月	5月	6月	7月	8月	9月	10月	11月	12月	全年合计
总计	福利费用													
总计	劳动保护费用													
总计	招聘费用													
总计	培训费用													
总计	奖金、津贴、补贴													
总计	其他人工成本支出													
营销中心	人工成本总额													
营销中心	工资总额	231,000.00	165,000.00	222,750.00	206,250.00	165,000.00	181,500.00	165,000.00	165,000.00	206,250.00	198,000.00	173,250.00	165,000.00	2,244,000.00
营销中心	直接生产人员工资总额	231,000.00	165,000.00	222,750.00	206,250.00	165,000.00	181,500.00	165,000.00	165,000.00	206,250.00	198,000.00	173,250.00	165,000.00	2,244,000.00
营销中心	非直接生产人员工资总额	0	0	0	0	0	0	0	0	0	0	0	0	0
营销中心	社保费（公司承担部分）	40,600.00	29,000.00	39,150.00	36,250.00	29,000.00	31,900.00	29,000.00	29,000.00	36,250.00	34,800.00	30,450.00	29,000.00	394,400.00
营销中心	公积金（公司承担部分）	8,960.00	6,400.00	8,640.00	8,000.00	6,400.00	7,040.00	6,400.00	6,400.00	8,000.00	7,680.00	6,720.00	6,400.00	87,040.00
营销中心	福利费用	8,400.00	6,000.00	8,100.00	7,500.00	6,000.00	6,600.00	6,000.00	6,000.00	7,500.00	7,200.00	6,300.00	6,000.00	81,600.00
营销中心	劳动保护费用	0	0	0	0	0	0	0	0	0	0	0	0	0
营销中心	招聘费用	4,200.00	3,000.00	4,050.00	3,750.00	3,000.00	3,300.00	3,000.00	3,000.00	3,750.00	3,600.00	3,150.00	3,000.00	40,800.00
营销中心	培训费用	3,640.00	2,600.00	3,510.00	3,250.00	2,600.00	2,860.00	2,600.00	2,600.00	3,250.00	3,120.00	2,730.00	2,600.00	25,360.00
营销中心	奖金、津贴、补贴	19,600	14,000	18,900	17,500	14,000	15,400	14,000	14,000	17,500	16,800	14,700	14,000	190,400
营销中心	其他人工成本支出	-	-	-	-	-	-	-	-	-	-	-	-	-
研发中心	人工成本总额													
研发中心	工资总额	198,000.00	181,500.00	222,750.00	198,000.00	189,750.00	181,500.00	165,000.00	231,000.00	231,000.00	189,750.00	198,000.00	231,000.00	2,417,250.00
研发中心	直接生产人员工资总额	198,000.00	181,500.00	222,750.00	198,000.00	189,750.00	181,500.00	165,000.00	231,000.00	231,000.00	189,750.00	198,000.00	231,000.00	2,417,250.00
研发中心	非直接生产人员工资总额	0	0	0	0	0	0	0	0	0	0	0	0	0
研发中心	社保费（公司承担部分）	34,800.00	31,900.00	39,150.00	34,800.00	33,350.00	31,900.00	29,000.00	40,600.00	40,600.00	33,350.00	34,800.00	40,600.00	424,850.00
研发中心	公积金（公司承担部分）	7,680.00	7,040.00	8,640.00	7,680.00	7,360.00	7,040.00	6,400.00	8,960.00	8,960.00	7,360.00	7,680.00	8,960.00	93,760.00
研发中心	福利费用	7,200.00	6,600.00	8,100.00	7,200.00	6,900.00	6,600.00	6,000.00	8,400.00	8,400.00	6,900.00	7,200.00	8,400.00	87,900.00
研发中心	劳动保护费用	0	0	0	0	0	0	0	0	0	0	0	0	0
研发中心	招聘费用	3,600.00	3,300.00	4,050.00	3,600.00	3,450.00	3,300.00	3,000.00	4,200.00	4,200.00	3,450.00	3,600.00	4,200.00	43,950.00
研发中心	培训费用	3,120.00	2,860.00	3,510.00	3,120.00	2,990.00	2,860.00	2,600.00	3,640.00	3,640.00	2,990.00	3,120.00	3,640.00	38,090.00
研发中心	奖金、津贴、补贴	16,800	15,400	18,900	16,800	16,100	15,400	14,000	19,600	19,600	16,100	16,800	19,600	205,100
研发中心	其他人工成本支出	-	-	-	-	-	-	-	-	-	-	-	-	-

图13-27　2021年人工成本汇总统计表

在表格中已经完成了各部门的人工成本数据的统计。在前面的章节中较为全面地介绍了基础数据统计的函数与方法，此处不再赘述。在以上表格中，希望快速完成公司总计的各项数据统计。

以进行总计区域中的"工资总额"计算为例。该项计算只需要从下方各部门数据中抓取"工资总额"项进行求和即可。要完成这项统计工作，无须手动单击每个部门的相应数据逐个数据相加求和。

通过使用SUMIFS函数或SUMIF函数设置一个公式并进行拖动复制，即可快速完成全年12个月的数据统计。公式设置如图13-28所示。

图13-28　条件求和公式

D5单元格中的公式内容如下：

=SUMIFS(D$16：D$99,$C$16：$C$99,$C5)

【公式释义】经过分析，上述统计要求为条件求和，因此采用了SUMIFS函数。该公式的意思是在C16：C99单元格区域中查找等于C5单元格内容的项目，当查找到符合条件的数据时，对D16：D99单元格区域中的数据进行求和。为了使该公式能够向下和向右复制，得到各个项目在各月份的统计结果，需要对单元格的锁定方式进行设置。

➢ 求和区域D16：D99：应当跟随公式向右复制而同步向右移动。但是，当公式向下复制时，从D列的16行到99行的数据区域是不变的。因此，对于

D16:D99区域，应当调整为锁定行而不锁定列的引用方式，即D$16:D$99。

➢ 条件区域：不管公式向下还是向右复制移动，条件区域C16:C99中的单元格都应当是锁定不动的，因此将该区域的锁定方式调整为$C$16:$C$99。

➢ 判断条件：作为判断条件的C5单元格应当跟随公式向下复制而同步向下移动，但是当公式向右复制时不跟随变化。因此，对于C5单元格，应当将其引用方式调整为锁定列而不锁定行的状态，即$C5。

当公式设置完成后，将该公式向右和向下进行拖动，即可完成对总计区域中所有数据的统计，如图13-29所示。

2021年人工成本汇总统计表

部门	项目	1月	2月	3月	4月	5月	6月	7月	8月	9月	10月	11月	12月	全年合计
总计	人工成本总额													
总计	工资总额	1,410,750.00	1,402,500.00	1,410,750.00	1,344,750.00	1,336,500.00	1,336,500.00	1,361,250.00	1,410,750.00	1,336,500.00	1,303,500.00	1,361,250.00	1,452,000.00	16,467,000.00
总计	直接生产人员工资总额	1,221,000.00	1,179,750.00	1,245,750.00	1,122,000.00	1,122,000.00	1,171,500.00	1,138,500.00	1,212,750.00	1,155,000.00	1,138,500.00	1,163,250.00	1,254,000.00	14,124,000.00
总计	非直接生产人员工资总额	189,750.00	222,750.00	165,000.00	222,750.00	214,500.00	165,000.00	222,750.00	198,000.00	181,500.00	165,000.00	198,000.00	198,000.00	2,343,000.00
总计	社保费用（公司承担部分）	247,950.00	246,500.00	247,950.00	236,350.00	234,900.00	234,900.00	239,250.00	247,950.00	234,900.00	229,100.00	239,250.00	255,200.00	2,894,200.00
总计	公积金（公司承担部分）	54,720.00	54,400.00	54,720.00	52,160.00	51,840.00	51,840.00	52,800.00	54,720.00	51,840.00	50,560.00	52,800.00	56,320.00	638,720.00
总计	福利费用	51,300.00	51,000.00	51,300.00	48,900.00	48,600.00	48,600.00	49,500.00	51,300.00	48,600.00	47,400.00	49,500.00	52,800.00	598,800.00
总计	劳动保护费用	3,622.00	4,623.00	4,429.00	4,899.00	4,034.00	4,516.00	4,292.00	3,183.00	3,711.00	3,483.00	3,838.00	4,824.00	49,454.00
总计	招聘费用	25,650.00	25,500.00	25,650.00	24,450.00	24,300.00	24,300.00	24,750.00	25,650.00	24,300.00	23,700.00	24,750.00	26,400.00	299,400.00
总计	培训费用	22,230.00	22,100.00	22,230.00	21,190.00	21,060.00	21,060.00	21,450.00	22,230.00	21,060.00	20,540.00	21,450.00	22,880.00	259,480.00
总计	奖金、津贴、补贴	119,700.00	119,000.00	119,700.00	114,100.00	113,400.00	113,400.00	115,500.00	119,700.00	113,400.00	110,600.00	115,500.00	123,200.00	1,397,200.00
总计	其他人工成本支出	-	-	-	-	-	-	-	-	-	-	-	-	-

图13-29　总计区域中所有数据的统计结果

从上面的操作中可以看出，只需掌握基本的统计函数，以及单元格的引用方式调整，即可解决数据批量统计时的很多实际问题，获得更高的统计效率。

接下来对各个月份的"人工成本总额"进行统计，只需要使用SUM函数即可，如图13-30所示。

D4　=SUM(D5,D8:D15)

	B	C	D	E
1				
2				
3	部门	项目	1月	2月
4	总计	人工成本总额	1,937,047.00	
5	总计	工资总额	1,410,750.00	1,402,500.00
6	总计	直接生产人员工资总额	1,221,000.00	1,179,750.00
7	总计	非直接生产人员工资总额	189,750.00	222,750.00
8	总计	社保费用（公司承担部分）	247,950.00	246,500.00
9	总计	公积金（公司承担部分）	54,720.00	54,400.00
10	总计	福利费用	51,300.00	51,000.00
11	总计	劳动保护费用	4,747.00	4,024.00
12	总计	招聘费用	25,650.00	25,500.00
13	总计	培训费用	22,230.00	22,100.00
14	总计	奖金、津贴、补贴	119,700.00	119,000.00
15	总计	其他人工成本支出	-	-

图13-30　人工成本总额计算公式

D4单元格中的公式内容如下：

$$=SUM(D5,D8:D15)$$

【公式释义】该公式的意思是对D5单元格及D8∶D15单元格区域中的数据进行求和。当公式设置完成后，向右拖动复制公式，得到其他月份的统计结果即可。

2. 进行数据的同比增长率分析

同比指的是本期的统计数据与去年同期的统计数据相比较。同比数据的分析侧重反映数据长期的变化趋势。

同比增长率的计算公式为：

$$同比增长率=(本期数-同期数)÷同期数×100\%$$

在以年度为统计周期进行同比分析时，以如图13-27所示的2021年人工成本汇总统计数据与如图13-31所示的2020年人工成本汇总统计数据进行同比分析。

2020年人工成本汇总统计表

部门	项目	1月	2月	3月	4月	5月	6月	7月	8月	9月	10月	11月	12月	全年合计
总计	人工成本总额	1,722,891.17	1,713,159.22	1,723,960.26	1,642,878.59	1,612,019.70	1,632,871.43	1,662,710.46	1,722,567.41	1,633,100.16	1,592,618.51	1,662,711.35	1,772,846.18	20,114,334.64
总计	工资总额	1,255,567.50	1,248,225.00	1,255,567.50	1,196,427.50	1,189,485.00	1,189,485.00	1,211,512.50	1,255,567.50	1,189,485.00	1,160,115.00	1,211,512.50	1,292,280.00	14,655,630.00
总计	直接生产人员工资总额	1,086,690.00	1,049,977.50	1,108,717.50	998,580.00	990,580.00	1,042,635.00	1,011,265.00	1,079,347.50	1,027,950.00	1,013,265.00	1,035,292.50	1,116,000.00	12,570,360.00
总计	非直接生产人员工资总额	168,877.50	198,247.50	146,850.00	198,247.50	198,905.00	146,850.00	198,247.50	176,220.00	161,535.00	146,850.00	176,220.00	176,220.00	2,085,270.00
总计	社保费用（公司承担部分）	220,675.50	219,385.00	220,675.50	210,351.50	209,061.00	209,061.00	212,932.50	220,675.50	209,061.00	203,899.00	212,932.50	227,128.00	2,575,838.00
总计	公积金（公司承担部分）	48,700.80	48,416.00	48,700.80	46,422.40	46,137.60	46,137.60	46,992.00	48,700.80	46,137.60	44,998.40	46,992.00	50,124.80	568,460.80
总计	福利费用	45,667.00	45,390.00	45,667.00	43,521.00	43,254.00	43,254.00	44,055.00	45,667.00	43,254.00	42,186.00	44,055.00	46,992.00	532,932.00
总计	劳动保护费用	3,144.37	3,469.22	4,213.26	3,587.59	2,785.70	3,637.43	3,305.46	2,820.41	3,866.16	3,612.51	3,306.35	2,814.18	40,562.64
总计	招聘费用	22,828.50	22,695.00	22,828.50	21,760.50	21,627.00	21,627.00	22,027.50	22,828.50	21,627.00	21,093.00	22,027.50	23,496.00	266,466.00
总计	培训费用	19,784.70	19,660.00	19,784.70	18,850.10	18,743.40	18,743.40	19,090.50	19,784.70	18,743.40	18,280.60	19,090.50	20,363.20	230,937.20
总计	奖金、津贴、补贴	106,533.00	105,910.00	106,533.00	101,549.00	100,926.00	100,926.00	102,795.00	106,533.00	100,926.00	98,434.00	102,795.00	109,648.00	1,243,508.00
总计	其他人工成本支出													
营销中心	人工成本总额	281,596.00	201,140.00	271,539.00	251,425.00	201,140.00	221,254.00	201,140.00	201,140.00	251,425.00	241,368.00	211,197.00	201,140.00	2,735,504.00
营销中心	工资总额	205,590.00	146,850.00	198,247.50	183,562.50	146,850.00	161,535.00	146,850.00	146,850.00	183,562.50	176,220.00	154,192.50	146,850.00	1,997,160.00
营销中心	直接生产人员工资总额	205,590.00	146,850.00	198,247.50	183,562.50	146,850.00	161,535.00	146,850.00	146,850.00	183,562.50	176,220.00	154,192.50	146,850.00	1,997,160.00
营销中心	非直接生产人员工资总额	0	0	0	0	0	0	0	0	0	0	0	0	0

图13-31　2020年人工成本汇总统计表

单独建立一张用于同比分析的表，并设置公式，如图13-32所示。

2021年与2021年人工成本同比分析表

部门	项目	1月	2月	3月	4月	5月	6月	7月	8月	9月
总计	人工成本总额	9.36%	8.97%	8.66%	7.79%	8.16%	9.15%	8.76%	8.88%	8.40%
总计	工资总额	9.54%	8.83%	8.50%	7.40%	8.17%	9.14%	8.65%	8.75%	8.32%
总计	直接生产人员工资总额	10.05%	9.31%	8.16%	6.92%	7.40%	9.20%	8.64%	8.38%	8.45%
总计	非直接生产人员工资总额	6.38%	6.38%	11.11%	9.89%	12.36%	8.70%	8.70%	11.11%	7.53%
总计	社保费用（公司承担部分）	8.23%	8.94%	8.06%	9.01%	7.36%	8.66%	7.97%	9.13%	7.70%
总计	公积金（公司承担部分）	9.07%	9.46%	9.45%	9.39%	8.74%	9.15%	9.42%	9.98%	10.06%

图13-32　同比分析计算公式

D4单元格中的公式内容如下：

=IFERROR(('2021'!D4-'2020'!D4)/'2020'!D4,0)

【公式释义】公式内容为使用2021年的数据减去2020年的同项目数据，除以2020年的同项目数据，得到2021年与2020年同期的数据对比情况。公式得到的结果是小数，通过单元格格式设置将其转换为百分比即可。

公式中"'2021'!D4"指的是从一张名为"2021"的表格中引用D4单元格中的数据，"'2020'!D4"指的是从一张名为"2020"的表格中引用D4单元格中的数据。所有单元格均采用相对引用方式。

当D4单元格中的公式编写完成后，将该公式拖动至全表所有的行，以及所有月份，即得到2021年各个月份与2020年同期月份，以及2021年全年与2020年全年数据的同比分析结果。

在公式中增加了IFERROR函数，其目的是屏蔽由于某些统计项目结果为0而使除法公式出现的报错值。IFERROR函数可将公式计算时得出的报错值转换为0。

如果想要统计从1月份累计到当前月份与去年同期的比较，比如在4月份时统计1月到4月累计数据与去年同期累计数据进行比较，那么公式该如何编写呢？以D5单元格为例，公式设置如下：

=IFERROR((SUM('2021'!$D5:'2021'!D5)-SUM('2020'!$D5:'2020'!D5))/SUM('2020'!$D5:'2020'!D5),0)

【公式释义】公式的算法与主体结果与前面基本相同，唯一的区别在于通过SUM函数对从1月到公式所在月份的数据进行累计。

公式中的"SUM('2021'!$D5:'2021'!D5)"部分看上去是从2021年数据表中的D5单元格（1月份）统计到D5单元格。虽然这是以一个区域的方式进行的描述，但统计的仍然是D5这一个单元格的内容。值得注意的是，公式中的第一个D5单元格是作为求和区域引用的起始单元格，将单元格引用方式调整为锁定列而不锁定行，即$D5。通过单元格引用方式的变化，使得最终公式在向本行的各月份复制时，达到从1月份这个固定起点开始累计到当前月份的统计效果。公式中其他的SUM函数单元格引用方式的原理也是一样的。

当公式向下复制时，统计区域仍然保持在D列不变，但是行的引用会随着公式的向下复制而向下移动。

当以上公式编写好后，向右复制直至统计完12月份的数据，向下复制至各统计项目即可。

通过以上数据的同比分析可以看到，2021年较2020年的人工成本显著增长。

3. 进行数据的环比分析

环比分析指的是本期统计数据与上期统计数据相比较，用于显示数据的短期变化趋势。环比增长率的计算公式为：

$$环比增长率=(本期数-上期数)÷上期数×100\%$$

环比增长率根据需要可以为季度环比和月度环比，还有周环比以及日环比等。但在人工成本的统计中，通常以月度或季度为统计周期进行环比分析，以便于发现短期内的变化趋势，并及时做出调整。

以月度的环比统计为例，公式设置如图13-33所示。

部门	项目	1月	2月	3月	4月	5月	6月	7月	8月	9月	10月	11月	12月	全年合计
总计	人工成本总额		-0.62%	0.57%	-4.69%	-0.63%	0.10%	1.83%	3.58%	-5.22%	-2.50%	4.46%	6.61%	
总计	工资总额		-0.58%	0.59%	-4.68%	-0.61%	0.00%	1.85%	3.64%	-5.26%	-2.47%	4.43%	6.67%	
总计	直接生产人员工资总额		-3.38%	5.59%	-9.93%	0.00%	4.41%	-2.82%	6.52%	-4.76%	-1.43%	2.17%	7.80%	
总计	非直接生产人员工资总额		17.39%	-25.93%	35.00%	-3.70%	-23.08%	35.00%	-11.11%	-8.33%	-9.09%	20.00%	0.00%	
总计	社保费用（公司承担部分）		-0.58%	0.59%	-4.68%	-0.61%	0.00%	1.85%	3.64%	-5.26%	-2.47%	4.43%	6.67%	
总计	公积金（公司承担部分）		-0.58%	0.59%	-4.68%	-0.61%	0.00%	1.85%	3.64%	-5.26%	-2.47%	4.43%	6.67%	
总计	福利费用		-0.58%	0.59%	-4.68%	-0.61%	0.00%	1.85%	3.64%	-5.26%	-2.47%	4.43%	6.67%	
总计	劳动保护费用		-15.23%	-6.34%	-8.99%	-11.72%	57.73%	-7.24%	-19.10%	15.68%	-15.27%	17.28%	-18.01%	
总计	招聘费用		-0.58%	0.59%	-4.68%	-0.61%	0.00%	1.85%	3.64%	-5.26%	-2.47%	4.43%	6.67%	
总计	培训费用		-0.58%	0.59%	-4.68%	-0.61%	0.00%	1.85%	3.64%	-5.26%	-2.47%	4.43%	6.67%	
总计	奖金、津贴、补贴		-0.58%	0.59%	-4.68%	-0.61%	0.00%	1.85%	3.64%	-5.26%	-2.47%	4.43%	6.67%	
总计	其他人工成本支出		0.00%	0.00%	0.00%	0.00%	0.00%	0.00%	0.00%	0.00%	0.00%	0.00%	0.00%	

图13-33　月度环比统计公式

E4单元格中的公式内容如下：

=IFERROR(('2021'!E4-'2021'!D4)/'2021'!D4,0)

【公式释义】该公式用2021年2月的数据减去2021年1月的数据，再除以2021年1月的数据即可得到环比结果。同样，为了避免因某些项目0值导致公式可能出现的错误值，在公式外面嵌套了IFERROR函数。

当公式统计完成后，修改单元格格式，将公式结果得到的数据修改为百分比显示效果即可。

数据统计仅仅是人工成本分析的第一步，也是基础步骤。在对数据进行基础的统计计算后，需要根据具体情况分析数据变化的原因。能够导致人工成本较大波动的原因有很多，比如员工人数的变化、薪酬调整政策的变化、绩效与其他激励政策的变化、外部社保和公积金等政策的变化等。具体的原因要根据实际情况进行具体分析，并通过分析来预测全年人工成本可能的变化趋势。

三、人力资源效能统计与分析

对于企业的高层管理者来说，除了关心人工成本变化趋势，更加关心的是人工成本投入带来什么样的收益。要衡量人工成本的投入与产出，除了通过公司业绩的宏观层面来看，更重要的是关注人力资源效能（简称"人效"）的数据分析。当看到一段时间之内人工成本持续走高时，要不要考虑采取措施控制或降低人工成本呢？单一地从人工成本维度来看，恐怕无法得到答案。如果比较人效数据的变化则会发现，在人工成本增长的同时，人效数据呈现出更高的增长趋势，这对于企业来说应该是好消息。与一味控制人工成本相比，更重要的是考虑如何持续提高人力资源效能。

1. 人效统计与管理的难点

在管理学中有一个观点是"无法被量化的无法被管理"，对于人力资源效能来说确实如此。

人效的数据分析是人力资源各项数据分析中最为重要的一部分，也是最具难度的一部分。原因是不同企业、不同部门甚至不同岗位在衡量其人力资源效能时所采用的指标和计算数据都是不同的。

对于很多企业来说，人力资源效能管理还处于不断实践和摸索的阶段。只有结合企业实际，寻找人力资源效能变化的指标，并进行长期持续跟进，直至从诸多指标中找到能够准确反映实际情况的指标，并将其固化下来使用。

要建立起针对人力资源效能的系统分析，需要各个维度的原始数据支持，其中包括财务数据、业务数据以及人力资源的相关数据。没有详尽的数据积累支持，将无法完成对人力资源效能的有效分析。

2. 常见的宏观层面的人力资源效能指标

人效分析主要关注的是人均贡献值。从反映公司整体人效的角度来看，常见的指标有：

➢ 人均收入=收入/总人数；

➢ 人均毛利=毛利/总人数；

➢ 人均利润=利润/总人数。

采用这些维度的指标不仅可以在企业内部进行不同季度、不同年份的数据对比，还可以与行业平均水平以及对标公司的数据进行对比，从而判断公司的人均效能在同行业中处于何种水平。

3. 常见的宏观层面人力资源效能指标统计中Excel的应用

以年度统计为例，在进行以上指标的统计时，收入、毛利和利润都是清晰的数据，"总人数"的计算却因统计方式不同而容易产生较大偏差。原因在于企业内部人数是不断变化的。如何确定"总人数"呢？

对于总人数的计算，广为应用的计算公式为：

$$总人数=(年初人数+年末人数)÷2$$

这个计算公式存在的最大弊端，是如果年度内部人员入职及离职的变化较大，那么仅以年初和年末人数作为总人数的计算口径就会产生较大偏差。数据的偏差就将会使人效的统计指标呈现较大的波动，影响数据的准确度。比如，对于2月入职、11月离职的员工来说，他一方面为企业创造了价值，另一方面也消耗了企业的人工成本，如果采用上述公式，那么这个员工它是不被计算在内的。当员工流动较多时，数据偏差就会比较大。

为了解决这个问题，可以用全年12个月中每个月的员工人数之和除以12，得到总人数的计算结果。这种计算方式考虑到了全年12个月中人员新进、流动的情况，得到的才是较为准确的总人数。

要统计全年12个月中每个月的在岗员工人数，最为简单的方式是通过每个月份的工资表统计当月有多少位员工的发薪记录。

在前面的章节介绍过如何将每个月的工资表合并为一张包含所有月份工资的汇总表。只需要使用该汇总表即可快速计算员工总人数。汇总表由1~4月份的工资数据构成，部分数据如图13-34所示。

月份	姓名	部门	岗位	岗级	基本工资	绩效工资	工龄补贴	全勤奖	餐补	差旅补贴
2021/1/1	员工1	营销部	销售工程师	L5	7700	2330	400	200	300	1000
2021/1/1	员工2	行政部	经理	L6	9240	2870	100	200	300	1180
2021/1/1	员工3	生产部	操作工	L1	1540	1900	250	0	300	970
2021/1/1	员工4	营销部	销售工程师	L5	7700	1740	450	0	300	1150
2021/1/1	员工5	营销部	销售工程师	L3	4620	2160	450	200	300	1090
2021/1/1	员工6	客服部	服务工程师	L6	9240	2680	550	200	300	900
2021/1/1	员工7	客服部	服务工程师	L6	9240	1300	300	200	300	1000
2021/1/1	员工8	高层	总助	L14	23800	2160	200	200	300	1050
2021/1/1	员工9	客服部	服务工程师	L6	9240	1790	450	0	300	910
2021/1/1	员工10	研发部	软件开发工程师	L6	9240	1210	450	0	300	730
2021/1/1	员工11	研发部	软件研发工程师	L6	9240	1240	350	0	300	70
2021/1/1	员工12	行政部	行政专员	L3	4620	1950	150	200	300	1260
2021/1/1	员工13	人力资源部	人资专员	L5	7700	1300	400	0	300	960
2021/1/1	员工14	客服部	客服工程师	L4	6160	1080	250	0	300	1130
2021/1/1	员工15	客服部	客服工程师	L6	9240	1900	250	0	300	350
2021/1/1	员工16	高层	副总经理	L15	25500	2070	500	0	300	830
2021/1/1	员工17	人力资源部	人资主管	L6	9240	1650	300	0	300	490
2021/1/1	员工18	高层	副总经理	L15	25500	790	350	0	300	610

图13-34 部分工资数据

进行总人数统计的公式如图13-35所示。

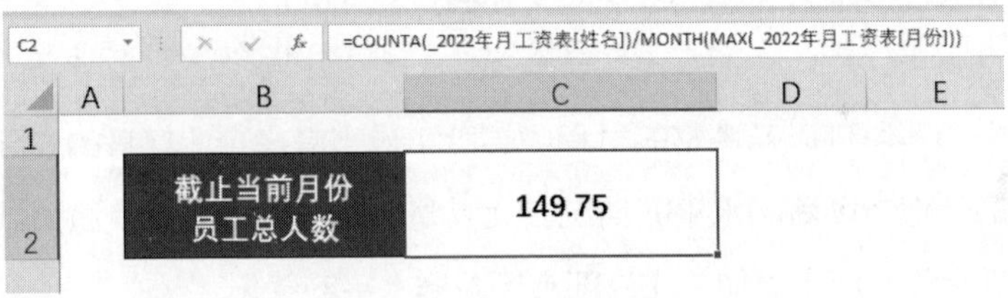

图13-35 总人数统计公式

公式内容如下：

=COUNTA(_2022年月工资表[姓名])/MONTH(MAX(_2022年月工资表[月份]))

【公式释义】该公式先通过COUNTA函数计算合并工资数据表中"姓名"列的数据个数，再除以月份数。月份数的计算是取得合并工资数据表中"月份"列中的最大值，也就是最大日期，从中取出其月份即当前月份数。对于月份数采取的计算方式是假设工资表从1月份开始逐月汇总，在无缺少月份的情况下，最大月份就代表月份数。

当合并工资数据表中的月份增加时，合并表格经刷新可自动更新至当前最新月份。在此情况下，通过以上公式统计的好处是可以根据合并工资数据表中数据的变化自动变化统计结果。

4. 更多人力资源效能指标

除了前面提到的指标以外，还有很多指标能够从不同侧面反映人效数据，比如：

> 每万元工资产生的销售额；
> 每万元工资产生的毛利；
> 人均产量；
> 人效增长率等。

在进行人效分析时，还应关注到不同业务模块或业务类型的具体数据分析，其指标将更加灵活。越是灵活的指标，对于数据统计的要求会越高。在具体的使用中，需要灵活应用前述章节中分享过的诸多统计函数、数据透视表等工具。

四、当前薪酬水平与市场水平的统计与分析

在薪酬策略制订以及调整的过程中，除了应当考虑企业自身的实际情况外，还应当考虑外部市场薪酬水平的情况。尤其是对于一些人才竞争激烈或企业不可或缺的关键岗位，应当更加关注外部市场薪酬水平的变化。

在进行薪酬数据比较分析时，常常用到中位值和分位值。

1. 中位值

中位值指的是在一组经过大小排序的数据中位于中间的值，即一半的数据高于此数据，一半的数据低于此数据。

在计算中位值时，会将所有数据进行升序或降序排列。如果数据个数是奇数，则取中间的数字；如果数据个数是偶数，则取中间两个数的平均数。

在Excel提供了用于中位值计算的MEDIAN函数。为了便于演示，选取少量数据进行中位值的计算，如图13-36所示。

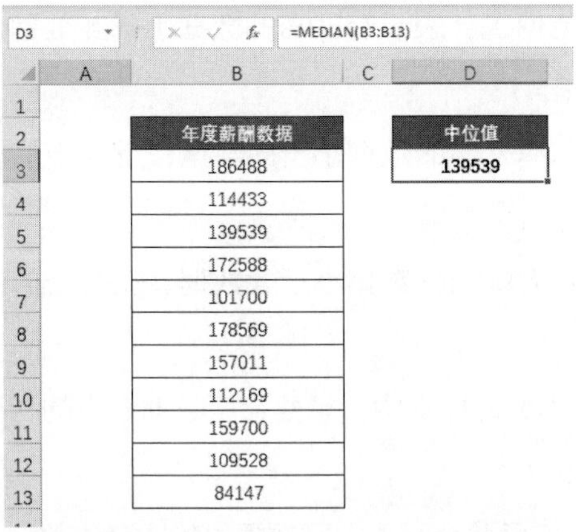

图13-36 中位值计算公式

D3单元格中的公式内容如下：

$$=MEDIAN(B3:B13)$$

【公式释义】使用MEDIAN函数对B3:B13单元格区域中所有数据的中位值进行提取。

【MEDIAN函数介绍】返回一组已知数字的中位值。

【MEDIAN函数用法】=MEDIAN(数值)

如果在参数集合中包含偶数个数字，那么MEDIAN函数将返回位于中间的两个数的平均值。

通过对比市场薪酬水平中位值与某些关键岗位的薪酬数据，以便于企业了解当前企业薪酬水平的市场竞争力。

2. 使用QUARTILE.INC函数计算分位值

在对某员工或某岗位当前薪酬水平与市场薪酬水平进行比较时，经常需要用到"分位值"的概念。薪酬分位值反映当前薪酬水平在市场薪酬水平中的定位。

通常大家普遍关注以下分位值：

➢ 10分位，表示有10%的数据小于此数据，反映当前薪资水平处于市场的低端水平；

➢ 25分位，表示有25%的数据小于此数据，反映当前薪资水平处于市场的较低水平；

➤ 50分位（中位值），表示有50%的数据小于此数据，反映当前薪资水平处于市场的中等水平；

➤ 75分位，表示有75%的数据小于此数据，反映当前薪资水平处于市场的较高水平；

➤ 90分位，表示有90%的数据小于此数据，反映当前薪资水平处于市场的高端水平。

在拿到的外部薪酬数据样本中，想要计算数据集中的四分位数据，可以使用QUARTILE.INC函数。

【QUARTILE.INC函数介绍】返回数据集的四分位数。

【QUARTILE.INC函数用法】=QUARTILE.INC(数值区域，通过代码指定返回哪一个值)

该函数的第二个参数有五个代码可供选择，具体内容如图13-37所示。

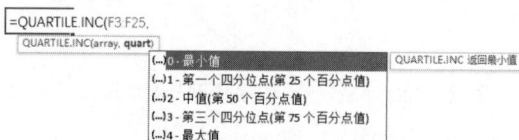

图13-37　功能代码列表

为了便于理解，对以上五个代码绘制图示，如图13-38所示。

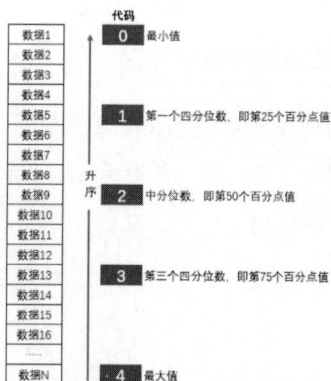

图13-38　功能代码图示

QUARTILE.INC函数计算公式及结果如图13-39所示。

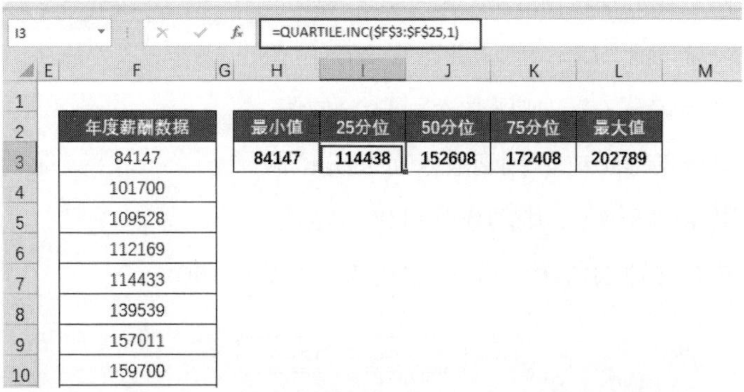

图13-39　QUARTILE.INC函数计算公式及结果

I3单元格中的公式内容如下：

$$=QUARTILE.INC(\$F\$3:\$F\$25,1)$$

【公式释义】通过QUARTILE.INC函数对\$F\$3:\$F\$25数据区域计算第一个四分位数，即第25个百分点值。

同理，其他分位值的计算公式如下。

➤ H1单元格中计算最小值的公式内容为：=QUARTILE.INC(\$F\$3:\$F\$25,0)。

➤ J1单元格中计算50分位值的公式内容为：=QUARTILE.INC(\$F\$3:\$F\$25,2)。

➤ K1单元格中计算75分位值的公式内容为：=QUARTILE.INC(\$F\$3:\$F\$25,3)。

➤ L1单元格中计算最大值的公式内容为：=QUARTILE.INC(\$F\$3:\$F\$25,4)。

当QUARTILE.INC函数选择的代码分别等于0（零）、2和4时，函数 MIN、MEDIAN 和 MAX 返回的值与函数 QUARTILE.INC 返回的值相同。

3. 使用PERCENTILE.INC函数计算分位值

从QUARTILE.INC 函数的功能和结果中看到，该函数无法计算10分位、90分位等分位值的数据。如果希望计算包含10分位、90分位等分位值在内的更加灵活的数据，则可以使用PERCENTILE.INC函数。

【PERCENTILE.INC函数介绍】返回区域中数值的第k个百分点的值，k为0～1之间的百分点值，包含0和1。

【PERCENTILE.INC函数用法】=PERCENTILE.INC(数值区域，k)

*k*为具体需要得出的哪一个分位值，例如：

➤ 如果 *k* 等于 0.1，则函数返回 10分位值；

➤ 如果 *k* 等于 0.25，则函数返回 25分位值；

➤ 如果 *k* 等于 0.5，则函数返回 50分位值。

➤ 如果 *k* 等于 0.75，则函数返回 75分位值。

➤ 如果 *k* 等于 0.9，则函数返回 90分位值。

PERCENTILE.INC函数计算公式及结果如图13-40所示。

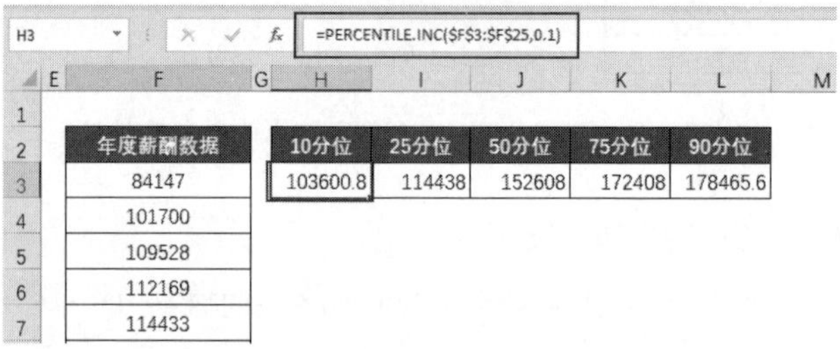

图13-40　PERCENTILE.INC函数计算公式及结果

H3单元格中的公式内容为：=PERCENTILE .INC ($F$3:$F$25,0.1)。

I3单元格中的公式内容为：=PERCENTILE .INC ($F$3:$F$25,0.25)。

J3单元格中的公式内容为：=PERCENTILE .INC ($F$3:$F$25,0.5)。

K3单元格中的公式内容为：=PERCENTILE .INC ($F$3:$F$25,0.75)。

L3单元格中的公式内容为：=PERCENTILE .INC ($F$3:$F$25,0.9)。

【公式释义】PERCENTILE.INC函数通过对第二个参数设置不同的数值，实现对不同分位值数据的提取。

通过得到外部薪酬数据中的不同分位值，可以将本公司薪酬水平与之进行比较。在制订薪酬策略时，对不同岗位或不同部门等各个维度，都有可能采取不同的薪酬策略。通常企业不会无差别地为所有岗位采取同样的薪酬策略。

在人工成本有限的情况下，如何吸引或保留核心员工或关键岗位员工是很多企业非常关注的问题，其中一项必要的措施就是为这些员工制订处于市场中高水平的薪酬。比如给付75分位的薪酬水平，甚至给予领先于市场水平的薪酬水平。如果希望某些岗位的薪酬水平领先于市场水平，就可以参照市场薪酬水平的90分位。

五、人工成本分析数据的图形化展示

在前面分享过关于人工成本数据的统计与分析，会发现其中有大量的数据需要关注。通过数据表现人工成本的变化趋势，优点在于严谨、细致，但也非常枯燥。因此，在获得了充分数据的基础上，希望以更清晰、简明的方式洞察数据的变化规律，就可以借助图表。

图表不仅可以对数据之间细微的、不易阅读的内容进行区分，而且可以通过不同的图表类型加以突出，分析数据之间一些不易被察觉的对比或联系。

如果希望使用图表对数据进行清晰地展现，则需要选择与数据相匹配的图表类型。Excel中常用的图表类型非常多。为了便于在人工成本及其他人力资源数据统计中准确选择合适的图表类型，接下来对Excel中常用的图表类型进行归纳总结。

单击【插入】菜单中的【推荐的图表】按钮，弹出【插入图表】对话框，切换到【所有图表】选项卡，就能够看到Excel中预设的各种图表类型，如图13-41所示。

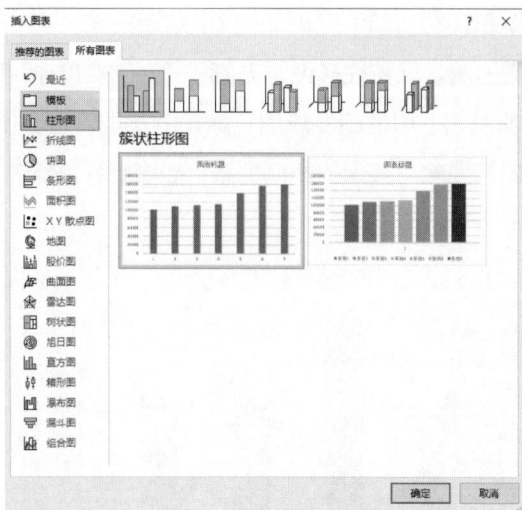

图13-41　Excel中预设的图表类型

除了单一类型的图表外，在Excel中还提供了更加灵活的组合图，以满足多样化的图表展示需求。

1. 柱形图

柱形图是使用最多的图表类型。在柱形图中，横轴用来标识数据类别，纵轴用来标识数据大小。柱子的高低表明了数据大小之间的差异。柱形图是非常友好、易于阅读的一类图表，如图13-42所示。

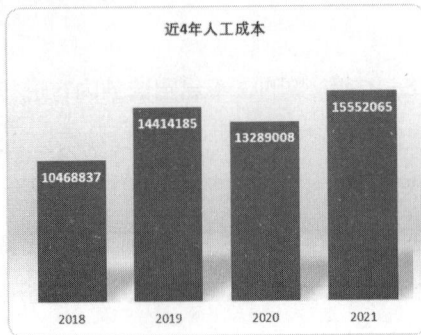

图13-42　柱形图

柱形图的不足之处在于，当数据项过多时，柱形图中的柱子密密麻麻，给查看带来不便。所以，柱形图更加适用于数据量较小的情况。

柱形图也有不同的类型。除了图13-42中展示的这一类普通柱形图外，在Excel中还有堆积柱形图。堆积柱形图与普通柱形图的功能相近，同样用于表示趋势、排序或分布情况等。但堆积柱形图是数据的叠加，它不仅能够展示总体的数据关系，还能够展示局部与整体的数据关系，如图13-43所示。

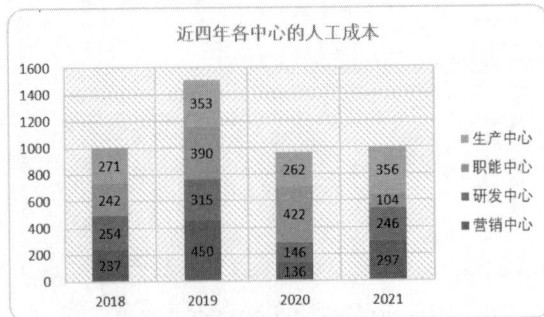

图13-43　堆积柱形图

从图13-43中不仅可以看出各个年度人工成本的变化趋势，还能够看到各个中心的人工成本在年度总体数据中的占比情况。通过对局部数据的解读，可以看到各个局部因素在总体中呈现什么样的变化。

除此之外，还有一类比较常用的柱形图叫作簇状柱形图。簇状柱形图在每个数据项中都由多个柱子组成，它既能分析每组数据之间的数据变化趋势，也能在组内进行数据变化趋势的展示，如图13-44所示。

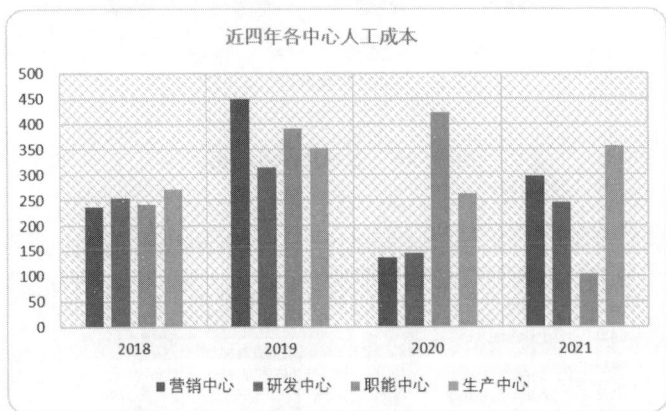

图13-44　簇状柱形图

接下来，以堆积柱形图为例，介绍其创建步骤。

选中数据区域，单击【插入】菜单中的【柱形图】按钮，找到其中的【堆积柱形图】。【柱形图】菜单如图13-45所示。

图13-45　【柱形图】菜单

单击【堆积柱形图】按钮，创建基础图表，如图13-46所示。

从基础图表中可以看到，当前是以部门作为横轴的。如果希望以年份作为横轴，右击图表，在弹出的快捷菜单中选择【选择数据】命令，如图13-47所示。

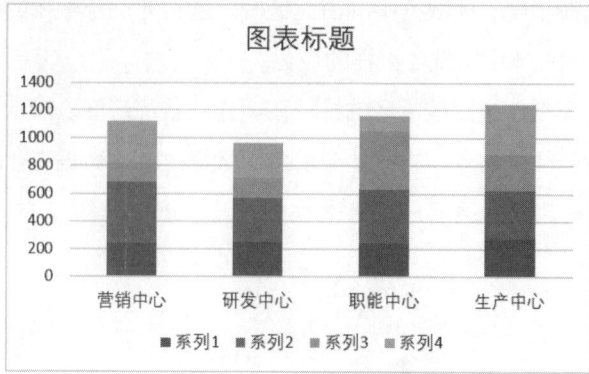

图13-46　基础堆积柱形图

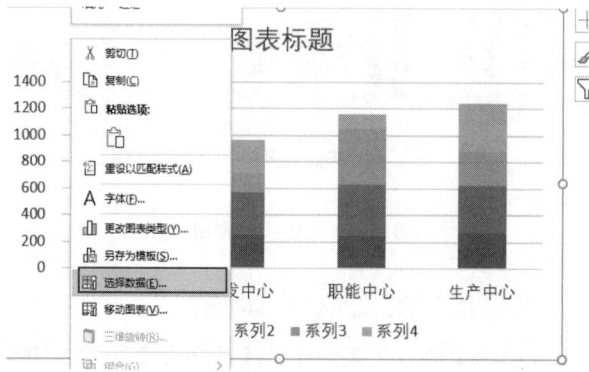

图13-47　选择数据

弹出【选择数据源】对话框，单击【切换行/列】按钮，如图13-48所示。

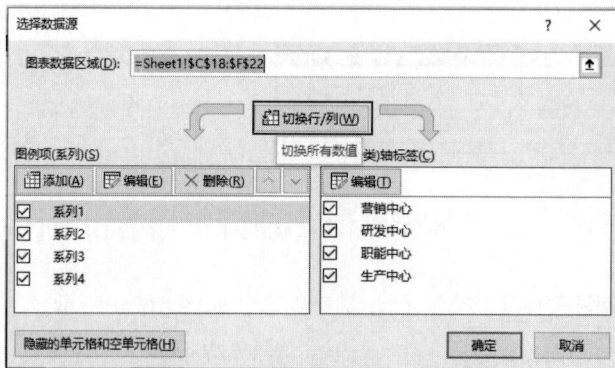

图13-48　切换行/列

同时，为了在横轴中显示年份，单击对话框中的【编辑】按钮，编辑轴标签，如图13-49所示。

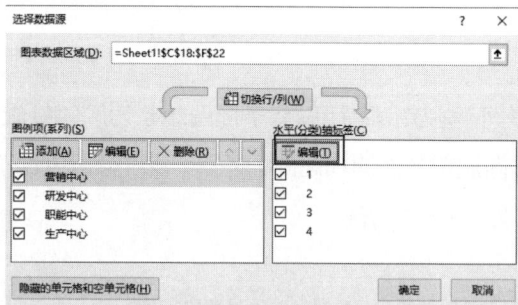

图13-49　编辑轴标签

从弹出的【轴标签】对话框中选择"年度"列作为轴标签，如图13-50所示。

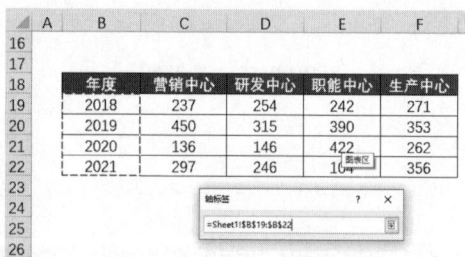

图13-50　指定轴标签

设置完成后，即可创建如图13-51所示的图表样式，以年份作为横轴进行数据展示。

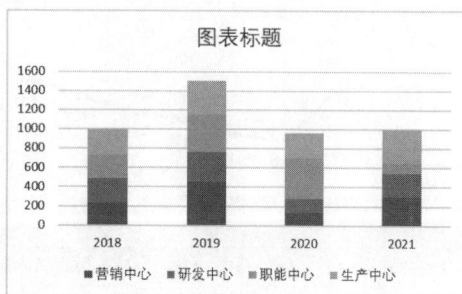

图13-51　设置完成的堆积柱形图

在该图表的基础上，只需根据需要进行适当美化即可。如果希望创建的是簇状柱形图，则其创建方法与堆积柱形图的创建方法相同，此处不再赘述。

2. 条形图

条形图与柱形图基本类似，可以将条形图想象为顺时针旋转90°形成的柱形图，用于在垂直方向展示各数据项之间的差异。条形图更适合展示数据项之间的对比与排名情况，如图13-52所示。

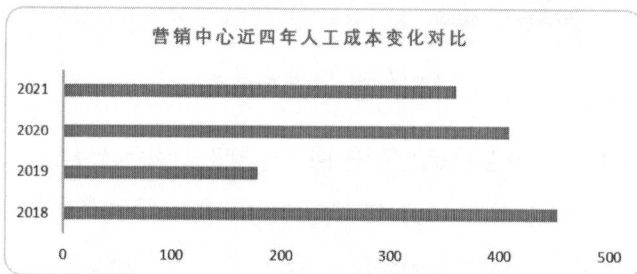

图13-52　条形图

3. 折线图

折线图通常用来展示一段时间内数据的变化趋势。它将同一数据系列的数据点用折线连接起来，显示数据的变化，如图13-53所示。数据量越丰富，折线图对变化趋势的展示越明晰。

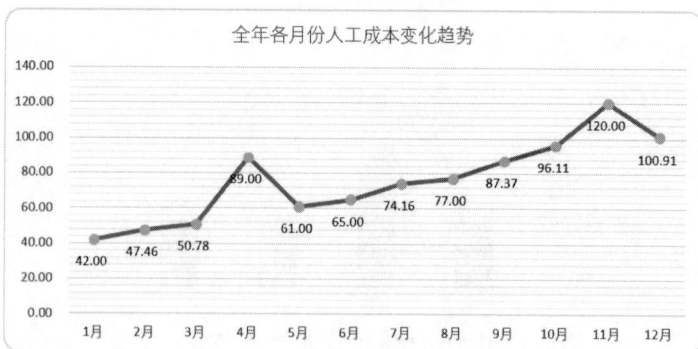

图13-53　折线图

折线图不仅适合单个数据组的比较，也适合多组数据的展示。两个年度内各个月份的数据变化将在折线图中体现为两条线，用于对比展示。

4. 饼状图

饼状图同样是使用较多的图表之一。饼状图所展示的是各项数据在总数据中的占比情况，如图13-54所示。

由于饼状图展现的是各项数据在总数据中的占比情况，因此它通常只能展示一组数据，而且数据项不能太多。当数据项过多时，饼状图被切分得过于细小，将无法有效地比较出数据特点，也会显得非常杂乱。

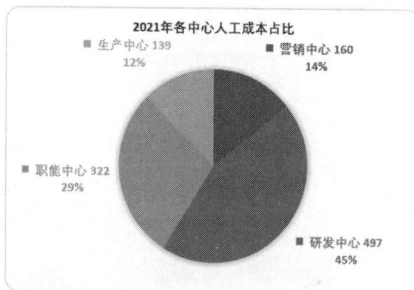

图13-54　饼状图

5. 雷达图

雷达图也被称为蜘蛛图、网络图或蜘蛛网图，由于其图表非常像雷达或蜘蛛网而得名。在绘制雷达图时，会将多个维度的数据量映射到坐标轴上，每个维度的数据分别对应一个坐标轴，这些坐标轴以相同的间距沿着径向排列，并且刻度相同。将各个坐标轴上的数据点用线连接起来就形成了一个多边形。坐标轴、点、线、多边形这些图表中的元素就构成了雷达图，如图13-55所示。

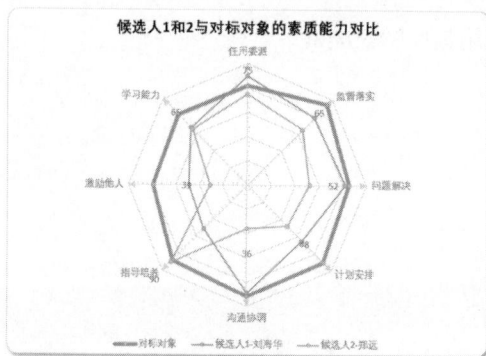

图13-55　雷达图

6. 组合图

组合图指的是在一张图表中应用多种图表类型组合而成的图表。组合图的特点是在同一张图表中通常应用多种图表类型，可以更好地展示不同的数据，突出不同数据的特点和侧重点。

较为常用的一类组合图是由柱形图与折线图组合而成的图表，如图13-56所示。

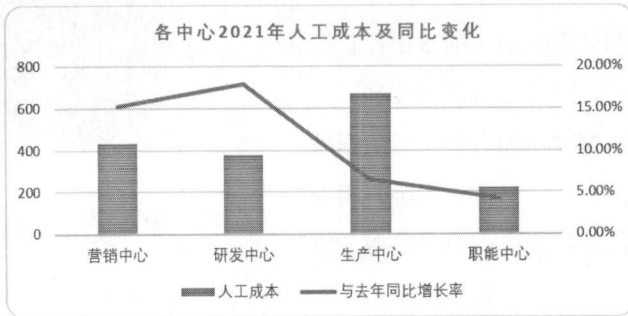

图13-56　组合图

在图表的原始数据中包含了"人工成本"和"与去年同比增长率"两项数据，通过组合图的方式比较清晰地对两类不同维度的数据进行了组合展示和对比。

除了以上介绍的图表类型外，在Excel中还提供了面积图、散点图、曲面图、树状图、旭日图、箱形图、瀑布图、漏斗图等图表类型。这些图表类型的使用频率较低。在人工成本的数据图形化展示过程中，如果常用图表无法满足使用需求，也可以考虑使用其他图表类型。

本章复盘

本章涉及的一些Excel知识点如下：

➤ COUNTA函数、COUNTIF函数、SUMPRODUCT函数的实例用法；

➤ SUMIFS函数的实例用法；

➤ FREQUENCY函数的实例用法；

➤ 散点图人才九宫格的制作；

➤ 同比增长率与环比增长率的计算公式；

➤ MEDIAN函数计算中位值的实例用法；

➤ QUARTILE.INC函数计算分位值的实例用法；

➤ PERCENTILE.INC函数计算分位值的实例用法；

➤ Excel中常用的图表类型及其特点等。

第十四章

人力资源动态数据看板的规划与构建

在人力资源管理中涉及大量的数据使用,越来越多的人力资源管理者开始关注和重视数据的价值。通过人力资源数据制作的动态数据看板能够更加直观地反映业务的变化,为管理决策提供数据支持。

那么,什么是人力资源动态数据看板?动态数据看板的设计思路是什么?如何搭建动态数据看板?

一、人力资源动态数据看板是什么

人力资源动态数据看板是将与公司人力资源及业务或经营相关的数据通过图表进行展示，方便管理者或决策者清晰地了解公司的人力资源现状，掌握业务发展情况，并依据数据变化做出决策。

数据看板其实就是各类数据的综合图形化与可视化。它既是一个展示数据的工具，也是一个企业内部的交流工具。通过数据看板，能够有效地进行关键信息的共享，使受众在短时间内对数据展示的人力资源管理或业务管理中的关键信息建立清晰的共识。

某公司人员结构数据看板如图14-1所示。

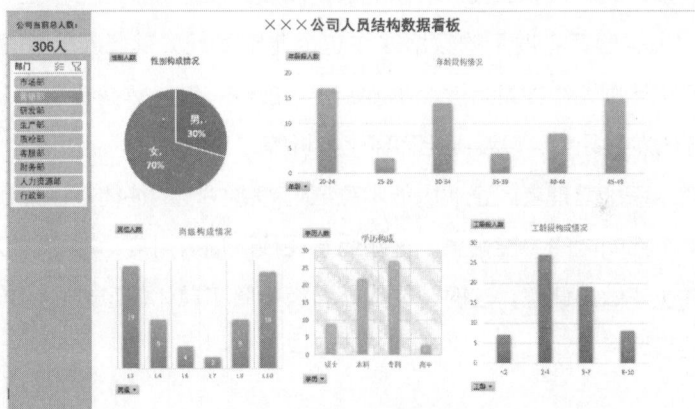

图14-1 人员结构数据看板示例

某公司人才盘点动态数据看板如图14-2所示。

数据看板以数据化的方式驱动管理，使管理者能够快速地识别和发现问题。在管理改进的过程中，数据看板同样可以从数据角度直观地揭示改进的成效。

在实际工作中，谁需要使用数据看板呢？其实，从企业的高层管理者、人力资源职能管理者到人力资源岗位上的普通员工，都需要关注数据，也都有使用数据看板的基础需求。不同的对象对于数据和数据看板的关注点是不同的。

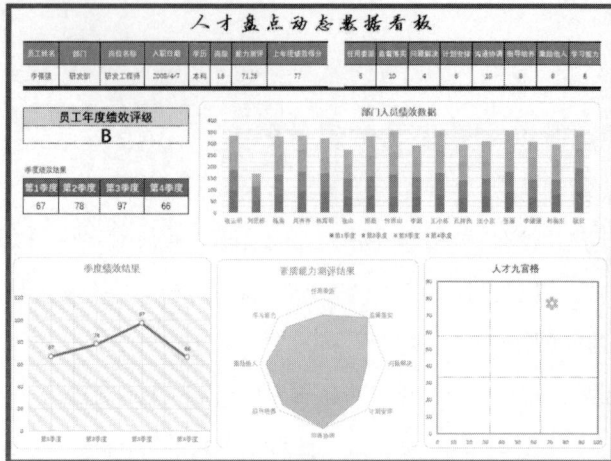

图14-2　人才盘点动态数据看板示例

　　高层管理者更加关注的是与人力资源管理相关或企业经营直接相关的宏观与结果性的数据，关注企业的关键指标现状，以及当前指标值和目标之间的差异。由于需要向高层管理者展示的数据往往是企业整体或关键局部的数据信息，因此，数据的统计周期往往是月度、季度、半年度或年度。数据看板还应当能够展示关键指标的发展趋势，以及同比和环比分析等。

　　人力资源职能管理者或企业内的中高层管理者关注的往往是在某项职能、某项业务或某个部门内的关键信息。这些信息往往以周或月度为周期，以便于及时看到问题并快速做出调整。这时，在数据看板中除了总体信息外，还应当包含关键细节及过程数据。

二、人力资源动态数据看板的构建思路与方法

　　人力资源动态数据看板虽然看上去美好，但要建立一套有效的数据看板，并不是一件简单的事情。数据的图形化展示只是所有数据统计工作的最后一步，它依赖于良好的数据基础，以及建立在精通业务基础之上对于关键指标的敏感捕捉。

1. 明确数据看板的对象及其关注点

在规划人力资源动态数据看板之前，首先要明确数据看板面向的对象是谁，因为做好的数据看板"给谁看"很重要。根据面向的对象，分析并找到其关注点，明确编制数据看板的目的。

2. 人力资源动态数据看板的设计要点

当数据看板的对象、目的、关注点以及数据来源都考虑清楚后，就需要考虑如何将这些数据以合理的方式制作成动态数据看板进行展示。

在设置数据看板时，需要注意以下几点：

➤ 图表展示效果应当重点突出，切忌被琳琅满目的图表效果遮盖住图表的重点信息；

➤ 简单实用，不应当为了展示炫酷的效果而忽略其实用性；

➤ 根据数据及指标的特点，匹配合适的图表类型；

➤ 当数据比较多时，对数据指标进行必要的取舍；

➤ 在图表和数据中，应当注意展示数据之间的关联性和变化趋势。

3. 人力资源动态数据看板的设计步骤

在明确了数据看板面向的对象及其关注点后，可以根据如下步骤设计数据看板。

（1）根据"以终为始"的思考方式，要围绕目的与关注点，倒推需要关注的数据指标有哪些。

（2）根据数据指标，倒推从何处获取数据、由谁来提供数据、数据提供周期是多久、提供的数据口径是什么。如果这些问题都想清楚了，那么制作数据看板所需要的数据表就基本上完备了。

（3）考虑不同数据指标适合的图表类型。

（4）规划数据看板的总体布局，建立数据看板的图形分布方式和结构。

（5）通过Excel进行具体实现。

（6）在数据看板成型后，复盘数据看板是否满足最初的设计目的与设计要求，并进行调整，以达到最终目的。

人力资源动态数据看板的设计不仅依赖Excel中的具体操作，更主要的是要基于对管理需求和实际业务的理解。

三、制作人力资源动态数据看板

所谓的动态数据看板，简单来说就是围绕特定的目的与要求，将多张图表有机地排布组合在一张Excel工作表中。每张图表都是动态数据看板的组成部分。要想实现动态数据看板的总体效果，需要掌握单张动态图表的设计制作方法。除此之外，只需要将图表进行排布，放置在合适的位置即可。

我们来梳理一下在Excel中制作动态数据看板将会用到的一些基础功能。

1. 如何实现动态交互式图表效果

图表是在数据基础上进行的图形化展示。在很多数据看板或图表中，都能够发现一些动态交互式的效果。当切换部门时，自动切换为展示所选部门数据的图表，这就是一张动态图表。每一张动态交互式的图表都源于能够动态变化的数据。通过什么方式能够使图表所使用的数据自动变化呢？

在Excel中，要使数据根据某个条件或某个选项进行动态变化，通常可以采用以下途径：

➢ 数据透视表和数据透视图、切片器的配合使用；

➢ 使用函数动态提取符合条件的数据。较为常用的函数有FILTER函数、INDEX函数、MATCH函数、OFFSET函数、VLOOKUP函数、XLOOKUP函数等。

2. 通过数据透视表、数据透视图，制作人员信息的动态交互式图表

以如图14-3所示的人员基本信息为例（表中为部分数据）。

编号	姓名	性别	出生日期	年龄	学历	部门	岗级	工龄
1	姓名1	男	1991/7/5	30	硕士	研发部	L4	2
2	姓名2	男	1998/6/22	23	高中	营销部	L10	3
3	姓名3	女	1978/7/29	43	本科	客服部	L6	10
4	姓名4	男	1988/7/26	33	本科	客服部	L7	3
5	姓名5	男	1986/3/22	36	本科	客服部	L5	6
6	姓名6	女	1989/12/28	32	高中	生产部	L8	3
7	姓名7	女	1982/5/12	40	硕士	研发部	L7	4
8	姓名8	男	1999/4/29	23	硕士	研发部	L4	3
9	姓名9	男	1985/4/25	37	本科	生产部	L4	3
10	姓名10	女	1989/8/29	32	硕士	营销部	L6	5
11	姓名11	男	1984/9/29	37	硕士	研发部	L9	2
12	姓名12	男	1997/8/19	24	本科	营销部	L10	4
13	姓名13	男	1993/3/16	29	本科	客服部	L3	4
14	姓名14	男	1984/4/1	38	专科	营销部	L3	8
15	姓名15	男	1990/10/18	31	硕士	客服部	L5	2

图14-3　人员基本信息表示例

在创建数据透视表之前，先列出要统计的信息。假设希望按以下维度对人员基本信息表中的信息进行展示：

➤ 按学历统计人员构成；

➤ 按性别统计人员构成；

➤ 按岗级统计人员构成；

➤ 按工龄每2年一个工龄段统计人员构成；

➤ 按年龄每5年一个年龄段统计人员构成。

接下来，根据以上每一个数据统计维度，分别创建数据透视表，并把所有的数据透视表放置在同一张工作表中。

将光标定位在人员基本信息表的数据区域中，单击【插入】菜单中的【数据透视表】按钮，弹出【来自表格或区域的数据透视表】对话框，如图14-4所示。

在第一次创建数据透视表时，在【选择放置数据透视表的位置】选项组中选中【新工作表】单选按钮。

图14-4　【来自表格或区域的数据透视表】对话框

在后续创建其他统计维度的数据透视表时，选中【现有工作表】单选按钮，并在【位置】编辑框中选择第一次创建数据透视表时新建的工作表。

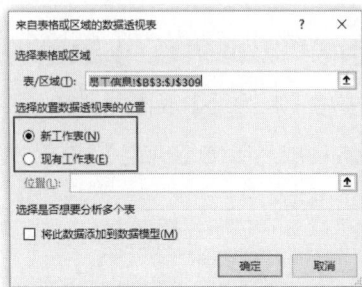

通过这个操作，可以将后续创建的每张数据透视表全部放置在一张工作表中，便于进行图表的创建。

单击【确定】按钮，创建数据透视表的基础框架。以创建学历统计维度的数据透视表为例。将"学历"字段拖动到【行】区域中，将"姓名"字段拖动到【值】区域中，创建按学历进行人数统计的数据透视表，如图14-5所示。

以同样的方式，创建其他统计维度的数据透视表。需要注意的是，按工龄和年龄创建的数据透视表，需要通过【组合】功能，对工龄段和年龄段进行组合，以便进行数据汇总。

以根据"年龄"创建的数据透视表为例。首先创建以"年龄"作为【行】字段、以"姓名"作为【值】字段的数据透视表。然后将光标定位到数据透视表的"年龄"列数据中，右击该区域，在弹出的快捷菜单中选择【组合】命令，如图14-6所示。

行标签	计数项:姓名
博士	9
硕士	34
本科	96
专科	105
高中	62
总计	306

图14-5　按学历进行人数统计的数据透视表

图14-6　选择【组合】命令

比如希望从20岁开始，以每5年为一个年龄段进行数据统计，在打开的【组合】对话框中将【起始于】设置为"20"，将【步长】设置为"5"，如图14-7所示。

设置完成后单击【确定】按钮，得到按年龄段进行人数统计的数据透视表，如图14-8所示。

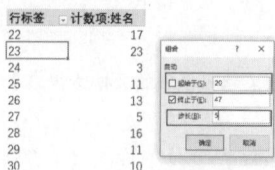

图14-7　【组合】对话框设置

行标签	计数项:姓名
20-24	43
25-29	56
30-34	54
35-39	38
40-44	72
45-49	43
总计	306

图14-8　按年龄段进行人数统计的数据透视表

以同样的方式，创建对"工龄"进行分段统计的数据透视表。

在一张工作表中，创建完各个统计维度的数据透视表后，得到如图14-9所示的效果。

为了实现动态的图表效果，为数据透视表创建以"部门"为内容的切片器。

将光标定位在某一张数据透视表中，单击【数据透视表分析】菜单中的【插入切片器】按钮，如图14-10所示。

行标签	计数项:姓名
博士	9
硕士	34
本科	96
专科	105
高中	62
总计	306

行标签	计数项:姓名
20-24	43
25-29	56
30-34	54
35-39	38
40-44	72
45-49	43
总计	306

行标签	计数项:姓名
男	161
女	145
总计	306

行标签	计数项:姓名
<2	23
2-4	135
5-7	98
8-10	50
总计	306

行标签	计数项:姓名
L3	84
L4	50
L5	32
L6	47
L7	33
L8	17
L9	21
L10	22
总计	306

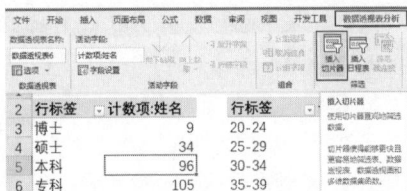

图14-9　一张工作表中各个统计维度的数据透视表　　图14-10　【插入切片器】功能

从切片器选框中单击【部门】，以"部门"为内容创建切片器，如图14-11所示。

图14-11　部门切片器

单击切片器中列出的部门，会发现创建切片器的数据透视表中的数据会随着切片器的变化而变化。当通过切片器选中"市场部"时，创建切片器的那张数据透视表显示的数据为市场部人员的相关数据。由此可以看出，切片器能够使数据透视表实现动态的数据切换效果。

但是，此时的切片器仅能够控制创建切片器的那张数据透视表。接下来，将部门切片器与上述创建的各张数据透视表进行关联。选中部门切片器，单击【切片器】菜单中的【报表连接】按钮，如图14-12所示。

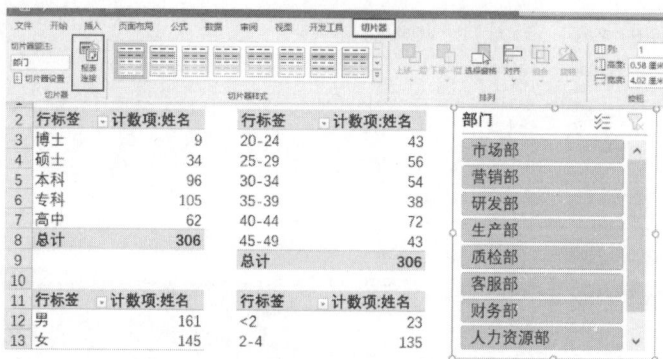

图14-12　【报表连接】功能

弹出打开如图14-13所示的【数据透视表连接（部门）】对话框，里面列出了所有的数据透视表，选中该切片器要关联的多张数据透视表，单击【确定】按钮即可。

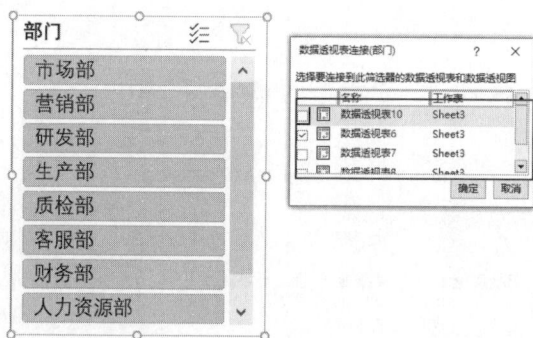

图14-13　【数据透视表连接（部门）】对话框

当切片器与多张数据透视表进行关联后，通过切片器即可控制所有关联的数据透视表的数据显示，如图14-14所示。

行标签	计数项:姓名
硕士	9
本科	22
专科	27
高中	3
总计	61

行标签	计数项:姓名
20-24	17
25-29	3
30-34	14
35-39	4
40-44	8
45-49	15
总计	61

行标签	计数项:姓名
男	18
女	43
总计	61

行标签	计数项:姓名
<2	7
2-4	27
5-7	19
8-10	8
总计	61

行标签	计数项:姓名
L3	19
L4	9
L6	4
L7	2
L8	9
L10	18
总计	61

部门
市场部
营销部
研发部
生产部
质检部
客服部
财务部
人力资源部

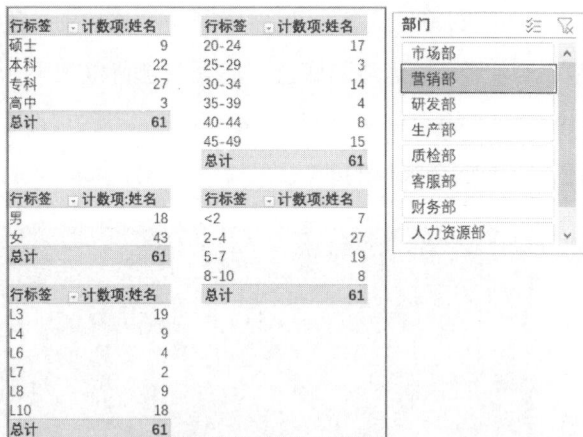

图14-14　通过切片器控制多张数据透视表的数据显示

当从切片器中选中"营销部"后，左侧所有关联的数据透视表所展示的均为营销部人员的相关数据。

当实现了由切片器控制的数据变化后，就可以为每张数据透视表选择合适的图表类型来创建图表，并对图表进行适当美化。使用数据透视表创建图表的方式与使用普通数据源创建图表的方式相同，此处不再赘述。也可以在前期直接创建为数据透视图。

接下来，选中所有的图表及切片器，复制到一张新的工作表中。这张新的工作表用于进行动态数据看板的布局。在新工作表中合理排布所有的图表，并进行适当美化，即可完成一份反映人员结构不同维度的动态数据看板，如图14-15所示。

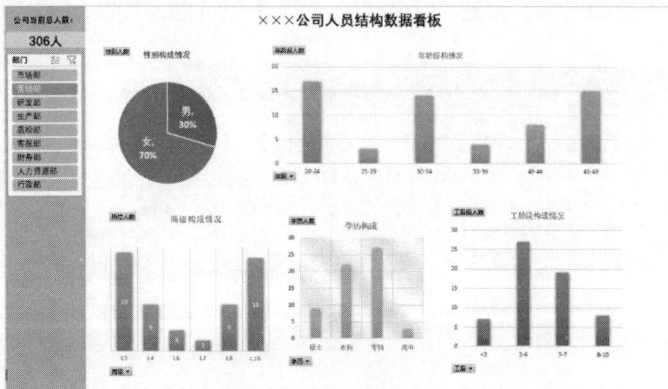

图14-15　人员结构数据看板

通过对表格进行不同的美化设置，可以得到不同风格的动态数据图表。

比如，改变图表中单元格区域的底色，实现深色背景效果；同时将图表的边框线设置为无色，将图表区域的背景色设置为无色，并改变图表中字体的颜色等。这样就得到了另一种配色风格的动态数据看板效果，如图14-16所示。

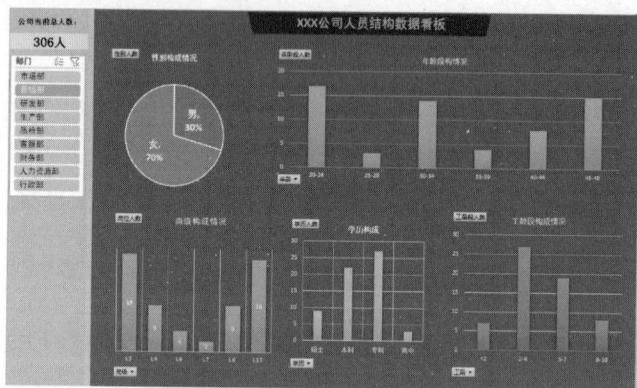

图14-16　更换数据看板风格

单击左侧放置的部门切片器，右侧的所有图表将切换为所选部门的数据，从而实现图表的动态变化。

如果希望在原始数据表中增加或减少员工信息时，所有看板的数据同步更新与变化，需要在创建数据透视表之前注意以下两点：

1）将原始数据区域创建为"超级表"

选中原始数据区域，单击【插入】菜单中的【表格】按钮，在弹出的对话框中确认选中的数据区域，并选中【表包含标题】复选框，如图14-17所示。

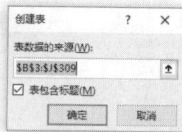

图14-17　创建超级表

将数据区域创建为超级表，在超级表的基础上创建数据透视表后，如果在原始数据区域下方增加内容，那么增加的内容同样会被数据透视表作为数据源抓取。

2）设置数据透视表的数据刷新

在本例中，数据透视表是数据看板的基础，当数据透视表刷新后，动态数据看板中的图表才会同步变化。数据透视表的数据刷新可以采用手动刷新，也可以设置为自动刷新。

如果希望进行数据透视表的手动刷新，右击要刷新的数据透视表，在弹出的快捷菜单中选择【刷新】命令，如图14-18所示。

此时，数据透视表中的数据将根据数据源表中的信息变化进行刷新。对表格中的每一张数据透视表都应当分别选择【刷新】命令实现刷新。

要设置表中所有数据透视表的同步刷新，则可以在任意一张数据透视表中右击，在弹出的快捷菜单中选择【数据透视表选项】命令，弹出如图14-19所示的【数据透视表选项】对话框。

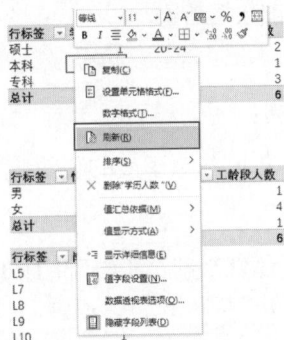

图14-18　手动刷新数据透视表

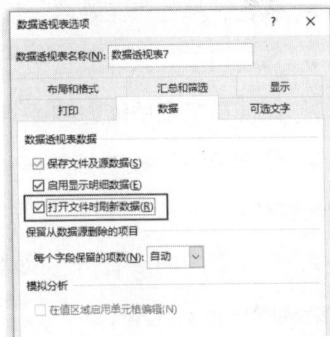

图14-19　【数据透视表选项】对话框

切换到【数据】选项卡，选中【打开文件时刷新数据】复选框，单击【确定】按钮。此时会出现如图14-20所示的提示。

图14-20　关于刷新的提示

通过提示可知，此前设置的【打开文件时刷新数据】功能将会对该文件中的所有数据透视表生效。在打开当前Excel文件时，将会自动对表中所有的数据透视表进行刷新。数据透视表的刷新必然使所有图表实现刷新。

能够根据数据源变化自动进行数据刷新，也是动态数据看板中"动态"一词的具体体现之一。

参考以上实现方式，即可方便地根据数据创建动态数据看板了。

3. 通过公式制作动态交互式图表

除了可以通过数据透视表和切片器的组合应用实现数据的动态变化以外，还可以使用函数实现数据的动态变化。与数据透视表不同的是，使用函数将会获得更加灵活的效果。

以制作一份关于人才盘点的动态数据看板为例。在该数据看板中，希望体现以下信息：

➤ 根据下拉框选择员工姓名，显示该员工的基本信息；

➤ 根据选择的员工姓名，显示对其测评的基础数据结果；

➤ 体现员工在人才九宫格中的位置；

➤ 体现员工素质能力测评各个维度情况的图表；

➤ 体现员工绩效的相关信息，包括员工上一年度各个季度的绩效结果、年度绩效综评；

➤ 体现部门内所有员工的绩效信息，以便于体现当前员工与部门其他人员绩效结果的总体对比等。

希望实现的效果如图14-21所示。在实际工作中，可以通过纸笔提前规划数据看板中的信息与摆放位置，再通过Excel来实现。

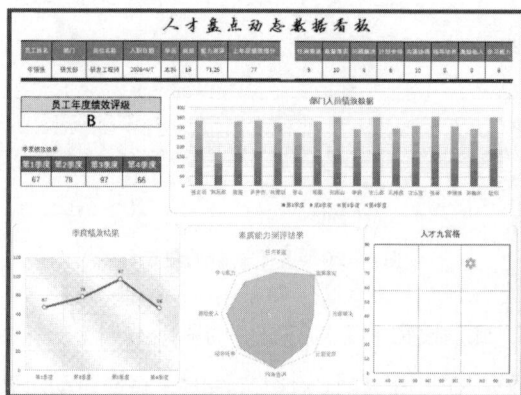

图14-21　人才盘点动态数据看板示例

要实现人才盘点动态数据看板的制作，需要有相应数据源的支持。根据图表倒推需要使用的数据表如下：

> 员工基础信息表；

> 员工素质能力测评数据表；

> 员工所在部门的年度绩效结果记录表。

由于数据源比较多，并且需要动态引用数据源中的数据，因此使用函数设置数据的动态调用。

制作数据看板需要的员工基础信息表部分数据展示如图14-22所示。

员工姓名	部门	岗位名称	入职日期	学历	岗级	……
张云明	营销部	销售总监	2015/12/8	本科	L8	
刘思栋	营销部	销售副总	2015/1/18	本科	L9	
陈海	营销部	销售经理	2017/6/30	本科	L6	
周齐齐	营销部	销售经理	2008/12/30	专科	L5	
林辉明	营销部	销售经理	2020/2/28	专科	L6	
张山	营销部	销售经理	2008/7/1	专科	L4	
郑磊	营销部	销售经理	2020/9/13	专科	L5	
何原山	营销部	销售经理	2011/10/27	本科	L5	
李超	营销部	销售经理	2016/6/7	本科	L6	
王小栋	营销部	销售经理	2019/7/31	本科	L6	
孔祥良	研发部	研发部经理	2009/7/13	本科	L9	
汪小京	研发部	研发部经理理	2015/9/18	本科	L8	
张丽	研发部	研发工程师	2017/10/19	本科	L7	
李强强	研发部	研发工程师	2012/10/3	本科	L6	
孙梅东	研发部	研发工程师	2013/1/17	本科	L5	
耿征	研发部	研发工程师	2013/2/12	本科	L7	

图14-22 员工基础信息表部分数据展示

制作数据看板需要的员工素质能力测评数据表部分数据展示如图14-23所示。

员工姓名	任用要源	监督落实	问题解决	计划支撑	沟通协调	指导培养	激励他人	学习能力	能力综评
张云明	5	10	4	10	4	5	6	8	65
刘思栋	5	10	10	10	8	9	5	9	82.5
陈海	7	4	6	9	8	6	4	10	67.5
周齐齐	8	8	6	7	8	6	9	6	72.5
林辉明	9	9	7	4	10	5	7	5	70
张山	4	9	6	4	5	9	7	7	65
郑磊	9	10	4	7	6	9	6	6	71.25
何原山	9	8	4	5	4	10	10	10	75
李超	6	4	9	4	9	10	10	76.25
王小栋	9	7	9	7	4	6	5	6	66.25
孔祥良	8	5	7	9	6	4	5	6	66.25
汪小京	4	7	5	8	9	6	9	8	72.5
张丽	10	7	7	4	5	5	10	10	72.5
李强强	5	10	4	6	10	8	8	6	71.25
孙梅东	5	4	4	10	9	5	8	8	61.25
耿征	10	6	5	5	8	7	10	10	75

图14-23 员工素质能力测评数据表部分数据展示

制作数据看板需要的员工所在部门的年度绩效结果记录表部分数据展示如图14-24所示。

员工姓名	第1季度	第2季度	第3季度	第4季度	绩效综评	评级
张云明	96	90	75	72	83.25	A
刘思栋	55	59	25	32	42.75	不合格
陈海	81	86	84	80	82.75	A
周齐齐	92	86	92	62	83	A
林辉明	92	78	72	81	80.75	A
张山	70	79	60	64	68.25	C
郑磊	75	83	90	82	82.5	A
何原山	71	95	95	93	88.5	A
李翘	70	85	73	62	72.5	B
王小栋	78	95	97	84	88.5	A
孔祥良	64	78	82	73	74.25	B
汪小京	74	75	82	79	77.5	B
张丽	88	90	83	95	89	A
李强强	67	78	97	66	77	B
孙梅东	82	62	88	63	73.75	B
耿征	95	100	85	75	88.75	A

图14-24　员工所在部门的年度绩效结果记录表部分数据展示

接下来，新建一张Excel表用于放置动态数据看板的内容。进行表格的基础美化和数据抓取，如图14-25所示。

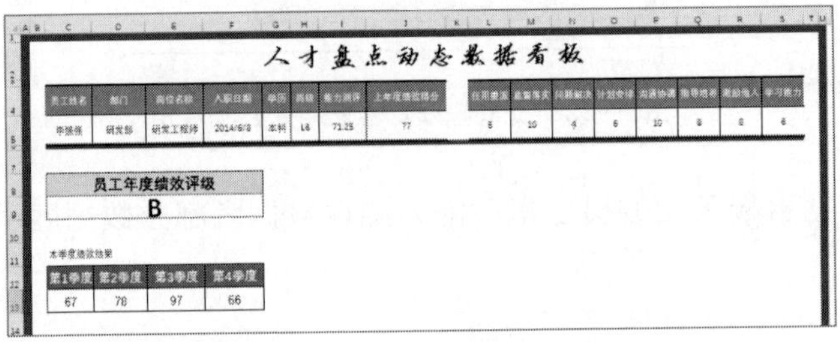

图14-25　数据看板的基础信息

1）取消网格线

单击【视图】菜单，取消选中【网格线】复选框，将工作表中默认的灰色网格线设置为不显示状态。

2）设置看板的外部边框、看板标题

图14-25中看板的深灰色外部边框使用的是调整过列宽或行高的单元格，为单元格设置深灰色底色即可。

在表格中上方设置合并单元格区域，录入看板标题。

3）设置基础数据区域

如图14-25所示，设置关于员工基础信息的显示区域、员工测评信息的显示区域、员工绩效结果的显示区域等。

其中，员工基础信息的显示区域中的"员工姓名"列为这张动态数据看板中的关键信息，为了便于切换，设置了下拉选项，如图14-26所示。

单击【数据】菜单中的【数据验证】或【数据有效性】按钮，选择其中的【序列】选项，并从员工基础信息表中拖动"员工姓名"区域作为数据源，如图14-27所示。

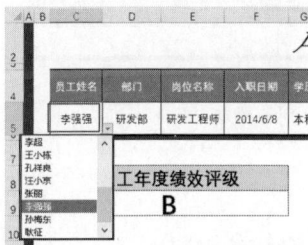

图14-26　"员工姓名"下拉选项

图14-27　选择数据源

对于员工基础信息显示区域中的"部门""岗位名称""入职日期""学历"和"岗级"单元格中的数据，以"员工姓名"为关键词，通过函数从员工信息表中抓取。公式设置如图14-28所示。

图14-28　通过公式提取员工基础信息

D5单元格中的公式内容如下：

=VLOOKUP($C$5,员工信息表!$B$2:$H$18,MATCH(D$4,员工信息表!$B$2:$H$2,0),0)

【公式释义】该公式通过VLOOKUP函数，以C5单元格中的内容为查找关键词，从员工信息表的$B$2:$H$18单元格区域中查找提取数据。要确定查找数据所在的列数，通过MATCH函数进行查询取得。MATCH函数以D4单元格中的内容为查找关键词，从员工信息表的表头，也就是$B$2:$H$2单元格区域中进行检索，返回查找关键词在该区域中的位置，作为VLOOKUP函数的第三个参数。VLOOKUP函数和MATCH函数在该公式中使用的均为精确查找模式。

在对公式引用的单元格进行必要的锁定后，向右拖动即可完成对"岗位名称""入职日期""学历"和"岗级"中相应信息的提取。

能力测评结果的提取公式如图14-29所示。

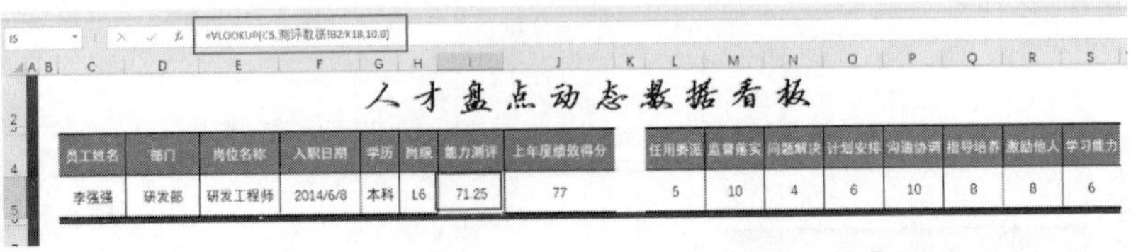

图14-29　通过公式提取员工能力测评数据

I5单元格中的公式内容如下：

$$=VLOOKUP(C5,测评数据!B2:K18,10,0)$$

以上公式同样使用了基础的数据查询函数VLOOKUP。除此之外，使用XLOOKUP函数或其他函数组合也可以快速实现同样的数据抓取效果。

对于其他区域中的数据分别使用同样的思路，从对应的原始数据表中提取即可。

J5单元格中的公式内容如下：

$$=VLOOKUP(C5,绩效数据!B2:G18,6,0)$$

L5单元格中的公式内容如下：

$$=VLOOKUP(\$C\$5,测评数据!\$B\$2:\$K\$18,MATCH(L4,测评$$
$$数据!\$B\$2:\$K\$2,0),0)$$

将以上公式拖动复制到M5:S5单元格区域中即可。

另外，在绩效数据的显示单元格中，以同样的思路设置公式即可，如图14-30所示。

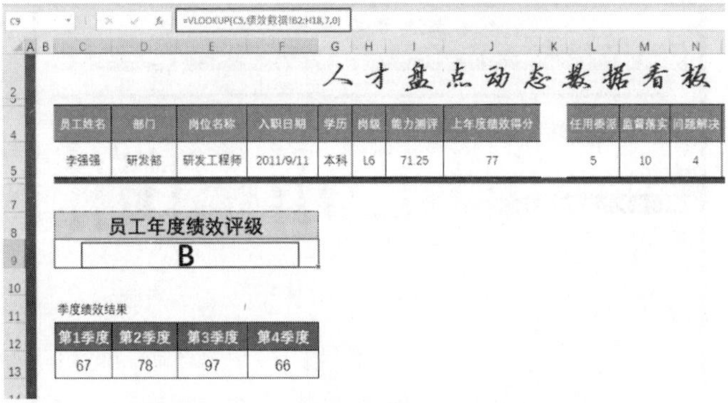

图14-30　通过公式提取员工绩效数据

C9单元格中显示的员工年度绩效评级公式如下：

=VLOOKUP(C5,绩效数据!B2:H18,7,0)

C13单元格中显示的第1季度绩效结果公式如下：

=VLOOKUP($C$5,绩效数据!$B$2:$F$18,COLUMN(B1),0)

将C13单元格中的公式拖动复制到其他季度单元格中，即可完成对所有季度绩效数据的提取。

通过以上设置可以看出，所有数据提取均以"员工姓名"作为查找条件。当切换不同的员工姓名时，以上公式的结果将自动变化。

实现了动态的数据抓取，接下来创建的图表同样会跟随数据的变化而变化，这样就实现了动态数据看板的设计效果。

接下来，根据看板中需要的图表，分别创建图表，并对其进行美化即可。

在该数据看板中用到了以下图表：

➤ 使用"堆积柱形图"表现部门所有员工的绩效得分情况；

➤ 使用"雷达图"表现员工在各个测评维度的得分情况；

➤ 使用"散点图"表现员工在人才九宫格中的位置；

➤ 使用"折线图"表现员工在4个季度的绩效结果波动。

以上图表的创建过程在前面的章节中已经有过介绍，此处不再赘述。当图表创建完成后，摆放到适当的位置，即可实现如图14-31所示的人才盘点动态数据看板效果。

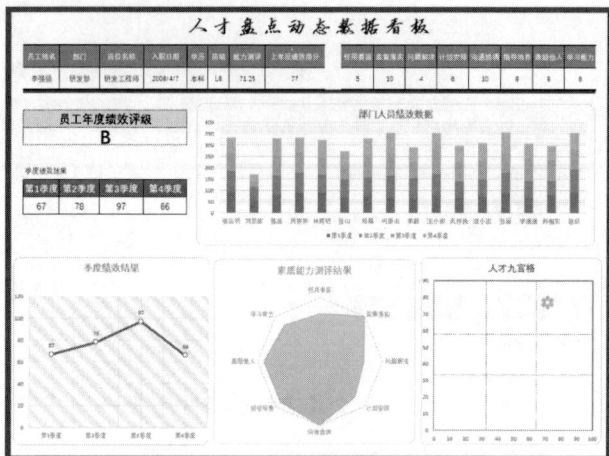

图14-31　人才盘点动态数据看板效果

在当前看板中显示的是员工"李强强"的相关信息。当看板中的"员工姓名"调整后，看板中与该该员工相关的信息将自动变化。

比如在"员工姓名"下拉列表中，将员工姓名调整为"汪小京"，数据看板显示如图14-32所示。

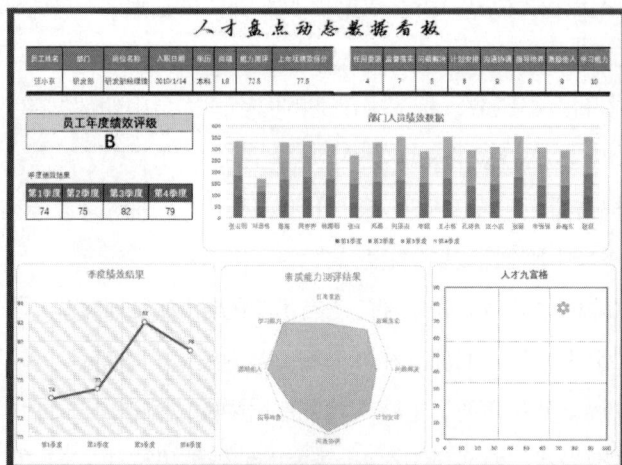

图14-32　切换显示不同员工的数据

通过以上步骤，完整地展示了动态数据看板的两种实现方式。在实际使用中，根据不同的对象、目的和需求，灵活地应用Excel中关于数据透视表、函数及图表的知识点进行动态数据看板的设置即可。

本章复盘

本章围绕动态数据看板的搭建，分享了数据看板的设计思路，以及Excel中的一些知识点，包括如下内容：

➢ 动态数据看板的设计思路与设计方法；

➢ 数据透视表在动态数据看板制作中的实例用法；

➢ 通过函数动态提取数据实现动态数据看板的实例用法。